“博学而笃志，切问而近思。”

（《论语》）

博晓古今，可立一家之说；

学贯中西，或成经国之才。

## 主编简介

曾湘泉，现任中国人民大学劳动人事学院院长、教授、博士生导师，国内著名的劳动经济学家，人力资源和薪酬管理专家。美国管理学会、美国薪酬协会国际会员。主要社会兼职有：卫生部第四届“政策与管理研究专家委员会”委员、中共北京市委党建专家顾问、中国劳动学会副会长、中国劳动学会劳动科学教学分会会长、中国人力资源开发研究会副理事长。同时受聘为中国通用技术集团、中国石油化工集团等多家大型企业集团顾问。

1987年毕业于中国人民大学并获经济学博士学位。曾作为美国富布莱特基金和德国国家DAAD（国家学术交流中心）项目高级访问学者，在美国克利夫兰州立大学和凯斯西部保留地大学、德国奥斯纳布鲁克大学，从事劳动经济学、就业与人力资源管理问题研究。曾出访美国、日本、德国、法国、俄国、意大利、瑞士和香港等国家和地区。2002年8月应邀出席在美国华盛顿举办的第62届国际管理学大会；2003年9月应邀出席在德国柏林举行的第13届国际产业关系大会，并发表演讲。

已出版著作10余部，在《求是》、《人民日报》、《新华文摘》等报刊发表论文100余篇。主持完成和正在承担国家社会科学基金、教育部人文社会科学规划项目等课题15项。多项成果在国内外获奖，其中《经济增长过程中的工资机制——对中国工资问题的宏观动态考察》获中国劳动学会“10年改革成果优秀成果一等奖”。

普通高等教育“十一五”国家级规划教材

本丛书荣获第六届高等教育国家级教学成果奖

# 劳动经济学

中国最有影响和最具实力的人力资源院校

中国人民大学劳动人事学院组织编写

复旦博学

21世纪人力资源管理丛书

（第二版）

曾湘泉 主编

复旦大學出版社

www.fudanpress.com.cn

DONG JINGJIXUE LAODONG JINGJIXUE LAODONG JINGJIXUE LAODONG JINGJIXUE

## 内容提要

本书是大学人力资源管理、劳动经济与劳动关系、社会保障等专业的基础课教材。本书是作者根据国际通用的劳动经济学理论分析框架，紧扣中国劳动力市场运行的实际特点，在多年的讲课积累和企业管理咨询实践的基础上编写而成的。

全书共九章，包括导言，劳动需求分析，劳动供给分析，人力资本投资，劳动力流动，工资的确定及制度设计，劳动力市场歧视，收入分配差距变化的趋势、成因及对策，失业等。每一章末都配有本章小结、复习思考题和相关的案例，是一本理论与实践紧密结合的教材。

第二版与第一版相比，根据新的现实情况，特别是一些新的理论研究成果对主要章节的内容进行了适当的调整和改写，更新了统计数据和一些案例，以求做到与时俱进。

作为“复旦博学·21世纪人力资源管理丛书”之一，本书适合大学人力资源管理专业及相关经济管理专业师生作为教材使用，也可作为企业人力资源主管的参考书。

# 前言
# （第二版）

Economics of Labor

要写一本好的劳动经济学教材，一直是我们追求的目标，但并非易事。1994 年人民出版社出版了我在劳动人事学院讲授劳动经济学使用过的一本简要讲义——《劳动经济》。这本教材应当说有风格清新、文字流畅的优点，但毕竟由于我国劳动力市场发育不成熟，加之国内规范的经济分析和研究成果不多，从总体上讲，这本教材不足以反映我国劳动力市场特点。

2000 年以后，鉴于我国劳动力市场发展的历史和经验，特别是国内劳动经济学界有了较多的研究成果，借助国际通用的劳动经济分析理论框架，总结中国劳动经济的理论和实践，撰写一部反映中国劳动经济特点的教科书有了一定的客观基础。在现实对劳动经济学教材需求不断上升的推动下，2003 年，在复旦大学出版社的支持下，我们编写的这部《劳动经济学》第一版问世。

第一版《劳动经济学》编写和出版的时间，正是 2003 年的上半年“闹‘非典’”的时期。这一段时间比较特殊，正常的教学和科研秩序被打断。但经过大家不懈的努力，总还算不错，我们静下心来，完成了这样一件重要的学科建设的基础性工作。全书由我本人负责体系设计、统稿和各章附录材料的选择。刘尔铎、易定红、卢亮等应邀参加部分章节的写作和定稿工作。由于在编写过程中，需要大量的国内外参考文献以及案例等，因此我还邀请了博士生赵立军、汪雯，硕士生李莉、张谨、金驰华等参加了教材的编写工作。特别是李莉同学，在文献搜集和图表技术处理等方面付出了大量劳动。

本书第一版出版之后，受到读者们的高度认可和欢迎。曾十次印刷，市场反应很好。尽管这令人欣慰和备受鼓舞，但2003年出版至今，毕竟已经过去六年了。过去的六年，中国劳动力市场环境在不断变化，中国劳动经济学理论和实证研究取得了许多新的进展，并产生了大量的研究成果。客观上出现了对本书第一版内容及时更新和再版的要求。鉴于此，从2009年的上半年开始，我们着手开始对《劳动经济学》第一版的内容进行充实和调整，并终于完成了本书第二版修订和出版的任务。

在本书第二版中，根据新的现实情况，特别是根据一些新的理论研究成果，我们对全书主要章节的内容进行了适当调整和改写，并对有关统计数据和案例进行了全面更新。在第二版修订工作中，博士生杨玉梅、卿石松、熊通成、巫强、郝玉明、李晓曼、闻效仪，硕士生宁佳敏、陈力闻、胡媛、周菲等参加了数据更新、案例搜集及文字编辑等方面的工作。

在此，我想特别感谢的是，多年来，复旦大学出版社苏荣刚先生对《劳动经济学》等教材出版工作的热情支持和不懈努力！没有他的支持，包括对我们的不断督促，这本教材不可能如期出版。印象尤为深刻，且值得提及的一件事是，虞祖尧教授撰写的《管理的智慧：〈周易〉管理正义》一书在复旦大学出版社得以出版。这是一本内容艰深、读者面有限的著作，能得以问世，与苏荣刚先生的大力推荐和修改建议密切相关。此书出版后，给包括虞祖尧教授在内的我院一大批教授以巨大的精神激励和鼓舞！

最后，也对学院各位同事对本书所作的努力和贡献，对我的博士生和硕士们的积极参与和辛勤劳动，表示感谢！本书在编写和修改的过程中，存在着这样或那样的问题，也希望读者给予批评指正。

曾湘泉

2010年5月1日于中国人民大学劳动人事学院

# 目 录

# 第一章

# 导　言

劳动经济学是伴随着劳动力市场的发展而成长起来的一门学问。工业革命后，专业化和分工的结果出现了雇佣劳动，以及在雇佣劳动条件下产生了劳动力供给、劳动力需求和工资等劳动经济问题。随着资本主义生产方式的进一步发展，雇佣关系扩展到社会生活的各个领域。雇佣劳动所产生的诸如工资、失业、劳动条件、工伤事故与职业病、妇女与童工劳动、劳资谈判、罢工等问题日益突出，劳动力市场上的各类问题不断涌现，促使社会科学工作者，特别是经济学家对此进行深入的思考。19 世纪的美国，劳动问题日趋上升，工会成为劳动力市场上一支重要的力量。埃利・里查德(E. Richard) 1886 年出版了《美国劳工运动》一书，他分析工会在劳动力市场、劳动条件的决定方面的作用，开创了对劳动力市场现象进行制度与组织分析的先河。19 世纪 20 年代的美国劳动力市场日趋成熟。1925 年，布卢姆(Bloom)的《劳动经济学》一书出版了，这是历史上第一本以劳动经济学正式命名的劳动经济学教科书。从此，劳动经济学开始系统涉及劳动力市场上的就业、工资、劳资关系、劳工运动、劳动立法等主要内容的分析。20 世纪 30 年代的大萧条和世界范围内严重的失业形势,引发了经济学家对宏观劳动问题的深入思考。1936 年,凯恩斯出版了《就业利息货币通论》,开创了宏观经济学和宏观劳动经济分析的先河。劳动经济学的发展历史表明,劳动经济理论与劳动力市场是紧密结合在一起的,市场经济国家社会和经济环境的不断发展和变化,产生了对劳动力市场分析和研究的需求,劳动经济学的理论应运而生,并不断地发展和进步。

劳动经济学在我国的发展则是与经济体制改革联系在一起的。始于 20 世纪 80 年代的我国经济体制改革从增量开始,逐渐扩大到存量。在 20 世纪 90 年代以前,国有经济及其相伴随的计划劳动体制占主导地位,谈不上有劳动力市场。据统计,1978 年我国城镇就业总人数为 9 514 万人,其中,代表"统包统配"的计划经济的"职工"[①]为 9 499 万人 也就是说,在城镇是清一色的"职工"队伍。曾记得改革初期,我们还不断地争论"劳动力是不是商品"?是该叫"劳务市场"还是"劳动力市场[②]"呢?当时,甚至连国家劳动部的部长也加入了争论的行列。30 多年的改革过去了,计划经济时代所形成的束缚经济发展的"城乡隔离"的劳动制度,实质上已经解除。如今,全国每年有超过 1.5 亿的农业劳动力进城工作,城乡一体化的劳动力市场开始出现。在城镇内,非国有经济也在蓬勃地发展。2008 年,城镇就业总人数已发展到 30 210 万人[③],与 1978 年相比,已增长了 216%,而符合原先"职工"范畴的人员的绝对数量为 11 972 万,比 1978 年增加 25.8%。30 年过去了,即使我们假定"职工"的性质依旧是当年的计划体制内的劳动力,显然,非"职工"——这一体现市场化属性的劳动力队伍极大地增加了,其占城镇就业总人数的比例由 1978 年的 0.15% 上升到 2008 年的 60.4%。由于发展劳动力市场,劳动关系也发生一些新的变化,劳动争议的案件急剧上升。在我国的城镇,渐进式的增量改革终于产生了巨大的飞跃。目前,我国城镇非国有企业的劳动力队伍举足轻重,已成为在传统的计划体制之外成长起来的一股占主体地位的、巨大的市场力量。显然,这对传统国有经济非市场的"职工"发

① 这是一个典型的计划经济体制下形成的一个劳动力的概念,反映了计划招工、商品粮和户籍管理这一城乡隔离制度背景下的劳动力统计和管理的非市场的特点。详见第三章《劳动供给分析》中的"劳动力范畴分类"一节。

② 官方文件中最早出现"劳动力市场"概念,是在党的十四届三中全会(1993)作出的《中共中央关于建立社会主义市场经济体制若干问题的决定》。

③ 国家统计局,《中国统计年鉴 2009》,中国统计出版社。

展模式，构成了巨大的压力和挑战。这也迫使传统的国有单位对“职工”的管理体制进行深层次的变革。这种变革，其方向是建立以需求为主导的市场经济体制及与其相适应的“契约”劳动力市场体制。在体制内，市场力量的引进也终于开始瓦解非市场的架构和机制，促使其内部启动了实质性的变革。这一变革的广度甚至开始波及大学、医院等非营利组织内对“人”的管理机制，以及与非营利组织员工关系的法律调整等相关配套的改革。

随意浏览一下今天社会上流行的各类新闻媒体的报道，我们可以清楚地看出，劳动力市场上的各类问题都成为人们日益关注的焦点，如大学生失业、民工潮与民工荒、工资增长、收入差距扩大等。劳动力市场为什么会出现失业？为什么会有收入差距？上大学是不是值得的？我们应该如何作教育和劳动决策？解答这些令人困惑而又迷人的问题需要劳动经济学理论，需要相应的分析工具和方法。学习劳动经济学有助于我们建立一整套清晰的概念和范畴，以更科学的态度观察和认识今天的经济生活现象。掌握现代劳动经济学的分析方法和工具，科学地评估我国的劳动力市场政策，也将更进一步推动劳动力市场的发展，提高资源配置的效率，有助于我国的经济增长和发展。

产品市场、资本市场和劳动力市场是现代经济学研究资源配置和人的经济行为要完整涉猎的三大市场领域。因此，从这个意义来观察，劳动经济分析的地位和价值的上升，也与中国微观和宏观经济层面的改革的深化，产品市场、资本市场的变革和推进有着十分重要的联系。产品市场上的竞争，推动着企业向以利润最大化为目标的组织行为发展；尽管中国的股市被有的经济学家斥之为“连赌场都不如”，但一个不容争论的事实是：以直接或间接融资为杠杆的企业扩张机制使资本市场逐渐形成，并走向成熟。在外部竞争压力推动之下，企业趋向不断变化和调整产品或服务的品种和样式，以适应不断变化的市场需求。在银行企业化的发展背景下，企业也开始有了相对通畅的融资渠道和机制。然而，在改革的过程中，发展产品市场和资本市场则不是最棘手的任务和环节。组织的变革最终要落到“人”的头上。变革走向了人们不得不面对的最困难的部分，即对“人”的变革。打个比方，我们能够将过剩的产品废弃，视为垃圾加以处置，难道我们能够立即将不需要的人加以抛弃，即实行所谓对人的“休克疗法”?！在发展产品市场和资本市场的基础上，发展和培育中国的劳动力市场，显然会触发不同人群间巨大而尖锐的利益冲突。在 20 世纪 90 年代初期，我们已经提出培育和发展中国劳动力市场的命题,如今,面对下岗、失业、收入差距和人才频繁流动(即所谓"跳槽")的现实,我们真正感到现实的挑战正向我们走来。

以雇佣关系为特点的市场经济国家,上百年来所面临的劳动力市场的问题,在21世纪初开始生动地呈现在我们的面前。学习和研究劳动经济学,有助于劳动经济和劳动关系、社会保障、人力资源管理,乃至整个经管类专业学生认识、分析和解决我国劳动力市场中的一系列重大问题,从而推动我国劳动科学①发展和劳动力市场建设,以及完善劳动力市场政策和法律法规。

## 第一节　劳动经济学的研究对象

按照贝弗里奇(William Beveridge)教授的说法,严格地限定一门学科的研究范围及对象,是科学研究的基本条件②。关于劳动经济学的研究对象,迄今为止,存在着多种多样的表达和叙述。从市场经济体制的角度而言,也即从劳动力市场的研究角度来看,现代劳动经济学的研究对象可从多方面来认识和把握。首先它涉及对"劳动经济学"这一相关的概念和范畴的理解。

就劳动经济学字面的意义来看,一方面,应当理解劳动经济学的"劳动"这一范畴的内涵和外延;另一方面,对劳动经济学中所涉及的"经济学"问题,鉴于我国经济学的研究现状,也有必要进行一些分析和讨论。

### 1. 劳动经济学中"劳动"的内涵和外延

按照劳动经济学界对"劳动"概念实际运用的情况来总结和分析,我们可以看到,在有些情况下,劳动是就劳动的主体而言的,也即它是指"劳动力";而在另外一种情况下,它可能指的是劳动过程或一种有目的的工作或活动。正如英文中的labor一词,既可以翻译为劳动,也可以翻译为劳工,即劳动力。就资源配置和人的经济行

① 在中国,有一段时期流行"劳动科学"这一概念。它的含义非常广泛。几乎将与劳动有关的学科和内容,统统归并进来。2002年9月我们访问意大利米兰大学劳动问题研究所时,他们也提出"Labor Science"的概念。20世纪90年代我国劳动部成立了中国劳动科学研究院,现命名为中国劳动和社会保障研究院。

② 贝弗里奇,《科学研究中的艺术》,科学出版社,1983年。

为而言，特别是涉及劳动力市场的学问而言，劳动经济学使用的含义更多的是涉及"劳动力"。当然，劳动力的行为往往与劳动过程或劳动活动相关联。因为对于不存在劳动的活动，分析劳动力的问题也就失去了价值和意义。不过，应当特别指出，在计划经济的年代，劳动经济与劳动管理曾合二为一，在传统的苏联的教科书中，劳动经济学大量涉及企业劳动活动，或者说是对具体的劳动过程管理的分析和探讨。由于计划经济体制建立在信息是完全可以控制的，员工不存在工作的动力问题，即不承认市场的存在的假设前提之下，企业不是作为独立的利润最大化的组织而存在，因此，在计划经济的年代，既没有真正意义上的劳动经济学，也没有针对"人"的劳动管理，或者说"人力资源管理"的学问。而在市场经济条件下，劳动力的供求行为受市场价格信号的影响发生了变动，劳动力的市场问题成为劳动经济学研究的主体内容，而作为管理层面上的劳动过程或劳动活动的研究，已被企业人力资源管理所替代。在计划经济条件下所形成的所谓"劳动管理"的提法，目前已不再使用。谈到对在市场经济条件下的"劳动者"或"劳动力"的研究，也就是将人的生产能力作为一种"准商品"的研究。劳动力市场并非是我们常规所理解的产品买卖的市场，而是一种劳动力"租借"使用的市场。在改革开放初期，之所以有一段时间讨论"劳动力是否是商品"的问题，其误区大多来自对劳动力市场与产品市场的属性缺乏区分，只是将其简单等同并加以类比。而实际上，劳动力作为商品只是一种"准商品"，劳动力市场也只是具有一种"准市场"的属性。国际劳工组织（International Labour Organization，ILO）的前主席曾指出，在现代的市场经济条件下，劳动力不是可以买卖的商品，作为一种可以买卖的商品，那是奴隶制下的典型情况。

至于劳动力这一范畴，也存在着很多不同的认识和理解。首先应当指出的是，就劳动力的外延而言，传统的劳动力的概念往往与从事体力劳动为主的"劳工"，即我们传统所说的"工人阶级"（产业工人）相联系，所以有人称劳动经济学为劳工经济学。早期称之为工人阶级的概念，也就是在市场经济国家所广泛使用的"劳工"的概念，包括有以下特征的几类人："这些人受雇于其他个人、公司或机构；他们使用雇主所提供的设备；在工作中遵循上级的指示；他们在国民收入等级中的地位较低。"①用这些特征衡量，所有获得雇佣工资的生产工人都属于劳工之列。而关于这一点在中

① C·A·摩尔根，《劳动经济学》，工人出版社，1984年。

国有所不同,多年来我们有一种说法,即工人阶级是企业的“主人”。我们在经济关系上不承认企业与员工的关系是一种契约的关系,不承认雇佣劳动的关系,因此,我们很少使用劳工这一概念,而使用工人阶级的概念,但两者并非相同。有一段时间,我们讲知识分子是工人阶级的一部分,撇开政治意义上的考虑之外,这种概念在劳动力范畴的界定上,其实质是拓宽了市场经济条件下的“工人”或“劳工”的概念。由于我们不承认契约劳动或者说雇佣劳动的范畴,在相当长时期,我国都没有一部调节劳动关系的正式劳动法规。直至 20 世纪 90 年代初,一个仅能界定有限范围劳动关系的、较为抽象的《劳动法》才迟迟出台。在发达国家以研究产业关系为主体的产业关系或劳工关系专业,在我国也刚刚被社会所接受。

另外还有一种分类,就是将劳动力划分为生产部门的劳动者和非生产部门的劳动者。这种思想的产生与劳动价值论的思想和学说联系在一起。马克思认为,只有创造物质产品的劳动才是生产劳动。由此,只有从事物质生产的劳动者才属于生产劳动者。这种理论是以苏联为代表的计划经济国家的国民经济核算体系构造的基础。

在市场经济国家的历史上,也有一种类似“体力劳动”和“脑力劳动”为区分的划分。这就是人们通常在实际经济生活中所谓“蓝领”与“白领”的不同称谓。在工业化的早期,这种区分概括了当时经济生活中的劳动力的一些特征和属性,有一定的意义。但是在后工业化的时代,特别是在服务业成为经济活动主体的年代,不仅第一产业的劳动力大幅度下降,第二产业即制造业的劳动力的比重也显著下降①。如果我们继续捍卫传统的理论,我们甚至都无法解释和说明这一时期社会财富增长的变动趋势和成因。依照传统理论的解释,我们必然会认为,创造财富的“劳动力”会越来越少,而不创造财富的“劳动者”越来越多,那么社会的财富怎么可能在不断增大?!况且,大量的现实已经证明,随着时代的进展,“白领”与“蓝领”的界限也变得模糊起来。白领工人从主要特征上,目前已逐渐接近于体力劳动工人的范畴。车间和办公室共同向更加机械化、计算机化和信息化的方向发展,逐渐把蓝领工人和白领工人毫无二致地转变成半技术机器操作者的角色。正是由于这种情况以及其他方面的发

① 以美国为例,1997 年第一产业的劳动力的比重只有 2.6%,第二产业的劳动力比重也下降到只有 21.6%,以服务为主体的第三产业的比重已达到 76%。

展,“非管理行业白领工人和装配线上的同类人的差别已成为表面上的,而不是实质上的”①。特别值得指出的是,20 世纪 90 年代以后,伴随着知识经济的兴起、信息化产业的巨大发展,现代的产业工人已摆脱传统的教育程度低、以体力劳动为主的特征。技术的变动,特别是计算机的普及使用,脑力劳动者和体力劳动者,蓝领工人和白领工人的差别已不表现在劳动的本质特征上。随着网络经济的发展,不同工作的性质有趋同化的倾向,劳动力的范畴和概念,甚至都有了新的表达和说法。为了更有利于概括新环境下的劳动力的特征,目前大量的企业,甚至各类组织都开始广泛使用“员工”这一范畴。正如国际劳工组织在 1998—1999 年的《世界就业报告》中所指出的,人们发现“不仅每个工作职位都经历了技能升级,而且生产性工作职位的整个分布也已由低技能转向高技能。在这种变化了的新的体制下,产业工人开始承担分析的职能,其作用已从过去作为操作者或机器的管理者的角色转变为需要掌握多种概念、技能的分析家”②。

### 2. 劳动经济学的定义

经济学是什么?经济学是研究稀缺的资源怎样或应当怎样被配置的一门学问。它是回答人和自然的一种关系的理论③。如果说劳动经济学是研究劳动力资源的学问,那么,人们实际上是将劳动经济学视为以研究劳动力的经济活动为主题的一个“经济学的分支”。不过,对劳动经济学的定义,也存在着几种不同的表述。

一种定义是强调劳动经济学涉及人的行为特征。例如 1931 年,朱通九在所著的《劳动经济》一书中认为,劳动经济学是研究劳动者的经济行为的科学。伊兰伯格(R. G. Ehrenberg)和史密斯(R. S. Smith)教授在 2000 年出版的《现代劳动经济学》中指出:“劳动经济学研究劳动力市场的运行和结果。确切地说,劳动经济学研究雇主和雇员对工资、价格、利润以及雇佣关系的非货币因素(如工作条件)的行为反应。”④

还有一种定义则强调,劳动经济学研究劳动力在经济活动中的作用,以及实现这

---

① C·A·摩尔根,《劳动经济学》,工人出版社,1984 年。

② 国际劳工局,《世界就业报告(1998—1999):经济全球化背景下的就业能力——培训的重要作用》,中国劳动社会保障出版社,2000 年,第 40 页。

③ 按照雷恩的说法,经济是关于人与自然的关系,社会是关于人与人的关系,政治是关于人与国家的关系。可参见雷恩,《管理思想的演变》,中国社会科学出版社,1997 年,第 4—8 页。

④ 伊兰伯格、史密斯,《现代劳动经济学》,中国人民大学出版社,2000 年,第 2 页。

些作用的条件。劳动经济学分析和设法探讨个人作为劳动力的经济活动。正如消费经济学研究消费者职能的性质和作用一样,劳动经济学是探讨在经济生活中的劳动力的性质,以及其作用的环境①。

另外还存在着特别强调劳动力的市场特征或与劳动的投入和产出相关的一些定义。如 1997 年牛津大学出版社出版的《牛津经济学辞典》将劳动经济学表述为:"劳动经济学是关于劳动力的供给和需求方面的经济学问。它涉及影响劳动参与率、工资谈判、培训、工作小时和劳动条件,以及有关雇用、劳动力流动、移民和退休年龄等实践活动的各种因素"。大卫·桑普斯福特(David Sapsford)在其主编的《劳动经济学前沿问题》中指出:"劳动力作为一种生产要素,其价格及配置是由哪些因素决定的?这就是劳动经济学所要回答的问题。"②

在我国,近年来对劳动经济学大多借用国外的定义。不过也有的学者有着不同的表述。他们将劳动经济学的研究对象定义为,"在效用最大化假设下,劳动力资源的投入—产出机理";"研究在人的理性行为遵循效用最大化的前提下,人们在生产中将作出什么样的投入决策"的学问③。

总体而言,尽管上述各种定义所强调的重点不同,但基本方面都离不开劳动力的供求,离不开劳动力的市场,离不开劳动者的行为,以及离不开经济学的基本范畴:成本、收益和价格,基本的分析方法和资源配置优化的目标。因此,我们认为,大体而言,绝大多数的学者对劳动经济学的研究对象的定义基本是一致的。概括起来我们认为,如下的表述可能更为简洁和明确:劳动经济学是对劳动力资源配置市场经济活动过程中的劳动力需求和供给行为,及其影响因素的分析和研究。简单来说,劳动经济学也可表述为是对劳动力市场及其影响因素的研究,没有市场,或者说脱离了市场,真正意义上的劳动经济学就不复存在④。

在 20 世纪 80 年代以前,我国经济学界长期受苏联学术界的影响,一直将经济学定义为研究生产关系的一门学科。因此,在苏联伊万诺夫(Н. А. Иванов)的《劳动经济学》教科书中,曾将劳动经济学表述为"研究社会主义经济规律在社会劳动组

---

① 赵天乐,《英汉劳动辞典》,劳动人事出版社,1990 年,第 110 页。

② 大卫·桑普斯福特等,《劳动经济学前沿问题》,中国税务出版社,2000 年。

③ 赵履宽等,《劳动经济学》,中国劳动出版社,1998 年,第 20 页。

④ 曾湘泉,《劳动经济》,人民出版社,1994 年。

织、社会产品分配、劳动力再生产等方面的表现。并确定在实际活动中利用这些规律的方法，以便旨在提高劳动人民生活水平和促进人的全面发展的社会劳动生产率的不断增长”①。之所以出现这种今天看来似乎更具有经济哲学和劳动管理的表述，这与在计划经济条件下，不承认资源配置中存在信息和动力问题，不承认劳动力的个人所有制，不承认雇佣劳动和契约合同关系，不承认劳动力的供求双方利益不同的差异，归根到底不承认劳动力市场有关。因此，尽管我国的劳动经济学专业及教科书已有半个世纪的历史，但作为真正经济分析意义上的劳动经济学，应当从20世纪80年代晚期，我们在大学开始使用美国的弗里曼（R. B. Freeman）和霍夫曼（S. D. Hoffman）教授的劳动经济学的教材时算起。从此之后，才真正翻开了我国劳动经济学教学和研究的新的一页。

中国目前的改革，除了物质资本产权的改革之外，人力资本产权的改革任重而道远。以城乡隔离为特征的计划招工和商品粮制度开始解除，但因档案、人事、工资总额和公司治理结构不完善所导致的企业行为扭曲等对劳动力流动所构成的障碍，都显示出与建立真正意义上的劳动力市场尚有较大的距离。在改革和开放的大背景下，我们继续沿用计划经济时代强制进行劳动力资源分配的手段和方法，只会导致巨大的“强制而非市场的代价”②。采用计划经济的思路，研究解决市场条件下的劳动力市场问题，会导致对经济增长和发展不利的后果。学习和普及现代市场经济条件下劳动经济学的理论和观点已显得尤为重要。

## 第二节 劳动经济学的研究方法

关于劳动经济学的研究方法问题，几乎所有的劳动经济学教科书都有叙述或涉猎，劳动经济学的研究方法，实际上也就是一般经济学的研究和分析方法。

近年来，实证经济学的研究方法受到国内经济学界的广泛关注。实证经济学实际上是一种对人的经济行为进行研究和分析的一种理论。它建立在两个假说之上，

---

① 伊万诺夫、麦奇科夫斯基，《劳动经济学》，三联书店，1981年。

② 伊兰伯格、史密斯，《现代劳动经济学——理论与公共政策》，中国人民大学出版社，1999年，第7页。

一是稀缺性。这是经济问题存在,也是经济学研究存在的最基本原因。正是这一点,才有了经济学上的“机会成本”(opportunity cost)的概念。用通俗的话来表达,即没有免费的午餐。如同商品和资本是稀缺的一样,劳动力资源也是有限的。尽管我们常常听到有一种说法,像中国这样的人口众多的发展中国家有“无限供给的劳动力”,这只是形容我们的劳动力资源丰富而已。稀缺性这一假设所隐含的重要命题是,人们对资源的使用存在着供求问题,存在着成本,特别是机会成本的问题。劳动力资源也是稀缺的。这种稀缺的程度,可以通过劳动力的价格——工资反映出来。比如,对劳动者个人而言,两种职业只能有一种选择,其本身不仅具有直接的成本和收益,还有因个人劳动力的有限而引起的放弃另外一种选择的成本和收益问题。观察一下每年应届大学毕业生在求职时,面临许多的单位就业合同而迟迟不能签下的情况,想必你就能对“稀缺性”的原理有了更为直观的认识和理解。用人单位的情况也是一样。就人力投资而言,用高价格招聘张三,也面临着放弃对王五的雇用。可以说,劳动力市场上的个人及各级的人力资源部门,每天都处于资源稀缺性约束下的就业决策抉择之中。在这个地球上,无论好恶,我们永远摆脱不了机会成本和机会收益的“生活”。

实证经济学的第二个假设是,人是有理性的。即它假设人们对有利可图的事,或者说是利益,反映积极;无利可图,甚至对自己有害的事,即成本,则反映消极。用经济学的专业术语表达,个人是追求效用最大化,即努力使自己达到幸福,尽管幸福不仅表现在货币方面,同时也表现在非货币的方面。作为理性人的企业假设,即企业是追求利润最大化的。关于这一点,在中国的国有企业的行为研究中,我们往往发现,它是以员工收入的最大化而非利润最大化的原则行事。这与国有企业的所有者缺位有关。没有老板的体制,显然是职工收入的最大化,这恰恰也是这种体制下的企业理性行为(理性行为不等于正确的行为)的表现。在劳动力市场上,作为雇主总是乐意以较低的劳动成本来雇佣劳动力,以获得满意的利润;而作为雇员则希望找到一个工作条件舒适、报酬较高的工作。这也就是说,研究劳动经济学,也脱离不开经济学所讨论使用的所谓“经济人”的假设。尽管这种假设也存在着争论,比如心理学和社会学家就对此存在着非议,但我们认为这是经济分析之所以存在的基础。

借助于上述两个必要的、也是重要的假设,劳动经济学的研究能够帮助我们理解和预测劳动力市场上的劳动力供给和劳动力需求的行为变动趋势和走向,或者按照伊兰伯格的说法,“实证经济学的目标实际上是在试图发现他们的行为倾向”,这也正是实证研究方法的价值之所在。在劳动经济学方面,浏览一下《劳动经济学》杂志(*Journal of Labor Economics*)上所发表的论文①,你可以发现大量运用这种方法所撰写的劳动经济学的论文,或者像《地区劳动力市场中的工资和就业调整》②一类的研究报告,也都是运用实证方法研究的结果。近些年来,我国经济学界也在不断地强调要强化实证研究、国外学者与国内学者的持续合作,以及国内学者赴北美、欧洲等国家和地区进修和学习。我们看到,在就业、劳动力流动、人力资本投资,特别是有关收入分配差距等一些领域的研究,都有了较大的进步。

不过就总体而言,迄今劳动经济学在实证研究的成果数量及质量方面,与国际同行相比,仍然有很大的差距。在这方面,较为突出的问题表现在两个方面:一是实证研究的数据资料和信息分享的平台没有搭建起来。尽管我国的国民经济核算体系,已抛弃了苏联的体系,建立了 SNA,即联合国所设定的市场经济国家的核算体系,但实际的统计指标和方法仍然没有摆脱长期计划经济条件下所形成的思想。这导致真正用于实证分析的劳动统计资料相当缺乏。比如,迄今为止,我们的统计部门都没有清楚地界定出就业者、失业者和非劳动力的范畴,这样的话,谈就业和失业的实证研究就是一句空话。二是近年来,随着国际交流的加强,我国劳动经济学教学和研究水平也有了较大的进步。但应当承认,我们从事劳动经济的研究队伍很小。而且,现有的研究者也大多长期受传统的生产关系经济学的影响,缺乏现代经济分析的理论和方法训练,大量的劳动经济学的论文仍停留在劳动问题和哲学层面的一般议论上。论文大多采用的是事实归纳,或者一般的概念演绎。强化对国际上已经成熟的劳动经济学研究成果和文献资料的熟悉和了解,建立科学的理论假设和严密的技术研究路线,科学地运用现代统计和计量方法,等等,这也成为我国劳动经济学界运用实证方法取得成果的重要方面。

研究和分析劳动力市场上实际的运行是怎样的,只是告诉了我们一个客观的运行状态,它并没有说明这种状态是对还是错。或者说,没有说明这种状态是否符合我们的要求。比如说,实证研究表明,按照国际通行的基尼系数所衡量的我国的收入差

---

① 这是目前国际劳动经济学权威的一份学术期刊,是由美国劳动经济学会主办,芝加哥出版社出版发行。

② Randall W. Eberts and Joe A. Stone, Wage and Employment Adjustment in Local Labor Markets, *Journal of Labor Economics*, Volume 1, Issue 2, 1994, pp. 232 - 234.

距已达到了0.45,并且人力资本投资的大小成为这种差别的主要的原因之一。这并没有回答这一状态究竟是好还是不好,以及我们应当保持多大的收入分配的差距。回答和解决这个问题,需要规范经济学的理论和分析方法。在劳动经济学领域,规范经济学严格地讲是一种价值判断的理论,或者说它是“应该是什么”的理论。实证经济学会告诉我们两个或者多个变量实际的状况,究竟是如何相互作用的,即通常我们所说的“实际是什么”,但它并未告诉我们这究竟是“对”还是“错”,或者说,对实际所发生的东西的价值判断,依赖于通常我们所说的规范的价值判断分析。

事物的价值如何判断?前任美国总统经济顾问委员会主席曼昆曾写道:“人们经常要求经济学家解释一些经济事件的原因。例如,为什么年轻人的失业高于年龄大的一些人?有时也要求经济学家提出改善经济结果的政策建议。例如,政府应该为改善年轻人的经济福利做些什么?当经济学家努力去解释世界时,他们是科学家。当经济学家想要改善世界时,他们是决策者。”①而决策则依赖于各自的价值判断。也许有人认为0.4的基尼系数已经很大,而有人认为到了0.5甚至更高才值得加以关注。所以谈到规范经济学,对一个问题所引起的争议颇大。不过,规范经济学也有一些基本的判断尺度。从本质上讲,它的根本的价值尺度是以互惠原则作为基础和出发点的。

关于互惠原则的理解说起来有三点:一是市场交易行为活动涉及的所有各方均受益,即没有人在此交易行为活动中遭受损失。举例来说,在劳动力市场上,一个用人单位用高薪招聘一个财务总监时,如果应聘者是一个进行过较大的人力资本投资,并有在大型跨国公司丰富的工作经验的人士,企业支付给此人较高的薪酬,此人也将给企业创造相当的价值。我们说企业和招聘者最终签订的工作合同是符合双方收益的互惠原则的。企业的好处是,一个既懂财务分析又懂资本运作的财务总监,将大大改善企业的财务管理状况,这将使企业财务管理上层次,更能促使管理出效益。个人的好处是,高薪实现了个人人力资本投资的回报,体现了个人价值。这也解释了为什么我们说政府应当鼓励劳动力流动,鼓励企业根据自己的需求制定劳动力价格,或者说自己的薪酬政策。

互惠的第二层含义是,在市场交易行为活动中,有一些人获得收益,而无人

---

① 曼昆,《经济学原理》,上海三联书店,1998年,第27页。

遭受损失。如前所述，企业用高薪招聘到一位财务总监，使得交易双方都获得收益，而企业或在劳动力市场上的其他的人力资源经理或应聘者，并未因此而受到损失。

当然，现实经济生活中，常常会发生的情况更多的可能是，有受益者也有损失者，不过受益者收益的程度或数量超过损失者损失的程度和数量。比如，在发达国家的劳动立法中，特别强调反对在人员招聘中所发生的学历歧视。简单的学历歧视的招聘政策，对个别企业是有些好处的，比如，它能减少人员招聘过程中的甄选成本等；但当容许企业实行歧视性的招聘政策时，很容易导致企业不开展工作分析，对企业人力资源管理水平的提升带来整体的损害。因此，在法律的层面，推行反歧视政策可能会对有的企业带来招聘成本的提升，但总体而言，提高了社会人力资源配置的效率。

劳动力市场的很多交易行为活动是在互惠的原则驱动下发生和展开的，但并不是说所有互惠的行为都会自动产生。在劳动力市场，如同在产品市场上一样，也存在着“不知情”、“交易障碍”、“价格扭曲”和“市场缺位”所导致的①，尽管存在着互惠的理由，但未能发生互惠的活动行为。

“不知情”也即没有掌握充分的信息。在我国的劳动力市场上，由于信息不发达所导致的劳动交换的障碍很多。比如，有一些人由于企业破产后而失业，而失业者本身则具有某种工作技能，但实际上有些新兴的地区和部门则对其有着一定的需求。由于缺乏工作信息，结果导致他在较长的时期内找不到适合他本人工作技能的工作，或者被迫从事一些体力性的或服务性的工作。现实的经济生活中，有大量的交易活动没有发生，这都是由于信息缺乏导致的。

所谓“交易障碍”，一方面是指交易活动可能因一些法律或制度的障碍因素而不能发生。在我国，长期以来实行商品粮、计划招工和户籍管理的城乡隔离等制度，这对劳动力市场上的劳动力流动形成了很大的障碍。一个求职者在其工作技能完全能够适合一个大城市单位的工作要求时，当由于没有当地的户口，则无法实现在该地就业的愿望。因此，改革户籍制度成为我国发展劳动力市场的一个十分重要的内容和任务。另外一方面的障碍可能是由于实现这种交易活动的一方缺乏足够的资金。就

---

① 在伊兰伯格等所著的《现代劳动经济学——理论与公共政策》一书中，提出并详细地分析了这些问题。

如上所述,一个破产企业的员工如果有足够的经费参加培训,改变自己的工作技能,在劳动力市场上也较容易找到工作,甚至启动创业活动。但由于资金的缺乏,他不可能就业,更谈不上创业。因此,我们看到,为了消除这一障碍,我国政府近年来出台了一系列的再就业措施,包括小额贷款、再就业培训资助等项目。

价格是决定生产什么和怎样生产等的信号。如果价格扭曲,包括劳动力价格的扭曲,都将影响资源在不同企业之间的配置。比如在国有企业,高层管理人员的薪酬水平离市场价格距离较大,国有企业就不可能吸引一些人才从外企或民营企业到国有企业工作。至于"市场缺位",则是我们这样一种市场不发达国家的突出问题。

凡此种种,往往都会引起对传统的劳动就业制度进行改革:一方面是发展劳动力市场,破除劳动力流动的障碍,如户籍、档案等,解决阻碍劳动力市场上信息充分流动的制度障碍,以及"价格扭曲"和"市场缺位"等;另外一方面是强化政府对公共产品市场的介入,如发展公共就业信息服务、开展失业和半失业人员的培训等。通过解决上述"不知情"、"交易障碍"、"价格扭曲"和"市场缺位"等问题,促进我国劳动力市场的建设和发展。

## 第三节　劳动经济学的研究特点

大卫·桑普斯福特(David Sapsford)曾指出,"长期以来人们就认识到,劳动力市场应该成为一门特殊的学问"(Marshall, 1890;Hicks, 1932)①。那么,劳动经济学的特殊性表现在什么方面呢?至少我们可以从以下几个方面来理解。

我们知道,普通的经济学主要是将人从消费者的角度加以观察和认识的。因此,人们对产品的需求成为经济学研究的出发点。产品市场上的研究所提出的目标是使消费者获得最大的满足。用经济学的规范的表述是追求消费者的帕累托最优(Pareto Optimality)。然而,对产品市场上的人作为消费者的研究固然重要,但远远不够。我们知道,进入法定劳动年龄以后的成年人不仅是消费者,更重要的还是生产

① 大卫·桑普斯福特、泽弗里斯·桑纳托斯,《劳动经济学前沿问题》,中国税务出版社,2000年,第1页。

者，他们每天要投入 8 个小时，每周投入 5 天的工作日或更多的时间来参加市场工作，从事劳动，创造价值。随着劳动生产率的提高，社会对法定工作时间的规定在缩短。但即使如此，大部分成年人工作仍然是他们生活中的主要内容。按照我们缩短制度工作周以后的时间来计算，目前的 5 天制度工作周，不考虑加班和假日经济的经济活动，一个员工大约也有 1/4 的时间，即每周 40 小时的时间要用于工作①。除此之外，一个员工回到家里，还有一部分时间要用于家庭物品的生产，以替代对市场物品的购买。对这种生产行为变化的研究显然成为一个经济学家研究社会经济生活，特别是市场经济条件下人们经济行为的一个不可回避的重大领域。

因此，我们看到，劳动经济学与普通经济学有所不同的第一个特点就是，它将问题的注意力投向了人们工作的范围，如就业、失业、企业对劳动力的需求水平等；投向了人们选择以及变换工作的行为，如劳动力的流动；投向了人们为工作而获得的货币和非货币的报酬方面，如人力资本投资、薪酬决定的因素等。它将生产者的满足与消费者的满足作为同一个重要问题来看待。

劳动经济学的第二个特点和劳动力市场的特性联系在一起。如果我们把劳动力看作一种“准商品”，那么对这种商品的需求与对一般商品的需求有所不同。准确地说，对劳动力的需求是一种派生需求，即企业对劳动力的需求不是一种最终产品的需求，它是对产品生产需求所派生和所导引出来的一种需求。而我们对一般商品的需求更多的是一种直接需求，一种最终产品的需求。由此可以看到，我们在研究劳动经济问题时，不可能摆脱商品市场和资本市场来孤立进行劳动经济的分析和研究，即所谓不能就劳动来谈劳动，就劳动力来谈劳动力。我们知道前些年美国的 IT 行业发展非常迅速，一度出现了网络泡沫，“. COM 公司”遍地开花。这也导致了劳动力市场中 IT 行业的人才高度紧张。按照《美国报酬协会期刊》(*American Compensation Association Journal*)发表的一篇研究报告指出的，2000 年在硅谷有 40% 的公司在三个月内招不到人。即使在中国，发生的情况更令人印象深刻。深圳一家著名的民营公司，当年一次招收 6 000 名新员工，面对 IT 人才的竞争采取了所谓的“掠夺性人才战略”。然而到了 2002 年，情况便急转而下。在美国，网络泡沫开始破灭，经济开始出现衰退，这

① 5 天之外的工作小时研究，目前国内尚不多见。实际上这是一个很有意义的研究题目。在实行 5 天工作周后，有一些劳动者在制度工作周之外的市场工作时间已经日渐增加。

也迅速传递到劳动力市场。IT 行业纷纷裁员,一些专业人才面临求职的困难。在中国,虽然经济继续保持高速增长,IT 行业受到的影响没有像美国那样突出,但国有企业招聘计算机一类人才较为困难的局面发生了很大的改变。IT 专业人才的薪酬水平也有了较大的回落。这说明,离开了产品市场和资本市场的变化背景,对劳动力市场的分析都是缺乏依据的。

从上述劳动力的两个特点出发,对于劳动力市场问题的研究,国内劳动经济学界都显得较为薄弱。第一,这是因为多年来对劳动力市场的经济学分析不够。在中国出版的大量的有关劳动方面的书刊论文中,一般的劳动政策描述和劳动工作总结报告式的"成果"随处可见,从事劳动问题研究的人员,缺乏现代经济理论分析和方法的训练,因此,只能就事论事。没有理论,我们如何分析?! 没有方法,我们如何研究?! 其结果是,经过科学的实证或规范的劳动经济分析所形成的研究成果并不多见。从目前已有的劳动领域的报刊可发现,尽管有关涉及劳动和人力资源领域的期刊不少,但真正意义上的学术期刊几乎很难见到。这一方面导致劳动学科发展较为落后;另外一方面使我们的政策研究,特别是对政策实施的效果评估缺乏依据,甚至影响到劳动力市场的统计指标的设立和整个体系的运作。

第二,结合产品市场和资本市场来研究和处理劳动力市场的问题,也是我们值得关注的一个重点。长期以来,劳动经济理论和实际部门,就劳动来谈劳动,不关心,也不懂商品市场和资本市场的变化和规律,即忽视劳动经济派生需求的这一特点,这造成了劳动和经济截然分开。一个有趣的现象是:懂经济的往往不懂劳动或者是不关心劳动,而懂劳动的则既不懂宏观经济也不懂微观经济分析,甚至是不关心经济问题。我国劳动经济理论的教学和研究,包括劳动管理部门,游离于主流经济学理论和主流经济部门之外,也使得我国劳动经济的教学和研究,以及实践活动与其他经济理论教学和研究,以及经济管理部门未能很好结合,也造成了我国独有的这种"两张皮"的现象。

第三,应当指出,劳动经济学的研究对象与劳动者(即人)有关,与整个社会的发展(在当前表现为全球化和技术进步的发展)趋势有关,因而,对劳动经济的研究也常常表现出这样一个特点:劳动经济问题的研究,脱离不开一个国家一定时期的劳动力市场上的制度和全球化及网络经济发展这些宏观背景。

对于我国这样一个从计划经济向市场经济转变的国家来说,这一点表现得尤为突出。我国劳动力市场上的制度障碍集中表现为：传统的计划经济体制所遗留下来的一系列管理规定、政策等对劳动力市场培育和发展的影响。这包括人们所熟悉的我国独特的户籍管理、干部档案管理、城乡隔离、地区割据及大学毕业生的计划分配指标等方面。尽管这些方面对我国目前劳动力市场的运行和资源配置的作用日趋减小，但仍然是不可忽视的重要因素。这也导致了制度分析和制度变革的研究占据了目前我国劳动经济学界研究的主体，其原因与这种发展阶段和背景有相当的关系。

20 世纪 90 年代以来的经济全球化和与之相伴随的网络技术的变革，引发了对于与全球化相关的劳动力市场变化的一系列问题的讨论。高新技术的发展，促进了产业结构的变化，出现了一种以相对成本为基础的全球劳动大分工。发达国家正沿着“价值链”向上移动，而将低附加值的生产对外转包给人工成本较低的发展中国家。在发展中国家，劳动力市场分化的程度日趋严重：一方面，高技能人才能够在更大的范围内频繁流动，自主择业，获得较高的报酬。由于国际竞争激烈，包括德国和日本这样一些发达国家都在激烈的国际人才竞争中，开始改变或放松移民管制，调整自己的政策，以应对全球化条件下的人才竞争挑战。在激烈的人才竞争中，发展中国家如何吸引和留住高端人才成为一大挑战。另一方面，全球有越来越多的劳动年龄人口希望加入劳动就业的队伍，低技能的劳动力的就业条件更加不利，劳动者的工资有向下走低的态势。对广大的发展中国家来说，在灵活就业比重不断上升、就业形式日趋多样化的条件下，如何在继续扩大正规经济就业规模的同时，有效促进非正规经济中的就业，并不断改善劳动条件，提供相应的社会保障，成为劳动力市场发展的现实任务。

在发达国家，由于网络技术的发展，“信息职业”已占各种新职业总和的 40% 以上。高新技术创造出软件编程、网络设计和通讯服务等新职业，也创造出新的所谓“好莱坞”式的劳动力市场模式。在这种模式下，劳动者频繁地变换着工作，为不同的雇主服务。网络信息化使得工作和劳动的地点也发生变化。在劳动力招聘的市场上，企业和劳动者的工作匹配过程缩短；员工培训、薪酬、绩效管理和员工关系处理的有形和无形的成本也在下降；特别是，随着现代通信技术的发展，灵活就业的比重在不断上升。就业模式日趋多样化，出现了短期就业、季节性就业、非全日制就业、家庭就业、自营就业、派遣就业以及兼职就业、远程就业等多种就业形式。在发达国家中，从事非全日制工作的劳动者比重在不断上升,数量不断增加。欧盟从 1990 年的 13% 上升到 2000 年的 16%,其中,荷兰最高,达到 30%。美国 2002 年达到 17% 的水平,从业人数已达到为 2 300 万。这些都是在研究和分析劳动经济问题时值得注意的特点。

第四,还有一点就是,兼并和收购现在成为值得关注的研究课题。由于现代资本市场的不断发展,企业兼并和收购成为一个现代经济活动中不可回避的现象,对劳动力市场上的人才流动和企业人力资源管理都带来了许多新的课题。毫无疑问,在企业兼并和收购发生后,随着企业资产的重组,组织变革和人员重组被提上议事日程,裁员即员工非自愿性流动,以及辞职即员工自愿性的工作流动不断发生。新型企业的整合,面临许多劳动和人力资源管理问题需要研究和探讨,诸如工资制度、文化整合等都面临新的机遇和挑战。

第五,近年来,劳动经济学的研究还呈现出一个新的动向,即开始向企业内部的人力资源管理问题拓展。传统的经济学分析通常都是简单地将公司看作一个“黑箱”系统,通过这一系统,将投入(劳动力、资本以及原材料)转化成产品,而对于公司的内部结构却考虑得很少。而近年来,许多经济学家开始更多地注意组织结构问题①。在这些分析中,开始利用经济学的基本工具来研究可能影响公司价值的有关决策。管理经济学和人事经济学等都成为专门的课程。

## 第四节　劳动经济学与其他学科的关系

很显然,谈到劳动经济学与消费经济学,大家都会认识到他们是截然不同的研究领域。但是对大多数从事社会科学的人士而言,劳动经济学毕竟是一个比较陌生的领域。特别是,人们通常将劳动经济学与其名称相近的其他一些学科相混同。因此,在此有必要将劳动经济学与人口经济学、劳动关系、人力资源管理以及理论经济学的

① James A. Brickley, Clifford W. Smith, Jerold L. Zimmerman 著,张志强、王春香译,《管理经济学与组织架构》,华夏出版社,2001 年,第 6 页。

关系，即与它们的联系与区别做一些分析。

劳动经济学与人口经济学两者的关系往往容易引起误解。有一段时间，我国搞学科调整，有人认为应该将这两者合二为一。其实，劳动经济学与人口经济学研究的角度并不相同。人口经济学研究的是人口的生产与再生产的经济问题。尽管其与劳动经济学有着一定的联系——无非都是研究“人”的，但是，两者有着完全不同的研究对象和研究范围。从人口经济学来讲，自然人口增长的经济规律，特别是人口对物质资源消费的影响，是它集中要研究的对象和任务。它更多地将人作为消费者来看待，它的研究范围包括 16 岁以下的非劳动力人口。劳动经济学的核心命题，是劳动力市场中的“劳动力”和“劳动”。因为只有达到法定劳动年龄人口的人才能称之为劳动力，所以劳动经济学研究 16 岁以上的劳动人口的劳动，或者我们称之为与劳动者的“工作”有关的行为问题。劳动经济学主要研究劳动力而不涉及非劳动力。非劳动力既包括未达到法定劳动年龄人口的人，也包括因在校就读、健康等原因退出劳动力市场的那一部分，并已达到法定劳动年龄的人口。用专业术语来表达，就是劳动经济学将人作为生产者而非消费者来研究，它研究处于市场活动中的劳动或工作的人。

劳动经济学与产业关系或劳动关系的关系是历史上不大清楚，目前也需要进一步澄清的问题。从历史上观察，早期的劳动经济学与产业关系或者说劳动关系有着极为密切的联系。在 20 世纪 50 年代以前，劳动经济学几乎和劳动关系被视为同一个专业领域。特别是作为劳动经济学的制度学派的部分，两者的关系尤为密切。按照 Keith Whitefield 和 George Strauss 教授的说法，在英语国家，尽管产业关系或劳动关系某种程度上受到其他学科，特别是受到产业社会学和职业心理学的影响，但主要还是来自劳动经济学制度学派的影响和推动①。诸如我们熟悉的 19 世纪 90 年代在美国以康芒斯等学者为代表的制度经济学家，对产业关系学科的发展都有着直接的影响作用。不过，后来随着时间的演进，劳动经济学与产业关系日益分离成不同的学科领域。特别是 20 世纪 60 年代以来，以新古典经济学为代表的劳动经济学家，他们试图将劳动经济学与主流经济学的方法论加以结合，受到这种力量的驱使，他们更多

① Keith Whitfield and George Strauss (ed.), *Researching the World of Work*, *Strategies and Methods in Studying Industrial Relations*, Cornell University Press, 1998, p. 6.

的是强调劳动经济学的“经济学”方面,或者说是经济分析的方面,如人力资本和效率工资模型等。而产业关系或劳动关系的学科,早期在北美更多地是强调劳动经济学的“劳动”这一方面。在20世纪50年代以后,研究产业关系的学者,除更重视劳动经济学的内容吸取、劳动经济学作为劳动关系领域的基本理论分析之外,越来越重视与社会学、法学、组织行为学和政治科学等不同学科领域学者的互动和交流,它成为一个跨学科训练的领域。在澳大利亚和英国,它甚至成为一个独立的、让学生接受训练的学科领域。在德国等其他一些欧洲大陆的国家,产业关系或劳动关系几乎完全不独立,也不属于经济科学,更多地从属于法或社会学学科领域①。在我国,长期以来,传统的劳动经济学就是研究劳动关系的。随着经济分析学科的日益强化,以及市场经济条件下的劳动关系问题的大量出现,劳动经济分析对劳动关系的研究无疑会提供直接的理论支持。但毕竟劳动经济学会越来越体现出作为一门经济分析工具的价值,而劳动关系则越来越成为一个更接近研究和解决实际的劳动问题的跨学科领域,越来越多的院校开设劳动关系本科专业,两者显示出不同的发展特点和走向。

劳动经济学与人力资源管理的关系是最令人感兴趣的话题。关于这一点应当从苏联体制下的劳动学科谈起。传统的劳动经济学在计划经济体制下,表现出最大的一个特点是:劳动经济也是劳动管理。套用今天的一种说法,劳动经济与人力资源管理在苏联学者伊万诺夫(Н. А. Иванов)的《劳动经济学》的教科书中,是一回事情。比如,在这本教科书中,要讲劳动生产率,要讲劳动定额等。计划经济体制下的劳动经济学系,实际上也就是劳动管理系,或者说是人力资源管理系,甚至连我们上述所谈到的劳动关系或者说产业关系学科,也混在一起。

20世纪90年代以来,我国的劳动经济学界开始接受北美的劳动学科划分模式。因此,在接受职业化和专业化理念的背景下,传统的企业的劳动管理,或者今天在北美所流行的人力资源管理,在我国管理学和经济学分开(即管理学成为一级学科)的新的条件下,和劳动经济学逐渐区分开来,成为一个有着巨大的市场需求和学术发展潜力的管理学分支。从1993年中国人民大学劳动人事学院开始招收人力资源管理

---

① Keith Whitfield and George Strauss (ed.), *Researching the World of Work, Strategies and Methods in Studying Industrial Relations*, Cornell University Press, 1998, pp. 5-7.

本科生至今，人力资源管理在劳动经济学的学科“工作母机”的呵护下，已经迅速地发展起来。在劳动经济学硕士和博士点设立的基础上，2003年我们也首次获准设立人力资源管理硕士和博士学位。中国的人力资源管理学科开始得到正式认可。而劳动经济学目前主要向经济分析的方向，特别是应用经济学的分析方向发展。由于劳动经济学主要研究劳动力的市场，研究企业和人在劳动力市场上的行为反应，因此，当前和今后，劳动经济学与人力资源管理的关系仍然密不可分，它们之间有着天然的本质的联系。特别是近些年来，在北美开始出现新的变化趋势。这就是劳动经济学不仅成为人力资源管理理论的一个主要的理论基础和分析工具，而且如前所述，它已开始深入到人力资源管理体系内进行研究。劳动经济学家开始利用企业内部人事管理数据来系统探讨诸如人员招聘、绩效考核、培训等管理流程问题。在劳动和人力资源领域，经济学和管理学的结合显得较为突出。当然，我们也看到，劳动经济学深入到人力资源管理领域的一个很大的原因，与人力资源管理这门学科的发展面临的困境和问题联系在一起。人力资源管理的决策，直到最近都没有找到一个系统的学科作为其理论基础。比如，有的学者指出，在现有的人力资源管理的学科框架内，人事问题常常被看成是一些过于软化和过于人性化的问题，因而无法用一种严格的方法来进行处理。它与金融问题不同，在那里，对套汇的条件是可以加以模型化、展开分析并进行预测的；而人力资源管理中所包含的则是一系列亟待找到明确的、毫不含糊的答案的重要问题。对于一个人力资源管理专业人员或学生来说，没有什么比听到专业中的某一问题仅仅得到这样一个答案更让他灰心丧气的了：“他取决于不同的情况”，或者“我们无法对人的情感加以归纳”。由于过去多年来，经济学家已经逐渐纠正了将注意力主要集中于那些易于量化的变量的趋向，把研究的范围扩大到从事人力资源管理的人非常感兴趣的那些问题。像地位、自豪感、工作的喜悦感等工作满意度中的非货币构成要素，都是可以在经济学的框架内部加以分析的①。

最后，我们需要说明的是劳动经济学与理论经济学的关系。这很显然是一般与特殊的关系。现代的经济学是研究资源配置的一般机理和市场上供求的变动行为的科学。劳动经济学是研究劳动力市场上，劳动力的供给和需求的变动行为的科学。

---

① 爱德华·拉齐尔，《人事管理经济学》，北京大学出版社，2000年，第1—2页。

它是一个特殊的领域,是一般经济分析和研究的一种延伸。当然,西方的劳动经济学也经历了不同阶段的发展,也存在不同的学术流派。在早期的教科书中,劳动经济学和劳动关系也经常放在一起。强调制度分析和工会运动。如早期雷洛兹的教科书的名称就是《劳动经济学和劳动关系》,即使后来的摩尔根(C. A. Morgan)的《劳动经济学》教科书,其中有1/2的篇幅谈劳工运动和工会问题。后来,随着主流经济学说的发展,劳动经济学开始步入对劳动力市场和公共劳工政策的纯经济的分析,美国教授霍夫曼(S. D. Hoffman)的《劳动力市场经济学》反映了这种趋向。总体来说,在国际经济学界,特别是在北美经济学界,无论新制度劳动经济学或者新古典劳动经济学,它们都成为经济学研究的一个重要分支,就学术论文发表的数量排名来讲,仅次于金融经济学领域。目前,国际上有很强大的劳动经济学的研究队伍①。

## 本章小结

劳动经济学是伴随着劳动力市场发展成长起来的一门学问。劳动力市场并非是我们常规所理解的产品买卖的市场,而是一种劳动力“租借”使用的市场。劳动经济学是对劳动力资源配置市场经济活动过程中的劳动力需求和劳动力供给的行为,及其影响因素的分析和研究。

实证经济学和规范经济学是劳动经济学的两种主要分析方法。实证经济学实际上是一种对人的经济行为进行研究和分析的一种理论。它建立在两个假说之上,一是稀缺性;二是人是有理性的。强化对国际上已经成熟的劳动经济学研究成果和文献资料的熟悉和了解,建立科学的理论假设和严密的技术研究路线,科学地运用现代统计和计量方法等,也已成为我国劳动经济学界运用实证方法取得成果的重要方面。实证经济学会告诉我们两个或者多个变量实际的状况,究竟是如何相互作用的,即通常我们所说的“实际是什么”,但它并未告诉我们这究竟是

① 易定红,“西方劳动经济学两大流派的比较”,《劳动经济》,2001年第2期。

"对"还是"错",或者说,对实际所发生的东西的价值判断,依赖于通常我们所说的规范的价值判断分析。规范经济学的价值尺度是以互惠原则作为基础和出发点。劳动力市场的很多交易行为活动是在互惠的原则驱动下发生和展开的,但并不是说所有互惠的行为都会自动产生。在劳动力市场,如同在产品市场上一样,也存在着"不知情"、"交易障碍"、"价格扭曲"和"市场缺位"所导致的,尽管存在着互惠的理由,但未能发生互惠的活动行为。

劳动经济学的特殊性表现在:普通的经济学主要是将人从消费者的角度加以观察和认识的。劳动经济学与普通经济学有所不同的第一个特点就是,它将问题的注意力投向了人们工作的范围;投向了人们选择以及变换工作的行为,如劳动力的流动;投向了人们为工作而获得的货币和非货币的报酬方面,如人力资本投资、薪酬决定的因素等。它将生产者的满足与消费者的满足作为同一个重要问题来看待。劳动经济学的第二个特点是,企业对劳动力的需求不是一种最终产品的需求,它是对产品生产需求所派生和所导引出来的一种需求,在研究劳动经济问题时,不可能摆脱商品市场和资本市场来孤立进行劳动经济的分析和研究,即所谓不能就劳动来谈劳动,就劳动力来谈劳动力。

劳动经济学与人口经济学、劳动关系、人力资源管理以及理论经济学的关系,都有着密切的联系,又有着相当大的不同和区别。总体来说,在国内外经济学界,劳动经济学,作为现代经济学的重要分支,有着巨大的社会需求和发展前景。

## 复习思考题

1. 劳动、劳动力、劳动力市场、劳动经济学、劳动关系、人口经济学、人力资源管理如何理解。

2. 谈谈你对劳动经济学的研究表述的理解。

3. 举例说明运用规范经济学或实证经济学研究现实劳动经济问题的价值。

# 附录1-1 劳动经济学家是如何进行假设检验的?[1]

本附录提供一个关于劳动经济学家如何检验假设的简介。假设读者没有统计学背景知识,讨论力求保持简单。通过一个具体事例,我们将讨论如何检验在第一章中提出的假设:即其他条件相同时,企业支付的工资越高,雇员的自愿劳动力流动率越低。换句话说,假如把一个企业的辞职率定义为在一定时期(比如一年)内自愿辞职工人所占的比例,我们希望观察到:在其他影响辞职率的因素保持不变时,企业的工资率越高,其辞职率越低。

## 一、单变量检验

为检验上述假设,第一步就是要搜集一定时期一组企业辞职率的数据,并且把这些数据与企业的工资率相匹配。因为我们只分析一个其他变量(工资率)对辞职率的影响,因此这种分析叫作单变量分析;因为这些数据提供了某一时点行为单位的资料,因此搜集到的数据叫作代表性数据②。

表1是1993年在某一劳动力市场上10家企业的平均工资和辞职率的资料。比如,假设A企业支付的平均小时工资是4美元,其辞职率为40%。

表1 1993年10家企业在某一劳动力市场中的平均工资和辞职率

| 企业 | 平均小时工资(美元) | 辞职率(%) | 企业 | 平均小时工资(美元) | 辞职率(%) |
|---|---|---|---|---|---|
| A | 4 | 40 | F | 8 | 20 |
| B | 4 | 30 | G | 10 | 25 |
| C | 6 | 35 | H | 10 | 15 |
| D | 6 | 25 | I | 12 | 20 |
| E | 8 | 30 | J | 12 | 10 |

① 资料来源:Ronald G. Ehrenberg, Robert S. Smith, *Modern Labor Economics: Theory and Public Policy* (*7th edition*), 2000, pp. 17–24。

② 劳动经济学家也经常使用一些其他类型的数据。例如,可以观察一个给定企业的辞职率和工资如何随时间而改变。单一行为单位在多个时期的信息叫作时间序列数据。有时劳动经济学家搜集多个时期多个观察单位(比如雇主)的数据;代表性数据和时间序列数据的组合叫作组合 panel 数据。

图 1 表示了上表中的这些数据。图中的每一点表示表 1 中一家企业的辞职率/小时工资的组合。比如,图中的 A 点代表 A 企业,表示其 40% 的辞职率以及 4 美元的小时工资组合;而 B 点代表 B 企业的可比数据。从图中的 10 个点来看,支付了较高工资的企业确实有较低的辞职率。虽然图 1 中的所有点很明显不在一条直线上,但它表明,企业的辞职率和工资率之间存在线性关系。

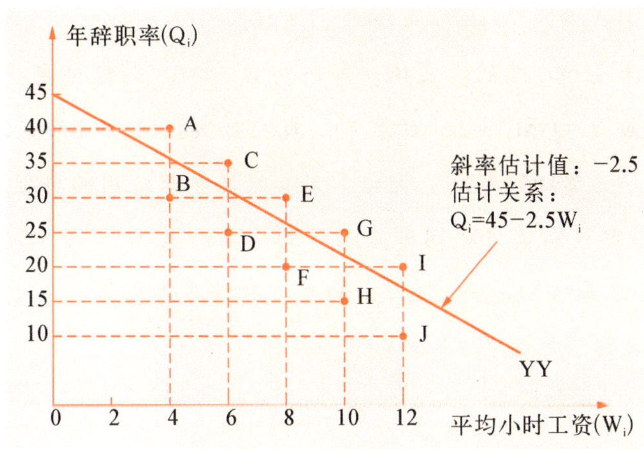


图 1 估计出的工资和辞职率关系(数据来自表 1)

任意直线都可以用下述一般方程来表示:

$$Y = a + bX \tag{1}$$

变量 Y 是因变量,在图中通常用纵轴表示。变量 X 是自变量或者叫解释变量,通常用横轴表示①。字母"a"和"b"是方程中的参数(固定系数),"a"代表截距,"b"代表直线的斜率。当直线在纵轴上截取时(X = 0),"a"就是 Y 的值。斜率"b"表示水平方向上每增加一单位的距离,直线垂直方向上的变动距离。如果"b"是正数,直线斜率为正(从左向右上方倾斜);如果"b"是负数,直线斜率为负(从左向右下方倾斜)。

假如要画一条直线能最好地与表 1 中的各点相匹配,那么此直线向右下方倾斜并且不通过所有点。有些点位于直线上方,另一些位于直线下方,因而存在一些误差。我们可以把图中的各点之间的关系用以下模型表示:

① 企业的供给和需求曲线中会有例外:自变量(价格)通常在纵轴上表示。

$$Q_i = \alpha_0 + \alpha_1 W_i + \varepsilon_i \tag{2}$$

这里 $Q_i$ 是因变量,表示 i 企业的辞职率。$W_i$ 是自变量或者解释变量,表示 i 企业的工资率。$\alpha_0$ 和 $\alpha_1$ 是参数,其中 $\alpha_0$ 是截距,$\alpha_1$ 是斜率。$\varepsilon_i$ 是随机误差项,模型中包括它是因为直线(由 $Q_i = \alpha_0 + \alpha_1 W_i$ 给出)不可能正好穿过所有点。实际中我们假设随机因素(与工资率不相关)的存在也可以导致企业之间辞职率的不同。

我们试图估计 $\alpha_0$ 和 $\alpha_1$ 的真实值。每一对 $\alpha_0$ 和 $\alpha_1$ 的值确定一条不同的直线,能画出无数条与点 A—J 相"匹配"的直线。我们自然会问:"哪条直线是最佳的?"作出判断必须使用一些确切的标准。统计学家和经济学家运用的典型方法就是选择这样一条直线:该直线与所有点之间垂直距离的平方和最小(本例中包括所有企业)。用这种方法(最小二乘回归分析)估计出的直线有许多性质①。

把表 1 中的数据代入方程,得出如下一条估计直线②:

$$Q_i = 45 - 2.5W_i$$
$$(5.3)(0.625) \tag{3}$$

$\alpha_0$(直线截距)的估计值是 45,$\alpha_1$(直线斜率)的估计值是 -2.5。这样,假如一个企业的工资率为 4 美元/小时,那么可以推测出该企业每年的辞职率为(45 - 2.5 × 4),或 35%。这一估计出的辞职/工资关系在图 1 中用直线 YY 表示。方程括号内的数字将在后文讨论。

关于上述关系需要说明以下几点:第一,这种估计的关系意味着假如企业不给员工支付工资(工资为零),它每年只有 45% 的员工辞职;而支付工资大于 18 美元/小时的企业将有负的辞职率③。前一结果毫无意义(如果工人得不到工资,他为什么还要继续留在企业呢?),后一结果理论上不可能(辞职率不可能小于零)。这些极端情况表明,假如把观察资料范围之外的数据用于估计中(在本例中,工资从 4 美元到

① 这些性质包括:一般来讲可以获得 $\alpha_1$ 的正确答案,一些估计者作出的估计可能最准确,估计直线到所有点的正负垂直偏差之和为零。对最小平方法更正规的介绍,可以看任何一本统计学或者计量经济学教科书。对没有统计学背景知识的读者来说,一个很好的介绍就是:Larry D. Schroeder, David L. Sjoquist, Paula E. Stephan, *Understanding Regression Analysis: An Introductory Guide*, Beverly Hills, Calif.: Sage Publlications, 1986。

② 用计算机软件来估计回归模型的学生,很容易能证实这个结果。

③ 例如,工资为 20 美元/小时,估计辞职率为 45 - 2.5 × 20 或每年 -5%。

12 美元)，那么用线性模型做预测就很危险。在工资很低或者很高时，不能假设工资和辞职率之间的关系是线性的(用直线表示)。幸运的是，本例中所使用的线性回归模型易于归结为适合非线性关系。

第二，我们估计出的截距(45)和斜率( -2.5)仅仅是“真实”关系的估计值，其中存在着不确定性。不确定性部分地源于我们试图从一个只有 10 家企业的样本中推断 $\alpha_0$ 和 $\alpha_1$ 的真实值(即在全部企业中刻画工资/辞职率之间关系的值)。每个估计系数的不确定性可用标准误差或系数的估计标准差来衡量。这些标准误差由方程(3)估计系数下面括号中的数据表示；比如给定我们的数据，工资系数的估计标准误差是 0.625，截距项的估计标准误差是 5.3。标准误差越大，估计系数值的不确定性就越大。

在关于方程(2)中随机误差项 $\varepsilon$ 的分布的适当假设之下，可以用这些标准误差来检验关于估计系数的假设①。在我们的例子中，我们想要检验的假设是：$\alpha_1$ 是负值(意味着正如理论所说，较高的工资会降低辞职率)，$\alpha_1$ 是零并且工资和辞职率之间没有关系是“无效假设”。常用的检验方法是把每一系数处理成一个 $t$ 统计量(系数与它的标准误差的比率)。规则如果准确地说就是，假如 $t$ 统计量的绝对值大于 2，就可以拒绝系数的真实值等于零的假设。

换句话说，如果系数的绝对值至少是其标准误差的两倍，那么可以说系数的真实值不是零。在我们的例子中，工资系数的 $t$ 统计量是 $-2.5/0.625$ 或 $-4.0$，这使我们很自信地说工资水平和辞职率之间的关系确实是负相关。

## 二、多元回归分析

上述讨论假设除了随机(不可解释)因素之外，只有一个变量即企业的工资率影响辞职率。但是第一章中实证经济学的讨论强调，推测工资和辞职率之间是负相关关系需要保持其他所有因素不变。如我们在第十章将要讨论的，经济学理论认为除了工资之外还有许多因素影响辞职率。这些因素既包括企业的特征(比如，雇员福利、工作条件和企业规模)，又包括企业员工的特征(比如，年龄和培训水平)。假如在分析中我们忽略的任何这些其他变量可能会系统地随着企业的工资率而改变，那么估计出的工资率和辞职率之间的关系就是不正确的。在这种情况下，我们就必须

① 这些假设在任何一本计量经济学教科书中都有讨论。

使用一个有多个自变量的模型,把这些其他变量考虑进去。我们依靠经济学理论来决定统计分析中应该包括哪些变量,并且判断因果关系。

为简化分析程序,我们假设除了工资率之外,唯一影响企业辞职率的变量就是工人的平均年龄。其他因素不变时,年长工人不愿意辞职有许多原因(随着年龄增长,与朋友、邻居和同事之间的关系越来越紧密,转换工作——通常需要地理位置上的迁移——的心理成本越来越高)。为了概括工资率和年龄的影响,我们假设企业的辞职率由下式决定:

$$Q_i = \alpha'_0 + \alpha'_1 W_i + \alpha'_2 A_i + \varepsilon_i \tag{4}$$

$A_i$ 代表 i 企业工人的年龄。虽然 $A_i$ 可以用工人的平均年龄、或者处于某些年龄段之上工人的百分比来度量,但是为了使用方便我们要把它定义成一个二分变量。假如 i 企业工人的平均年龄大于 40 岁,$A_i$ 等于 1。理论清楚地表明 $\alpha'_2$ 是负数,意味着无论 $\alpha'_1$、$\alpha'_2$ 和 $W_i$ 是什么值(保持其他参数不变),工人平均年龄大于 40 岁的企业与工人平均年龄等于或小于 40 岁的企业相比,应该有较低的辞职率。

用多元回归分析,可以估计出方程(4)中的参数 $\alpha'_0$、$\alpha'_1$ 和 $\alpha'_2$ 的值。这种方法与上文所描述的最小二乘回归分析相类似。这种方法能最好地确定因变量和一组自变量之间线性关系的参数值。每一参数表明在其他自变量不变时,某一自变量每变动 1 个单位所引起的因变量的增量。这样,$\alpha'_1$ 的估计值告诉我们,假定企业工人的年龄(A)不变,工资率(W)每变化 1 单位对辞职率(Q)的影响。

### 三、遗漏变量的问题

假如在需要使用多元回归分析的情况下,我们使用了单变量回归模型,即假如遗漏了一个重要的自变量,得出的结果就会产生“遗漏变量偏见”。有必要举例说明这一偏见,因为它是假设检验中的一个重要缺陷,还因为它表明需要经济理论来指导经验检验。

为简化起见,我们假设已经知道方程(4)中 $\alpha'_0$、$\alpha'_1$ 和 $\alpha'_2$ 的真实值,并且在此模型中没有随机误差项($\varepsilon_i$ 为零)。特别地我们假设:

$$Q_i = 50 - 2.5W_i - 10A_i \tag{5}$$

这样在任意工资水平,工人平均年龄超过 40 岁的企业的辞职率将比平均年龄小于或者等于40岁的企业低10个百分点。

图2描述了辞职率、工资率和工人平均年龄之间的假设关系。对于工人平均年龄小于40岁的所有企业来说，$A_i$ 等于0，所以它们的辞职率由直线 $Z_0$ 给出；对于工人平均年龄大于40岁的所有企业来说，$A_i$ 等于1，所以它们的辞职率由直线 $Z_1$ 给出。后一组企业的辞职率处处低于前一组企业10个百分点。但是两者都表明，企业的平均小时工资每增加1美元，年辞职率将下降2.5个百分点（两条直线有相同的斜率）。

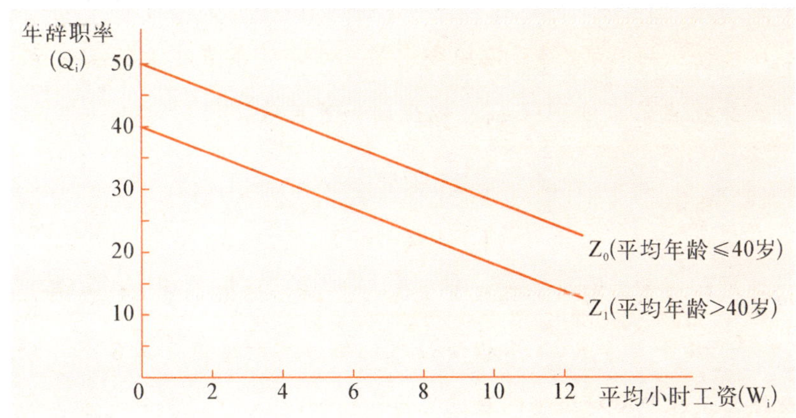


图2　真实的工资和辞职率关系（方程5）

现在假设研究者要估计辞职率和工资率之间的关系，但是忽略了企业工人的平均年龄也影响辞职率这个事实。即假设此人遗漏了年龄因素，用如下方程估计：

$$Q_i = a_0 + a_1 W_i + \varepsilon_i \tag{6}$$

对我们来说很重要的是，$a_1$ 的估计值如何能符合辞职/工资率图形的真实斜率（我们假设它为 −2.5）。

答案主要依赖于各企业之间平均工资和员工平均年龄有怎样的不同。表2列出了三个雇用较年长工人（平均年龄大于40岁）的企业以及三个雇用较年轻工人的企业各自的辞职率和工资的组合。给定每个企业的工资，其辞职率的值可以直接从方程(5)中获得。

表2 三个雇用较年长工人的企业和三个雇用较年轻工人的企业各自的辞职率和工资的数据

| 雇用较年长员工($A_i=1$) | | | 雇用较年轻员工($A_i=0$) | | |
|---|---|---|---|---|---|
| 企业 | 平均小时工资(美元) | 辞职率(%) | 企业 | 平均小时工资(美元) | 辞职率(%) |
| k | 8 | 20 | p | 4 | 40 |
| l | 10 | 15 | q | 6 | 35 |
| m | 12 | 10 | r | 8 | 30 |

一个确定的事实是：工人的收入随年龄增长而增长①。那么一般来说，雇用较年长工人的企业将比雇用较年轻工人的企业支付较高的工资。在图3(复制了图2中的直线)上，6家企业的工资/辞职率组合由 $Z_0$ 和 $Z_1$ 两条直线上的点表示②。

把这6个数据点带入方程(6)，可以得到如下直线：

$$Q_i = 57 - 4W_i \tag{7}$$

$$(5.1)(0.612)$$

上述估计出的关系由图3上直线X表示。$a_1$ 的估计值等于 $-4$，表示工资每增加1美元，辞职率降低4个百分点，但根据假设我们知道实际降低了2.5个百分点。因此，我们的估计夸大了辞职率对工资的敏感性，因为方程忽略了年龄对辞职率的影响。

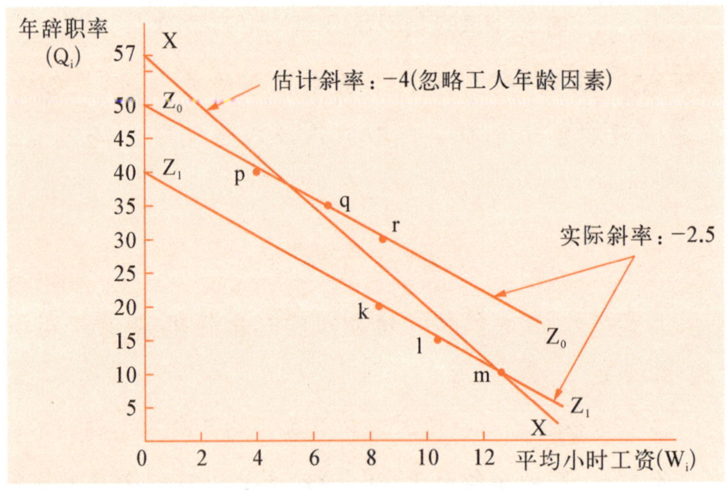


图3 估计出的工资和辞职率的关系(用表2中数据)

① 其原因将在第五、九和十一章中进行讨论。

② 这些点精确地落在一条直线上，是用图形表示了方程(5)中没有随机误差项的假设。假如存在随机误差，那么这些点会落在直线附近，而不是在直线上。

换句话说，高工资企业之所以有较低的辞职率，既因为它们支付了较高的工资，也因为它们倾向于雇用不愿意辞职的年长工人。由于分析中忽略了年龄因素，我们的结论夸大了辞职率对工资变化的敏感性。所以，由于在模型中遗漏了一个重要的解释变量（年龄），它既影响辞职率也和工资水平有联系，使我们得出工资对辞职率影响的错误估计。

本讨论表明大多数劳动经济学假设都强调“其他条件相同”的性质。为了检验假设，我们必须控制影响变量的其他因素。典型做法就是把因变量指定为一组变量的函数。这种做法必须有经济学理论的指导，学习经济学理论的原因之一就是它可以指导我们进行人类行为假设的检验。没有坚实的理论基础，对行为的分析很容易受到遗漏变量偏见的困扰。

必须指出，既不可能也没有必要获得所有影响待检验假设的变量的有关数据。正如第一章中所强调的，检验经济学模型涉及寻找一般关系和忽略特殊因素。相同年龄相同工资率的两个工人可能表现出不同的辞职行为是因为，比如，一个人希望离开城镇从而远离讨厌的岳父。这个特殊因素对于检验辞职率的经济学模型来说不重要，因为岳父对辞职行为既没有可预测的影响（有些岳父可能易于相处），也和工资率没有相关性。重复一遍，只有当遗漏的变量对因变量（辞职率）有影响，以及与自变量（工资）相关时，遗漏变量偏见才是一个问题。

## 附录 1－2 改革开放 30 年以来我国劳动经济学的发展历程、现状与展望[①]

改革开放的 30 年正是我国经济体制逐步转型的 30 年。期间，随着经济体制改革的推进，劳动力市场得以逐步建立和形成。作为研究劳动力市场运行和结果的劳动经济学，伴随着市场的演变，经历了从苏联的计划劳动管理向现代劳动力市场经济分析的转型，并在此过程中形成了一些自身的独特知识和理论体系，这必定是我国劳

---

① 资料来源：改编自曾湘泉、杨玉梅，“改革开放 30 年来我国劳动经济学的发展历程、现状与展望”，《劳动经济评论》，2008 年第 11 期。

动经济学发展中的一个前所未有的丰富的历史进程,对这个阶段的回顾与分析也必将更有意义和价值。正如 McNulty(1984)所指出的"经济学家了解所考虑问题的法律、政治和历史等方面,有助于理解该学科的本质,回顾历史有助于说明这一点。"对改革开放以来 30 年我国劳动经济学发展进行回顾,总结优势并寻找差距,必将有利于我国劳动经济学更好地发展,进而推动其为社会经济的进步作出更多贡献。

本文对 1978 年以来的劳动经济学相关文章进行了梳理,在此基础上,一方面回顾分析了劳动经济学文章研究主题、研究方法等的演变情况,分析演变背后的原因,试图以此管窥中国劳动经济学的发展轨迹;另一方面,清晰地界定我国劳动经济学发展现状,总结与国际的差距,探讨提升我国劳动经济学研究水平,促进我国劳动经济学未来发展的路径。

## 一、劳动经济学研究的演变

### (一) 研究模式:从苏联模式向现代劳动力市场经济分析的转变

1978 年之前我国的经济学主要参考苏联模式。所谓苏联模式的经济学,是指以苏联政治经济学教科书特别是其"社会主义部分"为代表的经济学,是与传统的计划经济体制相适应,并作为这种体制的理论表现的经济学。因此,我国早期的劳动经济学更多的是计划劳动管理,缺乏现代经济分析的概念体系,也缺乏实证分析,而更倾向于传统的逻辑推理和概念演绎。这种劳动经济学着重于研究在既定的意识形态下,相应的劳动制度"应该是什么";对经济现象只限于定性的描述,总结出几条所谓的"特征"、"规律"、"意义"。这些研究特点在 20 世纪 90 年代之前尤为明显。比如本文将在后面分析研究主题时所提到的,20 世纪 80 年代中期以前的收入分配和工资研究中,只谈及分配的种类、特征、按劳分配的优越性,以及工资水平的影响因素、要注意哪些问题等,而未能分析工资决定的实际运行过程、如何最终确定,因而在理论上缺乏科学性,在实践上也缺乏可操作性。

1978 年之后,随着经济体制改革的推进以及发达的市场经济国家现代劳动经济分析思想和理论的引入,国内的学者开始使用现代意义上的经济学来解释和研究中国的劳动问题。西方劳动经济学的引入首先表现在教材引进上,1987 年国内一些高校开始使用美国弗里曼(R. B. Freeman)和霍夫曼(S. D. Hoffman)教授的劳动经济学教材,由此揭开了真正分析意义上的劳动经济学在我国的发展历程。之后一些类似的西方劳动经济学教材不断被引入,可以发现,这些教材在内容上已经迥异于之前教材中的劳动管理内容,劳动力市场、劳动力供求、流动、就业与失业理论等在教材中都得以体现,而“劳动与人类、企业劳动管理、劳动生产率”等内容逐渐消失。20 世纪 80 年代末,学者开始使用相关理论解释中国劳动力市场发展过程中产生的一些问题和现象,如 夏振坤等(1989)对二元经济理论的使用,沈金虎(1988)从经济学角度对劳动力流动的分析,杨体仁、曾湘泉等(1990,1994)运用现代经济学的概念,对劳动力需求、供给、流动、人力资本投资、工资、收入分配、失业和就业首次进行了全面系统的概括和总结,并推出了适应当时社会需求的劳动经济学教科书。袁志刚(1994)则介绍了西方劳动经济学中的自然失业、古典失业、凯恩斯失业(即非自愿失业)、刘易斯二元经济中的失业等多种失业理论,并在此基础上分析了我国失业的原因等。

不同于苏联模式的经济学偏向于逻辑推理和概念演绎,现代劳动力市场的经济学更侧重经济分析和实证研究。改革开放以来,尤其是 20 世纪 90 年代中期以来,随着在现代劳动经济学培养下的人才逐渐成长、此领域国外留学人才的回国,以及学者对现代劳动经济学理论的不断引入和借鉴,我国劳动经济学研究中实证研究的比例逐渐加大,先进方法和技术的使用日趋增多。

(二) 研究主题:反映制度变迁,追踪社会热点

作为一门经世济民的致用之学,经济学在中国的发展与整个中国社会经济的发展紧密相连,再加上中国经济学是从改革开放前“高度泛政治化”的政治经济学演变而来,这都使得经济学在中国的应用和研究会与当时重大的经济社会问题密切相关,表现出追踪热点的特征,作为经济学分支的劳动经济学也不例外。此外,对于长期处于计划经济体制下的我国,劳动力市场的形成与发展更容易受经济体制、劳动力市场相关制度变迁的影响。文献研究发现,作为研究劳动力市场的运行和结果的学科,劳动经济学在我国的研究热点的变化受到劳动力市场相关的制度变迁的重要影响。

1. 第一阶段(1978—1984 年):苏联劳动经济学的影子依然存在

1978 年,我国经济体制改革首先在农村开始,十一届三中全会及之后的会议提出的一系列改革措施和经济措施,承认生产承包、个体经营①,雇佣劳动也合法化②,

① 1980 年 9 月各省、市、自治区党委书记座谈会上的《关于进一步加强和完善农业生产责任制的几个问题》中肯定了各地建立的多种形式的生产责任制,允许包产到户或包干到户,允许小商贩从事个体经营。

② 国务院于 1981 年 7 月发布《关于城镇非农业个体经济若干政策性规定》,此规定标志着使用雇佣劳动合法发展起来。

这些从现实层面表现出与以往的计划经济的些许不同,在理论研究上也有体现。首先,社会主义国家是否存在"私人劳动"成为当时的相关学者首要关注的问题(孙恒志,1979;练岑,1979;彭延光,1979)。从1980年开始,整个20世纪80年代上半期,学界对不同行业是属于"生产劳动"还是"非生产劳动"也展开了辩论(杨百揆,1980;余鑫炎,1981;于俊文,陈惠如,1981;郭向远,1982)。此外,劳动力所有制也是这一阶段的关注焦点。当时关于劳动力的所有制,学界有多种不同观点,如"社会主义制度下劳动力公有说、个人所有说、部分个人所有说、两重所有说"等,但是当时的主流观点还是不承认劳动力所有制,认为那是资本主义的提法(李光远,1982)。

为了打破平均工资、大锅饭的情况,国家开始推动工资改革,1978年邓小平的《坚持按劳分配原则》明确指出按劳分配的社会主义性质,要按照劳动的数量和质量分配,要实行考核制度等。自此,实践界和理论界纷纷提出不同的工资制度改革办法(赵履宽,1983)、工资确定的具体方法以及奖金的制定方法。如晓亮,张问敏(1978)提倡实施计件工资;冯立天(1984)提出按照劳动生产率确定平均工资的"一元法";金敏求(1984)提到的建筑行业自发实施的"百元产值工资含量包干制",邹学荣,刁隆信,潘佳铭,黎小杰(1985)的"工资总额挂钩指标"……关于奖金的研究主要集中在奖金本质的争论(孙克亮,1979;陈进玉,1979)、是否实行奖金制的优缺点争论(张问敏,1978)、部分收入与绩效的挂钩(汪海波等,1978)以及奖金的确定方法方面等(吴贤忠,1982)。

2. 第二阶段(1985—1991年):现代劳动力市场经济分析引入及初步发展期

随着经济体制改革的推进,一些推动改革的政策、措施的出台,"商品"、"商品经济"的概念从政策角度得到承认①,一些在计划经济中不会出现的经济问题也开始浮现,如劳动力是否是商品(陆立军,1989;胡瑞梁,1987;胡瑞梁,1988;杨宜树,1988;张肯发,1989)、是否建立劳动力市场、收入分配公平与否、市场化带来的工资制度改革、劳动力流动尤其是农民工的流动成为这个阶段的研究热点。除了研究关注点与前段时期不同外,此阶段的特点还表现在很多研究开始借鉴西方劳动经济学的概念和方法,如夏振坤和李享章在1989年即使用"二元经济"的理论来解释当时的"民工潮"现象,符钢战(1990,1991)对劳动力供求的市场化行为的经济学分析,以及对我

① 1984年10月,中共十二届三中全会通过的《关于经济体制改革的决定》,确定社会主义经济是"公有制基础上的有计划的商品经济",提出改革的目标是建立具有中国特色的、充满生机和活力的社会主义经济体制;提出了"有计划的商品经济"的目标,把缩小指令性计划作为改革的中心内容。

国就业理论和统计体系与国际的比较等。

此阶段对农民工转移的研究主要集中在农民工是否应该转移，转移的流向、流量（胡军，1986）、路径（王向明，1985）、模式（陈颐，1987）、条件（米有录，1988）等方面，有的学者还分析了当时农村剩余劳动力的行为特征（侯晓虹，刘永义，刘云，王建林，1988），宋国青（1985）从城乡发展和经济结构与农民转移的关系角度进行的分析具有一定新意。20 世纪 80 年代末的“民工潮”出现后，政府又开始推行限制农民进城就业的政策[①]，学术界也对引起民工潮的原因（夏振坤，李享章，1989），以及如何阻止民工潮（吴仁洪，邹正清，1989）进行了研究。

在收入分配的研究中，收入分配是否公平是此阶段的讨论热点（李雄，1986；李学曾，张问敏，仲济垠，1989；赵人伟，1989），不同行业间的收入差距问题也得到关注（卫兴华，魏杰，1989），开始强调应加强市场在收入分配中的作用（赵履宽，杨体仁，文跃然，1988）。收入分配中存在的一些问题，如“脑体倒挂”现象也是当时的研究热点（李学曾，张问敏，仲济垠，1989）。此阶段收入差距研究中比较突出的一点是，第一次出现了使用西方经济学理论——基尼系数和洛仑兹曲线来分析我国劳动者的个人收入差距（赵人伟，1985）。针对上述收入分配领域的具体问题，学界和实践界对收入分配政策层面的改革展开了探讨和研究（张维迎，1986）。

此阶段针对工资的研究取得重要进展，不再仅仅局限于工资管理方面的讨论，而是将研究视野和方法扩展到经济学分析角度。在工资政策改革的目标方面，张维迎（1986）提出通过开放劳动力市场，引入市场工资决定机制。曾湘泉（1989）在讨论经济增长过程中的工资机制的研究中，对计划经济前后的经济增长与工资机制进行了系统而深入的经济学分析。

除以上这些研究热点外，还值得一提的是，20 世纪 80 年代末 90 年代初，我国的经济生活中出现一种极其引人注目的现象——失业，失业正式进入人们的经济生活，也开始引起劳动经济学者的关注（吴仁洪，邹正清，1989；罗德明，1990），相关文章已经开始关注西方现代经济学失业理论的介绍和引入。企业的“隐蔽性失业”，即在 20 世纪 90 年代引起广泛讨论的“隐性失业”问题，在 20 世纪 80 年代中后期已经开始引

① 1989 年 3 月，国务院《关于严格控制民工外出的紧急通知》，采取“堵”的政策应对 1980 年代的中后期出现的“民工潮”问题，严格控制农村剩余劳动力的转移；已经转移到城镇的大量农民工要“清退”压缩回农村；在大中型城市推行“劳动许可证”制度和“城市暂住证”制度。

起学者的关注(黄维德,1986)。不过,对失业研究的关注度与20世纪90年代中后期相比,自然不可同日而语。

3. 第三阶段(1992—2001年):研究内容逐渐接近现代劳动经济学范畴

随着1992年中共十四大召开,市场经济体制得以确立①,劳动力市场的建立和不断完善②,此阶段成为劳动力市场的剧烈变革期,由此带来的一系列问题,如国有企业下岗职工③、农村劳动力大规模转移、教育带来的人力资本投资(赵耀辉,1997;都阳,1999)、收入差距的拉大、劳动力的市场分割等,以及由这些所衍生的很多侧面,都成为我国劳动经济学界关注和研究的热点。

针对国有企业下岗问题、失业、隐性失业(王诚,1996;刘长明,1997)、隐性就业④(曾繁华,何正平,1993;曾繁华,1994;袁志刚,陆铭,1998;高玉泽,1998)、如何解决下岗失业人员的就业问题等的研究是此时的研究热点和重点。在农村剩余劳动力流动的研究中,与20世纪80年代中后期不同,此时城乡就业冲突问题和如何有效转移农村剩余劳动力成为研究重点,大量运用西方劳动经济学理论分析农民工进城对就业、城市劳动力以及对劳动力市场发展的影响(章玉钧,郭正模,1999)、限制农民工进城的影响(蔡昉,2000)等。随着农村剩余劳动力大量流入,企业二元用工制度与分割的劳动力市场(蔡昉,1998)等成为新的研究热点。

虽然不同时期关注的侧重点不同,但是收入问题是贯穿整个30年的研究重点。此阶段的收入差距研究几乎已经完全按照西方劳动经济学的理论和方法展开。其中,从1988年开始的我国第一次收入分配调查于1994年最终完成(赵人伟,基斯·格里芬,1994),该研究是国内首次使用调查数据对收入分配情况进行的经验性分析,此后,随着收入差距的拉大逐渐引起社会关注,针对该问题的研究也从不同角度得到不断推进,如收入差距的地区、行业等差异,教育、非正常收入等与收入差距的关系……(赵人伟,李实,1997;赖德胜,1997;蔡继明,1998;万广华,1998;张平,1998;陈

---

① 1992年10月,中共十四大明确地制定了社会主义市场经济的改革目标,标志着市场机制在我国开始确立。

② 1993年12月,劳动部根据十四届三中全会精神制定了《关于建立社会主义市场经济体制时期劳动体制改革总体设想》,提出了培育和发展劳动力市场的目标。

③ 1996年底,党中央的经济工作会议提出把搞好国有企业改革放在更加突出的位置,对国有企业实行减员增效、下岗分流,同时大力推行再就业工程。1997年1月,国务院召开全国国有企业职工再就业工作会议,强调要通过减员增效、下岗分流、规范破产、鼓励兼并推动国有企业经营机制的转变。

④ 隐性就业,最初是由曾繁华在1993年从国外引入的概念,当时使用的是"隐形就业"这个词,后来通用"隐性就业",这两个词意思上没有区别。

宗胜,2000;陈宗胜,周云波,2001)。

4. 第四阶段(2001 年至今):以就业和收入分配差距为主题的劳动经济学分析不断拓展

2001 年我国加入世界贸易组织,劳动力市场进一步开放,高校教育改革、“民工荒”的出现、收入差距的进一步拉大等一系列社会热点问题引发了我国劳动经济学相关研究的进一步拓展。

就业问题是此阶段的研究重点与热点。随着就业问题的日益严峻,一些学者在就业弹性问题上展开探讨(龚玉泉,袁志刚,2002;张车伟,蔡昉,2002;蔡昉,都阳,高文书,2004;简新华,余江,2007;魏下海,2008);1999 年开始的大学生扩招政策带来的大学生就业问题日益突出的形势下,针对大学生就业问题的研究得到发展(曾湘泉,2004;杨伟国、王飞,2004;等)。同时,此阶段有学者开始致力于研究从劳动力市场需求角度上的职位空缺发布(唐鑛,2008)来解决就业问题。女性就业(李实,2001;潘锦棠,2002;安砚真,2003;崔红梅等,2004)和女性劳动参与率(姚先国,谭岚,2005;唐鑛,陈士芳,2007;杜凤莲,2008)问题此时也开始引起关注。2004 年开始出现的“民工荒”,引发了关于“民工荒”产生的原因(蔡昉,2005)、我国是否到达“刘易斯拐点”(蔡昉,2007;孙自铎,2008)、中国“人口红利”是否消失(汪小勤,汪红梅,2007;孙自铎,2008)等的激烈争论。对就业和失业测量(曾湘泉,2006)、劳动力市场中介(曾湘泉,2008)的研究更把我国的就业研究朝纵深方向进行了推进。

另外,在改革效率大幅提升的同时,收入分配出现了差距过分扩大的现象,我国理论界对收入分配的研究与之前的 20 年都不一样,开始更多地关注公平和效率的关系,强调公平的重要性,并针对地区间的收入差距(万广华,2004;董先安,2004)、收入差距产生的原因等方面展开研究。其中,在城镇职工的收入差距方面,提出了收入差距扩大主要来源于制度外收入,制度内收入差距缩小、制度外收入差距过大在收入分配领域同时并存(曾湘泉,2002)。

人力资本的研究方面,除了之前的人力资本收益率、教育收益率(罗楚亮,2007;王海港,李实,刘京军,2007)等方面的研究继续推进外,出现了针对人力资本产权、价格的研究,该问题研究开始从宏观转向微观,主要有人力资本投资中的性别歧视经济学分析(张抗私,2002)、人力资本定价研究(张文贤,2001;连建辉,黄文峰,2002;李世聪,2002;樊培银,徐凤霞,2002;亓名杰,2003)、人力资本与劳动者地位研究(姚先国,2006)等。

此阶段针对劳动力市场的研究仍然关注制度及政府行为在劳动力市场演化中的作用(姚先国,2007),同时主要围绕着我国当时的劳动力市场状态,即对劳动力市场的分割现状及形成原因进行经济学剖析。其中,被广大学者所广泛接受的是户籍制度对分割的形成具有重要作用(蔡昉,都阳,王美艳,2001;姚先国,赖普清,2004;夏纪军,2004)。

## 二、我国劳动经济学现状及存在的问题

### (一)我国劳动经济学研究取得重要进展

我国劳动经济学研究中实证研究比例不断加大,先进技术使用增多,并在我国特有问题的研究中作出了重要的理论和现实贡献。

首先,从总体上来看,国内学者在劳动经济学的研究方面有了很大的进步,也取得了不少具有启发意义的研究成果,特别是在对经济转型国家和发展中国家劳动力市场特征及运行机制的分析上,国内学者有一定的先天优势。国内已有研究在中国劳动力市场的分割与歧视、劳动力流动、就业问题、收入分配问题的分析中不乏独到和深刻的见解,这些研究成果对其他转轨国家和地区也有一定的借鉴意义。有的结论已成为主流经济学的有益补充和印证,如曾湘泉对知识失业原因的论述、宋晓梧对收入分配问题的分析、常凯对工会和劳动关系的分析、林毅夫、蔡昉和李周(1998)等对加强劳动力流动是否可以消除城乡收入差距的论证;等等(李琼,2006)。

其次,从研究方法上说,国内学者的研究也取得了相当的进步,不少研究,特别是实证研究借鉴了先进的理论和分析工具,如在分析造成不平等和贫困的原因或因素时采用的对各种反映不平等的指标的分解技术。所有这些,都大大推进了劳动经济学这门学科的发展。

### (二)研究内容、规范性和基础设施平台建设仍然有待改善

首先,研究内容和范围有待扩展。

当前,国际劳动经济学的发展趋势可以归纳为以下几方面:(1)在宏观上,强调经济全球化与新技术革命对劳动力市场与就业的影响,劳工标准与经济绩效的关系,劳动力市场与其他市场(资本市场、产品市场)的交互作用等;(2)在宏观政策方面,既一如既往地强调劳动力市场政策绩效评估研究,又强调采用更科学的研究方法来进行评估,美国、欧盟是典型的代表;(3)在微观上,强调劳动力市场的微观基础研究,特别是微观组织的人力资源管理与劳动关系对组织绩效与劳动力市场的影响,人事管理经济学以及劳动关系的经济学分析是时下研究的重点领域;(4)在特定群体

研究方面，国际上一直并继续关注青年、妇女、少数民族、残疾人等群体在劳动力市场中的权利保护与就业促进；（5）在最佳实践研究方面，宏观领域的最佳政策实践与微观领域的最佳管理实践都是国际社会研究的重点。

目前，我国的劳动经济学研究多集中于就业、收入差距等方面的研究，在宏观上，以实证为基础的政策评估比较欠缺，对某一项政策的跟踪性、系列性的连续研究尤为缺乏；在微观上，则缺乏对企业“黑箱”的经济学分析；还有，目前国内的研究过于集中于市场和政府两方面，对其他诸如经济全球化、文化因素等对我国劳动力市场影响的分析则相对欠缺。

其次，学科研究方法规范性不够，研究方法和理论缺乏创新。国内目前没有被国际同行认可的劳动经济和劳动关系学术期刊；由于研究方法训练不足，许多论文缺乏国际上通行的学术研究规范标准。在各种新研究方法的运用方面也存在着一些问题，某些研究存在着“重技术轻思想”的倾向，模型的使用缺少理论依据和现实针对性，简单照搬西方理论模型，降低了这些成果的学术价值和政策意义。

最后，研究基础设施薄弱。主要表现为国内外学术文献检索系统建设落后，国内规范的、供劳动经济分析和研究的基础数据十分缺乏。国家有关部门以及学术单位之间的专业资料和统计数据的共享和交流不够。

国外的经验表明，微观数据的搜集与使用是推动劳动经济学研究方法和理论创新的重要因素。在国外，尤其是美国，20 世纪 70 年代以来，大量入户调查微观数据在劳动力市场研究中开始取代时间序列数据（如表 1 所示），这使得劳动经济学取得极大发展。在这期间，计量经济学和统计方法在微观数据的使用中也得到了极大的创新与发展，例如：有限因变量模型、样本选择模型、非参数方法、工具变量、准实验技术等的发明和改进。如表 1 所示，国外劳动经济学研究使用的微观数据主要来源于国家的调查统计，如美国的 PSID①、NLS②、CPS③、SEO④、Census⑤，这些数据可以免

① PSID（The Panel Study of Income Dynamics）：收入变动面板调查开始于 1968 年，是一个包括 7 000 多个家庭和 65 000 个代表样本的纵向调查。

② NLS（National Longitudinal Surveys）：国家纵向调查是针对劳动力市场行为和其他重要生活事件的调查。

③ CPS（The Current Population Survey）：当前人口调查是由美国人口普查局为劳动统计局开展的针对 50 000 个样本的住户月度调查，该调查已经有 50 多年的历史。

④ SEO（Survey of Economic Opportunity）：经济机会调查是美国人口普查局为经济机会办公室所开展的一项调查。

⑤ Census：是美国每 10 年开展一次的针对所有个人的人口普查。

费供大众使用,这一点应该是值得国内借鉴和学习的。另外,在我国,由于各种社会因素的影响,使得我国在微观数据的统计口径、统计方法及数据公布方面与发达国家有很大差距,严重制约了我国实证劳动经济学的发展。由于调查研究和数据所受到的管制,长期以来就连"中国的失业率到底有多高"这样的问题我们也并不是非常了解(陆铭,2004)。并且,由于数据搜集整理的相对薄弱和统计口径上与国外的差异,使得研究结论有时无法进行国际的比较。

**表1 美国劳动经济学研究使用数据类型**

| | 劳动经济学文章(%) | | | | | 所有领域 |
|---|---|---|---|---|---|---|
| | 1965—1969 | 1970—1974 | 1975—1979 | 1980—1983 | 1994—1997 | 1994—1997 |
| 理论文章 | 14 | 19 | 23 | 29 | 21 | 44 |
| 微观数据 | 11 | 27 | 45 | 46 | 66 | 28 |
| 面板数据 | 1 | 6 | 21 | 18 | 31 | 12 |
| 实验数据 | 0 | 0 | 2 | 2 | 2 | 3 |
| 横截面数据 | 10 | 21 | 21 | 26 | 25 | 9 |
| 微观数据库 | | | | | | |
| 收入变动面板调查(PSID) | 0 | 0 | 6 | 7 | 7 | 2 |
| 国家纵向调查(NLS) | 0 | 3 | 10 | 6 | 11 | 2 |
| 当前人口调查(CPS) | 0 | 1 | 5 | 6 | 8 | 2 |
| 经济机会调查(SEO) | 0 | 4 | 4 | 0 | 1 | 0 |
| 人口普查(Census) | 3 | 5 | 2 | 0 | 5 | 1 |
| 其他所有微观数据库 | 8 | 14 | 18 | 27 | 38 | 21 |
| 时间序列 | 42 | 27 | 18 | 16 | 6 | 19 |
| 人口普查区 | 3 | 2 | 4 | 3 | 0 | 0 |
| 州数据 | 7 | 6 | 3 | 3 | 2 | 2 |
| 其他集聚横截面数据 | 14 | 16 | 8 | 4 | 6 | 6 |
| 二手数据分析 | 14 | 3 | 3 | 4 | 2 | 2 |

数据来源:D Angrist Joshua, B Krueger Alan, Empirical Strategies in Labor Economics, *Handbook of Labor Economics*, Volume 3, Edited By O. Asgebfekter and D. Card。

## 三、加强基础平台建设和学术人才培养，推动劳动经济学发展

劳动经济学在我国是一个新兴发展的学科领域，伴随着市场经济的迅速发展，劳动经济的重要性得到进一步提升；此外，中国的特殊国情促使对劳动经济学的理论创新需求不断增加。为了推动劳动经济学的发展，结合劳动经济学的发展历史、现状及与国外的差距，要求我们在未来的教学、研究、基础平台建设等方面应作出不懈的努力，为此我们提出了如下的改进建议。

一是在理论研究方面既要学习国外，又要致力于自我创新。在国外，当以实证研究为基础的政策评估已经在指导政府工作中大行其道时，我们希望中国劳动经济学的研究也能够更多更好地指导政府的政策，发挥劳动经济学的实践价值。同时，在有些方面，中国的经济问题有着自己的特殊性，西方劳动经济学并没有提供现成的理论来帮助我们回答所有的问题，这时，结合中国具体的实践发展新的理论，也会为当代劳动经济学的研究作出重要的贡献。如果说改革开放30年来我们的重点在于吸收和消化西方劳动经济学的理论，或者说是运用国外已有的方法和技术研究中国的劳动经济学问题的话，那么，从现在开始，也到了在中国要开始高度关注发展和完善现代劳动经济学的理论的时候了。

二是加强劳动经济学研究平台和基础设施的建设。国际的经验表明，一国劳动经济学研究水平的高低与该国是否重视研究文献积累、完善数据系统①以及吸引高水平的研究人员参与等有极大的关系。对我国的劳动经济理论研究，特别是对政府政策评估而言，目前研究平台和基础设施已成为最大的短板，因此，应大力推动微观数据的搜集、建立数据共享协议，促进我国劳动经济学实证研究的开展。

---

① 国外劳动经济学发展的经验显示，正是由于微观数据搜集工作中的出色进展，才使得美国的劳动经济学从20世纪70年代以来，无论是在理论上还是方法上都取得了显著成就（Joshua D. Angrist, Alan B. Krueger,1999）。

# 第二章

# 劳动需求分析

劳动需求是一种“派生需求”。换句话说，雇主之所以需要雇用工人，是为了生产和销售产品以获得收益。因此，从这个意义上来说，雇主对劳动的需求不是直接需求而是间接需求，它依赖于产品市场上消费者对最终产品和服务的需求性质和水平。

在本章的内容中，我们首先从产品市场的角度考察劳动需求的派生性，在此基础上，探讨影响企业对劳动需求的各种因素。其次，考察企业在完全竞争条件下的劳动需求行为，这奠定了企业决策过程的微观基础。在此基础上，我们考察行业水平的劳动需求曲线的主要特点。第三，我们将完全竞争模型扩展到不完全竞争的市场结构下企业的劳动需求分析。因为即使在企业利润最大化目标不变的条件下，不同的市场结构也会导致企业的劳动需求发生变化。另外，当市场结构不变时，企业目标发生变化，也将导致企业的劳动需求发生变化。第四，考察劳动需求的弹性问题，这是简单模型的又一个扩展，它表现在定量上的变化。第五，我们将劳动需求理论应用于政策领域，考察劳动需求理论的实用性。

# 第一节　派生需求与影响劳动需求的因素

## 一、派生需求原理

劳动是一种生产要素，对劳动的需求是在生产要素市场进行的。由于生产要素市场与产品市场具有不同的性质，因此对劳动的需求不同于对产品的需求。在产品市场上，需求来自消费者。消费者购买产品的目的是为了直接满足自己的吃、穿、住、行等需要。因此，对产品的需求是所谓的直接需求，即满足"效用"的需求。与此不同，在生产要素市场上，需求不是来自消费者，而是来自厂商。厂商购买生产要素如劳动不是为了自己直接需要，而是为了生产和出售产品以获得收益，即满足"利润"的需求。例如，厂商增加雇佣劳动者并不能提高厂商的效用，而是增加生产的产品数量，从而增加厂商的利润。因此，从这个意义来说，对生产要素的需求不是直接需求，而是一种间接需求。

从企业购买生产要素的目的来看，企业是希望利用所购买的生产要素进行生产，并将所生产的产品出售给消费者而从中获得收益。企业实现其收益的目的显然部分地要取决于消费者对其所生产的产品的需求。如果不存在消费者对产品的需求，则厂商就无法从生产和销售中获得收益，从而也不会去购买生产资料并生产产品。例如，如果没有人去购买汽车，就不会有厂商对汽车工人的需求。由此可见，厂商对生产要素的需求是从消费者对产品的直接需求中派生出来的。从这个意义上说，对生产要素的需求有时被称为"派生需求"或"引致需求"。

对生产要素的需求还有个特点，就是所谓的"共同性"，即企业对各种生产要素的需求具有相互依赖的特点。这个特点是由于技术上的原因，即企业在生产过程中使用的生产要素往往不是单独发生作用的，而是协同生产的。一个人赤手空拳不能生产任何东西；同样地，光有机器本身也无法创造产品。只有人与机器（以及原材料等）相互结合起来才能达到目的。对生产要素需求的这种共同性特点使得企业对某种生产要素的需求，不仅取决于该生产要素的价格，而且也取决于其他生产要素的价格。因此,企业对生产要素的需求理论应当是关于多种生产要素共同使用的理论。但是,由于同时处理多种要素的需求问题将使分析过于复杂,为了简化起见,一般的经济分析都集中于分析一种生产要素的情况。本章也集中于分析一种同质劳动要素的情况。

## 二、影响劳动需求的因素

影响劳动需求的因素很多,但主要包括厂商所使用的技术、厂商的经济目标、时间的长短以及社会制度环境等。我们下面分别对之进行论述。

### 1. 技术对劳动需求的影响

从上一节中我们可以看到,厂商对生产要素的需求具有共同性,即生产要素必须共同使用才能生产商品。在经济学中,我们一般用生产函数表示这种共同性关系。与此同时,生产函数也表明在技术不变的条件下企业生产一定量的产品所必需的最低劳动数量。我们常常用劳动和资本两种生产要素的生产函数来分析技术对劳动需求的影响。生产函数可以用下式表示:

$$Q = f(L, K)$$

生产函数表明了生产中的投入量和产出量之间的相互依存关系;同时,不同的生产函数也反映了各种投入之间的配合比例关系。我们通常用技术系数的概念来反映生产一单位产品所需要的各种投入之间的配合比例关系。一般来说,技术系数可以划分为固定技术系数和可变技术系数。固定技术系数是指生产某一单位产品所需要的各种生产要素彼此之间不能替代。例如,某些工厂工人数与机器数之间的比例是固定的,人少了机器就不能正常运转;人多了也不能增加产量,因为没有相应的机器设备使用。可变技术系数是指生产某一单位产品所需要的各种生产要素的配合比例是可以变动的。例如,农民在收割稻子时既可以使用手工收割也可以使用割稻机收割,有可能的情况是 1 台割稻机和 6 个农民组合的收割量与 2 台割稻机和 4 个农民组合的收割量是相等的。在这里,割稻机与农民数量是可以替代的。显然,如果某一企业使用的生产函数具有固定技术系数的特征,那么该企业在使用生产要素时无法相互替代;如果某一企业的生产函数具有可变技术系数的特征,那么该企业在生产中就可以根据生产的成本状况进行替代,以最经济的方式生产产品。

### 2. 时间长短对劳动需求的影响

时间长短对劳动需求的影响是通过其对技术即生产函数的影响体现出来的。事实上,生产函数在短期和长期可能是不同的,不同的生产函数就会导致对劳动需求的不同。如表 2－1 所示,资本、劳动和技术变动都需要一定的时间,其中,资本调整所花费的时间要比劳动调整更多,而生产技术(即生产函数)变动所需要的时间与资本和劳动调整所花的时间相比就更多了。为此,经济学家通常将短期定义为只能改变劳动投入数量的时间范围,在这个时间阶段里资本数量是不变化的;将长期定义为可以改变劳动和资本投入数量的时间范围,但在这时间范围内还不足以改变生产技术;将超长期定义为不仅可以改变各种生产要素投入数量,而且可以改变生产技术的时间范围。表 2－2 对各种时间范围的划分做了分类。

表 2－1 资本和劳动调整的时间滞后

| 劳　动 | 资　本 |
|---|---|
| 1. 改变劳动数量的决策时间 | 1. 改变资本数量的决策时间 |
| 2. 广告(以及其他的搜寻方式)搜寻时间 | 2. 搜寻时间 |
| 3. 面试时间 | 3. 生产者的制造时间 |
| 4. 培训时间 | 4. 安装和调试时间 |

表 2－2 短期、长期和超长期分类

| 时间范围 | 变化的要素 | 固定不变的要素 |
|---|---|---|
| 短　期 | 劳　动 | 资本和技术 |
| 长　期 | 劳动和资本 | 技　术 |
| 超长期 | 劳动、资本而后技术 | |

事实上,在短期和长期之间的简单划分可能是不现实的。原因如下:第一,不同的生产要素是以不同的比例发生变化的,例如,改变手工工人的数量可能比改变机械操作工人的数量更容易。第二,来自某一特殊要素的服务流以不同的比例发生变化,

例如,工作时数可能比工人人数更容易改变。第三,某一特定要素变动的速度在不同的时点可能变化不同。例如,当劳动市场需求相对疲软时,可能更容易改变劳动的投入。然而,尽管有多方面的因素在决定时期的长短中起了重要的作用,但为了集中分析问题,我们首先在一个简化的理论模型中做了如下的假定:第一,只存在着两种投入,劳动和资本;第二,两种投入各自都是同质的,即每一个工人与其他工人都是一样的;第三,劳动投入在短期内是可以变化的,而资本只在长期内变化,生产技术在超长期内才能发生变化。然后逐步放开这些假设,并在随后的章节中加以分析。

我们在下一节中首先考察短期生产函数中劳动投入变化的限制,然后考察长期生产函数中劳动投入变化如何受资本投入变化的影响。

### 3. 企业目标对劳动需求的影响

企业目标对劳动需求具有很大的影响。一般来说,经济学将企业目标确定为利润最大化,在这样的目标下,企业试图在既定的成本下尽可能生产最大的产量,或者是在既定的产量下尽可能采用最小的成本进行生产。因此,在生产技术既定的条件下,企业的劳动需求还受到企业目标的影响。如果企业不是以利润最大化作为其目标,而是以就业作为目标,则情况就大不相同。例如,中国在改革之前的就业体制是采用计划分配,企业目标也不是利润最大化行为,企业行为很大程度上受到计划分配的制约。因此,在这种企业目标下,企业对劳动需求不是以经济利润作为约束而是根据计划分配作出的。其结果对劳动需求的影响是很不同的,企业的实际劳动雇用量大大超过了与按利润最大化行为目标所要求的雇用量,因而出现了人们常说的“隐性失业”现象。再如,如果企业以管理效用最大化和销售收入最大化,其所要求的劳动需求量也与利润最大化目标所要求的劳动需求量之间有很大的差异。我们在本书中主要考察企业在利润最大化目标下对劳动需求的影响。

### 4. 社会制度安排对劳动需求的影响

劳动需求除了受到技术、企业在经济上的考虑、时间长短的影响之外,还受到社会制度安排的影响。在新制度经济学中,制度被定义为“一系列被制定出来的规则、守法程序和行为的道德伦理规范,它旨在约束追求主体福利或效用最大化利益的个人行为”。约束劳动需求的制度因素可分为两组:其一是正式制度,即一定的经济体制及其相应的就业制度、用人制度、工资制度、福利制度等各项制度安排;其二是非正式制度,即对人们的意识和行为有潜在规范作用的社会意识形态、伦理道德、习惯等。我们这里所指的制度约束,主要指前者。

在我国传统的计划经济体制下,政府通过计划安排劳动者就业,确定企业的招工人数、招工对象、工资标准、就业岗位等,整个社会的劳动力资源配置是按行政配置规则进行的,并通过固定工制度、户籍制度、固定工资制度、企业福利保障制度等相应的制度安排予以保证。企业只有接受和服从国家劳动计划的义务,没有自主决定劳动用工的权利,它们无法严格按照企业技术特征的要求来确定劳动力需求数量和结构,也无法根据外部经济环境的变动严格按效率原则裁减职工。因此,在计划经济体制下,劳动需求所受到的制度约束的结构是使企业劳动需求的大小往往无法顾及劳动边际生产率与边际成本相等的原则和技术要求,远远偏离微观效率目标。

在市场经济条件下,企业需要何种类型的劳动力、需要多少劳动力或解雇劳动力,都是企业为实现利润最大化目标的自主行为。劳动力需求曲线是一条向右下方倾斜的曲线,工资率越高,劳动需求量越小。企业根据技术要求和经济状况变动,按照边际劳动收益与边际劳动成本相等的原则决定劳动力的最佳需求量。显然,劳动力市场制度与计划经济制度相比,是一种有利于企业按技术的和经济的界限配置劳动力的制度。然而,现实中的劳动力市场也是在一定制度结构的规范下运行的,因而企业的劳动需求不可避免地要在既定的制度约束下确定,这些制度约束可能有利于企业在当时的环境下去追求利润最大化,也可能使企业行为(包括企业的劳动需求行为)偏离利润最大化或至少是短期内偏离利润最大化。因此,我们需要研究政府对劳动力市场的干预和影响。在劳动力市场上,政府通过法律形式确立的制度结构主要包括以下四个方面:

(1) 最低劳动标准。在企业经营状况变动导致劳动需求减少和人口过剩的压力下,非熟练工人在劳动力市场上处于劣势,往往工资被压得很低,劳动条件十分恶劣,以致不得不进入“低工资—多就业”的恶性循环。针对这一情况,各国政府普遍利用立法手段通过禁止未成年的儿童工作、禁止女工夜间作业、规定最低工资标准和最长工作时间等措施,以保证必要的劳动条件,保护劳动者的身心健康和安全。比如,英国最早于 1802 年制定了《工场法》,本世纪初又将煤矿劳动条件、工伤事故补偿、最低工资标准等规章制度以法律形式确定下来,最终形成了英国最低劳动标准制度的基本框架。美国政府于 1938 年制定了《劳动标准法》。日本于 1947 年制定《劳动标准法案》,内容涉及劳动合同、就业制度、工资、劳动时间、休息公休日、带薪休假、妇女和儿童的劳动、工伤事故补偿等方面。我国在《劳动法》中也有此相关规定,各地区目前制定了不同的最低工资标准。

(2) 最低生活保障。最低生活保障,包括国家救济、养老保险、免费医疗等社会保障制度,确保人们维持基本生活所需要的最低生活标准,即排除了劳动者在最低限度的生存和安全无保障时可能产生的不合理的劳动合同。例如,美国、德国、日本分别建立了以《社会保险法》、《社会保障法》等法律为核心的社会保障制度结构,成为本国劳动力市场的重要组成部分。

(3) 对工会组织和雇主权力在法律上的确认。在劳动力市场上,供需双方的力量对比往往不对等,在承认工会作为合法组织这样一种制度下,工会有权参与有关劳动条件等方面问题的决策,并在监督企业雇用工人、遵守最低劳动标准等方面发挥作用,这就在一定程度上限制了雇主的权力,使力量的对比有利于劳动者。如果政府对工会的活动加以限制,就会增大雇主权力,使力量对比有利于雇主。今天,多数国家都确认了工会组织的合法地位和权力,并将其作为一项社会制度固定下来。不过,随之而来也出现了一些关于这类制度安排是否有利于经济效率的问题。

(4) 对市场垄断和市场歧视的限制或利用。这些建构于劳动力市场之中的制度安排,对企业的劳动需求行为具有很大影响,对企业劳动需求的数量、结构及行为本身构成约束。这些约束中的某些方面,本书将在第七章专门论述。

## 第二节 完全竞争下的劳动需求分析

本节试图构建一个完全竞争条件下的企业劳动需求模型,并运用该模型推导企业的劳动需求曲线。我们假定完全竞争的企业是指企业所处的产品和要素市场都是完全竞争的。也就是说,在产品市场和要素市场上供求的双方人数都很多,产品与产品之间、要素与要素之间没有任何区别,产品和要素的供求双方都具有完全的信息,产品和要素可以充分自由地流动,等等。显然,完全满足这些要求的产品和要素市场在现实生活中是不存在的。但为了考察劳动市场如何配置劳动资源的机理,我们可以利用完全竞争模型对之加以说明。

我们首先考察完全竞争企业在短期对劳动的需求，然后考察长期劳动需求，最后对短期和长期劳动需求进行比较。

## 一、完全竞争下的短期劳动需求

### 1. 完全竞争企业使用劳动要素的原则

我们假定，在短期内只有劳动要素是可变的，资本和其他生产要素固定不变。企业被假定是在产品和要素市场上的利润最大化追求者。因此，企业使用劳动要素的原则就是利润最大化，即增加一单位劳动的使用所带来的**边际收益**和**边际成本**必须相等。我们在下面考察完全竞争企业使用劳动要素的边际收益和边际成本。

（1）使用劳动要素的**边际收益**。企业的收益函数等于产品产量与产品价格的乘积，用公式可以表示如下：

$$R(Q)=Q\cdot P \tag{2.1}$$

在式(2.1)中，R、Q 和 P 分别为企业的总收益、产量和产品价格。在上述公式中，产品价格 P 是既定的常数。这是因为，在完全竞争条件下，产品买卖双方数目很多且产品没有差别，故任何一家企业单独增加或减少其产量都不会影响产品价格。换句话说，产品价格与单个企业的产量多少无关。由于产品价格固定不变，企业的收益便可以看成为决定于另一个因素，即产量。因此，总收益 R 被看成是产量 Q 的函数。由收益函数求收益对产量的一阶导数即得所谓的“边际收益”。边际收益表示企业增加一单位产量所增加的收益。

现在把讨论从产品市场向要素市场方面再深入一步。在产品市场分析中，收益只被看成是产量的函数而与生产要素无关。一旦转入要素市场，则应进一步看到，产量本身又是生产要素的函数。设完全竞争企业在短期内只能变动的生产要素是劳动 L，其他生产要素都无法变动，则产量为劳动的函数，即生产函数为劳动的一元函数。要素与产量之间的这种数量关系，我们用如下的生产函数表示：

$$Q=Q(L) \tag{2.2}$$

将上式代入式(2.1),则可以将收益看成劳动要素的复合函数:

$$R(L) = Q(L) \cdot P \tag{2.3}$$

由于仍然是局限于讨论完全竞争的情况,上式中的产品价格仍然是固定不变的常数。

下面考虑收益函数的一阶导数。在产品市场理论中,收益是产量的函数。因此,收益可以对产量求导数。收益对产量的导数就是产品的边际收益 MR。而在完全竞争条件下,这个边际收益等于产品价格,即 MR = P。现在研究的是劳动要素的使用问题。在劳动市场上,收益成了劳动的复合函数。因此,为了求得劳动的边际收益,必须以劳动为自变量求取导数,即对(2.3)式进行求导,得到如下等式:

$$dR(L)/dL = dQ(L)/dL \cdot P \tag{2.4}$$

在式(2.4)中,$dQ(L)/dL$ 为劳动的边际产品 MP,表示增加使用一个单位的劳动所增加的产量。劳动的边际产品 MP 与既定产品价格 P 的乘积 MP · P 表明增加使用一单位劳动所增加的收益。这就是完全竞争企业使用劳动要素的"边际收益",我们用 VMP 表示。为了与产品的边际收益概念相区别,我们通常把使用劳动的边际收益叫作劳动的边际产品价值。于是有下式成立:

$$VMP = MP \cdot P \tag{2.5}$$

需要再次强调的是,应特别注意劳动的边际产品价值 VMP 与产品的边际收益 MR 的区别:产品的边际收益(简称边际收益)通常是针对产量而言,故称为产品的边际收益;边际产品价值是对劳动要素而言,是劳动的边际产品价值。

由于劳动的边际产品 MP 是产量对劳动的导数,故也是劳动的函数。根据"边际生产率递减规律",劳动的边际产品为一条向右下方倾斜的曲线,即随着劳动使用量的增加,劳动的边际产品会逐步下降。根据式(2.5)可知,劳动的边际产品价值也是劳动的函数,由于产品价格 P 为常数,边际产品价值曲线显然也与边际产品曲线一样向右下方倾斜。并且,当 P 大于 1 时,边际产品价值曲线在边际产品曲线的上方;当 P 小于 1 时,边际产品价值曲线在边际产品曲线的下方;当 P 等于 1 时,边际产品价值曲线与边际产品曲线重合。

(2) 使用劳动要素的**边际成本**。成本函数是企业的成本与产量水平之间的各种关系，或者说成本仅被看成为产量的函数，即下式：

$$C = C(Q) \tag{2.6}$$

由于产量又取决于所使用的劳动要素数量，故成本也可以直接表示为劳动的函数。这一函数即成本方程。根据成本方程可以得到劳动要素使用的成本概念。若设劳动要素的价格为工资 W，则使用劳动要素的成本就可以表示为：

$$C = W \cdot L \tag{2.7}$$

上式表明成本等于劳动价格和劳动数量的乘积，并且在完全竞争的劳动市场上，劳动价格 W 是既定不变的常数。换句话说，要素价格与单个企业的劳动使用量之间没有关系。由于劳动价格为既定的常数，使用劳动要素的**边际成本**（即成本函数对劳动的导数）就是劳动价格：

$$dC(L)/dL = W \tag{2.8}$$

它表示完全竞争企业增加使用一单位劳动所增加的成本。上式的含义是，如果假设劳动价格为固定的每小时 5 元人民币，则企业每增加使用一小时劳动就需要且仅需要付出 5 元的成本。因此，使用劳动要素的边际成本为 5 元。

由于使用劳动的成本被看成是劳动数量的函数，故它对劳动的导数即使用劳动要素的边际成本亦是劳动数量的函数。不过在完全竞争条件下，这个函数采取了最为简单的形式：它实际上是一个常数。因此，该函数曲线在图形上表现为一条水平直线（如图 2－1 所示）。图中横轴为劳动的数量，纵轴为使用劳动的边际成本。假定劳动价格即使用劳动的边际成本为 $W_0$，则 $W_0$ 不随劳动使用量 L 的变化而变化。

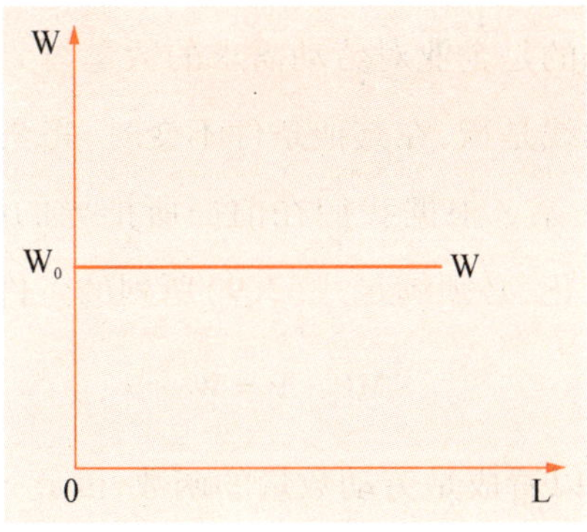


图 2－1 完全竞争企业劳动的边际成本曲线

(3) 完全竞争企业使用劳动要素的原则。企业使用劳动要素的原则是利润最大化目标在劳动使用上的具体体现,也就是使边际成本等于相应的边际收益。根据上述讨论,我们得知:在完全竞争条件下,企业使用劳动的边际成本等于劳动的价格W,而使用劳动的边际收益是边际产品价值VMP。因此,完全竞争企业使用劳动要素的原则可以表示如下:

$$VMP = W$$

或者

$$MP \cdot P = W \tag{2.9}$$

如果完全竞争企业在使用劳动要素时实现了上述条件,那么该企业就实现了利润最大化,此时使用的劳动数量就是最优的数量。

我们也可以使用数学方法推导上述结论。假设π代表完全竞争企业的利润,它是劳动需求量L的函数,则由利润的定义有:

$$\pi(L) = P \cdot Q(L) - W \cdot L \tag{2.10}$$

为了达到利润最大化,必须使下式成立:

$$d\pi(L)/dL = P[dQ(L)/dL] - W = 0 \tag{2.11a}$$

即

$$P[dQ(L)/dL] = W \tag{2.11b}$$

上式即为:

$$VMP = W \tag{2.11c}$$

该式即为完全竞争企业使用劳动要素的原则条件。

## 2. 完全竞争企业的劳动需求曲线

劳动的需求函数反映的是企业对劳动需求的数量与劳动的价格之间的关系。完全竞争企业的劳动需求曲线是指,在其他条件不变时,完全竞争企业对劳动的需求量L与劳动价格W之间的关系。根据我们在前面所推导的结论,我们知道,完全竞争的企业要想实现利润最大化,必须满足式(2.9)所列的条件,即

$$MP \cdot P = W$$

由于边际产品MP可以看成是劳动数量的函数,因此

$$MP = MP(L) \tag{2.12}$$

故式(2.9)可以写成

$$MP(L) \cdot P = W \tag{2.13}$$

由于产品价格 P 为常数,上式实际上确定了一个从劳动价格 W 到劳动数量 L 之间的一个函数关系,即确定了完全竞争企业对劳动的一个需求函数。

我们来考察这个函数的特点。假定一开始时,企业使用的劳动数量为最优数量,即(2.13) 式已经满足。现在让劳动价格 W 上升,于是有 $MP(L) \cdot P < W$。为了重新恢复均衡,企业必须调整劳动使用量 L,使 MP(L)从而 $MP(L) \cdot P$ 上升。根据边际生产力递减这一性质,只有通过减少劳动使用量才能达到这个目的。这样便得到结论: 随着劳动价格的上升,企业对劳动的最佳使用量即需求量将下降。因此,完全竞争企业的劳动需求曲线与其边际产品价值曲线一样向右下方倾斜。

我们进一步考察式(2.13)发现,在完全竞争的条件下,企业在短期内对单一可变的劳动要素的需求曲线将与其边际产品价值曲线完全重合。

首先,根据式(2.5)我们可以知道,$VMP = MP \cdot P$,由此我们可以获得一个有关劳动量与边际产品价值的函数关系,即有一个劳动量就会有一个相应的边际产品价值与之对应。因此我们得到了一条向右下方倾斜的 VMP 曲线。

其次,根据劳动市场完全竞争的假设,单个企业改变其劳动使用量不会影响劳动价格变化。这说明单个企业面临的是一条水平的劳动价格即工资率曲线。只要给定一个工资率 W,就有一条水平线 W。

最后,根据劳动要素的使用原则 VMP = W,如图 2 -2 所示,我们就可以得到一个 VMP 曲线与 W 曲线的交点 A。A 点表明,当劳动价格为 $W_0$ 时,劳动需求量为 $L_0$。换句话说,边际产品价值曲线 VMP 上 A 点也是劳动需求曲线上的点。同样地,如果

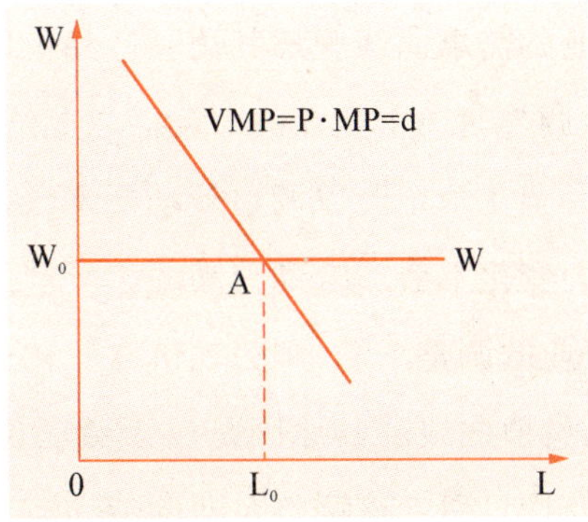


图 2-2 劳动需求曲线与劳动的边际产品价值曲线重合

给定另外一个劳动价格,则有另外一条水平直线与 VMP 相交于另外一点。根据同样的分析可以知道,新的交点也是需求曲线上一点。因此,在短期内,完全竞争的企业如果不调整其他生产要素,仅调整劳动要素,则劳动需求曲线与劳动的边际产品价值曲线恰好重合。

应该注意的是,以上结论的成立需要两个潜在的假定:第一,劳动的边际产品曲线不受劳动价格变化的影响;第二,产品价格不受劳动价格变化的影响。这两个假定是与边际产品价值曲线的两个组成部分相关的,即边际产品 MP 和产品价格 P。如果劳动价格变化时,劳动的边际产品曲线和产品的价格发生变化,劳动需求曲线必将脱离其边际产品价值曲线。那么,在什么情况下劳动价格发生变化而边际产品曲线和产品价格不发生变化呢?如果其他生产要素不变,仅改变劳动要素的使用量,则劳动的边际产品曲线不会发生变化。如果我们仅讨论一个企业的生产发生变化,而不考虑其他企业的调整,则由于完全竞争条件下企业产量的变化对市场影响不大,故产品价格也不会发生变化。由此可以看出,只要不考虑其他生产要素的改变或者多个企业的调整行为,上述结论就会成立,否则上述假定就是不合理的。我们在下面探讨市场劳动需求问题。

### 3. 完全竞争市场的劳动需求曲线

从上面论述中我们已经知道了完全竞争企业的劳动需求曲线,它是与边际产品价值曲线重合的。但是,当我们把分析从企业扩展到整个市场的时候,由于条件发生了变化,故单个企业的劳动需求曲线也有了变化。这种变化就是,原来仅考察一家企业的调整,现在需要考察同类产品企业在市场上的同时调整。因此,当劳动价格发生变化时,会影响到单个企业的需求曲线脱离其边际产品价值曲线。因此,我们首先必须考察市场所有企业发生调整时单个企业的劳动需求曲线发生了什么变化?

在研究短期生产中,完全竞争企业仅调整劳动要素,这时由于其他生产要素的数量保持不变,故劳动价格的变化不会影响到劳动的边际产品曲线,即 MP 曲线不发生变化。如果不考虑其他企业的调整活动,则劳动价格变化也不会影响产品价格,从而不会改变劳动的边际产品价值曲线。其原因是由于劳动价格发生变化,如果其他企业均不调整,则劳动价格变化只引起该调整企业的劳动需求量的变化,从而只引起该调整企业的产品数量的变化。由于该企业是产品市场上的完全竞争者,故其产量的变化并不能改变产品价格。当其他企业都发生调整时，则情况将完全不同。劳动价格发生变动引起所有企业都调整其劳动使用量和需求量时，市场的最终行为结果将与单个企业调整而引起其产品数量变动的情况大为不同。劳动价格变动所引起的全体企业的产量变动将改变产品的供给曲线的位置，从而在产品市场需求量不变时，将改变产品的市场价格。产品价格的改变反过来又使得每个企业的边际产品价值发生改变，从而使得企业的需求曲线与其边际产品价值曲线不再重合。

我们利用图 2－3 来推导多个企业同时调整情况下其中某个企业的劳动需求曲线。如图所示，横轴为劳动数量，纵轴为劳动价格。假定企业 m 在一个初始工资率为 $W_0$，产品价格为 $P_0$ 的完全竞争的劳动要素和产品市场中，此时有一条边际产品价值曲线 $MP \cdot P_0$。根据该曲线可确定 $W_0$ 下的劳动需求量 $L_0$。因此，点 $H(W_0, L_0)$ 即为需求曲线上的一点。如果没有其他企业调整，则整条需求曲线就可以看成是 $MP \cdot P_0$。假定工资率下降到 $W_1$，则劳动需求量增加到 $L_2$。如果其他企业都进行调整（增加劳动需求和产品供给），于是工资率下降使劳动的边际产品价值曲线向左下方移动，例如移动到 $MP \cdot P_1$，从而在工资率 $W_1$ 下，劳动的需求量不再是 $L_2$，而是更少一些的 $L_1$。于是又得到劳动需求曲线上的一点 $I(W_1, L_1)$。

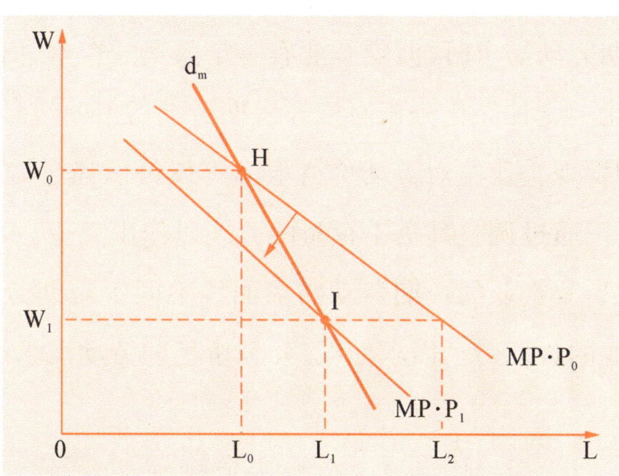


图 2－3　经过市场调整后的 m 企业的劳动需求

重复上述过程，我们可以得到其他与 H、I 性质相同的点。将这些点连接起来，即得到多个企业调整情况下企业 m 对劳动的需求曲线 $d_m$。该需求曲线表示经过多个企业相互作用的调整，即经过行业调整之后得到的第 m 个企业的劳动需求曲线，可简称为行业调整曲线。一般来说，该曲线仍然是向右下方倾斜的，但比边际产品价值曲线要陡峭。

我们将上述经过行业调整后的单个企业的劳动需求水平加总,就可以得到整个市场的劳动需求曲线。假定完全竞争的劳动市场中存在 n 个企业,每个企业经过行业调整的劳动需求曲线分别为 $d_1$, $d_2$, …, $d_m$,整个市场的劳动需求曲线 D 可以看成是所有企业的劳动需求曲线的简单水平加总,即

$$D = \sum d_m$$

如果假定这 n 个企业都是一样的话,市场的劳动需求曲线则为:

$$D = \sum d_m = n \cdot d_m \tag{2.14}$$

在式(2.14)中,$d_m$ 可以是任何一个企业的劳动需求曲线。在上面的推导市场的劳动需求曲线过程中,应当注意的是,被简单水平加总的是每个企业经过调整的劳动需求曲线 $d_m$,而不是边际产品价值曲线 $MP \cdot P_0$。

## 二、完全竞争下的长期劳动需求

我们在分析短期劳动需求时,假定企业有一定数量的资本,而且这个数量不能随工资率的变化而变化。这种简化分析对推导短期劳动需求曲线是有用的。当我们转向长期分析时,我们发现企业应对劳动价格上升不仅可以通过调整其使用的劳动数量的方式,而且也可以通过调整其资本存量的方式以作出反应。显然,由于企业在长期可以调整资本存量,故企业的长期劳动需求曲线不同于短期劳动需求曲线。我们在本部分将考察企业的长期劳动需求曲线,并分析长期劳动需求曲线的特点。

### 1. 等产量曲线与要素投入选择

为了理解完全竞争企业的长期劳动需求曲线,我们必须对企业行为作出考察。我们知道企业的目标是利润最大化,这一目标又可以引申出两个重要的企业行为:其一是在既定产量下的成本最小化行为;其二是在既定成本下的产量最大化行为。当工资率变化时,企业的这两个行为如何随之发生变化呢?换句话说,工资率是如何影响这两个决策从而影响企业使用劳动力数量的呢?

我们引入等产量曲线工具对上述问题进行考察。等产量曲线是在技术水平不变的条件下生产同一产量的两种生产要素投入量的所有不同组合的轨迹。以常数 $Q_0$ 表示既定的产量水平,则与等产量曲线相对应的生产函数为:

$$Q = f(L,K) = Q_0 \tag{2.15}$$

显然,这是一个两种可变生产要素的生产函数。图 2-4 给出了一组典型的等产量曲线。

如果我们从经济学的角度把技术理解为生产某一产量的生产要素数量的投入组合。那么在一条等产量曲线上只有一点表示使用该技术生产那一产量所需要的劳动和资本数量。对于每一企业能够生产的可能产量来说,都存在一条等产量曲线代表可行的劳动和资本组合。在同一等产量曲线上,不同的组合点表明不同的生产技术。例如,对同一产量的产品生产,既可以使用较多的资本和较少的劳动生产,也可以使用较多的劳动和较少的资本生产。我们将前者称为资本密集的技术,后者为劳动密集的技术。

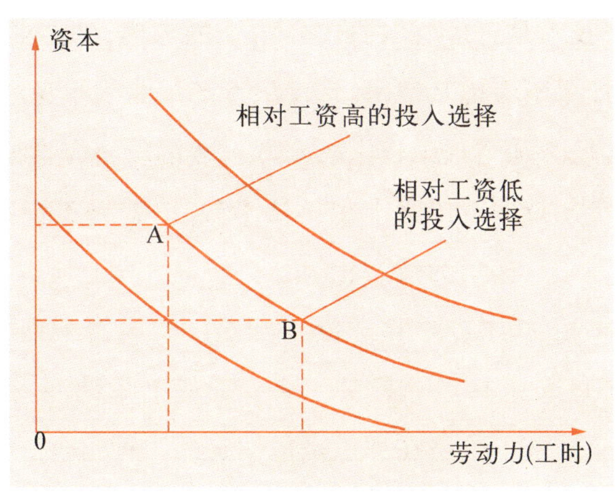


图 2-4 等产量曲线图

不同企业的等产量曲线具有不同的形状,等产量曲线的形状取决于企业特定产品所存在的各种不同技术的性质。但是等产量曲线的某些特征具有共同性,这与边际收益递减规律所描述的劳动、资本和产量之间的短期关系非常相似。如图 2-4 所示,这组等产量曲线具有四个重要特征:第一,等产量曲线的斜率为负。在同一条等产量曲线上,替代性生产方法包括一种投入多,另一种投入就少,不能两者都多或都少。第二,位置较高的等产量曲线具有较高的产量,因为生产较大产量至少需要一种投入更多些,但常常是两者同时增加。第三,等产量曲线是连续的。其经济含义是,企业有无限种生产技术可以生产任何数量的产品。尽管这种描述与现实不符,但是这样做有利于理论分析,并且这种描述包含了现实的各种可能情况。第四,等产量图中的等产量曲线没有常数斜率,在左边较陡直,而在右边较平坦。这意味着在等产量曲线的左边,企业一般采用资本密集的技术;而在等产量曲线的右边,企业一般采用劳动密集的技术。例如,图中的A点表示资本密集的生产技术方法。我们可以将其具体化为一个使用工人很少的大货栈。一方面,如果要增加更多的工人而又不减少资本量,产出也许会由于专业化的生产率高而迅速上升;另一方面,大大降低货栈规模和增加适当数量的工人也可以生产同样的产出。所以,等产量曲线在A附近较陡峭。但是,在B点则情况相反。在B点,相对于货栈规模来说已经有较多的工人,以使产量保持不变,对货栈规模的任何进一步减缩,都必须用大幅度地增加使用的劳动数量来抵消。因此,从图上看曲线在B点附近平缓下来。

(1)如果只从技术角度考虑,同一等产量曲线上的任一点与其他点没有实质的区别。决定哪种生产技术是否最好取决于经济上的考虑,即企业生产既定产量的最小成本组合。然而,如果不考虑其他因素,仅从等产量曲线本身考虑是无法找到成本最小组合点的。我们还必须结合工资率的高低来考虑最小成本组合点。当工资率相对较低时,采用劳动密集技术就比资本密集技术便宜;如果工资率较高,所有技术都会比以前昂贵,但资本相对密集的技术相对会更便宜一些。所以,一个使其生产成本最小的企业,在工资率相对较高时,将选择A点这样资本密集型的投入组合,而相对较低的工资率则会使它选择B点这样的组合。对等产量曲线上表示的每种生产技术而言,都存在工资率和资本价格在那里是最便宜的某种组合。

(2)工资率也影响到一个追求利润最大化企业将生产多少产量。为了使利润最大化,企业应该把生产一直扩大到最后一个生产单位的边际收益恰好等于生产它的边际成本的那一点上。当工资率高时,企业的边际成本也高,这样边际收入等于边际成本的那一点在相当小的产量水平上就会达到。与此相反,当工资率低时,如果其他条件相同,利润最大化产量将会更大一些。图2-5表示的是竞争性企业的这种情况。利润最大化产量在工资率相对高时为$Q_1$,在较低时为$Q_2$。所以工资率以两种明显不同的方式影响就业:一方面,影响利润最大化的产量;另一方面,影响这种产量得以实现的方式。

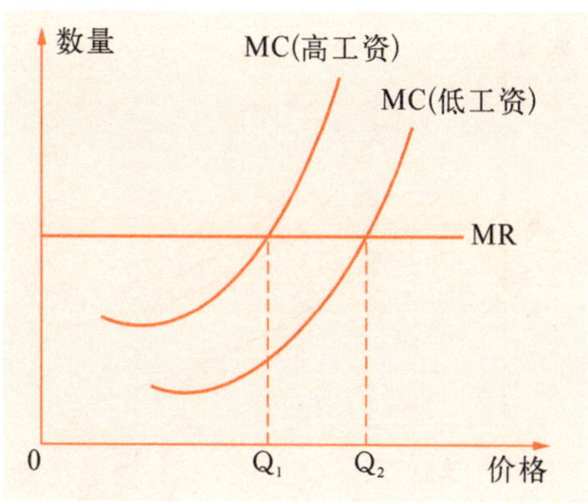


图 2－5 竞争性企业的产量决定

### 2. 完全竞争企业的长期劳动需求曲线的推导

(1) 替代效应和规模效应。我们利用上述工具说明完全竞争企业如何对长期中工资率变化作出调整，并推导其长期劳动需求曲线。如图 2－6(a)所示，我们假定企业处在初始点 A，在该点企业恰好处于利润最大化点，此时的工资率为 $W_0$，劳动数量为 $L_A$，资本数量为 $K_A$。现在假定资本价格和产品价格不变，工资率从 $W_0$ 上升到 $W_1$。我们考察企业针对工资率的变化如何作出调整。

一方面，企业如果仍然在原有的产量水平上生产，则将会采用更加资本密集的生产方法，以使得总成本下降。例如，企业可能在 B 点进行生产。这种调整使得企业的劳动使用量从 $L_A$ 降低到 $L_B$，而资本的使用量从 $K_A$ 上升到 $K_B$，即企业用资本替代劳动，我们将这种效应称作替代效应。

另一方面，由于工资率的提高，企业使用劳动的边际成本将上升，从而导致企业生产更少的产量，产量的下降将会导致使用的劳动数量下降。我们将这种效应称为规模效应，在图中表现为从 B 点到 C 点的移动。此时，劳动数量从 $L_B$ 下降到 $L_C$。

从上面的分析可知，工资率的上升导致企业调整的两个效应，即替代效应和规模效应。企业因工资率上升所引起的劳动需求的减少也是这两种效应的变化之和。

(2) 推导长期劳动需求曲线。在图 2－6(b)中，横轴是劳动数量，纵轴是工资率。A′点和 C′点与图 2－6(a)中的 A 点和 C 点是相对应的。从上面的讨论中，我们发现长期劳动需求曲线是由 A′和 C′这样的点组合而成。在这些点上企业既实现了

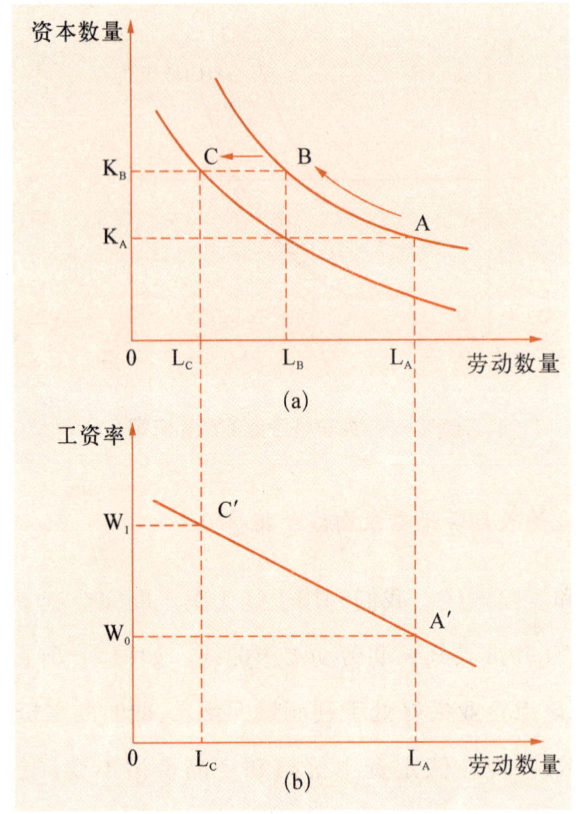


图2-6 长期劳动需求曲线的推导

生产成本最小化,又实现了利润最大化。组合点($W_0$,$L_A$)和($W_1$,$L_C$)都是长期需求曲线上的点,连接这两个点我们就可以大致得出长期需求曲线,应该注意的是这是一条向右下方倾斜的劳动需求曲线。到此为止,我们已经推导出完全竞争企业的长期劳动需求曲线。长期劳动需求曲线与短期劳动需求一样也是向右下方倾斜的。

## 三、长期劳动需求曲线与短期劳动需求曲线的相互作用

如图2-7所示,长期劳动需求曲线 $D_L$ 同许多短期劳动需求曲线 $D_{s1}$、$D_{s2}$、$D_{s3}$ 等相交。短期劳动需求曲线相对更为陡峭,而长期劳动需求曲线则较为平坦。换句话说,长期劳动需求曲线具有更大的弹性。这是长期劳动需求曲线与短期劳动需求曲线的重要区别。现在的问题是当劳动价格变化时,企业的长期劳动需求曲线和短期

劳动需求曲线之间的关系是怎样的呢？

在图 2－7 中，我们假定 A 点的工资率是 $W_0$，在产品价格和资本价格既定时，企业选择使用的劳动数量为 $L_0$，资本数量为 $K_0$，此时企业处于利润最大化的状态。A 点既是长期劳动需求曲线 $D_L$ 上的点，又是短期劳动需求曲线 $D_{s2}$ 上的点。当工资率从 $W_0$ 上升到 $W_1$ 时，短期内企业将从短期劳动需求曲线 $D_{s2}$ 上的 A 点调整到 B 点，此时企业将因调整产量规模而调整劳动使用量；长期内企业将会从短期劳动需求曲线 $D_{s2}$ 上的 B 点移动到 $D_{s1}$ 上的 D 点，原因是企业有充分的时间调整其资本的使用量以替代劳动。同样，当工资率从 $W_0$ 下降到 $W_2$ 时，短期内企业将从短期劳动需求曲线 $D_{s2}$ 上的 A 点调整到 C 点，此时企业将因扩大产量而增加劳动使用量；长期内企业将会从短期劳动需求曲线 $D_{s2}$ 上的 C 点移动到 $D_{s3}$ 上的 E 点，原因是企业有足够的时间调整其资本使用量，用劳动替代资本。以上两种情况下，一旦企业调整完毕，就再次处于新的短期劳动需求曲线上。

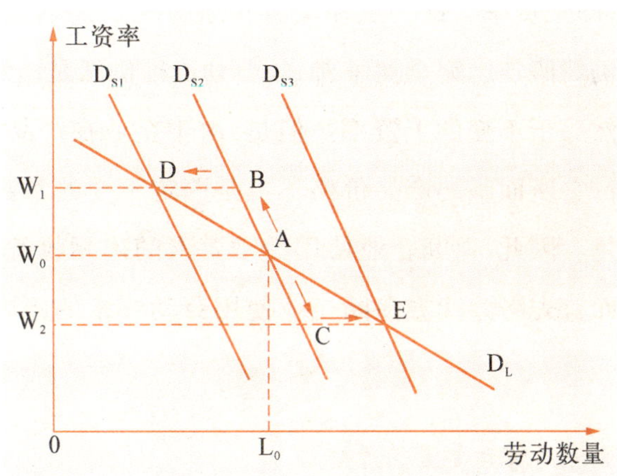


图 2－7　长期劳动需求曲线与短期劳动需求曲线

应该注意的是，工资率变动对劳动需求的长期调整幅度要大于短期调整。换句话说，企业的长期劳动需求曲线总是要比作为其基础的短期劳动曲线更平坦。

## 第三节　不完全竞争市场结构下的劳动需求分析

本节讨论不完全竞争市场结构下企业和市场的劳动需求曲线。不完全竞争包括垄断、寡头和垄断竞争三种情况。为了简单起见,本节只考察垄断市场结构下企业和市场的劳动需求问题。根据企业在产品和劳动市场上的不同情况,垄断企业可以分为三种类型:其一是作为产品市场上的垄断卖方;其二是作为劳动市场上的垄断买方;其三是作为产品市场上的垄断卖方和劳动市场上的垄断买方。我们重点讨论前两种情况,因为后者是前两种的简单“综合”,所以可以由前两种情况推导出来。

## 一、卖方垄断企业的劳动需求分析

卖方垄断企业是指企业在产品市场上是垄断者,但在劳动市场上是完全竞争者。我们知道,任何一个以利润最大化为目标的企业使用劳动要素的原则是使用劳动的边际成本和相应的边际收益相等。在完全竞争条件下,企业使用劳动要素的边际成本就等于劳动价格,即工资率。这一点在卖方垄断情况下仍然成立。由于卖方垄断企业在劳动市场上仍然假定为完全竞争者,故劳动价格仍然是既定的常数,使用劳动要素的边际成本仍然等于不变的工资率。但是,由于企业在产品市场上不再是完全竞争者,而是垄断者,它所面临的产品价格不再是固定不变的常数,而是取决于产量和销售量的一个变量。因此,垄断企业使用劳动要素的边际收益不再等于其边际产品价值。我们在下面首先考察卖方垄断企业使用劳动要素的原则,然后考察其对劳动需求的问题。

### 1. 卖方垄断企业使用劳动要素的原则

卖方垄断企业使用劳动要素的边际收益是其收益函数对要素的导数,即增加一单位劳动所增加的收益。企业的收益则取决于产量,产量又取决于要素。假定所讨论的卖方垄断企业的收益函数和生产函数分别为 $R=R(Q)$ 和 $Q=Q(L)$,则收益可以看成是劳动的复合函数: $R=R[Q(L)]$。根据复合函数求导法则即有:

$$dR/dL=(dR/dQ)\cdot(dQ/dL) \tag{2.16}$$

在式(2.16)中,等式右边第一项 $dR/dQ$ 为收益对产量的导数,即所谓产品的边际收益 MR,它反映了增加一单位产品所增加的收益;第二项 $dQ/dL$ 为产量对劳动的导数,即所谓劳动的边际产品 MP,它反映了增加一单位劳动所增加的产品。因此,在卖方垄断条件下，企业使用劳动的边际收益等于产品的边际收益 MR 和劳动的边际产品 MP 的乘积 MR · MP。这个乘积通常被称作劳动的边际收益产品，并用 MRP 来表示，即：

$$MRP = MR \cdot MP \tag{2.17}$$

式(2.17)实际上是一般企业使用劳动要素的边际收益。在完全竞争条件下，企业是产品价格的接受者，企业所面对的需求曲线是一条水平线，产品价格为常数 P，故产品边际收益 MR 等于产品价格，从而边际收益产品 MRP 等于边际产品价值 VMP；但在卖方垄断条件下，企业的需求曲线就是向右下方倾斜的市场需求曲线，产品价格会随着产量的变动而变动，故产品的边际收益不再等于产品价格。事实上，随着产量的增加，卖方垄断企业必须降低价格才能把所有的产品销售出去。不仅最后一单位的产品必须低价销售，之前的产品也必须以一个同样低的价格出售，所以企业的边际收益小于最后一单位产品的价格，即 MR < P。因此，边际收益产品(MRP)曲线位于边际产品价值(VMP)曲线的下方。如图 2－8 所示，劳动的边际收益产品曲线是一条向右下方倾斜的曲线，且倾斜的程度大于边际产品价值曲线。

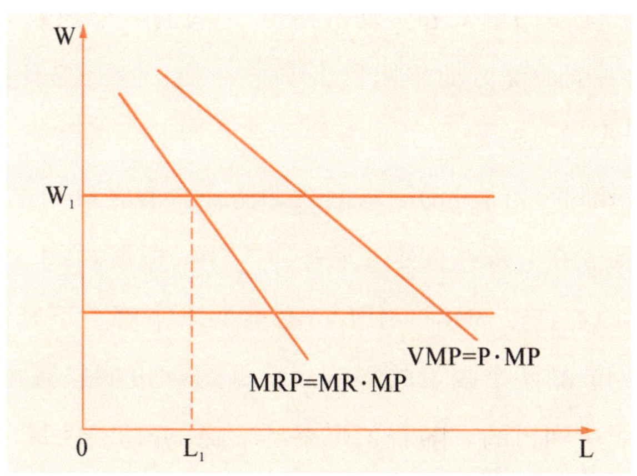


图 2－8　卖方垄断劳动边际收益产品曲线及劳动需求曲线推导

由于卖方垄断企业使用劳动的边际收益为要素的边际收益产品，使用要素的边际成本为要素价格，故卖方垄断企业使用劳动要素的原则可以表示如下：

$$MRP = W$$

或

$$MR \cdot MP = W \tag{2.18}$$

如果劳动的边际收益产品大于劳动价格,则增加使用劳动要素带来的收益就大于支付的成本,于是企业便倾向于扩大劳动使用量。随着劳动要素使用量的扩大,一方面劳动的边际产品下降,另一方面产品的边际收益也下降,从而劳动的边际收益产品将下降,最终下降到与劳动价格相等;反之,如果劳动的边际收益产品小于劳动价格,则减少使用劳动所损失的收益就小于所节省的成本,于是企业便倾向于缩小劳动使用量。随着劳动使用量的缩小,一方面劳动的边际产品将上升,另一方面产品的边际收益也上升,从而劳动的边际收益产品将上升,最终上升到也与劳动价格相等。

### 2. 卖方垄断企业的劳动需求曲线

根据卖方垄断企业的劳动要素使用原则,我们可以推导其劳动需求曲线。我们将式(2.18)所表示的劳动要素使用原则改写成下式:

$$MR \cdot MP(L) = W \tag{2.19}$$

在式(2.19)中,MP(L)是劳动的边际产品函数。在既定的产品需求函数和企业的生产函数下,我们可以得到产品的边际收益 MR 和劳动的边际产品函数 MP(L),从而上式确定了从劳动使用量 L 和劳动价格 W 之间的一个函数关系,即给定一个工资率 W 就有唯一的一个最优劳动使用量 L 与之对应。这个最优的劳动使用量就是劳动需求量。因此,式(2.19)确定了卖方垄断企业对劳动的需求函数。

我们考察卖方垄断企业的劳动需求曲线的特征。假定最初工资率和劳动数量使得劳动要素使用原则成立。现在假定工资率 W 下降,根据式(2.19)所确定的要素使用原则,劳动的边际收益产品 MR · MP(L)必然要求下降。下降的程度受产品的边际收益和劳动的边际产品两个因素的影响。根据边际报酬递减规律可知,劳动的使用量 L 增加才有可能达到目的。随着工资率的下降,劳动需求量增加,即劳动需求曲线是一条向右下方倾斜的曲线。对劳动需求曲线形状有影响的另一个因素是垄断企业产品的边际收益曲线,由于该曲线也是递减的,故也影响了劳动需求曲线向右下方倾斜并增加了下降的程度。因此,劳动需求曲线向右下方倾斜是由于边际报酬递减和卖方垄断企业边际收益递减共同造成的,而且比完全竞争条件下的劳动需求曲线更加陡峭。此外,我们进一步可以得到这样的结论:卖方垄断企业的劳动需求曲线与劳动的边际收益产品曲线完全重合。值得注意的是,卖方垄断企业的劳动需求曲线也是行业劳动需求曲线。

我们接下来考察其他行业多个企业共同调整的情况。当工资变动时,其他行业多个企业的共同调整会导致卖方垄断企业的劳动需求曲线脱离其边际收益产品曲线吗?我们只要考察垄断企业的边际收益曲线 MR 是否会因为劳动价格变动而发生变化即可,因为边际产品曲线 MP 显然是不变的。由于企业的产品的边际收益曲线完全由它所面临的产品需求曲线决定,故只要看劳动价格变化是否会改变企业所面临的产品需求曲线就可以了。但是,劳动价格的变动不会引起卖方垄断企业的产品需求曲线发生变动。原因有二:其一是由于整个行业就一个企业,卖方垄断企业自己的产量变化不会改变其所面临的产品需求曲线;其二是其他企业的产品与该卖方垄断企业的产品不同,如果不考虑不同商品之间的间接影响(产品的相互替代),那么其他企业产量的变动也不会改变该卖方垄断企业所面临的产品需求曲线。由此可以得到以下结论:如果不考虑某些较小的间接影响,则劳动价格的变化不会影响卖方垄断企业的产品需求曲线,从而不能影响它的边际收益产品曲线。换句话说,如果假定只使用劳动,则无论是否考虑其他行业多个企业的调整,卖方垄断企业的劳动需求曲线都等于其边际收益产品(MRP)曲线。

### 3. 卖方垄断企业的市场劳动需求曲线

我们在上面考察了卖方垄断企业所面临的劳动需求曲线,下面我们考察卖方垄断企业面临的市场劳动需求曲线。假定在劳动市场上有 n 个企业,如果这 n 个企业均是各自产品市场上的垄断者,则它们的行业调整曲线也就是各自的边际收益产品曲线。在这样的情况下,市场的劳动需求曲线就是 n 个卖方垄断企业的边际收益产品曲线的简单水平相加,即:

$$D = \sum MRP_r \tag{2.20}$$

上述情况是将劳动市场所有企业简化为卖方垄断企业的情形。如果在劳动市场上的企业并非都是卖方垄断企业,而是有的企业有可能是各自产品市场上的卖方垄断者,另外一些可能构成了某几个产品市场上的寡头结构等。在这种情况下,整个劳动市场的需求曲线不再等于所有企业的边际收益产品曲线的简单水平相加,因为,许多企业的边际收益产品曲线并不就是它们在行业调整下的劳动需求曲线。为了得到市场的劳动需求曲线,仍需要求得每一个企业在各自行业调整情况下的劳动需求曲线,然后再将它们相加。换句话说,仍然要对每一个劳动价格分别求出每一个企业的劳动需求量,再将它们相加求和。

## 二、买方垄断企业的劳动需求分析

买方垄断企业是指企业在劳动市场上是垄断者,而在产品市场上是完全竞争者。我们从使用劳动要素的原则来看,买方垄断企业使用劳动要素的边际收益应该等于产品的边际收益与劳动的边际产品的乘积,即 $MRP = MP \cdot MR$。由于买方垄断企业在产品市场上是完全竞争者,故产品的边际收益等于产品的价格,因而劳动的边际收益就等于劳动的边际产品价值: $VMP = MP \cdot P$。从使用劳动的边际成本来看,由于买方垄断企业在劳动要素市场上是不完全竞争者,故劳动价格不是固定不变的,因而使用劳动的边际成本不再等于劳动的价格。我们在下面讨论买方垄断企业使用劳动的边际成本问题。

企业使用劳动的成本等于其所使用的劳动数量与劳动价格的乘积,而劳动价格通常又是劳动数量的函数,即企业所面临的劳动供给曲线。因此,只要知道了企业的劳动供给曲线就可以求得企业的劳动的边际成本函数。我们假定劳动的供给函数为 $W(L)$,则成本函数为 $L \cdot W(L)$,故使用劳动的边际成本函数(MLC)如下:

$$MLC = [L \cdot W(L)]' = W(L) + L \cdot dW(L)/dL \tag{2.21}$$

从上式可见,劳动的边际成本由两部分组成,第一部分是要素的价格 $W(L)$,表示企业为增加使用劳动所必须支付给新增加的劳动数量的价格,这是由于劳动数量增加而引起的成本增加。第二部分为 $L \cdot dW(L)/dL$,其中 $dW(L)/dL$ 反映了由于增加使用劳动而引起的劳动价格的变动,故第二部分表明企业所雇用的总劳动数量因价格变动而导致所支付的成本变动。我们知道,买方垄断企业与完全竞争企业的不同之处就在于其必须支付的工资取决于它所想要雇用的劳动数量。如果增加使用劳动就必须采取提高工资的办法,从其他的地方吸引工人,而这种工资的增加必须针对所有的工人,因为企业不大可能只对新雇用的工人支付高工资,而对原来已雇用的工人支付低的工资。买方垄断企业必须支付给所有工人相同的工资，才能保持工人的积极性。因此，增加劳动使用量的边际成本就应该包括两个部分，第一部分就是必须支付给增加的那些工人的工资，第二部分是必须支付给所有其他工人现在已经变得较高的工资。

在构成劳动的边际成本的两个部分中，W(L)是企业所面临的劳动供给曲线。在买方垄断的条件下，由于买方垄断企业是劳动市场上的唯一购买者，因此它所面临的劳动供给曲线与市场的劳动供给曲线是一致的。由于市场的劳动供给曲线通常是向右上方倾斜的，即劳动的市场供给量随劳动价格的上升而增加，于是，W(L)向右上方倾斜，从而其导数 $dW(L)/dL \geqslant 0$。再由 MLC 的表达式可知：

$$MLC \geqslant W$$

即劳动的边际成本曲线位于劳动的供给曲线之上。如图 2－9 所示，横轴表示劳动数量，纵轴表示劳动的边际成本和工资率。其中，劳动供给曲线 W(L)表示吸引特定劳动数量所必须支付的工资，劳动的边际成本曲线 MLC 表示吸引最后一个工人的成本。由于 MLC≥W，故 MLC 曲线总是位于供给曲线之上。两条曲线间的垂直距离代表对那些本来愿意在较低工资下工作的工人所多支付的工资。注意两条曲线是不平行的，MLC 曲线始终比供给曲线更加陡峭。

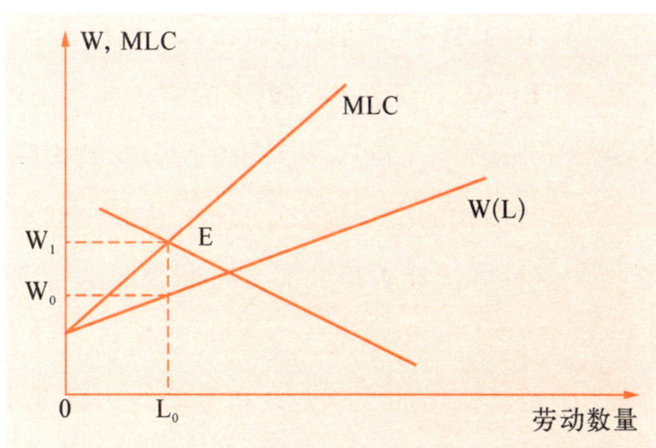


图 2－9 买方垄断企业使用劳动要素的原则

根据买方垄断企业使用劳动的边际收益和边际成本相等的原则，我们将上述结论归纳成下式：

$$VMP = MLC \tag{2.22}$$

上式同完全竞争企业的劳动使用原则相比较,差别在于买方垄断企业的劳动的边际成本 MLC 不再等于劳动价格 W。正是由于这一差别,使得买方垄断企业的劳动需求理论大大不同于其他市场结构下的企业类型。

如图 2-9 所示,劳动的边际产品价值 VMP 曲线与劳动的边际成本 MLC 曲线的交点确定了买方垄断企业的最优劳动使用数量。当企业的劳动需求量确定为 $L_0$ 时,劳动的价格如何决定呢?显然,它应该由劳动供给曲线 W(L)决定,即为 $W_0$。一方面,如果劳动价格低于 $W_0$,则企业不能吸收到足够的劳动量;另一方面,劳动价格也不会高于 $W_0$,因为既然企业能以 $W_0$ 的价格吸收到足够的劳动量 L,故其不会支付更高的价格。

根据劳动需求函数的定义,显然,$(L_0,W_0)$是需求曲线上的一点。如果我们通过式(2.22)再找到类似于 E 的点,那么,就可以根据式(2.22)所确定的模型推导买方垄断企业的需求曲线。然而,我们无法通过改变劳动价格找到另一个最优的劳动数量。如图 2-9 所示,我们任意确定一个工资率 $W_1$,只要它不等于 $W_0$,则不存在对应于该价格下的最优劳动使用量,因为在该工资率下,企业不可能找到某个劳动数量 $L_1$,使企业使用劳动要素原则 VMP = MLC 成立。事实上,在这种情况下,工资率不可能为 $W_1$。因为假如一开始工资率为 $W_0$,则买方垄断企业为了利润最大化仍然决定使用的劳动数量为 $L_0$。一旦决定使用劳动数量为 $L_0$,则根据劳动供给曲线,买方垄断企业恰好能支付等于 $W_0$ 的工资率。因此,式(2.22)模型本身只能决定一对劳动数量与劳动价格即工资率$(L_0,W_0)$,无法得到更多的需求曲线上的点,除非劳动的供给曲线发生变化。但是,当劳动供给曲线发生变化时,劳动的边际成本曲线也发生了变化,因而其与边际产品收益曲线的交点也发生变化,从而得到不同的工资率与劳动数量的组合点。那么按照这种方法能否得到买方垄断企业的劳动需求曲线呢?我们在下面进行分析。

如图 2-10 所示,图中劳动供给曲线 W(L)和劳动的边际成本曲线 MLC 为初始的状况,它们与边际产品价值曲线 VMP 一起共同决定了劳动价格 $W_0$ 和劳动需求数量 $L_0$。现在假定劳动供给曲线变动到 $W_1(L)$,从而引起劳动的边际成本曲线变动到 $MLC_1$,它们与 VMP 曲线一起决定了新的劳动价格 $W_0$ 和劳动需求数量 $L_1$。现在的情况是,相同的劳动价格有两个不同的最优劳动需求量,这样劳动价格与劳动需求量之间不存在一个一一对应的关系。由此我们可以得到结论,买方垄断企业的劳动需求曲线是不存在的。

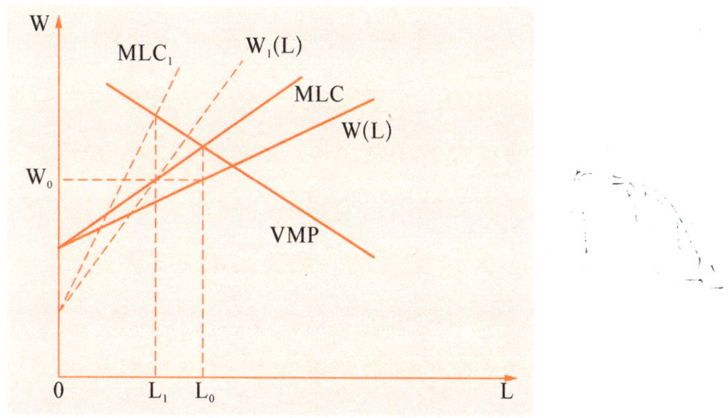


图2－10　既定劳动价格下的多种需求量

尽管买方垄断企业的劳动需求曲线不存在,我们仍然可以通过其他的方式对其劳动需求问题进行分析。一般来说,买方垄断对劳动价格和劳动需求数量的影响很大程度上受制于劳动供给曲线的形状。如果劳动供给曲线越陡峭,那么买方垄断对劳动价格所产生的影响就越大。尤其当劳动供给曲线垂直时,买方垄断企业甚至可以用比竞争性市场均衡工资率低得多的劳动价格雇用到同样数量的劳动力。

# 第四节　劳动需求弹性

我们知道,当劳动价格即工资率发生变化时,劳动的需求量会发生变化。例如,工资率上升会导致劳动需求量下降。但是,我们这样的分析仅仅是从定性的角度作出的。本节将从定量的角度,分析工资率的变化到底会引起劳动需求数量发生多大的变化。例如,我们要研究当工资率下降1%时,劳动的需求数量究竟会上升多少等问题。

劳动需求对应于工资率变化的反应幅度通常是用**弹性**的概念来考察。我们在本节首先考察弹性的一般性含义;其次,考察劳动需求的工资弹性;最后,考察影响劳动需求工资弹性的因素。

## 一、弹性的一般含义

弹性概念是经济学中的一个重要概念,是定量分析的一种重要方法。一般来说,只要两个经济变量之间存在着函数关系,我们就可以用弹性来表示因变量对自变量的反应的敏感程度。我们一般用自变量变动的百分比所引起的因变量变动的百分比的比例来表示。在经济学中,弹性的一般公式用下式表述:

弹性系数 = 因变量的变动比例 / 自变量的变动比例

假定两个经济变量之间的函数关系为 $Y = f(X)$,具体的弹性公式为:

$$e = (\Delta Y/Y)/(\Delta X/X) = (\Delta Y/\Delta X)/(X/Y) \tag{2.23}$$

在式(2.23)中,$e$ 为弹性系数,$\Delta X$ 和 $\Delta Y$ 分别为 X 和 Y 的变动量。

如果经济中自变量的变化量趋于无穷小,即当 $\Delta X$ 趋向于零,$\Delta Y$ 也趋向于零时,则弹性公式为:

$$e = \lim[(\Delta Y/Y)/(\Delta X/X)] = (dY/dX) \cdot (X/Y) \tag{2.24}$$

我们通常将(2.23)式称为弧弹性公式,将(2.24)式称为点弹性公式。需要指出的是,弹性概念是一个比值,是一个具体的数字,它和自变量和因变量的度量单位无关。我们在下面探讨劳动需求的工资弹性以及影响该弹性的各种因素。

## 二、劳动需求的工资弹性

劳动需求的工资弹性是指当工资率变化一个百分率所引起的劳动需求变化的百分率的比值。用以下公式表述:

$$e_d = -(\Delta L/L)/(\Delta W/W) = -(\Delta L/\Delta W)/(W/L) \tag{2.25}$$

在式(2.25)中,$e_d$ 为劳动需求的工资弹性,$\Delta L$ 和 $\Delta W$ 分别是劳动需求数量 L 和工资率 W 的变动量。由于劳动需求曲线是一条向右下方倾斜的曲线,因此,劳动需求数量和工资率的变动方向相反,即工资率上升,劳动需求数量下降,故劳动需求的工资弹性为负,但为了计算的方便,一般弹性的定义公式中加上负号。

对劳动经济学家而言，劳动需求的工资弹性的绝对值是以1为临界点来衡量的。当劳动需求的变化率小于工资的变化率时，即 $0 < e_d < 1$ 时，我们通常称劳动需求曲线缺乏弹性。当劳动需求的变化率大于工资的变化率时，即 $1 < e_d < \infty$ 时，我们通常称劳动需求曲线富有弹性。当劳动需求的变化率等于工资的变化率时，即 $e_d = 1$ 时，我们称劳动需求曲线具有单位弹性。当劳动需求的变化率等于零时，即 $e_d = 0$ 时，我们称劳动需求曲线完全缺乏弹性。当劳动需求的变化率趋向于无穷大时，即 $e_d = \infty$ 时，我们称劳动需求曲线完全富有弹性（如图2－11所示）。

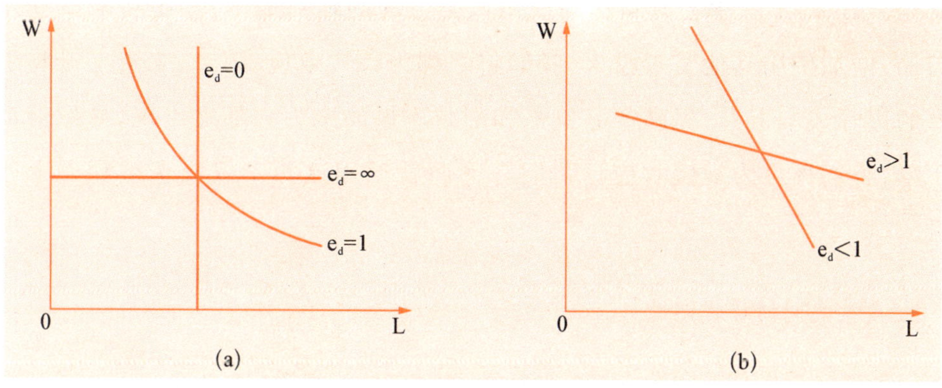


图2－11　五种类型的劳动需求的工资弹性

劳动需求的工资弹性与需求曲线的斜率有关，但不完全相同。一般的经验规律是，陡直的需求曲线弹性较小，而平坦的需求曲线弹性较大。但是，劳动需求的工资弹性与需求曲线的弹性是不同的，劳动需求曲线的斜率是工资和劳动需求数量变动量的比值关系，而弹性公式则是两者变动率的比值关系。工资弹性与斜率的这种关系应引起我们的注意。

## 三、希克斯—马歇尔派生需求定理

我们考察影响劳动需求的工资弹性的因素。在劳动经济学中，对影响劳动需求的工资弹性的因素的讨论可以归结为所谓的"希克斯—马歇尔派生需求定理"①。该

① 该定理首先由英国经济学家阿尔弗雷德·马歇尔提出，后由英国经济学家约翰·希克斯作了重大的发展。可参见：Alfred Marshall, *Principles of Economics* (*8th ed.*), London: Macmillan, 1923, pp. 518－538; John R. Hicks, *The Theory of Wages* (*2th ed.*), New York: St. Martin's Press, 1966, pp. 241－247。

定理认为在保持其他条件不变的情况下,下述情况将使得某类劳动需求曲线具有很高的劳动需求的工资弹性:第一,劳动投入与其他生产要素之间的可替代性越大;第二,对利用该类劳动要素所生产的最终产品的需求弹性越大;第三,其他生产要素的供给弹性越大;第四,该类劳动成本占总生产成本的比重越大。从经验命题的角度来看,上述定理一般是正确的,并且前三条总是成立的,最后一个命题只是在有些情况下不成立。

根据本章的第二节的分析我们知道,工资率提高对劳动需求的影响分为两个部分:第一,工资率上升将提高使用该类劳动的相对成本,雇主将减少使用该类劳动,增加使用其他要素投入,我们将之称为替代效应;第二,工资上升将引起生产的边际成本上升,提高产品价格和削减产量的压力会随之出现,导致劳动需求下降,我们称之为规模效应。我们在下面就运用这两个效应来解释以上四个命题。

### 1. 要素之间的替代弹性

希克斯—马歇尔第一定理是:在其他条件相同的情况下,其他生产要素对劳动要素的替代越容易,则劳动需求的工资弹性就越高。我们知道,当某类劳动的工资率上升,企业倾向于使用其他相对便宜的生产要素对之进行替代。我们可以从等产量曲线的形状很容易地得到这一结论。在其他情况相同的条件下,等产量线越是平坦,工资率的一个给定变化引起的替代效应就越大。图 2－12 和 2－13 说明了劳动需求的不同弹性对于一个受产量约束的成本最小化者的效应。在每一幅图中,实线表示等产量线,而两条虚线表明了可供选择的两种要素价格比率,在其他条件相同的情况下,较大的斜率意味着比较小的斜率具有一个更高的劳动—资本价格比。图 2－12 表明,在完全互补的情况下,由于企业只能以单一的资本与劳动比率的技术进行生产,这意味着劳动与资本在技术上是不能替代的,故相对价格变化对要素选择没有什么影响。图 2－13 表明,资本和劳动两种生产要素在技术上是可以替代的,因此,某种生产要素的价格发生变化时,企业将用较便宜的生产要素对之进行替代。在图 2－13中,当工资率下降时,企业将用劳动替代资本,故企业使用要素的变化是从 e 到 f 的移动,即劳动要素从 $L_1$ 增加 $L_2$,资本要素从 $K_1$ 减少到 $K_2$。

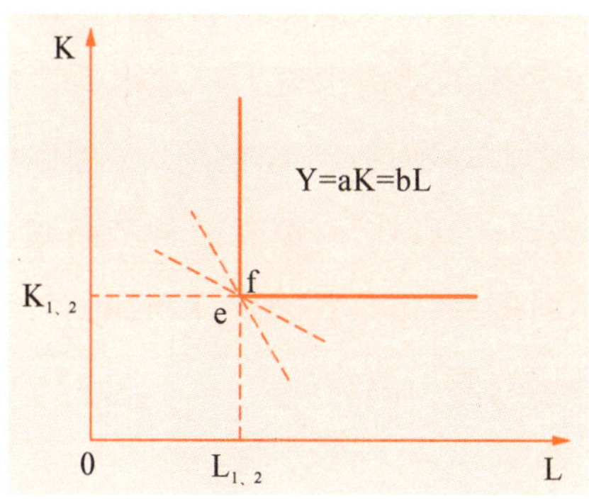


图 2-12　完全互补下相对价格变化对要素选择的影响

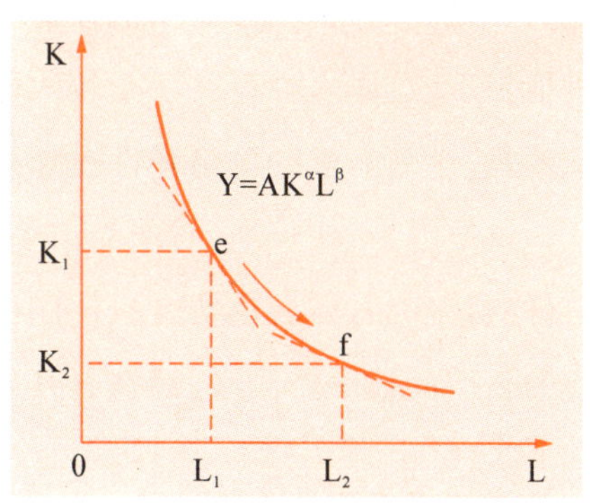


图 2-13　完全替代下相对价格变化对要素选择的影响

应该注意的是，对替代可能性的制约不仅限于技术，还存在着一些制度上的有关规定，这些规定使得企业无法通过资本对劳动进行替代。例如，在西方国家的劳资协议中工会有时强加的一些特殊工作规定就常常限制了对劳动的替代。再例如，政府出于安全的考虑，以法律的形式对某些工作规定最低的雇用量或最高雇用量等。比如，美国纽约州规定每个公共游泳池必须时刻有一名救护人员，因而提高了救护人员的需求。此外，有些短期内不可行的替代在长期内却变为可行，因为，企业一般在长期可以灵活地调整资本存量。例如，当游泳池救护人员的工资上升，城市有可能减少游泳池的数量，同时扩大单个游泳池的规模。但是，这种调整只能在长期中发生，这也是长期劳动需求比短期更富有弹性的原因。

### 2. 最终产量需求的价格弹性

希克斯—马歇尔第二定理指出，当产品需求的价格弹性越大，那么用来生产这种产品的劳动需求的工资弹性也就越大。这一命题直接来自这样的事实：劳动需求是一种派生需求，因此，在其他条件不变的情况下，劳动数量直接取决于产品市场所需要的产出量。这样，第二条定理就同规模效应而不是替代效应联系在一起。当工资率下降时，生产产品的成本和价格也下降，从而导致产品市场的需求增加。如果产品的需求曲线越富有弹性，在其他情况相同的条件下，则产品价格下降所引起的总需求水平的提高就越大；如果产品需求完全无弹性，那么工资的下降只会通过替代效应导致行业整体对劳动需求的增长，此时规模效应为零。因此，产品需求越富有弹性，在其他情况相同的条件下,价格的任何一点下降都将使市场提供更多的额外产品。在这种情况下,总体来说存在一个较大的规模效应并使劳动需求更大量地上升。应该注意的是,产品需求的价格弹性在长期比在短期更大,从而劳动需求的工资弹性也是如此。这是因为,在长期中,产品市场需求的价格弹性高;在短期中,某种产品或者没有很好的替代品,或者消费者只使用已有的耐用消费品,但是,经过一段时间后,用以替代的新产品被生产出来,消费者开始更新已磨损的耐用消费品。

### 3. 生产成本中要素的份额

希克斯-马歇尔第三定理关系到劳动要素在总成本中所占的份额。如果总成本中劳动成本所占的比例越高,那么,劳动需求的工资弹性就越大。这一定理受到人们广泛的接受是因为它可能同运用于产品需求的价格弹性的观点十分相似,该观点认为消费者收入中用于某种产品支出的比例越小,则消费者对这种产品的需求就越缺乏弹性。例如,某种劳动成本占总成本的最初比例是20%,在其他条件不变时,若工资率上升10%,总成本将增加2%;如果最初的比例不是20%而是80%,那么当工资率同样上升10%时,总成本将增加8%。由于在后一种情况下,企业被迫更多地提高产品价格,则产量和劳动需求量下降的幅度将更大。因此,劳动需求的工资弹性受其在总成本中所占份额的影响很大。

然而,马歇尔当初提出这一命题时,没有注意到这一定理在某些条件下是不成立的。希克斯后来通过运用一个更复杂的包括一个替代弹性条件在内的公式,证明这一命题的有效性取决于这种产品需求价格弹性的相对范围 $\xi_P$,以及各种投入之间的替代弹性 $\sigma$。当产品需求弹性大于各种投入之间的替代弹性,$\xi_P > \sigma$,马歇尔命题就是正确的;但是,当 $\xi_P < \sigma$ 时相反的命题也是正确的。实际上,相反的情形是由个人能够调整其消费商品组合(用 $\xi_P$表示)的相对容易程度以及生产者使用的各种投入要素之间的替代程度所决定的。

### 4. 其他要素的供给价格弹性

希克斯-马歇尔第四定理指出,如果与某一特定要素协同生产的其他生产要素的供给越富有弹性,那么对该特定要素的需求就越富有弹性。假定劳动和资本两种要素是替代品,那么在其他情况相同的条件下,工资率的下降将会使企业在生产过程中倾向于利用劳动替代资本。如果假定忽略产量的规模效应，替代效应最终将会减少对资本的需求。如果行业的资本供给曲线高度富有弹性，那么资本的价格将大致保持不变，我们可以充分观察到替代效应。然而，如果资本供给曲线是缺乏弹性的，相同的替代弹性就会导致资本价格相对较大的下降，并且等成本线的斜率变化不是太大。这一观点同样适用于存在产量扩张的规模效应情况。任何由工资率的下降所引起的对资本的替代，都或多或少被产量扩张而引起的资本增加效应所抵消。如果对资本的替代导致资本价格产生较大的下降，这将强化产量扩张的规模效应，并且其净效应是使得劳动需求更富有弹性。

## 第五节 劳动需求理论在政策上的运用

在本节中，我们把劳动需求理论运用到两个重要的政策领域以说明其有用性。其一，运用劳动需求理论对最低工资立法的劳动市场效应进行分析；其二，利用劳动需求理论分析劳动市场中互补性要素和替代性要素之间的相互影响。

### 一、最低工资立法的经济学分析

最低工资立法是各国政府保护劳动者的一项重要法律，其中心目的是以法律形式来保证工薪劳动者通过劳动所获得的最低工资能够满足其自身及其家庭成员的基本生存需要。19 世纪末，新西兰和澳大利亚最早开始实行最低工资立法。其后，英国、法国、美国等国家也根据本国实际，分别从保障非熟练工人、女工、童工得到最低工资出发，以立法形式建立了各自的最低工资制度。例如，美国在 1938 年颁布了《1938 年公平劳动标准法》，其条款中规定了最低工资率、加班工资津贴和禁止使用童工等内容①。20 世纪工人运动的高涨使得资本主义国家很快普遍实施

① 伊兰伯格、史密斯，《现代劳动经济学——理论与公共政策（第六版）》，中国人民大学出版社，1999 年，第 107 页。

了最低工资立法。二战后,发展中国家也开始制定最低工资立法。我国的最低工资立法始于 1992 年,当时深圳和珠海分别颁布了《关于公布深圳地区 1992 年度企业最低工资的通知》和《关于公布珠海地区 1992 年度企业最低工资的通知》。迄今为止,尽管我国各地都制定了不同标准的最低工资标准,但还没有完善的最低工资立法。

自最低工资立法出现以来,经济学家一直担心这项政策是否会减少就业量,尤其是担心减少那些受最低工资立法保护的阶层的就业量。那么,最低工资立法究竟对劳动市场产生什么影响呢? 我们在下面运用劳动需求理论对之进行分析。

为了便于理论分析,我们假定劳动需求曲线向右下方倾斜,同时经济中存在着许多不同类别的工人,这些工人根据技术的熟练程度排列,每一类技术工人都存在着一个均衡工资。如果经济中存在着最低工资的规定,那么最低工资至少会超过某些类别的工人的均衡工资,否则最低工资就不会起作用。

如图 2-14 所示,横轴代表劳动数量 L,纵轴代表不同类别工人的均衡工资率 W。假定市场均衡工资是 $W_0$,法定最低工资是 $W_1$。只要劳动需求倾斜向下,最低工资立法一方面提高了工资率,另一方面减少了就业数量。这一结论虽然简单,但很重要。因为,有效的最低工资立法减少就业机会。就业损失的大小既取决于 $W_0$ 和 $W_1$ 之间的差,又取决于劳动需求曲线的弹性。劳动需求曲线越富有弹性,工资差别就越大,造成的就业损失就越大。因此,我们可以得到如下结论:最低工资立法的就业效应对于那些在没有立法情况下工资会最低的工人来说,恰好是最大的。对这些人来说,最低工资立法是一把双刃剑,虽然减少了就业的可能性,但增加了那些保持就业的工资率。

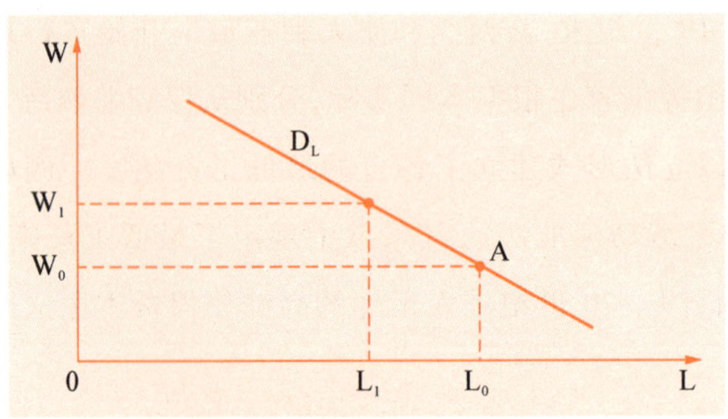


图 2-14 最低工资的就业效应

我们在上面考虑的是那些实行最低工资立法的部门。事实上，在一个经济中，还有一些与法律规定不一致的地方，即经济中存在着一些没有实行最低工资立法的部门。我们也对此作出分析。如图 2－15(a)所示，分别为实行最低工资立法的部门和未实行工资立法的部门。最初，两个部门的工资率是相同的，都为 $W_0$，因为在引入最低工资之前，两个部门之间没有区别。以后实行最低工资的部门工资上升到 $W_1$，但就业下降到 $L_1$。那么，该部门中没有找到最低工资职业的工人有两种选择：第一，如果他们愿意在 $W_0$ 或更低工资处工作，他们可以到未实行最低工资的部门去寻找职业。但是，这样做将会使劳动供给曲线右移，减少了未实行最低工资法的部门的工资率。如图 2－15(b)所示，劳动供给曲线从 $S_0$ 外移到 $S_1$，工资从 $W_0$ 降低到 $W_2$，就业从 $L_0$ 上升到 $L_2$。第二，如果它们不愿意在 $W_0$ 或更低工资率下就业，就会形成自愿失业。从上面的分析可知，总体来看工人的平均工资率是否上升、总就业是否下降都是不清楚的。因为，在未实行最低工资立法的部门，可能会降低工资率而提高就业量；而在实行最低工资立法的部门，由于工资率上升，可能减少了就业量。总体来看，整个经济是增加还是减少就业量、平均工资率是上升还是下降，是不完全清楚的。

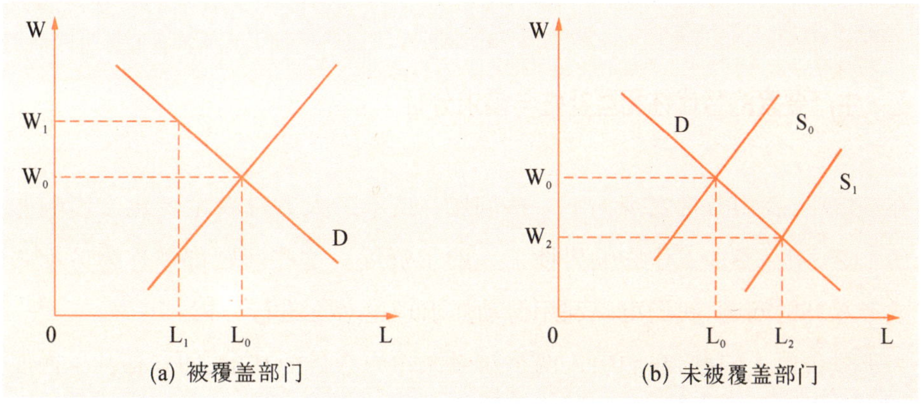


图 2－15　经济中不完全覆盖最低工资的就业效应

有些学者对上述分析存有异议。其中有些学者认为劳动市场可能是非竞争性的，即是垄断性的。在这种情况下，最低工资立法引起的工资增加实际上会造成就业上升。而有些学者认为，最低工资立法可能对劳动市场产生了所谓的冲击效应，即如果确定了一个最低工资，工资率上升了，受影响的企业将被迫变动得更有效率，以补偿较高的劳动成本。因此,最低工资立法被认为是一件好事。但是,这种观点存在以下问题:它假定企业基本上是无效率的,而又未能说明为什么是没有效率的。事实上,大多数经济学家的结论恰恰相反,他们认为竞争迫使企业有效率。如果是这样的,冲击效应的论据就失去了意义①。

此外,许多学者对最低工资立法如何影响劳动市场的过程进行了实证研究。应该说运用劳动需求理论对最低工资立法如何影响劳动市场的定性分析结论是清楚的,但具体的影响程度却不清楚。然而,这些影响的定量分析对于评价最低工资政策又是极端重要的。就对美国经济的实证研究来说,其基本结论是:最低工资对减少失业或使家庭收入分配比较平等的作用是很小的。有两个主要原因造成了这样的结果。第一,如果最低工资试图以向家庭的主要收入获得者提供足够的工资以减轻贫困,那最低工资就规定得太低了。即使他们按最低工资全日工作,也会使家庭处于官方规定的贫困线以下。第二,最低工资使一些工人能够得到比以前更高的工资,从这个意义上说,不仅帮助了低收入家庭的成年人,也帮助了许多留在家庭的青少年。这说明在低收入家庭,通常成年人是唯一的收入获得者,而在较高收入家庭,最低工资工人几乎总是青少年。结果,最低工资的增加对缩小贫困家庭的收入差距不可能起多大作用②。

## 二、生产要素的替代性和互补性与需求分析

在经济中,我们常常发现如下一些问题:技术工人数量发生变化会影响非技术工人的工资,妇女参加工作影响男性工人的工资等。这些问题都被称为劳动之间的替代或者互补的问题,我们可以利用劳动需求理论对之进行分析。

为了分析以上问题,我们引入两个新概念作为分析的基础,即互补性生产要素和替代性生产要素。我们根据增加或减少一种生产要素是否使另一种生产要素的生产率增加或减少的关系,将不同的生产要素划分为互补性生产要素和替代性生产要素。所谓互补性生产要素是指,当生产要素 A 的数量增加时,生产要素 B 的边际生产率

---

① 萨尔·D·霍夫曼,《劳动力市场经济学》,上海三联书店,1989 年,第 80—84 页。

② 伊兰伯格、史密斯,《现代劳动经济学——理论与公共政策(第六版)》,中国人民大学出版社,1999 年,第 112—115 页。

上升,则称生产要素 A 与生产要素 B 是互补的,或者称生产要素 A 是生产要素 B 的互补性生产要素。相反,替代性生产要素是指,当生产要素 A 的数量增加时,将会导致生产要素 B 的边际生产率下降,则生产要素 A 是生产要素 B 的替代性生产要素。如果生产要素 A 的增加对生产要素 B 的边际生产率没有任何影响,那么,这两种生产要素就被称为独立的生产要素。

利用上述假设,我们分析当一种生产要素的价格发生变化时,作为互补性生产要素和替代性生产要素的价格如何发生变化。在互补性生产要素的条件下,当生产要素 A 的价格下降,则会增加对 A 的需求,由于生产要素 A 的增加,则提高生产要素 B 的边际生产率。生产要素 B 的边际生产率的提高将会促使企业增加对 B 的需求,从而在其他情况相同的条件下生产要素 B 的价格将会上升。在替代性生产要素的条件下,生产要素 A 的价格的下降将会导致生产要素 B 的边际生产率下降,从而导致企业减少对生产要素 B 的需求,使得生产要素 B 的价格下降。

我们运用生产要素的互补性和替代性可以分析本部分开头提出的问题。首先分析技术工人数量变化对非技术工人的影响。一般来说,技术工人同非技术工人是互补性生产要素的关系,因此,当技术工人的工资率下降时,企业将增加雇用技术工人,因而对非技术工人的数量也将增加,导致非技术工人的工资率上升。

其次,我们分析女性进入劳动市场对男性工资率的影响。如果男女在不同的经济部门工作,男性劳动者和女性劳动者就是独立生产要素,故女性对劳动市场的参与不会对男性的工资率造成影响。如果男女劳动者在同一工作中,其中男性劳动者处于管理地位,女性劳动者受到男性劳动者的管理和指挥,男性劳动者和女性劳动者为互补性生产要素。此时,女性劳动者的进入将增加对男性劳动者的需求,因而提高了男性劳动者的工资率。一般来说,由于女性劳动者与男性青年劳动者和非熟练工人是替代性生产要素,因此,女性劳动者的市场参与将降低男性青年劳动者和非熟练工人的工资率。

最后,我们考察政府规划增加资本投资对工资率的影响。我们对劳动需求理论中的分析前提进行扩展,将生产函数中的两个生产要素(劳动和资本)扩展为三个生产要素,即资本、熟练劳动和非熟练劳动。如果非熟练劳动和资本是替代性生产要素,和熟练劳动是互补性生产要素,那么增加资本投资的结果将会减少非熟练劳动者的工资,增加熟练劳动者的工资。由于非熟练劳动者的工资一般都低于熟练劳动者,故政府增加资本投资会使得熟练劳动者与非熟练劳动者之间的收入分配更加扩大。

总之,生产要素间互补性和替代性关系理论本身没有为政府政策提供一个标准答案,但它却为政策分析提供了一个有用的分析框架。

## 本章小结

本章考察了劳动市场的一个重要方面,即劳动需求问题。与产品市场需求不同,劳动需求是一种派生需求。劳动需求受到许多因素的影响,其中最重要的是厂商所使用的技术、厂商的经济目标、时间的长短以及社会制度环境等。

企业对劳动的需求取决于企业使用劳动要素的原则,即增加一单位劳动所增加的边际成本与该单位劳动所带来的边际收益应该相等。然而,企业在不同的市场结构下对劳动的需求是不同的,原因是不同市场结构下的使用劳动要素的边际成本和边际收益不同。在完全竞争的条件下,企业使用劳动要素的边际成本等于劳动的价格即工资率 W,边际收益等于劳动的边际产品价值。企业对劳动的需求曲线恰好与劳动的边际产品价值曲线重合。

在完全竞争的条件下,企业在长期和短期的劳动需求曲线是不同的。短期劳动需求曲线相对更为陡峭,而长期劳动需求曲线则较为平坦。换句话说,长期劳动需求曲线具有更大的弹性。这是长期劳动需求曲线与短期劳动需求曲线的重要区别。

本章也对企业在不完全竞争的市场结构下的劳动需求进行了探讨。在卖方垄断的条件下,企业使用劳动的边际成本为劳动的价格即工资率 W,使用劳动的边际收益为边际收益产品。根据卖方垄断企业使用劳动要素的原则,我们最终可以推导出企业对劳动的需求曲线,并且企业的劳动需求曲线与市场需求曲线重合。但是,在买方垄断的条件下,根据买方垄断企业使用劳动要素的原则,我们无法推导出买方垄断企业的需求曲线,因而也无法得出市场的需求曲线,原因是劳动价格与需求数量之间不存在一一对应的关系。

劳动需求的工资弹性主要从定量的角度对企业的劳动需求问题进行了考察。影响劳动需求的工资弹性问题可以归结为所谓的“希克斯-马歇尔派生需求定理”。该定理认为在保持其他条件不变的情况下，下述情况将使得某类劳动需求曲线具有很高的劳动需求的工资弹性：第一，劳动投入与其他生产要素之间的可替代性越大；第二，对利用该类劳动要素所生产的最终产品的需求弹性越大；第三，其他生产要素的供给弹性越大；第四，该类劳动成本占总生产成本的比重越大。从经验命题的角度来看，上述定理一般是正确的，并且前三条总是成立的，最后一个命题只是在有些情况下不成立。

本章最后从两个方面对劳动需求理论在政策上的运用作了分析。其一，运用劳动需求理论对最低工资立法的劳动市场效应进行分析；其二，利用劳动需求理论分析劳动市场中互补性要素和替代性要素之间的相互影响。

## 复习思考题

### 一、名词解释

| | | |
|---|---|---|
| 派生需求 | 劳动的边际成本 | 劳动的边际收益 |
| 使用劳动要素的原则 | 短期 | 长期 |
| 竞争性劳动市场 | 卖方垄断企业 | 买方垄断企业 |
| 劳动的边际产品价值 | 替代效应 | 规模效应 |
| 劳动需求的工资弹性 | 派生需求定理 | 互补性生产要素 |
| 替代性生产要素 | | |

### 二、简答题

1. 什么是派生需求？
2. 影响劳动需求的因素有哪些？
3. 试推导完全竞争企业的劳动需求曲线和市场需求曲线？
4. 试比较短期劳动需求和长期劳动需求的异同？

5. 试比较完全竞争企业、卖方垄断企业和买方垄断企业的劳动需求曲线的异同?

6. 什么是派生需求定理?

7. 试运用劳动需求原理分析最低工资对劳动市场的影响?

8. 试运用生产要素的互补性和替代性分析女性参与劳动市场对男性劳动者工资率的影响?

## 附录2-1 中国各地最低工资标准

我们在本章第五节已经进行了最低工资立法的经济学理论分析,认识到最低工资标准应随时间推进而有所调整、随地区差异而有所变化,现在则有必要了解中国当前各地不同的最低工资标准。

到2008年为止,全国有31个省市自治区建立了最低工资保障制度,定期调整最低工资标准,并根据社会保险制度改革和就业形势变化的需要不断完善最低工资保障制度。下面是2008年全国各地目前的最低工资标准:

北京市最低工资标准为:730元;

广东省最低工资标准划分为五类:860元/月、770元/月、670元/月、580元/月、530元/月;

浙江省最低工资标准为:960元/月、850元/月、780元/月、690元/月(浙江省最低月工资标准为全国最高水平);

上海市最低工资标准为:960元/月;

江苏省最低工资标准为:850元/月、700元/月、590元/月;

天津市最低工资标准为:820元;

山东省最低工资标准为:760元/月、620元/月、500元/月;

福建省最低工资标准为:750元/月、700元/月、650元/月、570元/月、480元/月;

安徽省最低工资标准为:560元/月、540元/月、500元/月、460元/月、420元/

月、390 元/月;

河北省最低工资标准为:750 元/月、680 元/月、600 元/月、540 元/月;

西藏自治区最低工资标准为:730 元/月、680 元/月、630 元/月;

云南省最低工资标准为:680 元/月、610 元/月、520 元/月;

辽宁省最低工资标准为:700 元/月、580 元/月、500 元/月;

黑龙江省最低工资标准为:680 元/月、650 元/月、525 元/月、500 元/月、460 元/月、440 元/月、420 元/月;

内蒙古最低工资标准为:680 元/月、620 元/月、560 元/月、500 元/月;

重庆市最低工资标准为:680 元/月、560 元/月、520 元/月;

新疆维吾尔自治区最低工资标准为:670 元/月、550 元/月、490 元/月、460 元/月、430 元/月、400 元/月;

吉林省最低工资标准为:650 元/月、600 元/月、550 元/月;

四川省最低工资标准为:650 元/月、550 元/月、450 元/月;

河南省最低工资标准为:650 元/月、550 元/月、450 元/月;

贵州省最低工资标准为:650 元/月、600 元/月、550 元/月;

湖南省最低工资标准为:635 元/月、530 元/月、500 元/月、480 元/月、460 元/月、440 元/月;

海南省最低工资标准为:630 元/月、530 元/月、480 元/月;

甘肃省最低工资标准为:620 元/月、580 元/月、540 元/月、500 元/月;

宁夏回族自治区的最低工资标准为:560 元/月、530 元/月、490 元/月①;

山西省最低工资标准为:610 元/月、570 元/月、530 元/月、490 元/月;

陕西省最低工资标准为:600 元/月、560 元/月、520 元/月、480 元/月;

青海最低工资标准为:600 元/月、590 元/月、580 元/月;

湖北省最低工资标准为:580 元/月、500 元/月、460 元/月、420 元/月、380 元/月;

广西壮族自治区的最低工资标准为:580 元/月、500 元/月、450 元/月、400 元/月;

江西省最低工资标准为:510 元/月、480 元/月、450 元/月、420 元/月、390 元/月。

---

① 此处为宁夏回族自治区 2007 年的最低工资标准。

## A.《最低工资规定》[①]

2003 年 12 月 30 日经劳动和社会保障部第 7 次部务会议通过,现予公布,自 2004 年 3 月 1 日起施行。

2004 年 1 月 20 日

第一条　为了维护劳动者取得劳动报酬的合法权益,保障劳动者个人及其家庭成员的基本生活,根据《劳动法》和国务院有关规定,制定本规定。

第二条　本规定适用于在中华人民共和国境内的企业、民办非企业单位、有雇工的个体工商户(以下统称用人单位)和与之形成劳动关系的劳动者。

国家机关、事业单位、社会团体和与之建立劳动合同关系的劳动者,依照本规定执行。

第三条　本规定所称最低工资标准,是指劳动者在法定工作时间或依法签订的劳动合同约定的工作时间内提供了正常劳动的前提下,用人单位依法应支付的最低劳动报酬。

本规定所称正常劳动,是指劳动者按依法签订的劳动合同约定,在法定工作时间或劳动合同约定的工作时间内从事的劳动。劳动者依法享受带薪年休假、探亲假、婚丧假、生育(产)假、节育手术假等国家规定的假期间,以及法定工作时间内依法参加社会活动期间,视为提供了正常劳动。

第四条　县级以上地方人民政府劳动保障行政部门负责对本行政区域内用人单位执行本规定情况进行监督检查。

各级工会组织依法对本规定执行情况进行监督,发现用人单位支付劳动者工资违反本规定的,有权要求当地劳动保障行政部门处理。

第五条　最低工资标准一般采取月最低工资标准和小时最低工资标准的形式。月最低工资标准适用于全日制就业劳动者,小时最低工资标准适用于非全日制就业劳动者。

第六条　确定和调整月最低工资标准,应参考当地就业者及其赡养人口的最低

---

① 资料来源: 劳动和社会保障部令第 21 号,颁布日期: 2004 年 1 月 20 日,实施日期: 2004 年 3 月 1 日,颁布单位: 劳动和社会保障部。

生活费用、城镇居民消费价格指数、职工个人缴纳的社会保险费和住房公积金、职工平均工资、经济发展水平、就业状况等因素。

确定和调整小时最低工资标准，应在颁布的月最低工资标准的基础上，考虑单位应缴纳的基本养老保险费和基本医疗保险费因素，同时还应适当考虑非全日制劳动者在工作稳定性、劳动条件和劳动强度、福利等方面与全日制就业人员之间的差异。

月最低工资标准和小时最低工资标准具体测算方法见附件。

第七条 省、自治区、直辖市范围内的不同行政区域可以有不同的最低工资标准。

第八条 最低工资标准的确定和调整方案，由省、自治区、直辖市人民政府劳动保障行政部门会同同级工会、企业联合会/企业家协会研究拟订，并将拟订的方案报送劳动保障部。方案内容包括最低工资确定和调整的依据、适用范围、拟订标准和说明。劳动保障部在收到拟订方案后，应征求全国总工会、中国企业联合会/企业家协会的意见。

劳动保障部对方案可以提出修订意见，若在方案收到后14日内未提出修订意见的，视为同意。

第九条 省、自治区、直辖市劳动保障行政部门应将本地区最低工资标准方案报省、自治区、直辖市人民政府批准，并在批准后7日内在当地政府公报上和至少一种全地区性报纸上发布。省、自治区、直辖市劳动保障行政部门应在发布后10日内将最低工资标准报劳动保障部。

第十条 最低工资标准发布实施后，如本规定第六条所规定的相关因素发生变化，应当适时调整。最低工资标准每两年至少调整一次。

第十一条 用人单位应在最低工资标准发布后10日内将该标准向本单位全体劳动者公示。

第十二条 在劳动者提供正常劳动的情况下，用人单位应支付给劳动者的工资在剔除下列各项以后，不得低于当地最低工资标准：

（一）延长工作时间工资；

（二）中班、夜班、高温、低温、井下、有毒有害等特殊工作环境、条件下的津贴；

（三）法律、法规和国家规定的劳动者福利待遇等。

实行计件工资或提成工资等工资形式的用人单位，在科学合理的劳动定额基础上，其支付劳动者的工资不得低于相应的最低工资标准。

劳动者由于本人原因造成在法定工作时间内或依法签订的劳动合同约定的工作时间内未提供正常劳动的,不适用于本条规定。

第十三条　用人单位违反本规定第十一条规定的,由劳动保障行政部门责令其限期改正;违反本规定第十二条规定的,由劳动保障行政部门责令其限期补发所欠劳动者工资,并可责令其按所欠工资的1~5倍支付劳动者赔偿金。

第十四条　劳动者与用人单位之间就执行最低工资标准发生争议,按劳动争议处理有关规定处理。

第十五条　本规定自2004年3月1日起实施。1993年11月24日原劳动部发布的《企业最低工资规定》同时废止。

## 附件:最低工资标准测算方法附件

最低工资标准测算方法。

### 一、确定最低工资标准应考虑的因素

确定最低工资标准一般考虑城镇居民生活费用支出、职工个人缴纳社会保险费、住房公积金、职工平均工资、失业率、经济发展水平等因素。可用公式表示为:

$$M = f(C、S、A、U、E、a)$$

其中,M表示最低工资标准;

C表示城镇居民人均生活费用;

S表示职工个人缴纳社会保险费、住房公积金;

A表示职工平均工资;

U表示失业率;

E表示经济发展水平;

a表示调整因素。

### 二、确定最低工资标准的通用方法

1. 比重法即根据城镇居民家计调查资料,确定一定比例的最低人均收入户为贫困户,统计出贫困户的人均生活费用支出水平,乘以每一就业者的赡养系数,再加上一个调整数。

2. 恩格尔系数法,即根据国家营养学会提供的年度标准食物谱及标准食物摄取

量，结合标准食物的市场价格，计算出最低食物支出标准，除以恩格尔系数，得出最低生活费用标准，再乘以每一就业者的赡养系数，再加上一个调整数。

以上方法计算出月最低工资标准后，再考虑职工个人缴纳社会保险费、住房公积金、职工平均工资水平、社会救济金和失业保险金标准、就业状况、经济发展水平等进行必要的修正。

举例：某地区最低收入组人均每月生活费支出为 210 元，每一就业者赡养系数为 1.87，最低食物费用为 127 元，恩格尔系数为 0.604，平均工资为 900 元。

1. 按比重法计算得出该地区月最低工资标准为：

$$\text{月最低工资标准} = 210 \times 1.87 + a = 393 + a(\text{元}) \tag{1}$$

2. 按恩格尔系数法计算得出该地区月最低工资标准为：

$$\text{月最低工资标准} = 127 \div 0.604 \times 1.87 + a = 393 + a(\text{元}) \tag{2}$$

公式(1)与(2)中 a 的调整因素主要考虑当地个人缴纳养老、失业、医疗保险费和住房公积金等费用。

另外，按照国际上一般月最低工资标准相当于月平均工资的 40% ~60%，则该地区月最低工资标准范围应在 360 ~540 元之间。

小时最低工资标准 =［（月最低工资标准 ÷20.92 ÷8）×（1 + 单位应当缴纳的基本养老保险费、基本医疗保险费比例之和）］×（1 + 浮动系数）

浮动系数的确定主要考虑非全日制就业劳动者工作稳定性、劳动条件和劳动强度、福利等方面与全日制就业人员之间的差异。

各地可参照以上测算办法，根据当地实际情况合理确定月、小时最低工资标准。

## 附录 2-2 全球紧急应对金融危机导致的就业危机[①]

目前，国际金融危机已对全球劳动力市场产生巨大冲击。跨国公司大幅裁员，中

① 资料来源：改编自杨伟国，“全球紧急应对就业危机”，《求是》，2009 年第 7 期。

小企业更是步履维艰,世界各国数以万计的劳动者加入失业大军,失业率快速攀升,就业质量大幅下降。为了应对就业危机,各国政府纷纷采取措施启动应急机制,稳定就业局势。不久前闭幕的二十国集团财长和央行行长会议发表公报,"同意采取明确、协调和广泛的行动扩大需求和就业"。

### 一、金融危机导致全球就业危机

金融危机引发裁员风潮。美国金融业首当其冲。2008 年,华尔街已经减少了 12 万个工作岗位,2009 年还将进一步裁员 24 万人。金融业裁员风波也很快冲击到全球实体经济。世界最大的客机制造商波音公司宣布裁减大约 4 500 人,美国陶氏化学公司、英特尔、摩托罗拉都宣布全球裁员 5 000 人以上。欧洲汽车巨头德国大众宣布裁减 2.5 万名临时工;世界最大汽车制造商日本丰田宣布裁减 3 000 人;英国老牌连锁超市伍尔沃思陆续关闭旗下分店,2.7 万名员工面临失业危险。这些还都是经营能力和对抗风险能力超强的全球顶级企业,而那些数以万计的中小企业更是难免陷入破产、倒闭、全员失业的境地。国际劳工组织指出,目前的就业危机对建筑、汽车、金融、服务和房地产部门的就业所产生的影响最为严重,到 2009 年末,全球将失去 5 100 万个工作机会,失业人口总数将达到 2.3 亿。

金融危机引发失业率大幅攀升。此次金融危机发源地美国的就业形势特别严峻。据美国劳工统计署今年 3 月发布的信息,美国 1 月的空缺职位为 300 万个,自 2007 年 9 月以来下降 35%,职位空缺率为 2.2%,降至 8 年来的最低点。去年 12 月美国失业率已升至 7.2%,创下 15 年来最高水平;而今年 2 月份的失业率,更是创纪录地达到 8.1%,为 25 年来最高。2008 年 2 月以来,美国新增失业人口 500 万,失业人口总数达 1 250 万。英国国家统计局的最新数据显示,英国的工作岗位空缺数到今年 1 月已减少至 50.4 万个,是 2001 年来的最低点。欧盟委员会 2009 年 1 月的经济预测报告显示,今年欧盟失业率将从 7.0% 升至 8.7%,欧元区失业率也将从 7.5% 升至 9.3%。青年人是受金融危机影响最严重的群体。2008 年第三季度欧盟 15～24 岁劳动者的失业率高达 15.4%。经合组织(OECD)2009 年 1 月发布新闻表明,全球失业率普遍上升,且速度惊人。2008 年 11 月经合组织国家的失业率已经上升为 6.5%,并且在未来的 18 个月内还将一直处于上升状态,于 2010 年第二季度达到最高点 7.3%,这意味着经合组织国家的失业人口将从 3 400 万增加到 4 210 万。无疑,这是 20 世纪 90 年代以来最严重的一次大范围的失业。

金融危机引发就业质量急速下降。金融危机迫使劳动者寻找非全日制工作。今年2月，美国有860万原本需要全职工作的人，被迫接受了临时性的工作，一年之内上升了370万人；实现非全日制就业的劳动者占总就业人口的6.1%，接近2000年同期的3倍。此外，没有遭受裁员厄运的劳动者，其工资水平出现普遍下降。国际劳工组织2008—2009年全球工资报告表明，2008年全球工业国家的工资水平上涨0.8%；而受金融危机的影响，预计2009年工资水平将会下降0.5%。报告特别强调，尽管工资下降的发生滞后于整体经济衰落，但是工资下降的幅度会比经济衰退的程度更大。根据1995—2007年的数据测算，GDP每下降1个百分点，平均工资将下降1.55个百分点。

**二、政府干预，提振就业需求**

政府救市确保就业底线。在经济与就业之间存在着一个不对称的规律：经济增长不一定带来就业增长；但没有经济增长，就肯定没有就业增长。美国经济学家阿瑟·奥肯提出的奥肯定律表明，当经济增长下降2%时，失业率上升大约1%。由于劳动力需求是派生需求，在金融危机导致有效需求不足的情况下，政府仅仅致力于制定劳动力市场政策是远远不够的；只有确保经济增长不受到严重的损害，就业底线才能得以保障，这也是发达国家政府全力救市的关键所在。国际货币基金组织认为，解决就业问题的根本前提在于，通过向银行注资和分离不良资产来修复与重建金融体系，稳定金融市场，以重塑投资者信心。金融系统在发达国家的经济运行中居于核心地位，因此，救市资金用于金融体系，以构筑就业底线。所以，欧洲各国救市方案出资总额已近2万亿欧元，主要用于为银行同业拆借提供担保或提供资本金。奥巴马政府上台后通过了7 870亿美元的救市资金，其主要措施是：设立新的放贷基金；推出住房救援计划，帮助进行抵押贷款再融资；确保大银行拥有足够信心和资金发放信贷。

政府投资创造就业机会。政府救市只能解决就业底线，稳定与增加就业还需要直接针对新工作机会的创造，扩大就业需求是解决问题的关键。为了拯救深陷金融危机泥沼的就业市场，新当选美国总统的奥巴马还未就任，就于2008年12月6日提出一项经济振兴计划，试图通过政府投资新能源、改造联邦政府办公楼、改善全国医疗系统与医院设施、升级学校硬件设施等措施，为美国创造400万个就业机会。奥巴马政府还将在未来的10年投资1 500亿美元用于清洁能源，这将在研究、制造和建筑等领域创造500万个新工作岗位。欧盟委员会于2008年11月通过了总额为2 000亿欧元的经济复兴计划,试图通过向战略性能源和科技进行投资,在短期内创造出数以百万的工作机会。在2009年1月12日的就业峰会上,英国政府提出一项5亿英镑的刺激就业新计划,旨在帮助失业者解决就业问题。新政策规定,企业每雇用一个失业超过6个月的员工,就可得到1 000英镑的政府补助。如果该企业同时又为该员工进行岗位培训,还可从政府获得2 500英镑的经济补偿。英国政府预计,这一计划大约可以使50万人重新回到工作岗位或参加就业培训。

历史经验证明,在经济危机阶段,政府直接投资能够产生非常明显的就业效果。美国大萧条时期的罗斯福新政、欧洲二战后的马歇尔计划都是如此。这是因为金融危机引发投资信心不足与消费信心不足,进而导致企业生产不足,引发劳动力需求不足。为了遏止失业率上升和稳定就业,政府除了出台政策鼓励企业与消费者信心之外,往往需要直接进行政府投资,实施就业刺激计划。这种投资具有一箭双雕的功能:政府投资直接带来就业岗位的增加;同时,由政府投资启动经济,降低了企业投资的风险。

**三、采用多种措施,优化劳动力供给**

扩大教育规模,反周期应对劳动力市场波动。扩大教育规模对劳动力市场有着双重功效:一方面,通过延迟就业时间,错开就业危机高峰,有效缓解劳动力市场压力;另一方面,通过人力资本投资,培养更高素质与技能的劳动者,增加经济增长的动力,改进劳动者职业发展前景。在这个方面,奥巴马政府计划以每年4 000美元税收减免的形式,对美国年轻人减税,数额相当于大学平均学费的2/3。作为交换,学生们需要以服务的方式进行回报。例如,学生如果愿意投身于教育事业,或者参军服役,或者每年进行100小时公共服务,国家将承担其大学学费,从而让更多的人能够接受高等教育,借以缓解就业压力。这将可能掀起美国新一轮"高等教育运动",与美国历史上大萧条期间的高中教育运动、20世纪40年代的退伍军人返校运动异曲同工,都是反周期应对就业危机的重要战略,意在为经济发展准备强大的动力。

强化职业培训,提升就业能力。为应对经济危机,奥巴马政府计划创立"弹性教育账户",资助失业者进行再就业培训;扩展学徒计划,帮助劳动者获得执业资格和技能。新政府还将重新授权《劳动力投资法案》,增加对职业和技术教育的资助。《劳动力投资法案》是克林顿政府时期的一个综合性劳动力投资系统,旨在通过在职培训、订制的脱产培训、公共机构工作经历等活动,帮助个人获得管理职业生涯的技能。该项政策是克林顿政府“经济奇迹”的重要组成部分，曾经产生过积极效果，这无疑是奥巴马政府倚重职业培训的关键原因。英国政府于2009年1月10日提出“国家实习计划”，政府要求公共机构、慈善组织和经济部门向大学毕业生提供相当数量的实习岗位。英国首相布朗承诺拿出1.4亿英镑补贴用人单位，以在公共和私营部门中增加3.5万个实习岗位。英国政府认为，实习工作不仅能够提高大学毕业生的技能和丰富他们的工作经验，而且实习完毕后毕业生们还有机会获得全职工作。经济不景气导致工作丧失或工作时间不充分，但也为职业培训提供了充分的时间。更为重要的是，职业培训为经济形势的好转准备了合适的就业技能，让受训者在经济形势转变过程中更快更好地把握新的机会。

政府激励，优化供给结构。2007年11月，美国教育部决定，从2008年7月1日起对“菲尔直接贷款项目”进行调整。该项目规定，连续5年在指定的小学或中学担任全职教师，从事低收入家庭学生的教学服务工作的大学生，可以享受免除部分贷款的政策。在经济衰退的情况下，这项政策更加具有吸引力，激励作用也更强。而且，奥巴马政府进一步计划，对于愿意在师资不足的领域或地方从事教学工作4年以上在读或已毕业的大学生，设立可持续的教学服务奖学金，全部补偿作为预备教师培训的成本。这些激励政策不仅有助于解决大学毕业生及已毕业大学生的就业难题，也有利于有效解决更高教育水平的人才在国家急需领域和落后地区的分布问题。

**四、强化服务，改进供求匹配**

提供充分信息，降低工作搜寻成本。在劳动力需求减少的背景下，企业职位招聘的信息量会大幅下降；同时，由于劳动力市场固有的信息不对称特征，求职者往往需要花费更多时间和精力来搜寻各种招聘信息，极大地增加了搜寻成本。如果政府建立统一的就业信息发布平台，及时充分地提供招聘信息，不仅可以有效地降低工作搜寻成本，而且可以缩短工作搜寻与匹配的时间，减少摩擦性失业。正基于此，日本厚生劳动省于2009年着手建立一个互联网系统，以帮助那些希望建立短期劳动雇佣关系的劳动者寻找到合适的工作。工作搜寻者首先要在系统里注册个人资料、输入自己偏爱的工作类型、工作地区等信息。当合适的工作岗位出现时，工作搜寻者能够收到包含工作岗位信息的邮件。政府希望新的计划能够使企业更加方便、快捷地寻找到自己想要的短期劳动雇用者，缓解失业压力。

强化就业服务，改进匹配效率。公共就业服务系统在发达国家已经相当成熟，并且在促进劳动力市场供求匹配方面效果显著。奥巴马政府明确将通过重新授权《劳动力投资法案》,一如既往地使用克林顿时期以来的模式,强化提供公共就业服务。20世纪90年代初期的经济衰退中,美国失业率曾达到7.5%。克林顿政府在第一个任期内设定了创造800万个就业机会的目标,就业政策的重心放在改善就业服务方面。1994年,美国推出劳动者建立档案和再就业服务计划,要求各州都建立失业人员数据库系统,用于提供再就业服务,并扩展求职援助计划。最终的结果是,在克林顿第一个任期中实际增加就业人数为1 130万。法国也于2009年年初建立全国就业办事处与工商就业协会联合体,在全国范围内设立办公网点,旨在推动简化求职程序、改革相关就业服务、扩大办公网点及增加专业服务人员,通过强化就业服务应对就业危机。

## 附录2-3 2009年第三季度中国就业形势分析[①]
## ——基于网络招聘数据的结论

2009年三季度以来,一系列的经济数据传递出2009年三季度我国经济企稳的势头在不断加强,在此背景下,2009年三季度的就业形势在二季度的基础上进一步好转,而就业形势的好转主要源于劳动力市场招聘需求的强力上升和求职人数的轻微下降;所有行业的就业形势比今年二季度均有明显改善,个别行业的就业形势仍然比去年同期压力大;大多数职业的供需紧张程度较二季度均有所改善,与去年同期相比,大多数职业的就业压力得到缓解,但缓解程度的差异较大;所有城市的就业形势比去年同期和今年二季度都有明显好转。

### 一、研究背景

2009年7月19日,中国就业研究所基于智联招聘网二季度的网络招聘与求职数据,发布了二季度的就业形势分析。所得出的总体结论是:从整体形势来看,2009年二季度的就业形势显著好转,就业形势趋好的主要动力源于劳动力市场需求的快速扩大;环比看,所有行业的就业压力都趋于缓解,同比看,大多数行业就业形势改善,少数行业就业压力仍在;所有城市的就业形势环比都有明显改善,大部分城市的

① 资料来源:曾湘泉、丁大建、崔钰雪,《中国就业研究所第三届中国就业季度分析会简报》,2009年10月。

就业形势同比也有改善，但少数城市还有就业压力。

从人力资源和社会保障部7月24日公布的数据来看①，二季度全国累计实现城镇新增就业301万人，较一季度城镇新增就业增加33万人，环比呈上升趋势；城镇登记失业率为4.3%，与一季度末持平；今年2月份到6月份，5个省513家企业被监测的企业岗位净增0.13%；就业局势保持总体稳定。我们通过网络招聘数据分析的结果比人力资源和社会保障部公布的数据结果更为乐观一些。

2009年第三季度，中国人民银行所作的企业家问卷调查②显示，宏观经济热度指数为39.9%，较上季度上升5.3个百分点，是自今年一季度达到谷底后连续第二个季度回升；产品市场需求指数为52.2%，较上季度提高2.5个百分点，开始进入景气区间；国内订单和出口订单指数分别为49.2%和47.2%，比上季度提升1.1和2.1个百分点；企业赢利指数在上季度回升5.2个百分点的基础上，本季度再升3个百分点，达到53.8%。同时，国家统计局公布的全国企业景气调查③结果显示，三季度全国企业景气指数为124.4，比二季度回升8.5点；三季度企业家信心指数回升至120.1，比二季度提高9.9点。一系列的经济数据传递出2009年三季度我国经济企稳的势头在不断加强。在此背景下，中国就业研究所仍将在智联招聘网提供的网络招聘数据的基础上，分析2009年三季度就业形势的变化所呈现出的特征。

## 二、数据结构

本研究采用了智联招聘网的网络招聘与求职数据库，截至2009年9月，该数据库共有2 820万份个人简历，200万家签约企业，分别比2009年二季度末增加了170万份个人简历和2万家签约企业，求职者和招聘企业共涉及30个大中型城市的46个行业。

网络求职者主要是年龄在22～35岁之间的青年人群，这一人群的比重基本保持在85%以上，22岁以下以及35岁以上人群所占的比例较低；男性求职者比例略高于女性；网络求职者的教育程度较高，具有本科和硕士（包括MBA）教育背景的高学历人员所占比重保持在84%左右；网络求职者主要分布在全国经济较发达的沿海大中

---

① 参见中国网，“人力资源和社会保障部2009年二季度新闻发布会”，http://www.china.com.cn/zhibo/2009-07/24/content_18171595.htm。

② 参见中国人民银行网站，“2009年第三季度企业家问卷调查综述”，http://www.pbc.gov.cn/detail.asp?col=100&ID=3355。

③ 参见国家统计局网站，“三季度企业景气指数为124.4”，http://www.stats.gov.cn/tjfx/jdfx/t20091013_402592597.htm，http://www.stats.gov.cn/tjfx/jdfx/t20091013_402592603.htm。

型城市,北京、上海、广州、深圳四大城市的求职者简历数所占比重接近60%;网络求职者所在行业主要是现代服务业、建筑业和制造业。

网络求职者中目前没有工作的离职人员所占的比重为65.3%,求职者中的应届毕业生所指的比重为6.7%。

网络招聘企业以民营企业、外资企业和国有企业为主。其中,民营企业所占的比重最大,为33.2%;外商独资企业占22.3%,合资企业占18.2%;国有企业占14.2%。

## 三、研究结论

● 结论一:2009年第三季度的就业形势继续延续了二季度持续好转的趋势,就业压力进一步缓解;与去年同期(2008年第三季度)相比,就业形势有显著改善。

如图1所示,2008年四季度竞争指数的数值最大,就业形势最为严峻;2009年一季度基本处于"横盘";2009年二季度竞争指数开始明显下降;2009年三季度的竞争指数在二季度的基础上继续下降,低于2008年三季度的竞争指数;2009年三季度全国竞争指数与2008年三季度相比下降33%,下降幅度较大。

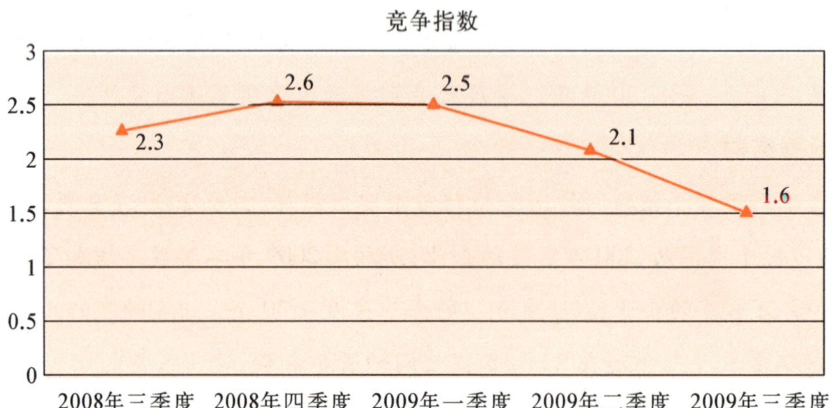


图1 竞争指数[①]

---

① 竞争指数是用以反映劳动力市场供求关系紧张程度的指标。本报告在2009年第一、二季度发布时,采用了网络求职申请人次数指标作为市场供给数据计算竞争指数,由于申请人次数仅为市场名义供给而非实际供给,因此,在现实意义方面不够明确。自本次发布起,将采用求职申请人数指标作为劳动力市场供给计算征收,使竞争指数具有明确的供需比的意义,以此来反映劳动力市场的供求紧张状况。计算公式如下:

$$竞争指数=\frac{申请人数}{招聘岗位数}$$

竞争指数≥0,竞争指数=1时,表明市场供求的一种绝对平衡;竞争指数越大,表示一定岗位空缺的竞争者越多,劳动力市场的紧张程度越高。

如图 2 所示,从全国竞争指数的环比变动来看,2008 年四季度竞争指数增长速度为正,表明就业压力在加大;2009 年一季度起,竞争指数的增长速度开始为负,表明就业压力不断减缓;2009 年二季度,竞争指数较一季度有了较大幅度的下降,说明就业形势出现明显缓和的迹象;2009 年三季度,竞争指数环比下降幅度较二季度更大,说明三季度的就业压力更加趋缓。

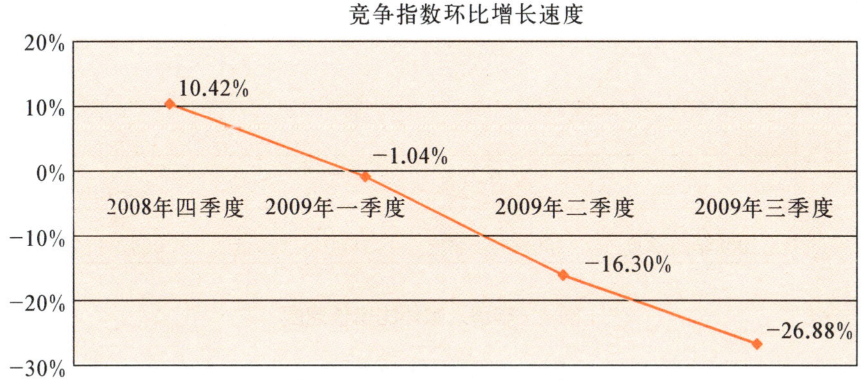


图 2 竞争指数环比增长速度

● 结论二:2009 年第三季度就业形势的好转,源于劳动力市场招聘需求的强力上升和求职人数的轻微下降,而招聘需求的扩大是就业形势转变的主要动力。

如图 3 所示,以 2008 年三季度为基期的申请人数增长速度显示,从 2008 年四季度到 2009 年二季度申请人数的增长速度逐季增加,其中,2009 年二季度的增速最大。2008 年四季度增速较大应当与金融危机有关,而 2009 年二季度增幅较大是与求职的季节性因素有关,二季度是大学生求职的高峰期。2009 年三季度申请人数比 2008 年三季度增长 27%,较二季度的增长速度有所回落。

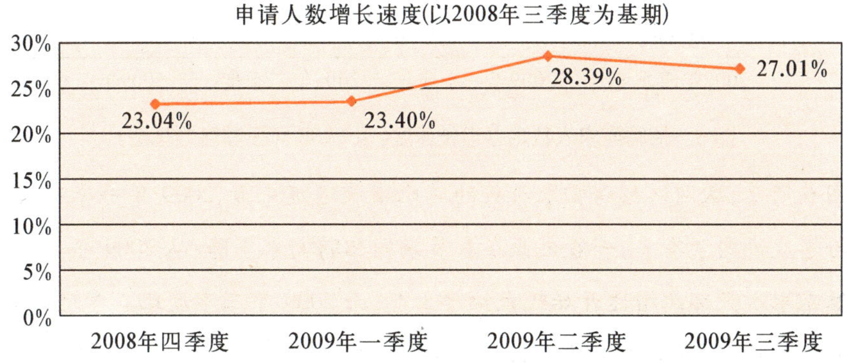


图 3 申请人数定基增长速度(以 2008 年三季度为基期)

如图4所示,从网上申请人数的环比增长指数来看,2009年一季度申请人数的增长速度比2008年四季度有了大幅下降,2009年二季度的增速略有增加,2009年三季度的环比增速为负值,即2009年三季度的求职人数较上一季度有所下降。

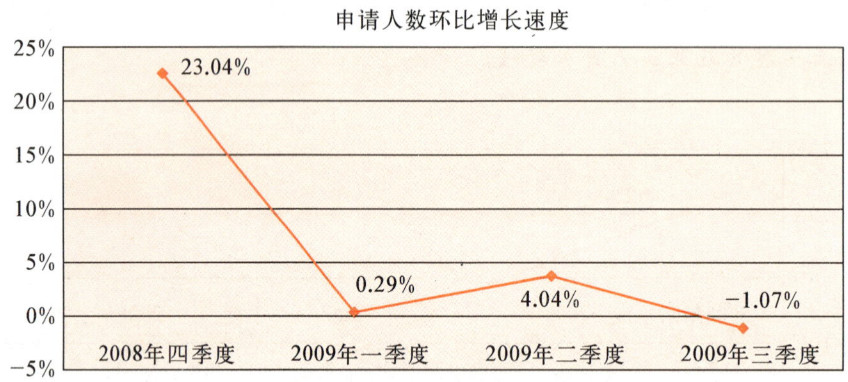


图4 申请人数环比增长速度

如图5所示,以2008年三季度为基期的招聘需求增长速度显示,2009年三季度的招聘需求比2008年二季度增长89.9%,招聘需求的增长速度在二季度快速上升的基础上又有了较大幅度的提高。

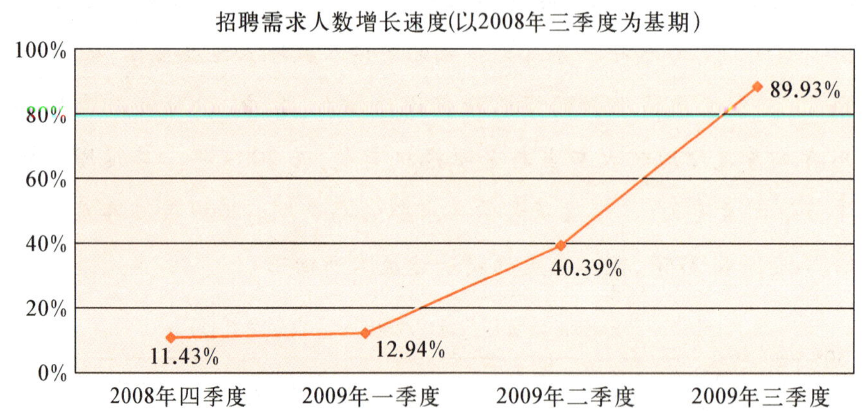


图5 招聘需求人数定基增长速度(以2008年三季度为基期)

如图6所示,从网络招聘需求人数的环比增长速度来看,2009年一季度增幅较小,这也是与季度性因素有关,一般企业在春节期间招聘需求下降;从2009年二季度开始,招聘岗位需求人数环比增速开始较大幅度上升,而2009年三季度比二季度的招聘需求增速更大。招聘需求人数同比和环比增速的加大对于缓解就业压力起到了重要的作用。

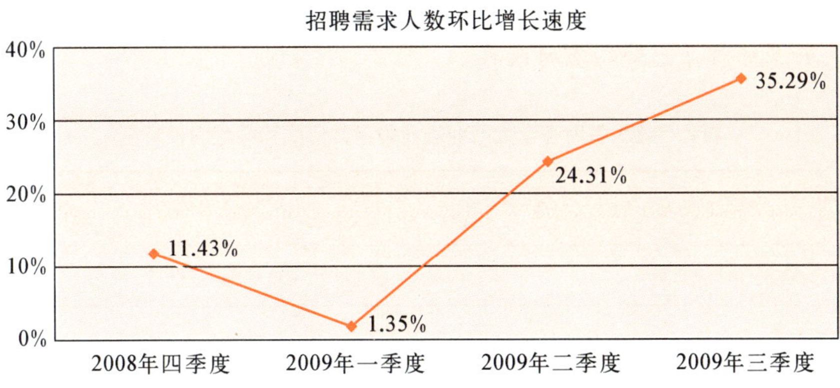


图6 招聘需求人数环比增长速度

● 结论三：与2009年二季度相比，所有行业就业形势都有所改善；与去年同期相比，个别行业的就业仍然存在一定的压力。

与2009年二季度相比，所有行业就业形势都有所改善；与去年同期（2008年三季度）相比，极个别行业，如计算机硬件及网络设备、航空/航天业的就业压力相对较大。

从表1网络招聘行业竞争指数的排序来看，政府在应对金融危机时推出的一系列促进经济发展的政策在劳动力市场上得到了体现，房地产、金融等行业的就业竞争压力相对较小。

表1 三季度网络招聘竞争最大和竞争最小的十大行业

| 序号 | 网络招聘竞争最小的十大行业 | 竞争指数 | 网络招聘竞争最大的十大行业 | 竞争指数 |
|---|---|---|---|---|
| 1 | 快速消费品（食品/饮料/烟酒/化妆品） | 0.68 | 航空/航天 | 5.62 |
| 2 | 保险 | 0.80 | 网络游戏 | 5.28 |
| 3 | 礼品/玩具/工艺美术/收藏品 | 0.94 | 政府/公共事业/非盈利机构 | 5.06 |
| 4 | 医药/生物工程 | 1.03 | 学术/科研 | 4.15 |
| 5 | 咨询/管理产业/法律/财会 | 1.10 | 跨领域经营 | 4.00 |
| 6 | 房地产/建筑/建材/工程 | 1.16 | 能源/矿产/采掘/冶炼 | 3.77 |
| 7 | 金融/银行/投资/基金/证券 | 1.16 | 物业管理/商业中心 | 3.62 |
| 8 | 医疗设备/器械 | 1.34 | 旅游/度假 | 3.53 |
| 9 | 中介服务 | 1.39 | 环保 | 3.09 |
| 10 | IT服务（系统/数据/维护）/多领域经营 | 1.39 | 电气/电力/水利 | 2.89 |

如表2所示,网络求职者最多的十大行业中,竞争指数环比和同比均有所下降,说明十大行业的就业形势均有所改善。

表2 求职者所在十大行业的竞争指数环比和同比增长速度

| 网络求职者最多的十大行业 | 环比增长 | 同比增长 |
|---|---|---|
| 房地产/建筑/建材/工程 | -32.52% | -38.52% |
| 快速消费品(食品/饮料/烟酒/化妆品) | -31.88% | -51.51% |
| 贸易/进出口 | -30.60% | -46.71% |
| 耐用消费品(服装服饰/纺织/皮革/家具/家电) | -29.36% | -42.80% |
| 互联网/电子商务 | -27.45% | -33.12% |
| 金融/银行/投资/基金/证券 | -26.03% | -34.79% |
| IT 服务(系统/数据/维护)/多领域经营 | -22.96% | -37.67% |
| 广告/会展/公关/市场推广 | -22.76% | -22.15% |
| 咨询/管理产业/法律/财会 | -20.98% | -25.96% |
| 医药/生物工程 | -19.71% | -37.39% |

● 结论四:与2009年二季度相比,绝大多数职业的供需紧张程度都有所改善;与去年同期相比,绝大多数职业的就业压力得到缓解,但缓解程度的差异较大,只有少数职业的就业压力仍然比较大。

公务员的供需紧张程度在二季度显得较为突出,除公务员外,绝大多数职业的供需紧张程度环比都有明显改善。财会/审计/统计等少数职业的就业压力同比仍然较大,其他职业的就业压力同比有所下降,但下降的幅度差异较大,同比下降最大的是公务员,体现出国家在应对金融危机带来的就业压力时,扩大公务员录用人数缓解了公务员的供求关系。

表3显示的三季度网络招聘竞争最大和竞争最小的五大职业,竞争最大的职业和竞争最小的职业的竞争指数相差较大,竞争最大的职业——行政/后勤的竞争指数是竞争最小的职业——快速消费品的竞争指数的64倍。

表3 三季度网络招聘竞争最大和竞争最小的五大职业

| | 网络招聘竞争最小的五大职业 | 竞争指数 | 网络招聘竞争最大的五大职业 | 竞争指数 |
|---|---|---|---|---|
| 1 | 快速消费品(食品/饮料/烟酒/化妆品) | 0.36 | 行政/后勤 | 23.02 |
| 2 | 保险 | 0.97 | 财会/审计/统计 | 15.41 |
| 3 | 礼品/玩具/工艺美术/收藏品 | 0.98 | 商务/采购/贸易 | 12.14 |
| 4 | 医药/生物工程 | 0.98 | 交通/仓储/物流 | 11.62 |
| 5 | 咨询/管理产业/法律/财会 | 1.14 | 质控/安检 | 7.56 |

● 结论五:2009年三季度的环比和同比数据显示,所有城市的就业形势比去年同期和今年二季度都有明显好转。

如表4所示,2009年三季度城市竞争指数的环比和同比数据可以看出,2009年三季度和2009年二季度相比,所有城市的就业形势继续得到改善;2009年三季度与去年同期(2008年三季度)相比,所有城市的就业形势均得到显著改善;除了长沙、石家庄、哈尔滨之外,各城市竞争指数的同比增幅均大于环比增幅,说明各城市经历了2008年四季度就业压力较大,2009年一季度就业形势略有好转后,在2009年二季度就业形势有了一定的好转,在2009年三季度就业形势进一步缓和。

表4 各城市竞争指数环比和同比增长速度

| 城 市 | 环比增长 | 同比增长 | 城 市 | 环比增长 | 同比增长 |
|---|---|---|---|---|---|
| 济 南 | -36.88% | -50.00% | 福 州 | -29.41% | -34.07% |
| 郑 州 | -36.00% | -36.68% | 青 岛 | -29.30% | -44.27% |
| 广 州 | -35.38% | -44.51% | 沈 阳 | -29.17% | -36.13% |
| 天 津 | -35.35% | -41.99% | 大 连 | -28.08% | -35.15% |
| 杭 州 | -34.35% | -44.45% | 北 京 | -27.90% | -36.95% |
| 成 都 | -33.78% | -50.79% | 长 春 | -27.47% | -29.85% |
| 南 京 | -33.75% | -34.35% | 石家庄 | -26.23% | -20.78% |
| 西 安 | -32.90% | -39.08% | 上 海 | -23.45% | -23.81% |
| 长 沙 | -32.44% | -8.08% | 苏 州 | -23.44% | -42.20% |
| 厦 门 | -32.34% | -33.52% | 哈尔滨 | -21.22% | -17.23% |
| 武 汉 | -32.11% | -34.68% | 重 庆 | -20.72% | -37.49% |
| 深 圳 | -31.62% | -61.40% | | | |

总体而言,2009 年三季度的就业形势有如下几个特点:

第一,2009 年三季度的就业形势在二季度的基础上进一步好转。

第二,就业形势的好转源于劳动力市场招聘需求的强力上升和求职人数的轻微下降,而招聘需求的扩大是就业形势转变的主要动力。

第三,所有行业的就业形势比今年二季度均有明显改善,个别行业的就业形势仍然比去年同期压力大。

第四,大多数职业的供需紧张程度较二季度均有所改善;与去年同期相比,大多数职业的就业压力得到缓解,但缓解程度的差异较大,只有少数职业的就业压力仍然比较大。

第五,所有城市的就业形势比去年同期和今年二季度都有明显好转。

第六,离职人员在网络求职者中的比重变动不大。

# 第三章

# 劳动供给分析

本章讨论劳动供给问题。在劳动经济学中,劳动供给被定义为劳动者提供的劳动数量,其测量指标是“人—小时数”,指在一定时间内一定数量的劳动者为市场提供的劳动时数。根据该定义,在人口一定的条件下,影响劳动供给数量的因素有两个:第一,在市场上从事或正在寻找有酬工作的人数,这构成了劳动者的供给或劳动力。劳动力是劳动年龄人口中的一部分,我们将劳动力占劳动年龄人口的比例称为劳动力参与率。第二,每个劳动力愿意提供给市场的工作时数。本章根据这两个因素建立有关劳动供给的基本模型,讨论劳动供给在这两个方面的决定因素。在此基础上,进一步对基本模型的扩展作出介绍。

我们首先考察劳动力范畴分类和劳动参与率概念,这是我们理解劳动供给的基础;其次,我们分析影响劳动供给的各种因素;第三,我们集中研究单个劳动者的工作时间供给问题,该问题可以归结为在不同工资率下,一个人愿意工作多少时间,即建立一条个人劳动力供给曲线;第四,我们考察劳动者的工作决策,即劳动者对市场劳动的参与问题;最后,我们分析劳动供给理论在政策领域的应用。

# 第一节 劳动力范畴分类和劳动参与率

## 一、劳动力范畴分类

劳动力是人的劳动能力,即人在劳动过程中所运用的体力和智力的总和。在现代劳动经济学体系中,劳动力又特指在一定的年龄范围内,具有劳动能力和劳动要求,愿意参加付酬的市场性劳动的全部人口。没有就业意愿或就业要求的人口不属于劳动力的范畴。

各国关于劳动力的统计和分类虽不尽相同,但基本都是根据人口普查、劳动力调查等方法来统计和估算一国劳动力数量。我们在下面分别以中国和美国的劳动力统计分类为例加以说明。

图 3－1 说明了美国劳动力市场统计和分类的一些基本定义。根据图 3－1 所示,美国的劳动力范畴包含以下几个基本概念:劳动力、非劳动力、就业者和失业者。

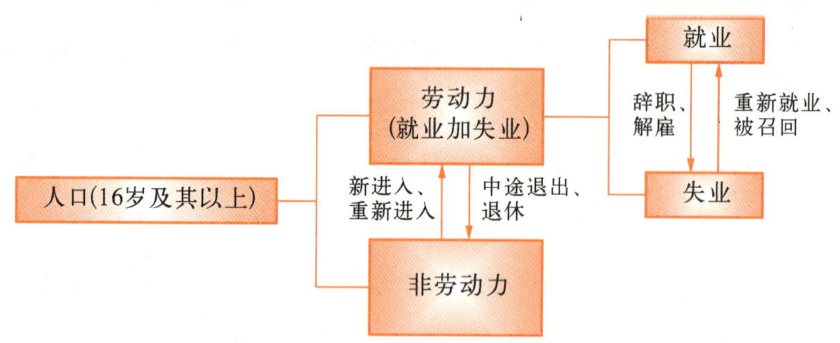


图 3－1 美国成年人口的劳动力分类

在美国,劳动力指 16 岁以上或者在工作,或者在积极地寻找工作,或者因为暂时失业而等待被召回的所有的人;劳动力中那些没有获得报酬职业的人被称为失业者。没有工作,并且不寻找工作,也不是因暂时失业而等待雇主召回的人,不算作劳动力。因此,总的劳动力包括在业者和失业者。

就业者这一概念在技术上被定义为正在受雇用的那一部分劳动力。包括：第一，正在工作者；第二，有职业但并未工作的人。所谓“正在工作者”指为得到工资或利润而工作的人，或者在家庭或农场或行业中不领工资、每周工作 15 小时以上的人。“有职业但并未工作者”指现在不工作也不寻找工作，但本人有职业或企业，只是由于休假、疾病、劳动争议或恶劣气候而暂时缺工，或者由于种种原因而削减工时的人。

失业者这一概念在技术上被定义为在调查周内没有工作，但在此以前四周内曾做过专门努力寻求工作，而在调查周内本人又适于工作的一切人。此外，失业者范畴还包括以下两类人：第一，没有工作又适于工作的，临时解雇后正等待召回的人；第二，没有工作又适于工作，正在等待且等待的时间达 30 天后可到工资不同的新岗位上报到的人。应该注意的是“调查周”在美国特指某一给定的周，这一给定周包括该月 12 号的星期六和星期天的时间段。

我国对劳动力范畴的统计分类目前在不断变化，总的趋势是逐步参考市场经济国家的统计分类，建立适应我国劳动力市场发展状况的劳动力统计体系。在实际统计中一般使用以下几个概念：劳动力资源总数、从业人员、职工、城镇失业人员等（如图 3－2 所示）。

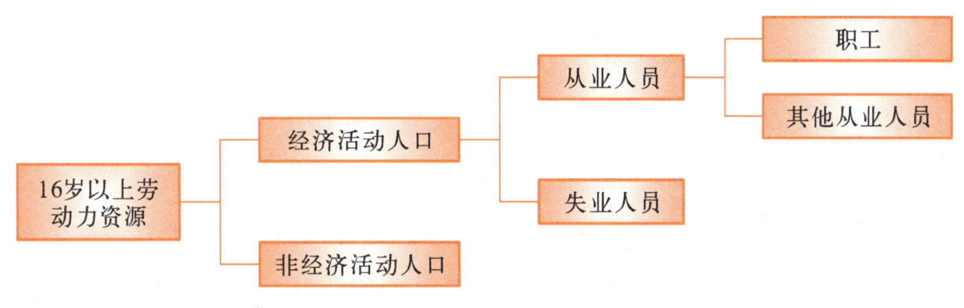


图 3－2　中国成年人口劳动力分类

劳动力资源总数是指在劳动年龄内，具有劳动能力，在正常情况下可能或实际参加社会劳动的人口数。劳动力资源的范围为：在劳动年龄内（16 周岁以上），有劳动能力，实际参加社会劳动和未参加社会劳动的人员。劳动力资源又划分为：经济活动人口和非经济活动人口。劳动力资源不包括在押犯人、在劳动年龄内丧失劳动能力的人员，以及 16 岁以下实际参加社会劳动的人员。

从业人员是指从事一定社会劳动并取得劳动报酬或经营收入的人员。从业人员按就业身份分组包括：（1）职工；（2）再就业的离退休人员；（3）私营业主；（4）个体户主;(5) 私营企业和个体从业人员;(6) 乡镇企业从业人员;(7) 农村从业人员;(8) 其他从业人员(包括现役军人)。

职工是指在国有经济,城镇集体经济,联营经济,股份制经济,外商和港、澳、台投资经济,其他经济单位及其附属机构工作,并由其支付工资的各类人员。职工不包括以下人员:(1) 乡镇企业从业人员;(2) 私营企业从业人员;(3) 城镇个体劳动者;(4) 离休、退休、退职人员;(5) 再就业的离、退休人员;(6) 民办教师;(7) 其他按有关规定不列入职工统计范围的人员。

城镇失业人员是指城镇常住人口中一定年龄以上,有劳动能力,在调查期间无工作,当前有就业可能并以某种方式寻找工作的人员。在城镇劳动力调查中对城镇16岁及以上,具有劳动能力并同时符合以下各项条件的人员列为失业人员:(1) 在调查周内未从事为取得劳动报酬或经营利润的劳动,也没有处于就业定义中的暂时未工作状态;(2) 在某一特定期间内采取了某种方式寻找工作;(3) 当前如有工作机会可以在一个特定期间内应聘就业或从事自营职业。由此计算的失业率称为城镇调查失业率,另有一个反映失业状况的统计指标称为城镇登记失业率。根据国家统计局的定义,城镇登记失业率指城镇登记失业人口数量同城镇单位就业人数、城镇私营企业及个体就业人数和城镇登记失业人数之和的比。其中,城镇登记失业人口是指非农业户口,在一定的劳动年龄内,有劳动能力,无业而要求就业,并在当地就业服务机构进行求职登记的人员①。如果失业人员未到就业服务机构登记求职,将不能纳入登记失业人口的统计范围。

从以上中国和美国有关劳动力范畴的统计分类可以看出,劳动力是一个相对概念,与各国的法律规定有关。世界各国根据自己的经济和社会发展状况、人口状况、教育制度、劳动力自身的生理特点等因素,规定了不同的就业年龄。就业年龄的下限指的是最低就业年龄,国际劳动组织通过的第138号《准予就业最低年龄公约》规定最低就业年龄为14周岁,而世界大多数国家都以16周岁作为劳动年龄的分界线,如美国、中国规定最低就业年龄为16周岁,而日本则是15周岁。一般来说,大多数国家规定劳动年龄下限而无上限。我国过去实行计划经济,对最高就业年龄规定有上限,即男性为60周岁,女性为55周岁。当然,规定了劳动年龄的上限,并不是说超过

---

① 国家统计局,《中国统计年鉴(2002)》,中国统计出版社,2003年,第170页。

这一年龄就不许劳动，而是说劳动者达到这个年龄后，就具有申请退休、领取养老金的资格①。

## 二、劳动力参与率

劳动力参与率是与劳动供给相关的一个重要概念，它测量的是一个国家从事经济活动的工作年龄人口的规模。劳动力参与率是反映劳动力市场活动水平的一项总指标，它也可以以性别和年龄组分类计算，因而可以反映出一个国家经济活动人口的分布情况。

劳动力参与率的计算一般是以加入劳动力的人数占劳动年龄人口的百分比进行的。劳动力是就业人数和失业人数之和。劳动年龄人口是一定年龄之上的人口，该年龄线是为衡量经济特性而规定的。具体的计算公式为：

$$\text{劳动年龄人口的劳动力参与率} = \text{劳动力}/\text{劳动年龄人口} \times 100\% \tag{3.1}$$

$$\text{年龄别(性别)劳动力参与率} = \text{某年龄(性别)劳动力}/\text{该年龄(性别)人口} \times 100\% \tag{3.2}$$

劳动力参与率指标在研究确定一个国家人力资源规模和构成因素，以及预测未来劳动力供给时具有重要的作用。这类数据可用来指定就业政策并确定培训需要。这一指标也为计算男女人口的预期工作寿命和进入、退出经济活动的比率提供了基本数据。这些数据对于制定社会保障制度的财务计划也有着重大的意义。

这一指标也可用来了解不同类别的人口群体在劳动力市场上的行为。有一种理论认为，劳动力参与的水平和方式取决于就业机会的多少和收入要求，而不同的人群具有不同的收入要求。比如，研究表明妇女劳动力参与率在任何年龄都是有规律地随婚姻状况和教育水平的变化而变化。城镇和农村人口以及不同社会经济群体间的参与率也有很大的不同。

营养不良、残疾和长期疾病会影响工作能力，因此也被认为是决定劳动力参与率

① 国际劳工局，《劳动力市场主要指标体系(1999)》，中国劳动社会保障出版社，2001年，第27—49页。

的主要因素,在低收入的条件下更是如此。人口学家密切关注的另一个方面是人口出生率和妇女劳动力参与率之间的关系。如果以当前妇女对经济活动的参与趋势为基础,我们就可以利用这种关系来预测人口出生率的未来变化。

比较处于不同发展阶段的各国总的劳动力参与率发现了一种特殊的 U 形关系。在发展中国家,经济增长是与教育设施的发展、劳动力从农业转向城镇经济活动,以及与收入机会的增加,特别是处于黄金年龄段的(24 ~ 54 岁)男性家长与其他家庭成员相比收入机会的增加联系在一起的。所有这些因素共同作用有可能会降低男女劳动力的参与率,尽管这种影响对妇女弱些并显示出一个较宽泛的变化幅度。

在较高的发展水平上,趋势是相反的。不论男女,所有人就业机会越大,收入要求越高,则劳动力参与率也越高。在许多工业化国家中,这种模式在女性人口中继续存在,但对男子来说不是如此(年轻男子除外),显示在发展最高水平的国家中 U 形关系有一定程度的扭曲。

以年龄组分类的男女劳动力参与率曲线也反映出一些特殊的模式。一般来说,男性的参与率曲线呈倒 U 形。例如,年轻人在开始时劳动力参与率较低,随着他们离开学校进入劳动力市场而上升,在黄金年龄时到达高峰,然后在老年龄组中随着退出经济活动而下降。

对妇女而言,在每个年龄组中的劳动力参与率通常要低于男性。在黄金年龄段,妇女劳动力参与率不仅低于相应的男性参与率,而且常常表现出略有不同的模式。在妇女的生命周期内,她们倾向于离开劳动力队伍从事生育和抚养子女。当孩子足够大时,他们又回到经济活动中来,但是参与率较低。然而,在工业化国家里,妇女参与率曲线越来越和男性的相类似,并且也明显地向男性的参与率水平靠近。

## 第二节　影响劳动供给的因素

影响劳动供给的因素很多,我们下面将从自然、经济和社会三大方面对此加以分析。

## 一、影响劳动供给的自然因素

我们首先从人的自然属性方面来看，一国的人口规模、人口年龄构成、民族特性和劳动者个人的身体自然条件都是影响劳动供给的重要方面。

### 1. 人口规模对劳动供给的影响

在其他条件不变的情况下，比如，劳动力参与率不变，高人口增长必然引起劳动力供给总量的增加。但是，人口规模的形成不是短期能实现的。高人口增长引起的劳动力供给总量的增加，是要经历一个时间过程的，原因是劳动力的定义有严格的年龄限制。只有出生后的人口达到法定劳动年龄，比如中国是16岁，才对劳动供给总量产生影响。由于人口规模对劳动供给的影响在短期内不会马上实现，因此我们将其称为"滞后效应"。换句话说，人口规模只在长期内起作用。

### 2. 人口的自然结构对劳动供给的影响

人口自然结构对劳动供给的影响主要包括三个方面的内容：其一是人口性别比例不同，劳动供给也不同。从本章第一节的内容中，我们发现男性的劳动力参与率一般要高于女性，因此，如果一国人口中男性比例过高就会形成较高的劳动供给。

其二是人口的年龄结构不同，劳动供给也不同。国际上对人口年龄构成划分为三种类型，即年轻型、成年型和老年型，具体标准见表3－1。

表3－1　不同类型的人口年龄构成分类标准

| 年龄分组 / 划分标准 | 0～14岁人口占总人口的比例 | 65岁以上人口占总人口的比例 | 65岁及以上人口与0～14岁人口之比 | 年龄中位数 |
|---|---|---|---|---|
| 年轻型 | 40%以上 | 5%以上 | 15%以下 | 20岁以下 |
| 成年型 | 30%～40% | 5%～10% | 15%～30% | 20～30岁 |
| 老年型 | 30%以下 | 10%以上 | 30%以上 | 30岁以上 |

由于劳动力是根据年龄段确定的，因此，不同年龄类型的社会就有不同的劳动力自然供给状况。年轻型和老年型较之成年型社会，短期内表现为较低的劳动力自然

供给状况。

其三是人口中的民族构成不同,劳动供给也不同。由于民族传统等各种原因,不同民族的人劳动力供给的状况有所不同。例如,根据美国教授弗里曼(R. B. Freeman)的研究,美国中年黑人男子的劳动力参与率在1948年为94.5%,这一比率在1976年下降到83.4%。与此相对照,同年龄组的白人男子的劳动力参与率仅从1948年的95.9%下降到92.5%。再如,中国的少数民族劳动力参与率低于汉族的劳动力参与率①。

### 3. 劳动者个人的身体条件是影响劳动力供给的另一个自然因素

根据一些实证研究表明,在一些发展中国家,劳动者的身体条件是生产效率的关键因素。例如,在缅甸、厄瓜多尔这样的国家里,由于疾病而造成的工时损失占到可利用工时的13%~15%;而在美国,这一比例仅为3%②。

## 二、影响劳动供给的经济因素

从经济方面来看,劳动者对工作的偏好以及对工资的刺激反应是影响劳动供给最重要的经济因素。此外,经济周期波动是影响劳动供给另一个重要的因素。

### 1. 劳动者的工作偏好对劳动供给的影响

它是通过劳动者对工作和闲暇的不同选择态度而产生的。不同的劳动者对工作收入和闲暇休息的态度是不同的,这种不同的态度通过工资率变化所产生的收入效应和替代效应可以集中地反映出来。

收入效应是指工资增加后使劳动者感到更加富有,从而减少劳动供给的一种反应行为。假如工作时间没有发生任何改变,而劳动者的工资增加了,劳动者如何利用这笔钱呢?购买商品消费是其一,此外,劳动者可能要得到更多的休息或消费商品的时间以享用增加的财富。但是,休息时间是一种特殊的商品,它只能通过减少工作时

---

① 理查德·B·弗里曼,《劳动经济学》,商务印书馆,1987年,第232页。
② 同上。

间得到。因此，收入效应往往导致工作时间减少。

替代效应是指工资增加后使劳动者感到休息时间比以前更加昂贵，从而增加劳动供给的一种反应行为。我们知道，休息时间是有代价的，这个代价就是工作所取得的收入，即工资报酬。当工资率上升时，就会使休息时间的代价更加昂贵，从而促使劳动者减少休息时间增加劳动，以获取工资报酬。

由于收入效应和替代效应对劳动供给的影响方向不同，因此工资率上升后究竟使劳动者的劳动供给是增加还是减少，取决于劳动者的偏好。有的劳动者可能会增加劳动供给，有的劳动者可能会减少劳动供给。总的影响要看经济社会中不同偏好的劳动者构成。关于收入效应和替代效应问题，我们将在下一节给出详细的介绍。

### 2. 经济周期波动对劳动供给的影响

它是通过劳动需求变化所产生的市场运行结果。经济增长快速发展时，资本投资需求增大，从而导致对劳动需求增加，市场运行的结果会导致劳动供给增加。当经济处于萧条时，资本投资下降，劳动需求水平下降，市场运行的结果是会导致劳动供给减少。

## 三、影响劳动供给的社会制度因素

### 1. 劳动制度

一国的劳动制度中一般都规定了休假期限，如工作周、工作小时、节假日的安排等。这些制度安排对劳动供给具有很大的影响。例如，不同的国家由于社会传统和经济发展水平不同具有不同的节假日，有的国家多而有的国家相对较少。在美国等发达国家一般都有“定期休假制度”，这种制度规定工作年限长、并符合一定条件要求的工人，除了正常休假外，每5年还可以享受一次为期3个月的带薪休假①。但是，中国目前一般企业都没有这种制度。

### 2. 工资制度

一国的工资制度也是影响劳动供给的重要制度性因素。不同的付酬制度对工作

---

① 理查德·B·弗里曼，《劳动经济学》，商务印书馆，1987年，第34页。

动力和效率的影响是不同的,我们将在第六章对这一问题作详细探讨。

总而言之,影响劳动供给的因素是多方面的。当我们分析某一具体劳动者或者某一国的总的劳动供给问题时,我们必须结合以上三个方面的角度加以分析,才能得到比较准确的结论。

## 第三节 工作时间的决策理论

劳动供给可以从不同角度加以分析。一种方法是集中研究不同工资率下劳动者愿意工作多少时间,即建立一条个人劳动供给曲线。此外,也可以从一个人是否愿意提供市场劳动的角度来加以研究,即劳动力参与率的问题。我们在本节着重利用一个简单模型考察人们怎样决定工作多少小时,以推导个人劳动供给曲线,在此基础上推导市场劳动供给曲线。

### 一、劳动和闲暇

劳动供给涉及劳动者对其拥有的既定时间资源的分配。劳动者拥有的时间资源是既定的,这意味着劳动者每天只有 24 个小时。劳动者在这固定的 24 个小时内,有一部分时间必须用于睡眠、吃饭以及其他维持生命而不能挪为他用。为了方便起见,我们假定劳动者每天必须花费 8 个小时在以上的几个方面。因此,劳动者可以自由支配的时间资源每天为固定的 16 个小时。

由上述假定,劳动者可能的劳动时间供给只能来自这 16 个小时之中,也就是说其最大的劳动供给为 16 个小时。设劳动供给量为 6 小时,则全部时间资源中的剩余部分为 10 个小时,我们将之称为"闲暇"时间。闲暇指可以用于各种消费活动的时间。在现实生活中,闲暇时间也可以用于市场活动的"劳动",例如,干家务活。为简单起见,这里暂不考虑这种情况。若用 H 表示闲暇,则(16 - H)代表劳动者的劳动供给量。因此,劳动供给问题就被看成是劳动者如何决定其固定的时间资源 16 小时中闲暇 H 所占的部分,或者说,是如何决定其全部资源在闲暇和劳动供给两种用途上的分配。

劳动者选择一部分时间作为闲暇来享受，选择其余时间作为劳动供给。前者即闲暇直接增加了效用，后者则可以带来收入，通过收入用于消费再增加劳动者的效用。因此，就实质而言，劳动者可以看成是消费者，他们在闲暇和劳动两者之间进行的选择，就是在闲暇和劳动收入之间进行选择，以满足自己效用最大化的愿望。

根据消费者需求理论，对特定商品和服务的需求受许多变量的影响，其中最重要的是受到商品和服务的价格、消费者的收入以及消费者对商品和服务的偏好的影响。根据此理论我们有如下预期：第一，在保持所有其他情况不变的条件下，某种商品的价格越高，则消费者对该商品的需求就越低；第二，在该商品为正常品的情况下，如果消费者的收入增加，消费者对该商品的需求增加；第三，当消费者的偏好发生变化的时候，消费者对该商品的需求也会随之发生变化。

消费者需求理论可以用来分析劳动者的工作时间决策。在这里，“闲暇”被视为一种商品，闲暇就像任何其他的商品和服务一样可以为消费者提供效用和满足，因此闲暇也有其自身的价格。我们在下面首先分析偏好在形成劳动—闲暇选择过程中的作用，然后考察价格和收入在这一决策中的约束。

## 二、偏好和无差异曲线

偏好代表了消费者对某种商品相对其他商品的心理愿望强度。偏好从性质上说属于主观的东西，受到许多与个人种族、社会经济地位、职业以及个人性格等因素的影响。虽然偏好随不同的人而不同，但是研究者证明了人们在某个时间内对于他们所需求的商品和服务具有排序的能力，并且能够用尽量少的某种商品去交换其他的商品。

我们假定消费者必须在以下两种商品之间进行排序和选择：闲暇和从工作赚得的收入。闲暇可以带来直接效用，而收入可以通过购买商品消费而间接获得效用。由于闲暇和收入都能带来效用，那么它们在某种程度上可以相互替代。如果消费者被迫放弃一些收入，如缩短工作时间，那么闲暇时间的增加可以替代这部分失去的收入，并且仍然能够保持原有的总效用不变。事实上，消费者常常有着不同的闲暇与收入的组合，这些组合能够给他们带来相同的满足程度。如图 3－3 所示，图中曲线代表了消费者在闲暇和收入之间不同组合之间进行的排序和选择。

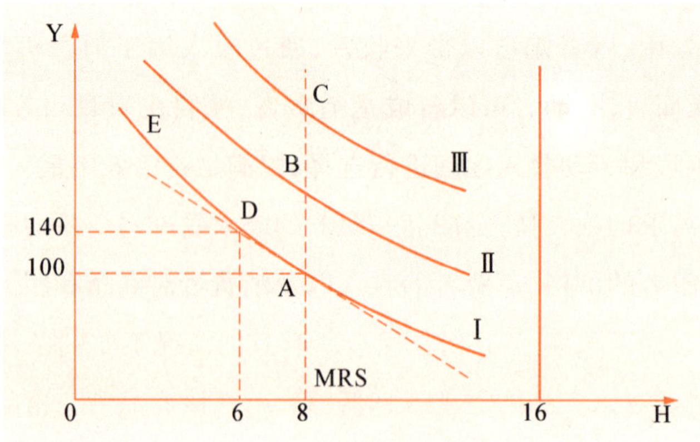


图3－3 无差异曲线

图中的横轴H表示闲暇,纵轴Y表示收入。假定消费者每天能够用来工作和闲暇的时间资源为16个小时,点A为任意一个闲暇和收入的组合点。则在点A消费者的闲暇和收入组合为8个小时的闲暇和工作8个小时的收入100元人民币,该组合点可以形成某一特定的效用水平。效用理论的一个基本假设就是,在给定的初始组合点A的情况下,任何其他的组合例如组合点B,该点提供了更多的收入或闲暇,将会导致更高的满足水平。因此,消费者将更加偏好于B。同理,消费者对组合点C的排序要优于组合点B。

无差异曲线是指能够给消费者带来相同满足程度或效用的所有闲暇和收入的组合点的轨迹。如图3－3中标有Ⅰ的曲线即为一条无差异曲线。无差异曲线具有以下几个特征:第一,无差异曲线具有负的斜率。原因是如果消费者想要获得某种新的闲暇与收入的组合,并保持在同样的效用水平上,那么他必须在获得更多的闲暇(或收入)的同时需要放弃一定数量的收入(或闲暇)。如图3－3中D点,其闲暇为6个小时,但收入增加到140元。D点与A点仍然在同一条无差异曲线上。

第二,无差异曲线凸向原点。在点A,必须要给消费者多少收入补偿才能弥补8个小时的闲暇损失呢?点A的答案是100元。为了保持效用不变,必须要给消费者多少收入补偿才能让他放弃另外8个小时的闲暇损失呢?他还愿意用100元的收入交换8个小时的闲暇吗?答案很可能是“不”。消费者更可能是用更多的收入来交换8个小时的闲暇,换句话说,闲暇变得更加值钱了。因此,要劝说消费者再放弃8个小时的闲暇,很可能需要将补偿的收入增加到150元。如图3－3中无差异曲线Ⅰ的E点。

这种凸形无差异曲线反映了闲暇与收入相互替代的边际替代率(MRS)递减的性质。边际替代率衡量的是消费者愿意用一定收入交换一单位闲暇的比例。递减的边际替代率意味着消费者仅仅愿意用递增的收入来交换等量的闲暇递减。反之,则反是。从图形上来看,边际替代率等于无差异曲线的任一点的斜率。即如以下式子所表示:

$$MRS_{HY} = -\Delta Y/\Delta H \tag{3.3}$$

$$\lim_{\Delta H \to 0} MRS_{HY} = -dY/dH \tag{3.4}$$

如图3-3所示,从A点到D点,然后再到E点,随着闲暇的减少,斜率变得越来越陡峭,这说明了边际替代率的递减性质。

第三,存在着一个无差异曲线组合图,在该组合图中有无数条无差异曲线。离开原点越远的无差异曲线具有更高的效用。如图3-3所示,如果初始的闲暇与收入的组合点在A点,则当闲暇和收入都增加时,消费者的效用上升到新的组合点如B点,此时得到了一条新的无差异曲线Ⅱ。无差异曲线Ⅱ要比无差异曲线Ⅰ有更高的效用水平。

第四,任意两条无差异曲线之间不会相交。如图3-4所示,如果无差异曲线相交于某个点X,这说明同一个闲暇与收入的组合点会有两个不同的效用的水平,这意味着消费者的偏好是非理性的。因为在同一个组合点上,消费者得到了相互矛盾的效用水平,这说明消费者不了解自己的真实偏好,所以消费者是非理性的。在微观经济学中,我们一般假定消费者是理性的消费者,因此不存在两条无差异曲线相交的情况。

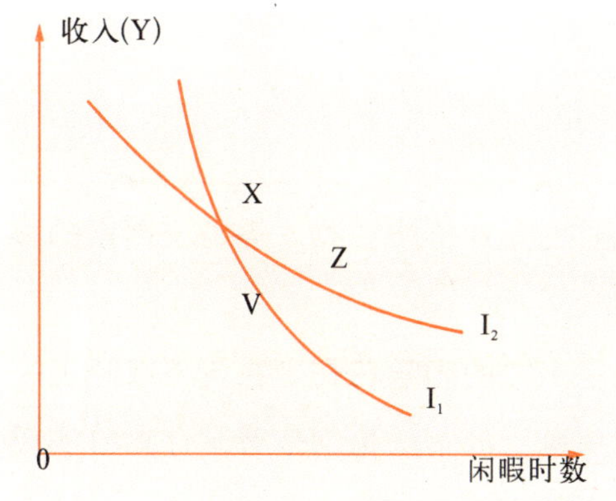


图3-4　具有不一致性偏好的无差异曲线

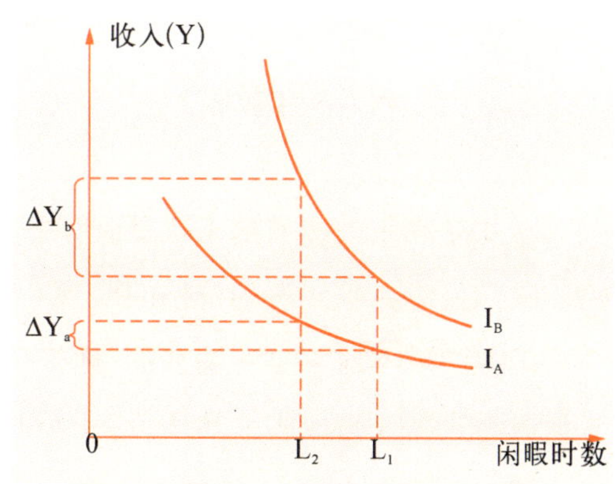


图3-5　具有不同偏好的两个消费者

第五,针对不同的消费者来说,无差异曲线具有不同的形状。如图3-5所示,无差异曲线$I_A$和$I_B$的形状不同,它们分别代表两个消费者对闲暇和收入的态度不同。

对于消费者 A 而言,无差异曲线相对平坦;而对消费者 B 而言,其无差异曲线相对陡峭。这表明消费者 A 要比消费者 B 更重视收入,或者说更重视工作;而消费者 B 要比消费者 A 更重视闲暇。因为,要想使消费者 A 放弃与消费者 B 相同的闲暇只需少量的收入,而要使消费者 B 放弃等量的闲暇则需较多的收入。

这些偏好上的差异至少来源于以下三个方面的原因:第一,个人性格的差异。消费者 A 可能从个人天性来看是个喜欢工作的人,不需要有多少货币收入上的诱惑就可以使他增加工作时间。相反,消费者 B 可能是一个喜欢轻松悠闲的人,因此他更看重闲暇的价值。我们把消费者 A 称为工作型的人,而把消费者 B 称为闲暇型的人。第二,人们所做工作类型的差异。无差异曲线负斜率的假定说明工作具有负的效用,也就是说当某个人接受工作时必须要予以某种性质的补偿,即支付其一定的报酬。而与工作相联系的负效用的大小受到该当事人所从事的工作类型的制约。对于消费者 B 而言,他可能从事的是一项不太满意的工作,例如装配线上的工人或看门人,而消费者 A 可能从事的是一项愉悦的工作,例如飞行员或大学教授。由于消费者 B 从事等量的工作时间中所获得的负效用更大,因此他希望在放弃等量的闲暇之前能够获得更多收入增量予以补偿。这使得消费者 B 的无差异曲线相对消费者 A 而言更加陡峭。第三,闲暇的相对价值不同。如果消费者 B 利用闲暇的价值大于消费者 A,例如上学或照看孩子等,这也将使得消费者 B 的无差异曲线比消费者 A 的无差异曲线陡峭。

## 三、工资、收入和预算线

对商品和服务的需求不仅受到偏好的影响,也受到价格和收入等经济因素的影响。我们首先考察闲暇的价格问题。

闲暇的成本通常是不明显的,你很可能把一小时的闲暇花在坐在树下或睡上一觉而无需支付任何成本。然而,这一小时闲暇从机会成本的角度来看却存在着实质性的成本。因为,你可以将这一小时的闲暇用来从事市场工作而获得收入。从这个意义上来看,一小时闲暇的机会成本就等于工作一小时的工资率。工资率越高,闲暇的机会成本即价格也就越高。

工资率与工作时数的乘积就等于工作所获得的收入。工资率、工作时数和总收入之间的关系就是所谓的预算约束。它表明在既定的市场工资率条件下，单个消费者所能够提供的收入和工作时数的各种组合。

图 3－6 给出了一个预算约束图。横轴 H 表示闲暇，纵轴 Y 表示收入。假定闲暇和提供市场工作时数的总资源为 16 个小时。需要注意的是，在这里横轴既代表闲暇的时间，又代表了提供给市场的工作时间。闲暇的时间是从左到右，而工作的时间是从右到左。当闲暇时间为零时，工作时间为 16 个小时；反之，当闲暇时间为 16 个小时时，工作时间为零。

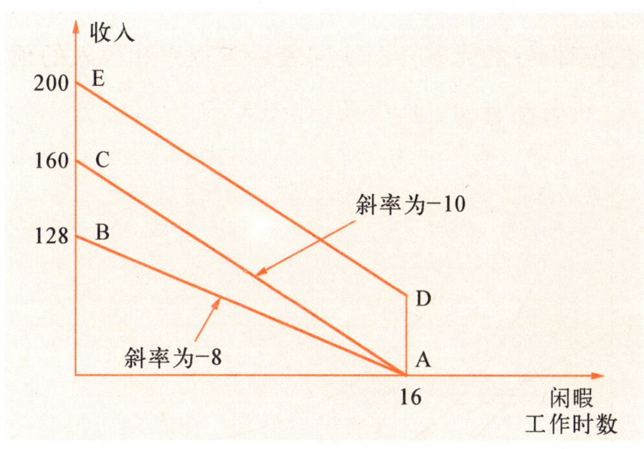


图 3－6 预算约束线

每个消费者根据其所受的教育、经验和从事的职业等在市场上能够赚到某一特定的小时工资。我们将工作时数和收入的各种组合在上述的二元坐标体系内描述下来，就可以得到预算约束线。如果工作时数为零（闲暇为 16 个小时），并假定消费者没有其他的收入来源，则总收入为零，即图 3－6 中的 A 点。如果每小时工资率为 8 元人民币，消费者每天工作 16 个小时，则总收入为 128 元人民币，即图 3－6 中的 B 点。AB 线代表了可能的收入和工作时数的各种组合，我们将之称为预算约束线（简称预算线）。

预算线有以下几个重要性质：第一，其斜率为负。预算线的负斜率表明随着闲暇的增加收入会下降。第二，预算线的斜率等于负的工资率。在图 3－6 的例子中，该斜率等于－8，即为增加一小时闲暇所放弃的收入。第三，当工资率变化时，预算线也将随之发生变化。当工资率上升，预算线将绕着 A 点向上移动，这使得预算线更加陡峭；当工资率下降时，预算线绕着 A 点向下移动，这使得预算线更加平坦。第四,当存在着非劳动收入时,预算线将沿着 Y 轴平行向上移动。假定工资率为每小时 10 元人民币,非劳动收入为零时的预算线如图 3-6 中的 AC 线。当消费者每天获得 40 元人民币的非劳动收入时,AC 预算线将会沿着 Y 轴向上平行移动到新的 DE 线,两条预算线的垂直距离为 40 元人民币。DE 线与 AC 线的斜率仍然相等。

## 四、均衡的工作时数

劳动者关于工作时数的决策是由偏好、工资率和收入相互作用的结果。为了证明这一点,我们将表示偏好的无差异曲线同表示工资率和收入的预算线放在同一个坐标体系内,以便分析劳动者的工作决策(如图 3-7 所示)。

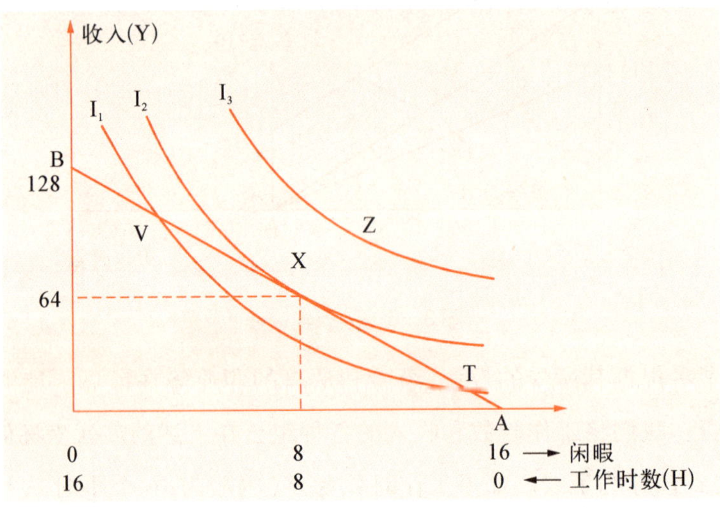


图 3-7 均衡的工作时数

假定劳动者的目标是效用最大化,换句话说,就是要尽可能地达到最高的无差异曲线。达到的效用水平受到工资率和非劳动收入的影响。例如,显然在无差异曲线 $I_3$ 上的 Z 点是劳动者无法达到的收入和闲暇的组合点,因为该点位于预算线的右边。相反,V 点是可以达到的点,但却没有实现效用最大化。通过沿着预算线向下移动,有可能成功地达到更高的无差异曲线,一直到 X 点为止。在 X 点上,无差异曲线 $I_2$ 与预算线 AB 刚好相切。因此,X 点是效用最大化的组合点,在该点均衡的工作时数为 8 小时,闲暇为 8 小时,收入为 64 元。

在均衡点 X,预算线的斜率等于无差异曲线的斜率。由于无差异曲线的斜率等于边际替代率,预算线的斜率等于工资率(忽略负号),均衡的工作时数由以下条件给出:

$$MRS_{HY} = W \tag{3.5}$$

这一等式的经济含义解释了为什么 X 点是最优的工作时数点。预算线的斜率衡量的是工资率,即工作额外一小时所获得的报酬。无差异曲线的斜率衡量的是劳动者从心理上感受到的每小时闲暇的价值。为了使效用最大化,劳动者的决策规则是只要工作额外一个小时的收入超过从心理上感受的每小时闲暇的价值就继续工作;当两者相等时,效用就达到最大化。在 T 点 MRS(无差异曲线的斜率)低于工资率,即劳动者心理上的时间价值低于劳动者时间的市场价值。因此,可以通过增加工作时数而增加效用。当效用持续增加到 X 点时,两个斜率恰好相等。在 V 点,劳动者心理上的时间价值大于市场工作的时间价值($MRS > W$)。因此,减少工作时数可以增加效用。

## 五、工作时数与非劳动收入变化

预算线和无差异曲线的切点形成劳动者的效用最大化点,它确定了最优的工作时数。下一步需要考虑的问题就是当非劳动收入或者市场工资率变化时,提供给市场的劳动时数如何变化。我们首先考察非劳动收入的变化对劳动时数的影响。

如图 3-8 所示,在非劳动收入没有增加以前,预算线为 AB,均衡的工作时数为每周 $H_1$ 个小时,即 X 点。如果该劳动者现在得到 $\Delta Y$ 的非劳动收入,则预算线变成 CD。由于预算线向上移动,有可能达到更高的无差异曲线和效用水平。闲暇和收入的最优组合点由 Z 点给出,在 Z 点新的预算线恰好与更高的无差异曲线 $I_2$ 相切。

随着非劳动收入的增加,工作时数发生了什么样的变化呢?像大多数商品和劳务一样,闲暇被假定为正常商品,即当其他条件不变时,随着收入的上升,人们对闲暇的需求也上升。在图 3-8 中,表现为从点 X 到点 Z 的运动。在点 Z 闲暇的时间更多了,而工作时数从每周 $H_1$ 下降到 $H_2$。

收入变化和工作时数变化之间的关系引出了劳动供给理论中的一个最重要的概

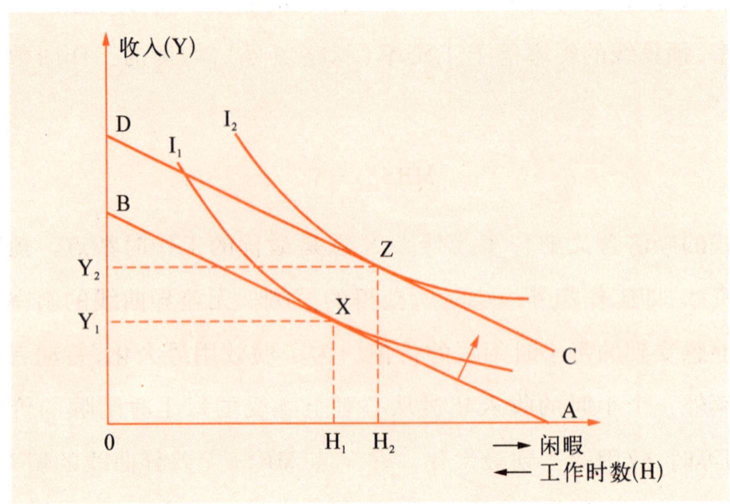


图 3-8 非劳动收入增加对工作时数的影响

念之一,即收入效应。收入效应被定义为在保持工资不变(W)的条件下,收入变动(ΔY)所引起的工作时数变动(ΔH)的比例。如果闲暇是正常品,收入效应的符号为负:

$$收入效应 = \Delta H / \Delta Y < 0 \tag{3.6}$$

收入效应试图描述收入变化所产生的净影响(收入可能来自各种可能的途径),排除因闲暇价格变化所产生的影响。从图 3-8 上看,收入效应由收入变化而导致的预算线的平行移动形成的新均衡点与原有均衡点之间收入的变化量,即预算线从 AB 移到 CD。因此,当某人的无差异曲线从一条移动到另一条时,收入效应就会引起效用水平发生变化。在图 3-8 中,收入效应为 $H_1 - H_2$(点 X 到点 Z)。为了更加准确地测量收入效应对工作时数的净影响,当预算线从一个位置移动到另一个位置时,预算线的斜率不能发生变化。斜率变化将不仅引起收入变化,也将引起工资变化,从而违反了收入效应的定义。

## 六、工作时数与工资率变动

我们下面考察工资率的变化对工作时数的影响。图 3-9 和图 3-10 描述了两个不同劳动者的情况。

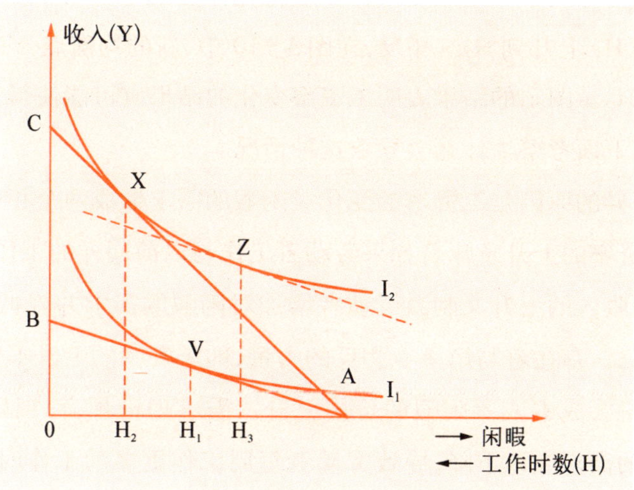


图 3-9　工资率变化导致工作时数递增

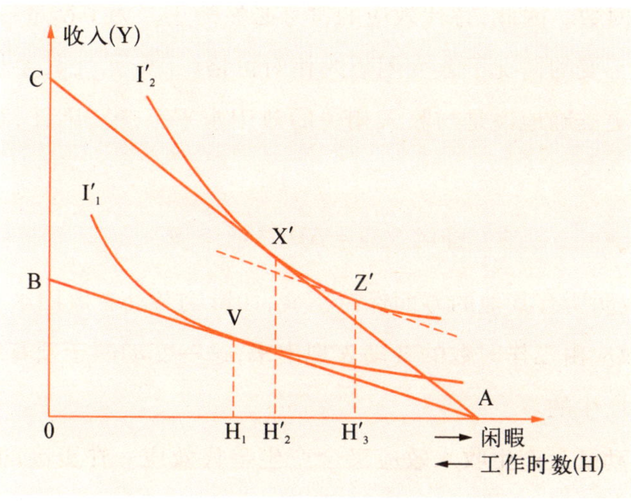


图 3-10　工资率变化导致工作时数递减

假定工资率为每小时 $W_1$，预算线为 AB，两个图中的均衡工作时数为每周 $H_1$（点 V）。如果工资率从每小时 $W_1$ 上升到 $W_2$，工作时数会发生什么样的变化呢？对于劳动者 1 和 2 而言，预算线会绕着 A 点向上旋转至新的位置，即 AC。如同前述，新的效用最大化点位于新的预算线 AC 与最高的无差异曲线相切的点。在图 3-9 中，新的均衡点为无差异曲线 $I_2$ 的 X 点。在图 3-10 中，新的均衡点为无差异曲线 $I'_2$ 的 X′点。

工资率增加会导致工作时数发生什么变化呢？在图 3－9 中，新的均衡点 X 表明工作时数从每周 $H_1$ 上升到 $H_2$。相反，在图 3－10 中，新的均衡点 X′表明工作时数从每周 $H_1$ 下降至 $H_2'$。图示的结果表明工资率变化的结果有可能使得工作时数上升或者下降。我们在下面考察为什么会导致这种情况。

这种行为差异的原因是工资率的变化对闲暇的需求形成两个相互冲突和对立的影响。第一，工资率的上升意味着如果劳动者工作与以前同样的工作时数，每周总收入将更高一些。收入的上升又刺激劳动者增加对闲暇的需求并降低工作时数，这就是收入效应。第二，存在着与第一点相反的力量，即工资率的上升不仅导致收入的增加，而且也导致机会成本或者闲暇的价格上升。需求理论预言，当闲暇的价格上升时，人们对闲暇的需求应该下降，导致劳动者每周工作更多的工作时数，这被称为替代效应。

替代效应的实质是当闲暇的价格上升时，劳动者将会用较昂贵的闲暇消费转向工作更多的工作时数。因此，替代效应的符号必然为正。为了衡量替代效应，有必要在保持其他条件不变的情况下改变闲暇的相对价格（工资），尤其要保持劳动者的收入水平不变或者更准确地说是与收入相关的效用水平不变。因此，替代效应可以定义如下：

$$替代效应 = \Delta H / \Delta W > 0 \tag{3.7}$$

在这里，Y 表明所有其他的方面保持不变，如影响劳动者效用水平的收入等。从图形来看，替代效应由工作时数的变动表现出来，这一变动源于预算线绕着既定的无差异曲线旋转而产生的。

工资率的变动既会产生收入效应又会产生替代效应。在更高的工资率下，收入也更高，导致劳动者愿意购买更多的闲暇而从事较少的工作。然而，更高的工资率也意味着每小时闲暇成本更加昂贵，这导致劳动者减少闲暇增加工作时数。来自工资上升的收入效应使劳动者减少工作时数，而替代效应却使劳动者增加工作时数。工作时数实际上是增加还是减少依赖于替代效应与收入效应的相对强度或大小。

## 七、收入效应和替代效应的图形推导

在图 3－9、图 3－10 中，由于工资率的上升，工作时数从 $H_1$ 变化到 $H_2$（$H_2'$）。我们可以从图形上把工作时数的变化分解成两个部分：由收入变化所引起的收入效应和由相对价格变化所引起的替代效应。

为了在两个图中把收入效应隔离出来，可以建立一条假想的补偿性预算线。从点 V 到初始预算线 AB 开始，增加每个人的收入并恰好达到与无差异曲线 $I_2$ 或者 $I_2'$相联系的更高的效用水平。这样做就会导致图 3－9、图 3－10 中的预算线平行向上移动到恰好与 $I_2$（$I_2'$）相切于 Z 点（Z′点）为止。从本质上说，所提的问题是如果工资率保持不变而收入增加到足以使劳动者达到如同在 X 点和 X′点效用水平时，工作时数会发生什么变化？图 3－9 的回答是工作时数会从 $H_1$ 下降到 $H_3$（点 V 到点 Z），图 3－10 是从 $H_1$ 下降到 $H_3'$（点 V 到点 Z′）。这种工作时数的下降衡量的是纯收入效应。

点 Z 和 Z′还不是实际的收入和闲暇的效用最大化组合点，点 X 和 X′才是。这种不一致的原因是什么呢？原因是替代效应造成的。

工资从每小时 $W_1$ 上升到 $W_2$ 既增加了收入又提高了闲暇的价格。两图中由点 V 到点 Z 和 Z′的移动代表了收入效应，其条件是保持工资率在 $W_1$ 不变。替代效应可以通过返回到 Z 和 Z′点并通过保持劳动者能够购买的效用水平不变条件下提高闲暇的价格（工资率）而分离出来。我们通过以下作图方式得到替代效应：在点 Z 和 Z′开始，使得补偿性预算线绕着无差异曲线 $I_2$ 和 $I_2'$旋转，一直到斜率从 $-W_1$ 减小到 $-W_2$ 为止。这会在点 X 和点 X′形成新的切点（当补偿性预算线的斜率为 $-W_2$ 时，该预算线将与 AC 线的斜率是一致的）。在图 3－9 中工作时数从 $H_3$ 上升到 $H_2$（点 Z 到点 X），而在图 3－10 中工作时数从 $H_3'$上升到 $H_2'$（点 Z′到点 X′），这恰好将纯替代效应从工资率的变动中分离出来了。

在图 3－9 中，更高的工资率导致了劳动者 1 的劳动供给从每天 $H_1$ 增加到 $H_2$ 个小时。然而在图 3－10 中，工资率的上升导致劳动者 2 的劳动供给从每天 $H_1$ 下降到 $H_2'$个小时。对于每个劳动者而言，工资率增加的影响可以分为收入效应和替代效应。对劳动者 1 来说，正的替代效应大于负的收入效应，故工作时数增加；对劳动者 2 来说，收入效应大于替代效应故工作时数减少。这种行为的不一致是因为无差异曲线的不同造成的，无差异曲线反映了每个个体对收入和闲暇的不同偏好。由于不同的人偏好不同，因此判断一个人哪种效应会更大是很困难的。

## 八、个人劳动供给曲线

个人劳动供给曲线代表了工资率与个人供给市场的劳动时数之间的关系。劳动供给曲线的推导见图 3－11 中的(a)和(b)的描述。每个图中的纵轴代表工资率(W),横轴代表每天工作时数(H)。图 3－9 和图 3－10 中的点 V 表明在每小时工资率为 $W_1$ 时的劳动供给为每天 $H_1$ 时数。这一工资率和工作时数组合由图 3－11(a)和 3－11(b)中的 V 点表示。如果工资上升到 $W_2$,工作时数会发生什么变化呢? 图 3－9 和图 3－10 中的点 X 和 X′给出了答案：对劳动者 1 而言,工作时数上升到每天 $H_2$ 小时,对于劳动者 2 而言工作时数下降到每天 $H_2'$。在图 3－11(a)中,确定点 X 并连接点 V 所形成的一条直线就得到了劳动供给曲线 $S_1$($S_1$ 上的其他点可以采用类似的方法得到)。在图 3－11(b)中,确定点 X′并连接点 V 所形成的一条直线就得到了劳动供给曲线 $S_2$。对于劳动者 1 而言,供给曲线 $S_1$ 向右上方倾斜,表明劳动者 1 愿意在更高的工资率下工作更多的时间。这反映了替代效应大于收入效应。然而对劳动者 2 而言,供给曲线 $S_2$ 的斜率为负,表明劳动者 2 愿意在更高的工资率下工作较少的时间。这反映了收入效应大于替代效应。

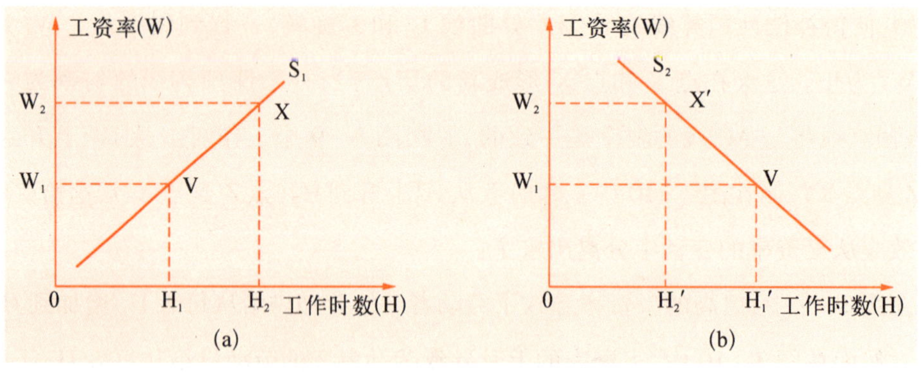


图 3－11　不同斜率的劳动供给曲线

虽然我们在这里没有完整地描述一条供给曲线,但是劳动供给曲线很可能是一条既包含有正斜率部分又包含有负斜率部分的曲线。例如,经济学家常说的向后弯的劳动供给曲线。向后弯的劳动供给曲线在工资率较低的时候有正的斜率,在工资率较高时有负的斜率。这种向后弯的劳动供给曲线隐含的假定就是,在低工资率下,劳动者希望额外增加收入的愿望很大，以至于替代效应超过了收入效应。然而，当工资率超过某一数值以后，劳动者的收入足够高，以至于他对更高工资率采取的反应是愿意购买更多的闲暇而减少工作时数，即收入效应超过了替代效应。

所有这一切，用一般的语言来说就是：当工资的提高使人们富足到一定的程度以后，人们会更加珍视闲暇。因此，当工资达到一定高度而又继续提高时，人们的劳动供给量不但不会增加，反而会减少。

## 九、市场劳动供给曲线

将所有单个劳动者的劳动供给曲线水平相加，即得到整个市场的劳动供给曲线。尽管许多单个劳动者的劳动供给曲线可能会向后弯曲，但劳动的市场供给曲线却不一定如此。在较高的工资水平上，现有的工人也许提供较少的劳动，但高工资也会吸引新的工人进来，因而总的市场劳动供给一般还是随着工资的上升而增加，从而市场劳动供给曲线仍然是向右上方倾斜的。应该注意的是，以上结论是在完全竞争的市场结构下得到的。因为在完全竞争的市场结构下，劳动者可以自由进出劳动市场。当工资率提高可能会使一部分原来就在这个市场上竞争的人减少劳动供给，但同时又会吸引一部分本来不在这个市场上的人进入这一市场，从而使劳动供给总量最终呈增长趋势，即劳动供给曲线向右上方倾斜。

如图 3－12 所示，市场整体的劳动供给曲线向右上方倾斜，劳动需求曲线向右下方倾斜，两条曲线综合起来可以决定均衡的工资水平和均衡的劳动数量。图中劳动

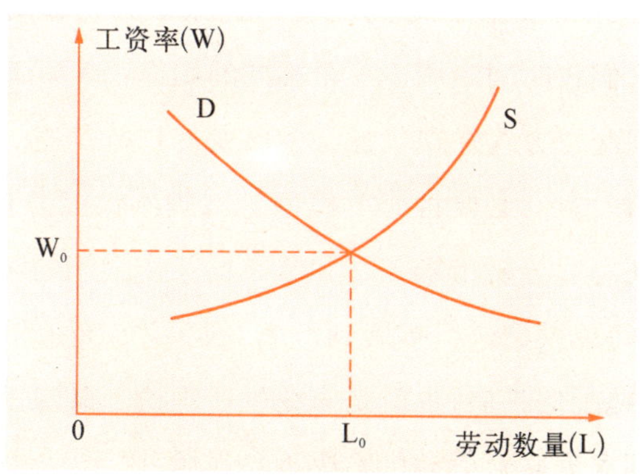


图 3－12 市场均衡工资的决定

需求曲线 D 和劳动供给曲线 S 的交点是劳动市场的均衡点。该均衡点决定了均衡的工资为 $W_0$，均衡的劳动数量为 $L_0$。因此，均衡工资水平由劳动市场的供求曲线决定，且随着这两条曲线的变化而变化。劳动供给曲线的变化显然有如下几个原因：第一，非劳动收入即财富：较大的财富增加了消费者闲暇的消费，从而减少了劳动供给；第二，社会习俗：例如，某些社会中不容许妇女参加工作而只能做家务，改变这个习俗将大大增加劳动供给；第三，人口：人口的总量及其年龄、性别构成显然对劳动供给有重大影响。

## 第四节　家庭生产、家庭联合劳动供给和生命周期理论

我们在上一节主要讨论了个人在时间分配上的劳动—闲暇选择的简单劳动供给模型。经济学家认识到简单的劳动—闲暇模型在两个重要的方面存在着不足。第一，该模型忽略了家庭背景，即劳动供给决策常常是丈夫和妻子在家庭中联合作出的。丈夫和妻子并非独立地作出各自的工作和闲暇的时间配置，而是共同分享其时间资源，并联合作出劳动供给决策以最大化整个家庭的效用水平。因此，简单模型需要改善的一个地方就是要将一个家庭中某一成员的工资率和收入对其他家庭成员劳动供给决策的影响考虑进去，以拓宽模型的适用程度。

第二，劳动—闲暇模型的第二个不足就是，该模型实际上没有完全分析人们对时间资源使用上的分配决策。人们在时间的使用上除了劳动和闲暇之外，还要参加家庭劳动。换句话说，人们将时间应用于三个不同的用途：市场工作、非市场或家庭工作、闲暇。这三种时间配置方式在现代社会中已变得日益普遍。因此，要对人们的劳动供给作出恰当的解释，就有必要将简单模型扩展到不仅能分析劳动与闲暇之间的时间变动关系，而且还可以分析市场工作和非市场工作之间的时间变动关系。

本节将上一节的简单模型进行扩展到考虑上述两个方面的内容。我们首先考察简单模型在第二个问题上的扩展，也就是家庭生产理论。其次，我们将简单模型扩展到考虑第一个问题，即家庭联合劳动供给决策。最后，由于劳动—闲暇模型和家庭生产模型都是静态分析，因此我们试图将这些模型动态化，以考察在生命周期内不同时

期人们的劳动供给问题，这形成了本节的最后一部分，即劳动供给的生命周期理论。

## 一、家庭生产、时间配置与个人劳动供给理论

时间分配的家庭生产理论建立在加里·贝克尔的新家庭经济学的基础之上。新家庭经济学开始于对家庭经济作用的重新解释。经济学的传统看法是生产活动只是在企业进行，而消费活动在家庭进行。新家庭经济学认为，家庭起着双重作用，它既是生产者又是消费者。与认为个人直接从物品和闲暇中获得效用不同，该理论认为家庭实际上进行着大量的生产活动，家庭将时间和各种购买的投入结合起来以生产“家庭商品”供自己使用。正是这种家庭生产商品才是家庭效用的最终源泉。一个家庭几乎变成了一个专业化的、生产自身效用的小企业。从新家庭经济学的观点来看，家庭生产的思想作为一种表述人们不易划分为闲暇或工作的那些时间用途的方法是特别有意义的。

### 1. 家庭等产量曲线

当我们把生产的概念扩大到家庭消费的每一样东西时，闲暇和物品不再作为效用的直接来源，我们把时间和物品都作为家庭生产的投入品来看待。家庭生产的等产量曲线就是指在生产同样家庭商品产量的家庭生产时间和购买物品的不同要素组合的轨迹。如图 3－13 所示，横轴从左向右计算为家庭生产时间，而市场工作时间从右向左计算。纵轴代表用收入购买的市场商品数量。

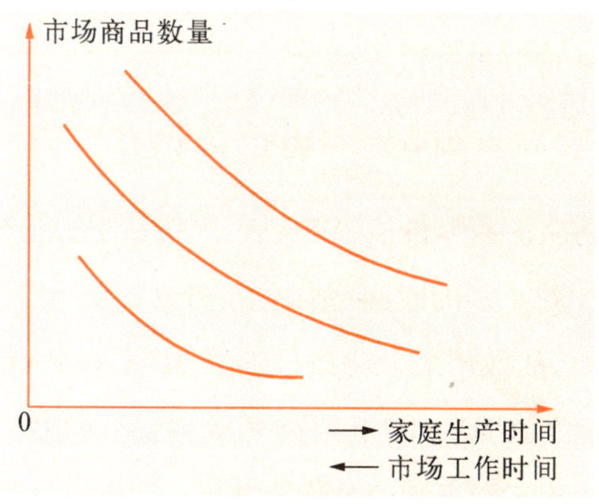


图 3－13 家庭生产的等产量曲线

## 2. 效用最大化、家庭生产与劳动供给

在劳动—闲暇模型中,个人的目标是选择效用最大化的物品和闲暇的组合。家庭生产的实质也是要使整个家庭的效用最大化,唯一的区别是物品和时间通过家庭生产商品而间接提供效用。虽然效用最大化的解释发生了变化,但基本逻辑思想没有变。

我们用一个简单模型对家庭生产理论进行介绍。假定只有一种家庭商品 Z,它可以用不同数量的物品 G 和时间 T 生产出来。物品的市场价格为 P,时间的价格为个人的工资率 W。假定工资是已知的,并且个人在该工资下可以工作愿意的任意工作时数。如果一个人多工作意味着将减少用于家庭生产的时间,同时采取一个更为物品密集的生产技术。

在以上假定下,我们首先考虑增加一单位家庭生产时间对家庭效用的影响。这种影响是两个方面的:第一,家庭生产商品 Z 将会增加;第二,由于 Z 的消费增加,故总效用增加。参见下式的表述:

$$(\Delta U/\Delta T)=(\Delta Z/\Delta T)\times(\Delta U/\Delta Z) \tag{3.8}$$

$(\Delta U/\Delta T)$表示时间的边际价值,用 MVT 表示;

$(\Delta Z/\Delta T)$表示生产中的边际时间产量,用 MPT 表示;

$(\Delta U/\Delta Z)$表示家庭商品 Z 的边际效用,用 MUZ 表示。

故上式可以写为:

$$MVT = MPT \times MUZ \tag{3.9}$$

其次,考虑增加一单位家庭生产物品投入对家庭效用的影响。同理,其影响也是两个方面。我们类似地可以得到以下等式:

$$MVG = MPG \times MUZ \tag{3.10}$$

其中,MVG 表示物品的边际价值,MPG 表示物品的边际产量。

由于在家庭生产中花更多的时间意味着在劳动市场上工作较少,因而在家庭生产中使用的物品就较少,故效用最大化条件涉及 MVT 和 MVG 的比较。在完全竞争的条件下,时间的边际价值 MVT 等于工资率 W,物品的边际价值 MVG 应等于其在商品市场上的价格 P。若工资率和商品价格相等,即 W = P,则家庭总可以通过选择 T 和 G,使 MVT = MVG。在一般情况下,下式是成立的:

$$MVT/W = MVT/P \tag{3.11}$$

我们从上式可知，除了改变对问题的生产方面的解释外，这个条件与劳动—闲暇模型推出的式子是相同的。在两个模型中，对时间和物品的选择都应使效用价值与其价格成比例。

上述问题包括怎样组合时间和物品以生产 Z 以及生产多少 Z 这两个净效应。家庭生产方法的独特性在于，它使人们认识到不同家庭在如何选择生产家庭商品上有着重大的区别。我们知道效用最大化的必要条件是家庭商品生产应该按成本最小的途径进行。在现实生活中，虽然物品价格对所有消费者都是一样的，但不同家庭不同的个人时间价值不同。简而言之，个人之间的工资率不同。高工资的人一般选择更为物品密集的方式生产家庭商品，因为物品的相对价格对他们来说较低；而低工资的人则通常使用较为时间密集的技术生产家庭商品。

如图 3－14 所示，高工资的人选择 A 点生产，使用较少的时间和较多的物品；低工资的人选择 B 点生产，使用较多的时间和较少的物品。虽然高工资的人将用较少的时间和较多的物品生产任何给定数量的家庭商品，但这并不意味着他们用于家庭生产的总时间较少。高工资能使人们接受更多的时间和物品，因而高工资的人们会进入一条更高的等产量曲线，但仍使用更为物品密集的生产技术，如在 C 点生产。

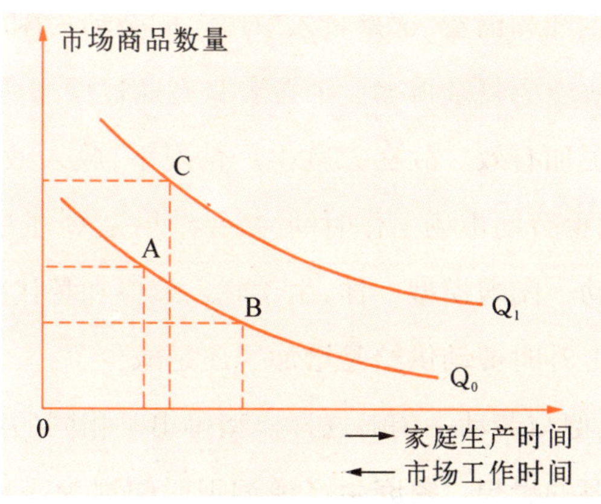


图 3－14 工资对家庭所用时间和物品的影响

### 3. 家庭生产的劳动供给曲线

为了推出家庭生产条件下的劳动供给曲线，我们需要考虑当时间价格变化时，用于家庭生产的时间如何变化。一般认为,企业很少使用价格上升的生产要素,而家庭生产却不同,因为当时间价值增加时增加了家庭这个“企业”的财富。如图 3－15 所示,假设某个人的起始位置在 A 点,我们来考察当工资增加时的效应。

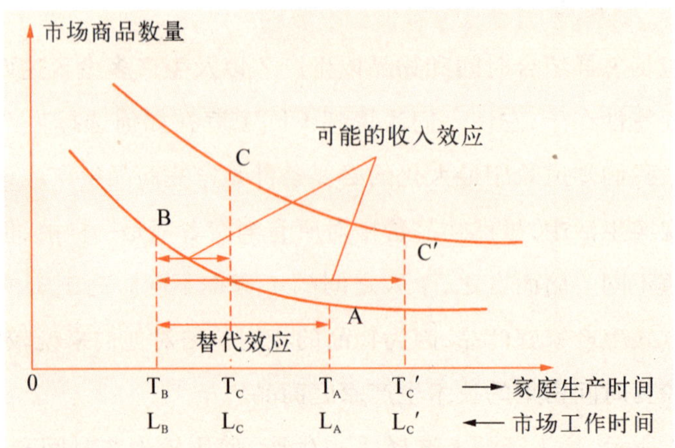


图 3－15　家庭生产和劳动供给曲线

首先,当工资增加时,时间的价格上升,这样即使生产同样数量的产出,消费者也会移向 B 点,用某些目前不太贵的市场商品替代时间,即发生替代效应。其次,工资率的增加会增加个人的收入,使消费者有可能购买更多的市场商品和更多的时间,因而增加了家庭商品的生产和消费,这是收入效应。同劳动—闲暇选择模型相比较,这里的收入效应和替代效应要复杂得多。消费者只有通过增加所有的生产要素来增加家庭商品的生产才会更加有效。故在家庭生产情况下,收入效应会使家庭增加物品和时间的数量,因而减少劳动市场工作时间,最终结果是 C 还是 C′,取决于收入效应的相对强度。正如劳动—闲暇模型一样,由于收入效应和替代效应相反,家庭生产模型也没有预言工资率上升时劳动供给是增加了还是减少了。

总之,家庭生产模型与劳动—闲暇选择模型得出了相同的结论,但家庭生产模型却得出了一些更为重要的思想。家庭生产模型把时间视为一种生产性投入,得到了两个结论:其一是时间的生产率随不同的人和它本身的变化而变化;其二是技术变化可能影响家庭生产过程。例如,家用电器改变了家庭的生产过程。这两个结论不是由劳动—闲暇选择模型提出来的,这对于我们理解 20 世纪以来已婚妇女从事市场劳动活动的变化具有重要的意义。

## 二、家庭联合劳动供给决策

我们现在考察本小节开头所提出的劳动—闲暇模型存在的第一个问题，即该模型没有考虑家庭背景对个人劳动供给决策的影响。从家庭联合作出劳动供给决策的角度分析，家庭是劳动供给的决策单位，它是由丈夫、妻子和孩子构成的。丈夫、妻子和能够工作的孩子以三种方式配置各自的时间资源：市场工作、非市场工作（做家务或者上学）和闲暇。家庭的目的是配置每个家庭成员的时间以使整个家庭的效用最大化。所获得的市场商品、非市场或家庭商品（例如家里做的饭菜、清洁的住房、抚养孩子等）以及闲暇的数量组合受到每个家庭成员所能够赚得的工资率、家庭的非劳动收入和家庭可以判断的每周总的时间量三个方面的约束。

我们首先考察非劳动收入变化对家庭时间配置的影响。如同以前一样，闲暇被假定是正常商品。家庭非劳动收入的增加将会导致负的收入效应，使所有的或者部分家庭成员的工作时数下降。例如，家庭获得较大的遗产或者资本财产收入，可能导致丈夫减少加班工作时间或者妻子或者孩子一起退出劳动市场。同劳动—闲暇选择模型相比较，在家庭联合劳动供给模型中，并不必然意味着市场工作时间需求的同等下降；通过减少家庭工作时间而不是市场工作时间可以获得更多的闲暇时间。

其次，我们考察每个成员在市场所赚得的工资率变化如何影响每个家庭成员的时间配置。家庭成员 i 的工资率变化既影响当事人自己的劳动供给决策，也影响其他家庭成员 j 的劳动供给决策。影响的渠道有三个：第一，成员 i 的工资率（$W_i$）变化将导致当事人自己工作时数 i（$H_i$）的正的替代效应。第二，$W_i$ 的变化也将通过负的收入效应部分抵消了替代效应从而影响 $H_i$，具体的影响要看收入效应和替代效应的相对强弱。第三，在家庭联合劳动供给模型中，还有一个影响途径就是“交叉替代效应”，这一效应在劳动—闲暇模型中是无法看到的。该效应衡量家庭成员 i 的工资率变化对家庭成员 j 的影响大小。

为了更加具体地对这一问题进行讨论，我们假定一个家庭只由丈夫和妻子构成。最初丈夫在市场上全日制地工作，而妻子在家里做家务，并假定由于经济增长妻子可能在市场上工作的工资率上升。这对家庭的时间配置有以下几个方面的影响。

（1）就妻子自己的劳动供给决策来说，工资的上升提高了在家庭工作和闲暇的机会成本,从而增加妻子参与市场劳动的欲望。然而,只有当市场工资上升到足以超过妻子的保留工资时,她才有可能离开家庭寻找就业机会。

(2) 当妻子离开劳动市场时,其市场工资率的上升导致正的替代效应,这一效应使得她利用非市场工作时间和闲暇的机会成本上升。一旦她处在劳动市场,工资率的进一步提高既会产生收入效应又会产生替代效应。就既定的工作时数而言,工资的上升导致更高的收入,而负的收入效应使得她减少工作时数而增加闲暇。工资的上升也提高了非市场劳动时间的价值,导致正的替代效应,使得她增加工作时数而减少闲暇和家庭工作时间。因此,妻子的工资提高对其工作时数的净影响是不确定的,它依赖于收入效应和替代效应的相对强弱。

(3) 在家庭联合劳动供给模型中,妻子工资的提高也导致第二个收入效应。当妻子决定工作时,不仅妻子的收入增加,而且能够供给其丈夫的收入也增加,这样对丈夫的劳动供给产生负的收入效应。假定丈夫的工资率仍然不变,妻子的更高收入等同于增加了丈夫的非劳动收入,导致丈夫增加对闲暇的需求,从而提供更少的市场劳动时间和家庭劳动时间。这一结论反过来对于妻子也成立:如果丈夫的收入增加,给妻子可提供的收入越多,妻子参与劳动市场的可能性就越低。这一预言是与以下的观察结论一致的:已婚妇女的劳动市场参与率趋势随着其丈夫收入的增大而下降。

(4) 妻子工资的增加也导致对其丈夫劳动供给的交叉替代效应。交叉替代效应是指在保持家庭收入不变的条件下,家庭成员 i 的工资率变化所引起的家庭成员 j 的工作时数的变化。

$$\text{交叉替代弹性} = \frac{\Delta H_j}{\Delta W_i} \times 100\% \tag{3.12}$$

交叉替代效应的符号可能为正也可能为负。正如同商品 X 的价格上升将导致消费者对商品 Y 的需求数量发生变化一样,妻子闲暇价格的上升将导致丈夫提供市场工作时数的变化,这种变化独立于家庭收入的任何变化。X 商品价格的上升对 Y 商品需求的影响依赖于两种商品是替代的(苹果和橘子)还是互补的(相机和胶卷)。这一原理在劳动供给理论中也是适用的。保持收入不变,妻子工资的上升,导致其通过替代效应而工作更多时间。如果妻子和丈夫的市场工作时间是替代的,即当妻子工作时丈夫工作更少,例如,丈夫将花费更多的时间做饭和打扫卫生,这将会导致负的替代效应。然而,也有可能妻子的市场工作时间与丈夫的市场工作时间是互补的,例如,当妻子在市场工作更多时间,丈夫也是如此的情况。在互补的情况下,交叉替代效应为正。

理论没有预言交叉替代效应是为负还是为正。关于这一问题的一个全面研究发现对于没有孩子的丈夫—妻子家庭而言,交叉替代效应为零;而对于有孩子的家庭而言,交叉替代效应为负,即在保持家庭收入不变的条件下,丈夫(或者妻子)的工资和劳动供给增加将会导致妻子(或者丈夫)的市场工作时间减少。

总之,家庭联合劳动供给模型描述了现实的家庭中,一个成员工资率和收入的变化与该成员自身的工作时数以及由此导致的其他家庭成员工作时数的变化之间的复杂关系。家庭联合劳动供给模型也对劳动力参与的不同模式提供了有益的解释。

## 三、劳动力供给的生命周期

劳动—闲暇模型和家庭生产模型的共同缺陷就是,这些模型都是静态分析或者是"一个阶段"分析。这些模型没有考察人们在整个生命周期内从事市场劳动、闲暇和非市场活动的最优时间安排。我们知道,由于人们在生命周期的不同时期内,从事市场工作的生产率与从事家庭工作的生产率不同,因此人们在生命的不同时期对劳动市场供给的工作时数也不同。因此,近年来,经济学家已经通过建立动态劳动供给模型进一步拓宽了劳动供给理论。这些动态劳动供给模型能够预测个体在整个成年的生命周期内的最优时间配置,同时也对已婚妇女的市场劳动参与模式、退休年龄选择以及男性参与率的下降原因等问题作出了合乎常识的解释。我们在下面就这三个方面的问题作出介绍。

为什么超过 65 岁以后人们很少从事市场工作?在生命周期的背景下,两个有关的事实可以对之作出解释。第一,人们实际工资率的生命周期模式是一个典型的倒 U 形,实际工资率从生命周期的中期到后期迅速上升然后下降,原因是人们拥有的技术已经过时,并且在职培训减少。由于存在这种收入模式,在一个人的黄金工作年龄内(24 ~54),额外一小时闲暇的机会成本相对生命周期的后期要高得多。其含义是人们在生命周期的中期有强烈的动机运用市场工作替代闲暇,并将闲暇推迟到生命周期的后期。因为在生命周期的中期市场工作报酬是最大的,而在生命周期的后期闲暇的机会成本最低。第二,实际工资因为经济增长在长期是上升的,这是一个重要的事实。工资随着时间的推移而上升导致倒 U 的年龄/收入结构对于下一代的同年龄组的人而言也会随着时间推移而向上移动,分离出来的对生命周期内劳动供给的收入效应和替代效应非常类似于家庭联合劳动供给模型在静态下的情况。假定工资增加的收入效应超过替代效应,那么增加一单位闲暇的最优时间是什么时候呢?生命周期模型预言最优的时间是一个人市场工作年限结束的时候,因为那时的机会成本是最低的。因此,较早的退休是对于因收入效应而导致的闲暇需求增加的理性反应。

从生命周期的角度考察一个人的时间配置,也有助于解释 18 ~ 24 岁年龄之间的年轻人中市场劳动参与率的下降现象。对于这些人来说,较少的市场工作时间支出很少与闲暇有关,它反映了从市场工作到教育和培训投资即所谓的人力资本投资的时间配置。以美国为例,在 1998 年,21% 的人口完成了四年制或者更高以上的大学教育,而完成同样教育的人口数在 1950 年只有 6% 。同 1950 年相比,现在的工作要求具有更高的教育水平才能完成。由于大学教育是一项全日制的活动,因此人们面临的问题是在生命周期的什么时候从事市场工作,以及什么时候从事市场劳动之外的教育学习。

人力资本投资的最优时间是在一个人生命周期的早期,原因有二:第一,由于一个人年轻,因此将时间资源用来投资教育的机会成本是最低的。由于工资率随着一个人的年龄而上升,因为随着年龄增加,一个人的经验和在职培训都会增加,因此当一个人年轻时,投资于人力资本的代价是最低的,因而从经济上来说是合理的。第二,在一个人的生命周期中,其投资于教育的时间越早,则教育投资的收益就越大。大学教育的直接货币支出对于一个人来说,无论他是在 25 岁还是 45 岁都是一样的。然而,年轻人有 20 年的时间可以收回教育投资,从而使得人力资本投资的收益大大上升。

## 第五节　劳动供给理论在政策上的应用

劳动供给曲线的推导、家庭生产以及收入效应和替代效应的理论,不仅可以用来分析各种劳动力市场政策，而且也可以为制定各种劳动力市场政策提供分析工具。本节将从两个方面探讨劳动供给理论在政策上的应用：其一，利用劳动供给理论分析社会福利制度对劳动供给的影响；其二，利用收入效应和替代效应分析所得税对劳动供给的影响。

## 一、劳动力供给与福利制度

劳动力供给最基本的前提之一是，任何改变一个人的工资率或非劳动力收入的因素都有可能影响劳动力供给的结果。其中，特别明显的例子就是福利计划对低收入者劳动供给的效应。我们以社会保险中的工伤保险补偿计划为例说明该计划对劳动供给的影响。

我们假定工伤补偿计划规定如下：当受工伤之后，工人只要未工作就可以获得与受伤前相等的工资。如果工人找到工作，无论他工作多长时间都不再被认为是伤残，从而不能继续享受津贴。我们利用下图分析这一计划对工人工作的激励效应。

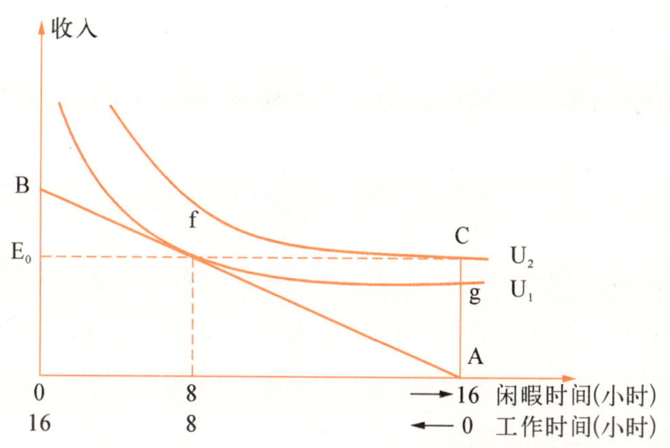


图 3－16 工伤补偿计划对劳动供给的影响

如图 3－16 所示，假定受伤前的预算约束线是 AB，工资是 $E_0$，并且假定工人的“市场”预算约束（即无工伤补偿计划情况下的约束）不变，所以康复之后仍然能得到受伤前的工资。在上述条件下，受伤后的预算约束是 ACfB；个人的最大效用在 C 点，即不工作。

预算约束包括 AC 段，AC 段看上去像一个“钉子”，正是这个“钉子”造成了严重的工作动机问题。原因有以下两点：

第一,与工作第一个小时有关的报酬是负的,即处于C点(不工作点)的人重新工作时,发现因为工作其收入大幅度下降,工作产生的工资报酬将会被津贴的减少而抵消,造成了负“净工资”。这一计划造成的替代效应显然妨碍人们工作。

第二,假定不工作时的津贴AC等于受伤前的工资水平$E_0$,如果工人看重闲暇(正如标准的向下倾斜的无差异曲线$U_1$、$U_2$所假定的),那么他可以既得到原工资水平的津贴,同时又享受更多的闲暇。显然,效用增加,工人在C点比在f点(受伤前的工资与闲暇的组合)境况更好,因为他处于无差异曲线$U_2$而非$U_1$上($U_2$位于$U_1$上方)。在这种情况下,受益者不工作时的境况比工作时更好,显然会产生强烈的收入效应,阻碍受益人早日重返工作岗位。

由于收入补偿计划的主要目标是如何使不幸的工人摆脱困境,不太注重工作激励方面的效果,因此制定一项避免降低工作激励的计划是不易的。例如,在上例所描述的工人偏好中,略低于Ag的津贴既能保证最低的效用损失,又能促使受伤者在康复之后尽快返回工作岗位。因为,如果工人工伤好后继续工作,他将会获得无差异曲线$U_1$,见点f,而获得低于Ag的津贴却不会达到无差异曲线$U_1$。但是,由于工人的偏好不同,所以个人的最优津贴(即产生工作激励效应,同时又保证最小的效用损失)也不同。

对于那些产生“钉子”的计划,政策制定者所能采取的最好的办法是将非工作津贴确定为以前工资报酬的一定比例,然后运用管理手段促使那些不工作效用更大的人去工作。例如,失业保险津贴补偿失去的工资报酬的大约一半,但是对失业者获取失业津贴的时间长度有所限制。工伤补偿大约是一般工人工资报酬损失的2/3,但是必须有医生的证明,有时必须有法院听证,以决定工人是否继续有资格享受津贴。

## 二、所得税对劳动供给的影响

对所得税如何影响工作动机的研究是劳动供给分析中最早的课题之一。我们在下面考察税收预期如何影响劳动供给的方式。

经济学一般根据收入中被扣除的比例将所得税区分为三种不同的类型,它们分别是比例税、累进税和累退税制。比例税是税率不随征税客体总量增加而递减的一种税,即按固定比率从收入中征税,多适用于对所得收入进行征税。累退税是税率随征税客体总量增加而减少的一种税。累进税是税率随征税客体总量增加而增加的一种税。西方国家的所得税多属于累进税。这三种税通过税率的高低及其变动来反映赋税负担轻重和税收总量的关系。因此,税率的大小及其变动方向对经济活动如个人收入和消费直接会产生很大影响,并因此对劳动供给产生影响。

所得税对劳动供给影响的方式可以通过边际税率和平均税率的区别来加以理解。边际税率的含义是对个人最后增加一单位货币所征收的税率,而平均税率是总税收与总收入的比率。在比例制下,边际税率和平均税率恰好相等;而在累进制下,边际税率却总是超过平均税率,因为税率随收入而上升。

对于两个要考虑的税率,哪一个适用于劳动力供给决策呢?实际上,两者都适用但方法不同。边际税率适合于评价替代效应,因为它决定了边际处的闲暇价格,在此边际处劳动供给决策可能变化。但是,对于收入效应,我们必须确定按原来的工时一个人富了或穷了多少。因为平均税率反映了交纳的总税额,所以正是平均税率的变化才适用于评估收入效应。这个区别是重要的。一些税收变化主要影响平均税率而非边际税率,而其他变化则主要影响边际税率。

我们考虑两个极端的情形对此加以说明。首先,假设税制是累进的,某个人的收入为 30 000 元人民币,30 000 元以下的所有税率突然降低,但所有较高的税率不变。对这个人来说没有替代效应,因为相关的边际税率未变。然而存在着收入效应,因为这个人的总税额减少了,所以收入效应将减少劳动供给。其次,我们考虑相反的情形,30 000 元以下的税率不变而以上的降低。此时没有收入效应(原点上的总税收实际没有变),但存在替代效应。由于增加的单位工资中实际收入上升,故额外闲暇的价格现在较高,这个人变得相对会愿意减少闲暇而增加劳动供给。

当然,以上两个例子是假想的,由于多数税收变化既影响边际税率也影响平均税率,因而会同时导致替代效应和收入效应。如果税收增加,替代效应减少劳动供给(闲暇比较便宜些);收入效应将增加劳动供给(因为比以前相对更穷了)。减税时的两个效应恰好相反。尽管我们似乎没有得出确定的结论,但是应该强调以下结论是重要的:减(增)税对边际税率的影响比对平均税率的影响越大,就越可能增加(减少)劳动供给。

上述结论的一个重要的意义在于,政府在设计一种税收政策时如果不考虑该政策对劳动供给的影响显然是不明智的,尤其是在设计累进税制时更应如此。对高收入者征收高的边际税率,可能会导致劳动供给的减少,从而使得一国的收入最终会受到影响,但是这并不一定说我们应该放弃累进的结构而代之以一种更能促进劳动供给的税收结构。因为国家税收在个人间分配的公平因素也是税制设计的一个重要方面。实际上人们一直认为,富人应该在税收上支付较高的收入百分比。税制设计中实际涉及的乃是公平和效率的交替使用。理解可能的效率效应是作出明智的税收政策决策的一个重要部分。

## 本章小结

劳动供给理论是劳动经济学的重要组成部分。在劳动经济学中,劳动供给被定义为劳动者提供的劳动数量,其测量指标是“人—小时数”,指在一定时间内一定数量的劳动者为市场提供的劳动时数。劳动力是总人口中参与劳动市场活动的人口,劳动力本身又分为就业者和失业者。我们计算劳动力参与率一般是以加入劳动力的人数占劳动年龄人口的百分比进行的,该指标是衡量一国劳动市场活动的重要指标。

劳动供给受到自然、经济和社会三大方面因素的影响。从人的自然属性方面来看,一国的人口规模、人口年龄构成、民族特性和劳动者个人的身体自然条件都是影响劳动供给的重要方面。从经济方面来看,劳动者对工作的偏好以及对工资的刺激反应是影响劳动供给最重要的经济因素;另外,经济周期波动是影响劳动供给的另一个重要因素。从社会制度因素来看,一国的劳动制度和工资制度是影响劳动供给的最重要因素。

分析个人的劳动供给可以从不同角度进行。一种方法是集中研究不同工资率下劳动者愿意工作多少时间,即建立一条个人劳动供给曲线。此外,也可以从一个人是否愿意提供市场劳动的角度来加以研究,即劳动力参与率的问题。我们在本章着重建立了一个简单模型以考察人们怎样决定工作多少小时,以推导个人劳动供给曲线,在此基础上推导市场劳动供给曲线。该模型就是所谓的劳动—闲暇模型。

劳动—闲暇模型对于我们理解劳动市场配置劳动要素的机理是有益的。但是,该模型也存在着两个重要的不足之处。第一,该模型忽略了家庭背景,即劳动供给决策常常是丈夫和妻子在家庭联合作出的。丈夫和妻子并非独立地作出各自的工作和闲暇的时间配置,而是共同分享其时间资源,并联合作出劳动供给决策以最大化整个家庭的效用水平。因此,简单模型需要改善的一个地方就是要将一个家庭中某一成员的工资率和收入对其他家庭成员劳动供给决策的影响考虑进去,以拓宽模型的适用程度。第二,劳动—闲暇模型的第二个不足是,该模型实际上没有完全分析人们对时间资源使用上的分配决策。人们在时间的使用上除了劳动和闲暇之外,还要参加家庭劳动。换句话说,人们将时间应用于三个不同的用途:市场工作、非市场或家庭工作、闲暇。这三种时间配置方式在现代社会中已变得日益普遍。因此,要对人们的劳动供给作出恰当的解释,就有必要将简单模型扩展到不仅能分析劳动与闲暇之间的时间变动关系,而且还可以分析市场工作和非市场工作之间的时间变动关系。

家庭生产模型和联合生产决策模型对劳动—闲暇选择模型的上述两个不足进行了补充。家庭生产模型以与传统理论将家庭视为消费单位不同的思路,将家庭视为一种生产单位,得出与劳动—闲暇模型相同的结论,但家庭生产模型还得出了一些更为重要的思想。家庭生产模型把时间视为一种生产性投入得到了两个结论:其一是时间的生产率随不同的人和它本身的变化而变化;其二是技术变化可能影响家庭生产过程。例如,家用电器改变了家庭的生产过程。这两个结论不是由劳动—闲暇选择模型提出来的,对于我们理解20世纪以来已婚妇女从事市场劳动活动的变化具有重要的意义。家庭联合决策模型利用交叉替代弹性,分别考察了家庭不同成员的状况如何影响其他成员的劳动供给决策,从而使得劳动供给分析建立在更加现实的基础上。此外,生命周期的劳动决策理论也对劳动供给分析作出了重要的补充。

劳动供给曲线的推导、家庭生产以及收入效应和替代效应的理论,不仅可以用来分析各种劳动力市场政策,而且也可以为制定各种劳动力市场政策提供分析工具。本章从两个方面探讨劳动供给理论在政策上的应用:其一,利用劳动供给理论分析社会福利制度对劳动供给的影响;其二,利用收入效应和替代效应分析所得税对劳动供给的影响。

## 复习思考题

**一、基本概念**

劳动力　失业的统计概念　就业的统计概念　劳动力参与率　劳动力资源　从业人员　替代效应　收入效应　家庭生产　家庭联合劳动供给　交叉替代弹性

**二、简答题**

1. 影响劳动供给的因素有哪些?
2. 什么是劳动—闲暇模型?如何利用该模型推导个人劳动供给曲线?
3. 什么是家庭生产模型?
4. 比较家庭生产模型与劳动—闲暇模型有何异同。
5. 什么是家庭联合劳动供给?为什么要分析家庭联合劳动供给?
6. 什么是劳动供给的生命周期理论?
7. 利用劳动供给理论,试分析"带钉"的工伤补偿计划对劳动供给的影响。
8. 试分析所得税对劳动供给的影响。

## 附录3-1　劳动力大军,你势如何?[①]
## ——审度未来中国劳动力供给变动趋势

**一、前言**

本附录意在从劳动力供给结构变化出发,对我国劳动力供给变动趋势作出预测分析,为读者呈现两幅图景:一为未来15年内中国劳动力供给状况图;一为完整的劳动力供给预测分析图。

**二、劳动力供给变动趋势的预测分析**

本文的分析过程可概括为:首先,根据2000年人口普查资料推算出未来时期内

① 资料来源:改编自曾湘泉、卢亮,"我国劳动供给变动预测分析",《教学与研究》,2008年第6期。

的适龄劳动力数量;然后,再分析影响不同年龄阶段劳动参与率的因素,通过横向和纵向比较的方法,估算出他们在未来不同年份的劳动参与率;从而最终得到各年龄组的劳动力供给数量。

（一）各年龄组劳动年龄人口数量的估算

在考虑到实际参与经济活动的劳动力已然突破年龄限制,我们特将劳动力资源界定为15~64岁的劳动力。并按其结构内容将15~64岁的劳动力分为15~24岁年龄组、55~64岁年龄组、65岁以上年龄组三组,利用以下数量模型推算出各组2006年到2020年人口数量。

推算公式以2000年的人口为基数,那么2006年15~64岁的劳动力资源主要由2000年时候的9~58岁男女人口组成,依此类推到2015年。而2016到2020年的劳动力资源总数由两部分构成,一是在2000年以前出生的适龄阶段的人口数量,二是2001到2005年已经出生的新生人口数量。上述推算人数还要减去各年内相应的死亡人数(本文的15~24、55~64、65~69岁各年龄组以及各组内男、女的平均死亡率由相对应的最近10年(1996—2005年)人口统计年鉴上各年龄组及各组内男、女的平均死亡率估算)。

这样,2015年以前各年的劳动力资源数量推算公式是:

$$L_1 = \sum_{i=9}^{58} L_i \prod_{j=i+1}^{i+k+1} (1 - P_j)$$

$$k = (0, 1, 2, \cdots, 9)$$

2016年的劳动力资源数量推算公式是:

$$L_2 = \sum_{i=0}^{48} L_i \prod_{j=i+1}^{i+17} (1 - P_j) + L_{2001} \prod_{j=2002}^{15} (1 - A_j)$$

2017年的劳动力资源数量推算公式是:

$$L_3 = \sum_{i=0}^{48} L_i \prod_{j=i+1}^{i+17} (1 - P_j) + L_{2001} \prod_{j=2002}^{16} (1 - A_j) + L_{2002} \prod_{j=2003}^{15} (1 - A_j)$$

……

2020年的劳动力资源数量推算公式是:

$$L_{2020} = \sum_{i=0}^{48} L_i \prod_{j=i+1}^{i+17} (1 - P_j) + L_{2001} \prod_{j=2002}^{19} (1 - A_j) + L_{2002} \prod_{j=2003}^{18} (1 - A_j) + \cdots + L_{2005} \prod_{j=2006}^{15} (1 - A_j)$$

其中：$L_1$ 代表全国2006年到2015年各年的劳动力资源总数；$L_i$ 代表全国2000年i岁人口数；$P_j$ 代表全国2000年j岁人口死亡率；$A_j$ 代表全国j年的死亡率；$L_{2001}\cdots L_{2005}$ 代表2001到2005年新出生的人口；k代表年数。

在上述数量模型中代入统计数据，即得出未来15年的分性别、分年龄组的劳动年龄人口数量。其变化趋势图如下：

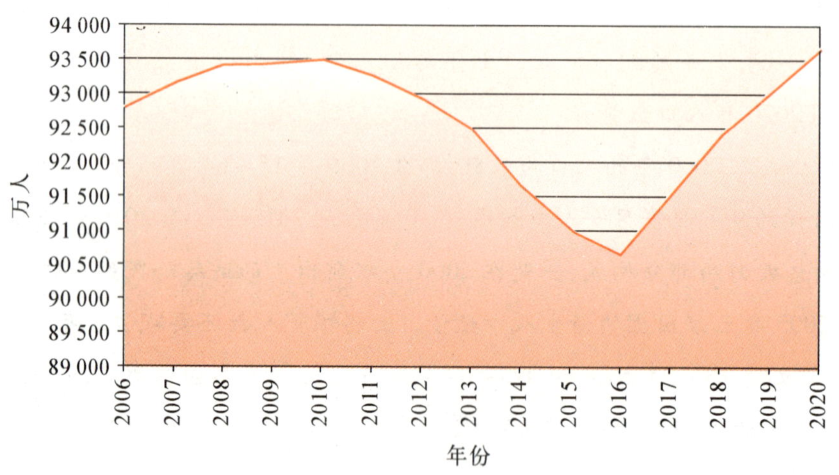


图1 15～64岁年龄组人口资源总数变化趋势

（二）各年龄组劳动力参与率的估算

由于每一年龄层次结构的劳动力受到各种因素的影响，他们参与经济活动的意愿或者能力是不同的，从而形成了各年龄组不同的劳动参与率。从我国历年劳动参与率来看，由25～54岁构成的黄金年龄阶段劳动力群体，其劳动力参与率非常稳定。因此下面我们重点将分析15～24岁的低劳动年龄组、55～64岁的较高年龄组以及65岁以上高年龄组的劳动参与率。

我们采取了两种横向和纵向比较的办法来估计未来各年龄组的劳动参与率值。前者是根据人口普查数据和统计年鉴的数据，对未来各年龄组的劳动参与率进行估计（见表1的趋势1）。后者是结合中国在2020年可能达到的经济发展水平，参考世界上处于同一发展水平的16个国家的各年龄组劳动参与率（见表1的趋势2）。

（1）15～24岁年龄组的劳动力参与率急剧下降。此组劳动参与率的降低主要和教育的普及有关系。平均受教育年限每增长1%，15～24岁人口的劳动参与率则下降2%。从纵向来看，假设我国劳动年龄人口的平均受教育年限的增长速度保持

1990—2000 年的 1.178% 的水平，则 15～24 岁组劳动参与率到 2020 年降低到 43.24%。

表 1 2020 年以前我国各年龄组劳动参与率的变化

| 年份 | 15～64(总) | | 15～24 岁(总) | | 55～64 岁(总) | | 65～69(总) | | 15～64 岁(男) | | 15～64(女) | |
|---|---|---|---|---|---|---|---|---|---|---|---|---|
| | 趋势 1 | 趋势 2 | 趋势 1 | 趋势 2 | 趋势 1 | 趋势 2 | 趋势 1 | 趋势 2 | 趋势 1 | 趋势 2 | 趋势 1 | 趋势 2 |
| 2005 | 0.727 | 0.756 | 0.572 | 0.559 | 0.614 | 0.560 | 0.251 | 0.251 | 0.871 | 0.850 | 0.709 | 0.711 |
| 2006 | 0.725 | 0.749 | 0.563 | 0.547 | 0.617 | 0.553 | 0.251 | 0.248 | 0.869 | 0.844 | 0.703 | 0.705 |
| 2007 | 0.722 | 0.742 | 0.554 | 0.535 | 0.621 | 0.547 | 0.251 | 0.245 | 0.868 | 0.838 | 0.697 | 0.700 |
| 2008 | 0.719 | 0.734 | 0.544 | 0.522 | 0.625 | 0.540 | 0.251 | 0.241 | 0.866 | 0.832 | 0.692 | 0.694 |
| 2009 | 0.716 | 0.727 | 0.535 | 0.510 | 0.629 | 0.533 | 0.251 | 0.238 | 0.865 | 0.827 | 0.686 | 0.689 |
| 2010 | 0.714 | 0.720 | 0.526 | 0.498 | 0.633 | 0.526 | 0.251 | 0.235 | 0.863 | 0.821 | 0.680 | 0.683 |
| 2011 | 0.71 | 0.712 | 0.516 | 0.486 | 0.637 | 0.520 | 0.251 | 0.232 | 0.862 | 0.815 | 0.674 | 0.678 |
| 2012 | 0.708 | 0.705 | 0.507 | 0.474 | 0.641 | 0.513 | 0.251 | 0.228 | 0.860 | 0.810 | 0.669 | 0.672 |
| 2013 | 0.705 | 0.698 | 0.498 | 0.462 | 0.645 | 0.506 | 0.251 | 0.225 | 0.859 | 0.804 | 0.663 | 0.667 |
| 2014 | 0.703 | 0.691 | 0.488 | 0.450 | 0.649 | 0.499 | 0.251 | 0.222 | 0.857 | 0.798 | 0.657 | 0.661 |
| 2015 | 0.70 | 0.683 | 0.479 | 0.438 | 0.653 | 0.493 | 0.251 | 0.219 | 0.856 | 0.793 | 0.651 | 0.656 |
| 2016 | 0.697 | 0.676 | 0.470 | 0.426 | 0.656 | 0.486 | 0.251 | 0.215 | 0.854 | 0.787 | 0.646 | 0.651 |
| 2017 | 0.694 | 0.669 | 0.460 | 0.414 | 0.660 | 0.479 | 0.251 | 0.212 | 0.853 | 0.781 | 0.640 | 0.645 |
| 2018 | 0.692 | 0.661 | 0.451 | 0.401 | 0.664 | 0.472 | 0.251 | 0.209 | 0.852 | 0.775 | 0.634 | 0.640 |
| 2019 | 0.689 | 0.654 | 0.442 | 0.390 | 0.668 | 0.465 | 0.251 | 0.206 | 0.850 | 0.770 | 0.628 | 0.634 |
| 2020 | 0.686 | 0.647 | 0.432 | 0.378 | 0.672 | 0.459 | 0.251 | 0.202 | 0.849 | 0.764 | 0.623 | 0.629 |

资料来源：趋势 1 是指按照国内历次人口普查数据计算的劳动参与率，趋势 2 是根据国际劳工局和世界银行的数据计算的劳动参与率。

（2）处于退休年龄和工作年龄之间 55～64 岁年龄组以及完全处于退休年龄的 65 岁以上年龄组的劳动参与率平稳上升。其变化主要取决于退休年龄的法律规定和经济收入水平的变化，而它们又受社会保障制度完善与否的影响。目前我国较低法定退休年龄将带来较高的社会养老负担率。因此由我国社会经济发展情况和社会养老保障体系建立和完善的长期性可见，在未来的 15 年之内，我国的退休年龄岁数的法律规定要么保持不变,要么略有提高。与此同时,相对高龄劳动年龄人口可能需要更多的工作时间来弥补低收入所造成的养老储蓄不足,从而在未来一定时期内他们的劳动参与率还有可能上升。综上所述,从纵向分析可以假定55~64岁年龄组和65~69岁年龄组的劳动参与率还会上升,考虑到其生理因素,65~69岁年龄组上升幅度不大甚至保持不变(假定其保持2000年的水平不变),而55~64岁年龄组上升的幅度会更大一些(假定其按照前10年的年平均水平0.003 9上升)。但从长期、横向对比的角度来看,随着收入水平的提高和社会保障制度的不断完善,较高年龄组的劳动参与率最终还是要下降的。

(3) 15~64岁劳动力及其男、女两部分劳动参与率估计。从纵向来看,我国历年15~64岁劳动参与率是下降的,其中男性下降幅度小,而女性下降幅度大。从横向对比来看,2020年我国GDP将超过43万亿元人民币,进入中等收入国家,因此可以依照这16个国家参与率,求算术平均值,从而作为2020年我国15~64岁适龄劳动力的劳动参与率为64.7%,男性参与率为76.4%;而由于女性参与率本身超越了目前的经济发展阶段,因此其值为62.87%,这是依照阿根廷、智利以及捷克、匈牙利等9个苏联东欧国家估算得出。

(三) 各年龄组的劳动力供给数量推算

由本章可知,各年龄组劳动力,即各年龄组的经济活动人口等于该年龄组劳动年龄人口与相应的劳动力参与率之积。因此由以上分析结果可推算出下表结果。

表2 2020年以前我国劳动各年龄组的经济活动人口数变化

单位:万人

| 年 份 | 15~64岁(总) | | 15~24岁(总) | | 55~64岁(总) | | 65~69岁(总) | |
|---|---|---|---|---|---|---|---|---|
| | 趋势1 | 趋势2 | 趋势1 | 趋势2 | 趋势1 | 趋势2 | 趋势1 | 趋势2 |
| 2006 | 67 279 | 69 506 | 12 493 | 12 138 | 6 801 | 6 096 | 1 006 | 994 |
| 2007 | 67 249 | 69 112 | 12 050 | 11 636 | 7 259 | 6 394 | 999 | 975 |
| 2008 | 67 157 | 68 558 | 11 709 | 11 235 | 7 685 | 6 640 | 980 | 941 |
| 2009 | 66 901 | 67 928 | 11 306 | 10 778 | 8 596 | 7 284 | 1 004 | 952 |
| 2010 | 66 743 | 67 304 | 10 929 | 10 347 | 8 612 | 7 156 | 1 000 | 936 |
| 2011 | 66 228 | 66 415 | 10 315 | 9 716 | 8 942 | 7 299 | 1 017 | 940 |
| 2012 | 65 793 | 65 514 | 9 550 | 8 928 | 9 311 | 7 452 | 1 052 | 956 |

续 表

| 年 份 | 15～64岁(总) | | 15～24岁(总) | | 55～64岁(总) | | 65～69岁(总) | |
|---|---|---|---|---|---|---|---|---|
| | 趋势1 | 趋势2 | 趋势1 | 趋势2 | 趋势1 | 趋势2 | 趋势1 | 趋势2 |
| 2013 | 65 215 | 64 567 | 8 866 | 8 225 | 9 550 | 7 492 | 1 093 | 979 |
| 2014 | 64 454 | 63 354 | 8 041 | 7 415 | 9 451 | 7 266 | 1 149 | 1 017 |
| 2015 | 63 705 | 62 158 | 7 315 | 6 689 | 9 399 | 7 096 | 1 211 | 1 059 |
| 2016 | 63 196 | 61 292 | 7 041 | 6 381 | 9 166 | 6 791 | 1 249 | 1 070 |
| 2017 | 63 547 | 61 258 | 6 796 | 6 116 | 9 322 | 6 765 | 1 320 | 1 115 |
| 2018 | 63 948 | 61 082 | 6 589 | 5 859 | 9 887 | 7 028 | 1 372 | 1 142 |
| 2019 | 64 105 | 60 849 | 6 449 | 5 690 | 10 143 | 7 061 | 1 419 | 1 165 |
| 2020 | 64 261 | 60 608 | 6 287 | 5 501 | 10 426 | 7 121 | 1 452 | 1 169 |

资料来源：根据2000年人口普查资料短表数据、2001到2006年中国统计年鉴相关数据以及表1的数据推算。

### 表3 2020年以前我国男、女性经济活动人口数变化

单位：万人

| 年 份 | 15～64岁(男) | | 15～64岁(女) | |
|---|---|---|---|---|
| | 趋势1 | 趋势2 | 趋势1 | 趋势2 |
| 2006 | 41 545 | 40 349 | 31 629 | 31 719 |
| 2007 | 41 677 | 40 237 | 31 454 | 31 589 |
| 2008 | 41 725 | 40 087 | 31 293 | 31 384 |
| 2009 | 41 718 | 39 885 | 31 013 | 31 148 |
| 2010 | 41 640 | 39 613 | 30 755 | 30 890 |
| 2011 | 41 536 | 39 271 | 30 393 | 30 574 |
| 2012 | 41 314 | 38 912 | 30 030 | 30 165 |
| 2013 | 41 113 | 38 481 | 29 597 | 29 776 |
| 2014 | 40 679 | 37 878 | 29 051 | 29 228 |
| 2015 | 40 360 | 37 389 | 28 552 | 28 771 |
| 2016 | 40 121 | 36 973 | 28 223 | 28 442 |

续 表

| 年 份 | 15~64岁(男) | | 15~64岁(女) | |
|---|---|---|---|---|
| | 趋势1 | 趋势2 | 趋势1 | 趋势2 |
| 2017 | 40 468 | 37 052 | 28 234 | 28 461 |
| 2018 | 40 792 | 37 105 | 28 233 | 28 500 |
| 2019 | 40 972 | 37 116 | 28 159 | 28 428 |
| 2020 | 41 195 | 37 071 | 28 130 | 28 401 |

资料来源:根据2000年人口普查资料短表数据、2001到2006年中国统计年鉴相关数据以及表1的数据推算。因为各年分组的男性、女性劳动参与率和各年总体的劳动参与率估算结果不同,所以出现15~64岁男性、女性的劳动力供给数量和总体的供给数量不同。

### 三、未来劳动力供给状况下的就业政策选择

从本文的研究结论来看,在劳动力供给速度以及供给数量逐年下降的同时,我国的适龄劳动力资源总数将呈现"M"型的变化趋势,青少年劳动力供给数量将急速下降和较高龄劳动力的数量将急剧上升。劳动供给数量的减少、劳动力年龄结构的老化的趋势弊端可能会引起社会的合格的劳动力短缺,不合格的劳动力过剩。

针对以上问题,我国政府首先要始终关注经济的持续增长能力,特别是转变经济增长方式;第二要在整合各项政策的同时,凸显政府的调控引导作用,把"创造充分的、生产性和自由选择的就业"放在更加重要的突出位置;第三则是改善劳动者就业质量和提升劳动者就业能力。改善劳动者的就业质量不仅是政府在劳动力供需相对平衡状况形成之后的题中应有之义,也是企业履行社会责任、提升企业国际竞争力的重要保证。而提升劳动者就业能力不仅以高劳动者素质和技能补偿了劳动力供给数量上的减少,继而扩大就业量,同时还解决了求人倍率上升所暴露出的劳动力需求与供给矛盾问题。

## 附录3-2 65岁以上老人寻找工作①

很明显,美国如狂风般迅猛的经济衰退,使"401退休保障计划"价值缩水,很多

① 资料来源:改编自Steven Greenhouse, 65 and Up and Looking for Work, *The New York Times*, October 23, 2009。

原本梦想安度晚年的老人选择继续工作。

事实上，如今有660万65岁及以上的美国老人仍然留在劳动力市场，人数超过了以往的任何历史时期，而在2001年仅有410万人。

有将近50万65岁及以上的老年人希望工作却找不到工作，虽然这一数字的绝对值不是很大，却超过了10年前数字(自1929年经济大萧条以来的最高人数)的5倍。

很多65岁以上的老人由于资历保护削弱而失去工作；他们当中有更多的人，像众多其他美国人那样，比前几代人有更多贷款。这些新趋势使得情况更加糟糕。

他们一度期待退休前还清或接近还清30年的抵押贷款。然而，一定程度上因为他们当中很多人用自己的房子进行了第二次抵押贷款，这些老年人的负债水平迅速超过了其他年龄群体。

金融缩水是促使奥巴马总统提出给社会保障领取者250美元一次性特别支付的一个原因。

很多失业的老年人抱怨说他们面临丧失抵押品赎回权或被迫卖掉汽车的选择。

“很多这样的老人找不到工作是一件大事”，美国退休协会法律政策理事戴维·瑟特纳说，“他们当中这么多人仍然尝试寻找工作说明了经济状况的恶劣程度，通常情况下老人在这个年龄会放弃工作”。

美国老年人失业率为6.7%，低于普通劳动人口9.8%的失业率；但是6.7%超过了两年前的这一数字的两倍，并远远高于10年前1.9%的极小值。

而且，失业的老年人在一年中没工作的时间更长，平均达到36.5周，比一般失业人员长40%。

从事翻译和电话推销工作并希望退休的帕翠西亚·乌姆侯德，在67岁时说放弃退休。她一个月的抵押还款额将近1 500美元，支付汽车贷款和银行自动划款的保险金需要另外350美元；她每月领取1 071美元的社会保障金和918美元退休金。

“除去偿还抵押贷款所剩无几。”她说。

乌姆侯德女士能说德语、法语和克利奥尔语，一年前从律师事务所的翻译职位上被解雇。“从那时起我就开始寻找工作”，她说，“我申请了拿骚县和萨福克县，都没有回音”。

虽然她的90岁老母亲不时地给她100美元来帮助她，但是离婚使她的财务状况恶化。

“在一个月内,我发出了 101 份求职申请,其中 50 多份发给学校地区的,都没有效果。”她说。

经济衰退冲击了年轻人、中年人和老年人,但是上述的几个现代贷款消费的倾向使得老年人比过去更加脆弱。比如,维持退休人员固定生活费的“401 社会保障金”和传统养老金的变化迫使很多已经超过 60 岁的老年人继续工作。

促使美国人延期退休的另一个因素是为退休者提供健康保险计划的公司比例仅是 20 年前的一半,而且对 1942 年以后出生的人来说,获得全部社会保障金的年龄从过去的 65 岁提高到最低 66 岁。

据美国国会研究服务机构的老年人与退休工作专家帕翠克·坡塞尔所说,2008 年,那些 65 岁及以上的老年人收入中位数仅有 18 208 美元,其中 1/4 的人年收入低于 11 139 美元。

他说,65 岁及以上的社会保障金领取者仅平均获得 12 437 美元的年度补助,在那些从金融资产中获取收入的 65 岁及以上人员中,半数的人去年仅获得了 1 542 美元。

社会保障资金维持老年人生活在贫困线以上,与此同时却有相当数量的人正接近贫困线。城市协会的资深会员理查德·W·约翰逊说:“他们正在向贫困线迈进。”多数经济学家说延长了美国人生命中的工作周期很好,很多人将活得更久并作更长时间的贡献。

但是,很多老年工作搜寻者坚持认为,由于年龄歧视他们正在被抛弃。去年,根据公平就业机会法案,将近 25 000 名工人签署了年龄歧视诉愿,比 2007 年高 29%。

“我经常被告知说资历过高”,71 岁、在洛杉矶加利福尼亚大学行政助理职位工作了 30 年、2003 年退休的芭芭拉·布鲁克斯说。她说这种告知就是“你太老了”的代名词。但是芭芭拉女士说她希望并需要工作,并援引耗去她每月一半退休金的 1 500 美元的抵押还款的额度加以说明。

“我愿意能够自己负担一些比较体面的饮食,或者看场电影”,芭芭拉女士说,“我认为只要人们有超群的技能,并能够像 40 岁的人那样四处走动——我经常被告诉说看起来像四五十岁,我为什么不工作呢?”

很多年以来,失业的老年人由于很少没有工作而使得老年人失业问题被大大地忽略了。但是现在,美国有超过 100 万 60 岁以上的老年人失业,是两年前的 2.5 倍。

而且老年人至少要65岁及以上才能通过医疗保险获得健康医疗保障。65岁以前的退休工人就不得不供养自己购买健康保险,这种保险对于60岁以上的人被限定为不能太贵。

62岁、在通用汽车公司工作了38年的前工程经理米塞尔·胡萨就是这样一个人。米塞尔先生2003年56岁时退休,由于他所在的德尔斐分公司破产,他现在不得不自己购买健康医疗保险。他每月支付1 600美元,一年支付19 200美元。虽然有两个工程学位,他在最近几个月搜寻顾问工作仍然徒劳无功。

"我觉得需要继续工作有两个理由",他说,"第一,我还有能力提供很多服务;第二,我需要钱"。

波士顿大学退休研究中心主任艾丽西娅·H·姆奈尔说,在经济衰退期,老年工人的遭遇大体上比年轻工人好一些。25~54岁就业人员比例从两年前的将近80%下降到75%,而有工作的美国老年人比例稍有上升,达16.3%。

但这比想要工作的人数少很多。

66岁、在克莱斯勒担任分析师30年的帕翠西亚·皮尔札对此认识很清楚。

她和她72岁的丈夫是通用汽车公司的长期雇员,现在打算退休。但是,她正在寻找工作,她的丈夫最近在当地的财政转移支付体系进行了登记。

他们在密歇根州沃伦市的房子价格下跌了10万美元,皮尔札女士说,他们以前是非工会会员,由于汽车公司破产,养老金将远远低于预期。

她说,克莱斯勒公司取消了她的寿险计划和视力保障。

"好像被剥夺到了一无所有的极限",她说,"这不是我们想要的退休方式"。

## 附录3-3 标准化和灵活性的双重挑战[①]
## ——转型中的我国企业工作时间研究

20世纪90年代以来,在有关工时问题并未充分讨论的情况下,缩减工时的实践

① 资料来源:曾湘泉、卢亮,"标准化和灵活性的双重挑战——转型中的我国企业工作时间研究",《中国人民大学学报》,2006年第1期,第110—116页。

行动是在某些企业中率先开始的。由于政府在这方面具有很强的影响力,全国几次工时调整都是在政府主导下进行的。为了缓解沉重的就业压力和保持经济的稳步增长,政府大力支持和积极鼓励非全日制工、弹性工时等灵活用工方式(从而导致了工时安排方式的调整),并注意到了这些用工方式在运用过程中存在的问题,逐步制定政策使之走向规范化。在很长一段时间内,我国国有企业一直采用的是"固定工"、"临时工"的用工方式。国有企业不能轻易解聘"固定工","固定工"相当于员工和企业之间存在着一种"隐性合同",即所谓长期雇佣关系,员工能实现终生稳定的就业,并享有企业的医疗、养老、住房等福利待遇,一般来说,与这种用工形式相对应的是固定的工时安排模式。"临时工"则没有这样的待遇,他们与企业之间相当于一种短期雇佣关系,其工时安排方式根据企业经营情况而灵活多变。1986 年政府颁布了在国有企业中实行劳动合同制的改革措施。1994 年《中华人民共和国劳动法》出台后,劳动合同制正式成为国家的法定制度,并在所有类型的企业中实施。我国政府依照国际的通行做法,在合同期限上规定了无固定期限的合同、有固定期限的合同、以完成一定工作为期限的合同。在实践中,企业大多实行有固定期限合同的制度,以保持用工的稳定性。企业拥有了用工的自主权,对工时安排的变化具有一定的影响。

加班的问题一直受到社会的关注。它不仅普遍存在于私人企业和外资企业中,也存在于国有企业和其他非营利组织中。员工不仅加班时间长,还存在加班工资没有得到足额支付或根本就没有支付的情况。另外,在私人企业中还存在大量被迫加班的情况。据国家统计局中国经济景气监测中心的一项调查显示:在接受调查的北京、西安和武汉的 900 多位员工中,50% 以上的人每天加班,60% 的人没有得到足够多的报酬。2001 年,中国首例"过劳死"案件引起了广泛的社会关注。尽管各地方政府出台了相关的法律和措施对此作了严格的规定,但企业的法制观念淡薄,劳动执法力度不够。更重要的是,在竞争激烈的劳动力市场中,人们怕失去工作,法规实施起来仍然有一定的困难。在市场经济条件下,劳动者与企业发生劳动关系时,往往处于弱势地位。特别是在长期劳动力供给大于需求的情况下,企业在追求效益的同时过分压低劳动条件,而劳动者在相互竞争职位时,也可能过分压低自己的要求。

随着生活水平的提高,人们开始关心自己的生活质量。为了反映城市居民的生活状况,一些社会学家以时间分配为切入点,研究城市居民的生活时间在工作、闲暇、家务、生活必需方面的分配,探讨时间利用对生活的价值与意义。他们的研究结论是：城市居民的工作时间逐渐减少，而且随地区、性别、年龄和职业的不同而变化。这种研究在我国尽管具有填补空白的重要价值，但令人遗憾的是，它没有从企业微观层次探及工作组织内部工时的变化。

从20世纪90年代中期法定工时减少以来，研究讨论的重点开始转向灵活工时制的问题。学者们认为，推行灵活工时制可以使企业减少无效工时，提高经济效率，增加社会就业数量，特别是对国有企业下岗职工再就业更具有意义。尽管如此，减少工时能在多大程度上增加就业，目前并没有明确的实证研究。

## 一、实践中的工时安排：来自标准化和灵活化的挑战

### （一）工时长度的变化

工作时间是劳动者为了履行劳动合同义务，在法律规定的限度内，从事本职工作的时间。一方面，雇员按照合同的规定，完成雇主所安排的工作；另一方面，雇主有权给雇员指派任务，并遵照法规，保证集体合同和雇用合同中所确定的工作条件。

在《劳动法》颁布后的10年期间，有关我国企业实际工时的研究，没有引起学术界的关注，是一项空白。2003年6月至2004年6月，在国际劳工组织有关全球工时问题研究项目的支持推动下，我们对北京、长沙、广州三个城市的近300家企业进行了调查和研究。调查使用非随机抽查的方法。调查对象包括企业中的人事经理和不同类型的员工。我们分发了3 000份员工问卷，实际回收1 975份，其中1 824份是有效问卷。关于周工作时间，这次调查采用了间接的方式，即要求员工提供他们实际的日工作时间（包括加班时间）和工作天数，并没有直接问到他们周平均工作时间。调查里的参考时期是“上周”。我们采用如下的办法估计了周工作小时数。

周工作小时数 =（每天平均工作的小时数 + 每天加班小时数）× 工作的天数

应当说明的是，尽管本次调查获得关于工时的估计结果可能和其他统计来源，如劳动统计调查的估计不同，但令人欣慰的是，所获得的估计结果却和其他统计来源的结果大体相似。

从调查结果来看，全国的周工时为44.6个小时，北京的周工时是44个小时，广州为44.6个小时，而长沙的周工时达到45.7个小时，说明在中国内地城市就业人员的工作时间基本上符合《劳动法》规定的44小时的标准，但明显地超过了1995年颁布的《国务院关于修改〈国务院关于职工工作时间的规定〉的决定》中的每周工作40

小时的标准。

全国第五次人口普查资料统计整理的结果显示:如果以每天8小时计算,有53.8%的员工每周工作时间在40小时以上。我们的研究结果(51.8%)说明本次调查有较高的可信度。

尽管较短工时的比例非常高,但这并不意味非全日制工在中国非常普遍。实际上,他们中的大多数人工作时间是在30~40小时之间。在本次调查中,工作时间在30小时以下的员工比例仅为2.2%,这些员工甚至很难说是非全日制员工。在中国,非全日制工是指在同一用人单位平均每日工作时间不超过5小时、累计每周工作时间不超过30小时,用这个标准来看,满足该条件的员工只占0.35%,几乎可以忽略不计。当然,这次调查主要是针对正规部门的员工,而在非正规部门里的非全日制工似乎更普遍。

从调查情况来看,随着受调查员工个人特性的不同(性别、户籍和婚姻),每周工作时间也不同,而且均值比较的结果表明,这种差异也很显著(在0.05的水平内)。

另外,学历与员工周工作时间存在负相关关系,即学历越低,周工时越长。初高中学历的员工(51.6小时)和研究生及研究生学历以上的员工(42.5小时)的工时差距特别大。在中国,如果高学历主要是和高收入联系在一起的话,那么,低学历的员工工作更长的时间则是一条获得"体面"收入的途径。

调查还显示,年龄与员工周工作时间存在负相关关系,即员工的年龄越低,周工作时间越长。

岗位的变化也值得注意。调查显示,生产岗位员工的周工作时间最长,达47.3小时;其次是其他类员工(主要是一些后勤支持人员,如司机或不便归类的人员),白领员工诸如财务职员和办公室人员工作的时间相对较短。

就行业而言,电力、煤气及水的生产供应业的员工工作时间最长,达49.4小时。建筑业次之,有47.9小时。形成对比的是,通讯部门和社会服务部门的工作时间更短。然而,比较这三个城市的平均值没有太大的意义,因为这些城市的差距非常大,如在广州建筑部门中工作的员工的工时很短,这种地区的差异值得进一步研究。

在不同所有制的企业里,工时数是不同的。在参与本次调查的各种性质的企业中,尽管国有企业超过了40小时工作周的原则,但每周只有43.2小时。私营企业的工时看起来更长一些(除了北京),集体企业的周工作时间是最长的。集体企业的组成很复杂，据了解，参与本次调查的有62.5%的集体企业是属于由私人出资组建的股份制企业，并挂靠在国有企事业单位下。

加班被广泛使用在调查中已经得到了确认。调查证实，有41.4%的员工在上周工作日加班，有38.1%的员工在上月休息日（双休日）加班，有34.5%的员工在去年法定节假日加班。需要指出的是，由于《劳动法》规定的是在一般情况下，员工每天加班的最高小时数是1个小时，如果按照每周5天工作日来看，在本次调查中加班的员工每周平均加班的工作时间为7.9个小时，已经超过了法律的最高限定。员工在双休日和法定节假日加班的次数相对较少，因为在这些节假日，雇主要支付更高的加班费。

员工也不总是反对加班。调查显示，绝大多数员工都愿意加班，至少不反对。加班之所以能被接受，是因为加班是员工收入的重要来源，或者他们认识到加班的必要性，因此，他们不认为加班是被迫的或者强迫的。从第二个原因来看，员工加班的原因是很有意思的。他们选择"临时任务"（53.8%）和"工作负担重"（33.9%）而不选"工时安排不合理"（4.6%）为主要原因。

如果把加班费的支付和员工对于加班的偏好联系在一起，就会发现一个有趣的现象：调查表明，愿意加班的员工更可能得到加班费。例如，41.8%的员工愿意在正常工作日加班但没有得到加班费，但是那些不愿意加班的而且没得到加班费的员工比例更高，达到了64.9%。如果加班员工被支付适当的加班费的话，那么，员工对于加班会持有更积极的态度，从而在加班时间内可能导致更高的生产效率。

除此之外，我们还对企业工作时间安排方式做了调查。我国法定的工时制度有：标准工时制、不定时工时制和综合工时制、缩短工时制（轮班制和夜班制）。一般说来，不定时工时制和综合工时制、缩短工时制（轮班制和夜班制）属于灵活工时安排的范畴。调查中也出现了以弹性工时制①为代表的新型的、非标准的工时安排形式。

（二）标准工时安排和灵活工时安排的对比

为了发现员工在什么样的工作安排模式下工作，我们要求每个接受调查的员

① 弹性工时制把工作时间分为两段，一段是核心工作时间，在此期间，员工必须在工作现场工作；另一段时间是非核心工作时间，员工自己选定上下班时间，由员工根据自己的工作情况来安排。为了保证工作时间的充足，一般规定员工日平均工作时间不得少于法定标准8小时。从目前情况看，弹性工时制已经存在，但目前我国的各项法规里并没有对弹性工时制给出确切的规定。

工确定最适合目前他们工作情况特征的工作时间安排模式。选项包括标准工时制、综合工时制、不定时工时制、弹性工时制和家中上班制。就弹性工时的例子而言,由于没有包括在北京和长沙的调查中,因此在这三个城市之间我们无法作出严格的比较。

从调查结果可以看到,尽管标准工时安排很普遍,但也应该注意到非标准工时安排,例如,综合工时制和不定时工时制也是相当多的。调查结果显示,12.2%的员工在综合工时制安排下工作,长沙的比例更高,为16.7%。

北京和长沙有超过30%的员工实行不定时工时制。和广州相对较低的数字比较,北京和长沙的不定时工时制似乎包括了弹性工作的员工。一些按照不定时工时制工作的员工可以自行决定自己的工作时间,以便于更好地协调自己的工作和家庭生活。同时,还有一些实行过此类工时制的员工肯定深受其苦,因为当工时的不确定性通常由雇主来决定时,雇主就可能没有考虑到员工个人的需要。某些企业可能会任意地延长员工的工时以减少加班工资的支付,下面的例子即为明证。《宁波日报》2004年3月1日发表了一篇报道,提到一名送奶工向市职工维权中心投诉,称他所在的单位以实行不定时工作制为名,任意延长工作时间,每天长达12~14小时。他在这家公司整整干了一个月,没有休息过一天,且从未领到加班工资。据了解,类似的情况时有发生,尤其是在部分服装、纺织等劳动密集型企业,情况更为严重。

调查显示,弹性工时制在中国并不常见,尽管调查的结果只局限在广州一个城市(13.5%)。随着社会的发展、经济水平的提高和城市化所带来的严重后果(交通拥挤),作为能较好协调员工工作与生活关系,提高管理效益的一种灵活的工时安排,人们对弹性工时制开始逐渐重视起来。北京市就计划在商业部门的员工中试行该工时制度,以错开上下班的高峰期。可以推测,在北京和长沙,按照弹性工时制工作的员工也具备了一定的比例。但是弹性工时制在中国推行有一定的难度,因为目前国内大多数企业的管理者很难真正做到"以人为本",劳动力市场供大于求的局面也使得一般企业觉得没有必要去"迎合"员工的需要。企业的整体管理水平还有待提高。国内企业仍以传统制造行业为主,对于在生产、装配等流水线上的工作人员是不允许采用弹性工时制的;而政府机关等传统企事业单位的工作环境同样不适合这种工时制度,这些人的工作都与组织内外的其他人有关。

（三）缩短工时制和周末工作的安排

轮班在中国非常普遍。调查显示，36.1%的员工实行轮班制，最常见的轮班是两班制。轮班制具有行业特性，主要运用于制造业、批发零售商贸业和社会服务业。我们也注意到，两班制在批发零售商贸业中的运用比制造业更普遍，这个比例达到27.9%。

夜班的运用比率低于轮班制。在接受调查的员工中，大约有17.5%的员工至少每个月有上一次夜班的经历。地区差别非常明显，从北京的12.3%到长沙的22.5%，这反映了地区间的产业结构差别。88.9%的夜班工作者每个月夜班次数在1～10次左右，男性的平均月夜班工作时间（47.8小时）比女性的月夜班工作时间（30.6小时）要长。

和夜班、轮班的高比率一样，周末工作在我国也是非常普遍的。调查中有22.5%的员工报告说他们在周末工作。夜班工作的运用取决于地区、企业所有制的形式和产业。长沙对周末工作运用的比率相对较高，尤其是在私营和批发、零售企业。但周末工作制在性别上不存在显著差异。

## 二、工时变化的原因和对员工的影响

如何理解工时的这种变化？这种变化给工作时间的供给者——员工究竟带来了什么影响？对于前者的解答，有利于我们了解工时将来的发展趋势，并通过和国家标准工时以及国际劳工组织的标准对比，维护劳工的合法权益，与世界惯例接轨。而且，全面、准确的工时信息是国家对劳动力市场进行宏观调控的依据，它有利于国家制定正确的劳工政策和人力资源开发战略，从而提高劳动力市场运行效率，实现劳动力资源的优化配置，为企业、个人、国家提供基础性服务。在中国企业的管理模式从传统型、人际关系型向人力资源型过渡的时候，对后者的解答，可以了解到员工个性化需求，缓解员工与生活的矛盾，提高员工的生活与工作满意度，有利于企业完善人性化管理。

对工时长度和工作时间安排方式变化的这种趋势，我们认为，从宏观的社会经济法律背景的变化上加以关注，可能会得到更清晰的认识。

（一）宏观背景变化

20世纪90年代以来，随着以社会主义市场经济体制为取向的改革措施的实施，中国劳动力市场逐步形成并不断规范。新型所有制形式企业的出现，市场竞争的加剧,使得过去的终生雇用演变成为现在的多种形式的雇用形式。同时,中国经济的转型是在全球化的背景下进行的,在全球化的背景下,在劳动法制上逐步与国际劳工标准接轨,规范劳动关系,成为中国劳动立法的趋势。自20世纪80年代以来,中国批准了19个国际人权公约和23个国际劳工公约,修改了工会法,制定了《劳动法》等法律法规。劳工标准的国际化必然要求中国对企业工作时间作出相应的调整,通过限制工时的长度和制定合适的规章框架来安排工时,推行标准化工时的措施。这在我国《劳动法》中有所反映,其在工作时间方面有两个重要的规定:一是周工时数量的规定;二是限制加班加点以保护劳动者的身体健康。在《劳动法》颁布之前,国务院于1994年2月公布了《国务院关于职工工作时间的规定》,将我国已经执行了40多年的每周48小时的工作制度改为每周44小时的工作制度。《劳动法》第36条对此加以了确认,规定"劳动者每日工作时间不超过8小时,平均每周工作时间不超过44小时"。1995年3月,国务院又发布了《国务院关于修改〈国务院关于职工工作时间的规定〉的决定》,指出,自1995年5月1日起,实行每周40小时的工作制度,有困难的企业可以延期至1997年5月1日施行。加班是雇主要求劳动者在正常工作日、法定节假日或者休息日从事超过标准的工作时间。由于加班要占用劳动者的休息时间,并对员工的身体健康和安全可能有消极影响,所以我国的法规对此是加以限制的,限制的意义也在于促进用人单位改进劳动组织和提高生产效率。

另外,为维护在市场中的竞争优势,在企业层面上,又需要对工时的灵活化给予更多的关注和强调。对于企业来说,必须根据激烈的竞争导致的市场需求变化,灵活地作出用工调整,既要充分地利用企业的机器设备,又要提高企业的经营效率,从而对企业的生产组织形式提出了更高的要求。与此相适应的是,借助劳动力成本参与竞争的中国企业要么通过延长工作时间,要么采用更灵活的用工安排,例如使用小时工、派遣工来节约成本。在调查中,许多员工的工时超过了法定标准。对于这个问题的解释,有56.5%的经理认为,这主要是市场竞争加剧的结果。对于加班的员工,还应该注意到员工并没有完全拿到加班费。调查显示:在工作日加班的员工有51.1%的人没有拿到加班费,在法定节假日加班没有拿到加班费的员工达到32.3%,在双休日加班没有拿到加班费的员工达到44.2%。企业采用其他标准(工时安排方式的调整,如轮休、倒休)来补偿员工加班,在很大程度上是为了减少加班费用的支付。由此可见,为维持竞争优势,延长员工的工作时间或者调整工时安排是一条有效的途径。

(二)工时安排对员工的影响

目前的研究中,关于企业现行工时安排对于员工的影响不多见。企业人性化的管理要求我们关注员工对于某项管理实践的反馈情况,以及企业围绕工时安排应该作出何种调整。为此,我们设计了以下几个简单的问题,通过分析,可以看出员工在这方面的需要。在询问员工关于目前工时对于工作生活和工作效率几个重要方面的影响时,表1提供的回答是各种各样的。对于工时积极的影响和消极的影响的回答所占比例大体相似(从22.7%到34.5%),这意味着员工对于他们的工时有着不同的理解。例如,只有30.1%的答案赞成工时能使他们的生活“更便利”,28.8%的答案却说工时导致他们的工作积极性下降。另外,34.5%的答案认为目前的工时有助于提高工作效率,然而26.2%的答案却给出了相反的答案——“降低工作效率”。

表1 员工对于目前工时安排所带来影响的看法(多选)

单位:%

| 你认为目前工时安排会导致下面哪些影响? | | | | | | |
|---|---|---|---|---|---|---|
| 使您心情舒畅 | 提高工作效率 | 使生活更便利 | 减少缺勤和迟到 | 工作积极性下降 | 导致经常性加班 | 降低工作效率 |
| 22.7 | 34.5 | 30.1 | 32.0 | 28.8 | 29.2 | 26.2 |

然而,当涉及工作和家庭社会生活的平衡时,答案出现了一致的情况。当被问到工作时间和家庭社会生活是否协调的时候,员工的答案分为积极(53.3%)和消极两部分(42.0%)。回答“很好”和“根本不行”的员工比例非常低(参见表2)。而且,员工的回答根据他们目前工时数量的变化而变化。例如,绝大多数员工(63.4%)每周工作40小时,他们认为自己的工时在很大程度上和家庭社会生活相协调,但对于那些每周工作超过60小时的员工而言,他们赞成这种看法的比例却不到30%(27.6%)。

我们也可以对周末工作做类似的观察。正如表2展示的那样,周末工作增加了工作生活平衡的可能性。大约40%的周末工作人员报告他们的工作时间和家庭社会生活是协调的。很显然,较短的工时有利于改善工作与生活之间的平衡。

表2 不同工时数的员工对于工作时间和家庭社会生活的协调性的看法

单位:%

| 目前的工作时间和你的家庭社会生活协调吗? | | | | | | |
|---|---|---|---|---|---|---|
| 周工时数目 | 很好 | 不错 | 不是很好 | 根本不行 | 不知道 | 总计 |
| 少于40小时 | 17.6 | 49.0 | 25.6 | 3.6 | 4.2 | 100.0 |
| 40小时 | 15.8 | 47.6 | 28.3 | 1.8 | 6.5 | 100.0 |
| 41~50小时 | 8.0 | 40.8 | 41.9 | 5.2 | 4.1 | 100.0 |
| 51~59小时 | 7.3 | 29.1 | 51.8 | 7.7 | 4.1 | 100.0 |
| 60小时以上 | 6.9 | 20.7 | 51.0 | 16.6 | 4.8 | 100.0 |
| 周末工作 | | | | | | |
| 周末工作的员工 | 8.8 | 31.1 | 45.0 | 10.7 | 4.4 | 100.0 |
| 周末不工作的员工 | 13.3 | 43.6 | 34.5 | 4.1 | 4.5 | 100.0 |
| 总计 | 12.1 | 41.2 | 36.7 | 5.3 | 4.7 | 100.0 |

最后,员工对灵活工时的安排持有浓厚的兴趣。当问到员工们对于固定工时制和灵活工时制的偏好时,大多数员工选择了后者(63.5%)。如表3所示,在不考虑目前工时制度安排的情况下,对灵活工时制的强烈的偏好就说明了这个问题。按照标准工时制工作的61.0%的员工选择灵活工时制,同时绝大多数按照灵活工时制工作的员工仍旧选择灵活工时制。

表3 员工对灵活工时制与固定工时制的偏好

单位:%

| | 固定工时制 | 灵活工时制 | 总计 |
|---|---|---|---|
| 目前的工时模式 | | | |
| 标准工时制 | 39.0 | 61.0 | 100.0 |
| 综合工时制 | 38.5 | 61.5 | 100.0 |
| 不定时工时制 | 35.9 | 64.1 | 100.0 |
| 灵活工时 | 22.5 | 77.5 | 100.0 |
| 家中工作 | 26.7 | 73.3 | 100.0 |

续 表

| | 固定工时制 | 灵活工时制 | 总　计 |
|---|---|---|---|
| 生活的协调性 | | | |
| 很好 | 53.1 | 46.9 | 100.0 |
| 不错 | 42.0 | 58.0 | 100.0 |
| 不是很好 | 33.8 | 66.2 | 100.0 |
| 根本不行 | 35.7 | 64.3 | 100.0 |
| 所有的工人 | 36.5 | 63.5 | 100.0 |

由于员工的“主观”性质，我们通常很难解释他们对于灵活工时偏好的原因。同时，灵活工时制对于每个员工有不同的理解和含义，而且受调查的性质所限，我们也不能够对这个问题给出任何假设性的答案。然而，这次调查结果传递了一条很重要的信息，那就是：中国的员工希望获得工时的灵活性以改善他们的工作生活。例如，当员工的偏好与他们对于工时和家庭生活协调性的评价相匹配时，大多数（53.1%）员工认为工作时间和自己的家庭社会生活协调得很好，并愿意选择固定工时制。然而那些认为工作时间和自己的家庭社会生活不协调（33.8%的员工选择“不是很好”，35.7%的员工选择“根本不行”）的员工选择固定工时制就少一些。

## 三、结论和展望

通过对人力资源经理和员工的调查，本文提供了一份不多见的、关于中国工时的系统分析报告。我们的分析显示，中国的工时正日益多元化和复杂化。从一定意义上说，如同《劳动法》里反映的那样，对于工时灵活化逐渐增多的需要伴随着工时的标准化而产生，在中国向市场经济转型的同时，这两种趋势都需要关注。

报告发现了工时标准化和灵活化的双重趋势正在中国演进，反映了过渡到市场经济的转型特点。通过规定日工时和周工时的数量，中国采用了大量的法规使工时标准化，尽管看起来两种工时标准（44小时和40小时）引起了一定的困惑。在实践中，这些标准工时被广泛实施的同时，还有相当一部分的工人工作很短的时间（在40小时之下）或者很长的时间（在50小时之上）。与此同时，各种法规鼓励运用更具灵活性的工时安排。在企业里，各种不同的工时安排已经被采用，而且调查显示，在某些场合，标准工时已不再“标准”。本报告另一个非常重要的发现是：中国员工对灵活工时模式更感兴趣,关于这种态度和偏好的原因需要作进一步的分析,因为关注标准化和灵活化的动态变化和它们对于实际工时模式的影响非常重要。

在中国,工时过长的现象特别值得关注。可以肯定地说,引发工时过长的关键原因在于频繁和长时间的加班,并且本次调查也确认了加班在被广泛地使用。员工加班也没有被完全支付加班费。我们应该评估这种现象,因为它和大多数工人不反对加班以及能拿到加班费的工人接受加班的事实形成对比,这说明了工人中存在强烈的收入动机以及确保对加班支付加班费的需要。

目前,在中国对于企业工作时间还缺乏深入的研究,原因在于官方没有这方面的完整数据。企业层面的研究也非常困难,因为缺乏现场工地的工时记录或雇主对工时调查并不欢迎,私有企业尤为如此。虽然我们对员工关于现有工时制度的安排评价做了一个初步的描述,但是对于现有工时安排与员工生活的关系,员工的职业安全感及工作满意度等问题的分析在中国还是一个全新的领域,需要做更进一步的研究。

# 第四章

# 人力资本投资

在前面章节的讨论中，为了简化分析，我们都假定所有劳动力都是同质的，在劳动力市场上工人可以相互替代。但实际上劳动力显然是异质的，他们在个人的健康状况、专业技术知识和职业技能等方面都存在着很大的差异。本章将集中分析人们在后天获得劳动技能方面所存在的差异对劳动者就业和获取收入能力方面的影响，即引出人力资本投资的概念，探讨个人与企业对人力资本投资方式的选择、人力资本投资的经济学原理及其经济效应等。

## 第一节　人力资本投资理论与基本模型

### 一、人力资本的含义与特征

人力资本是一种非物质资本，它是体现在劳动者身上的、并能为其带来永久收入的能力，在一定时期内，主要表现为劳动者所拥有的知识、技能、劳动熟练程度和健康状况。它具有以下五个特征：(1) 人力资本是一种无形资本；(2) 人力资本具有时效性；(3) 人力资本具有收益递增性；(4) 人力资本具有累积性；(5) 人力资本具有无限的潜在创造性。

## 二、人力资本投资的含义与内容

有关人力资本投资概念的确定，我们比较倾向于贝克尔的说法，贝克尔(G. S. Becker)在《人力资本》一书中是这样描述的："这一学科研究的是通过增加人的资源而影响未来的货币和物质收入的各种活动。这种活动就叫作人力资本投资。"也就是说，凡是能够有利于形成与改善劳动力素质结构、提高人力资本利用效率的费用与行为都可以认为是人力资本投资的范畴。

一般认为，人力资本投资包括以下几个方面：(1) 各级正规教育；(2) 在职培训活动；(3) 健康水平的提高；(4) 对孩子的培养；(5) 寻找工作的活动；(6) 劳动力迁移。

在以上六项活动中，前四项是关于如何增加一个人所掌握的人力资本数量，后两项则涉及怎样最有效率地利用一个人的人力资本。

## 三、人力资本理论形成简史

人力资本的概念最早由亚当·斯密提出，他在《国富论》中写道："学习是一种才能，须受教育，须进学校，须做学徒，所费不少，这样费去的资本，好像已经实现并固定在学习者的身上。这些才能，对于他个人自然是财产的一部分，对于他所属的社会，也是财产的一部分。工人增进的熟练程度，可以和便利劳动、节省劳动的机器和工具同样看作社会上的固定资本。学习的时候，固然要花一笔费用，但这笔费用，可以得到偿还，赚取利润。"①由此看到，斯密认为人力资本投资、劳动者的技能影响个人收入。

20 世纪五六十年代以来，人力资本理论开始迅速发展。一些经济现象引起了经济学界的高度关注。例如，在西方发达国家中出现了总产出的增长率大于资本积累

---

① 亚当·斯密，《国富论》，商务印书馆，1972 年，第 257—258 页。

率与劳动力增长率之和的情况,德日两个战败国在实物资本饱受战争破坏的条件下迅速崛起,而伊朗、利比亚等一些发展中国家所实行的以资本积累为导向的工业化战略未取得预期的成效。经济学家们发现:产生这些问题的原因在于相对于物质资本而言,人力资本在经济增长中发挥了更大的作用。在人力资本理论体系的完善发展过程中,加尔布雷斯(Galbraith)、雅各布·明塞尔(Mincer Jacob)、西奥多·舒尔茨(T. W. Schultz)、加里·贝克尔(G. S. Becker)、爱德华·丹尼森(D. Edwards)、罗默(Michael Roemer)、卢卡斯(Robert E. Lucas)等人都作出了自己的贡献。一般来说,以西奥多·舒尔茨、加里·贝克尔和雅各布·明塞尔为典型代表,但是他们是分别从不同的角度展开对人力资本的研究。舒尔茨是在结合经济增长问题的研究时提出人力资本的概念。贝克尔将新古典的分析方法应用于人力资本投资研究,并提出了一套理论分析框架。明塞尔则是在收入分配和劳动力市场行为等问题的研究过程中开创了人力资本的方法。他们的贡献分别如下。

### 1. 西奥多·舒尔茨

其代表作为《论人力资本投资》。舒尔茨在1960年美国经济学年会上发表了题为“论人力资本投资”的演说,系统、深刻地论述了人力资本理论,开创了人力资本研究的新领域,并由此而荣获了1979年诺贝尔经济学奖。舒尔茨的人力资本理论有以下五个主要观点:(1)人力资本存在于人的身上,表现为知识、技能、体力(健康状况)价值的总和,一个国家的人力资本可以通过劳动者的数量、质量以及劳动时间来度量。(2)人力资本是投资形成的。投资渠道包括五种:营养及医疗保健费用、学校教育费用、在职人员培训费用、择业过程中所发生的人事成本和迁徙费用。(3)人力资本投资是经济增长的主要源泉。舒尔茨说,人力投资的增长无疑已经明显地提高了投入在经济起飞过程中的工作质量,这些质量上的改进也已成为经济增长的一个重要的源泉。(4)人力资本投资是效益最佳的投资。人力投资的目的是为了获得收益。舒尔茨对1929—1957年美国教育投资对经济增长的关系作了定量研究,得出如下结论:各级教育投资的平均收益率为17%;教育投资增长的收益占劳动收入增长的比重为70%;教育投资增长的收益占国民收入增长的比重为33%。也就是说,人力资本投资是回报率最高的投资。(5)人力资本投资的消费部分实质是耐用性的,甚至比物质的耐用性消费品更加经久耐用。

舒尔茨的观点对经济学界产生了深远的影响。有的专家认为舒尔茨的人力资本理论与知识经济思想如出一辙,学习和研究人力资本理论对于深刻认识和理解已见端倪的知识经济大有裨益。舒尔茨的人力资本理论也有它的不够完善之处,也有人对他的计算方法提出过质疑。但是,我们还是应该肯定其贡献,因为“难的是从旧的观念中跳出来”(凯恩斯语)。

### 2. 加里·贝克尔

其代表作为《人力资本》、《家庭经济分析》。他的《人力资本》是被恰当地描述为“经济思想中人力投资革命”的起点,其人力资本的观念在该书中得以体现,主要有以下六方面内容:(1)人力资本投资的目的既要考虑到将来的收益,也要考虑到现在的收益;(2)在职培训是人力资本的重要内容;(3)提出了人力资本投资收益率计算公式;(4)提出了年龄—收入曲线;(5)说明了高等教育收益率,同时也比较了不同教育等级之间的收益率差别;(6)信息的搜集也是人力资本的内容,同样具有经济价值。同时,贝克尔还把人力资本研究框架扩展到“家庭经济学”,把家庭的许多行为诸如父母养育孩子、婚姻以及家庭内部分工看成与人力资本有关。

### 3. 雅各布·明塞尔

如果严格而论,明塞尔对于人力资本的研究要早于以上两人,1957年时,他在自己的博士论文《人力资本投资与个人收入分配》中最早运用人力资本投资的方法研究收入分配。他对人力资本的理论贡献有以下几点:(1)他最早建立了人力资本投资收益率模型;(2)最先提出了人力资本挣得函数;(3)将人力资本理论与分析方法应用于劳动市场行为与家庭决策;(4)提出了“追赶”时期的概念,并用于分析在职培训对终生收入模式的影响。

## 四、人力资本投资:基本模型

从以上分析可以看到,人力资本中最重要的组成部分是劳动者的知识存量和技能存量,而它们又主要通过接受教育与培训获得。与其他类型的投资一样,人力资本投资也包含着这样一种含义,即在当前时期付出的成本有望在将来能够带来收益。

在决定是否进行投资时，人们必须把付出的成本与得到的收益进行比较，比较的基础是将未来的收益值按某一贴现率折现。因为货币具有时间价值，现在的一元钱与将来的一元钱是不等值的。

一般来说，有两种方法可以评估人力资本投资决策。

### 1. 净现值法

所谓净现值法就是把未来收益与成本按预定的贴现率进行折现后，比较两者的差额，如果差额为非负值，那么作为追求效用最大化并抱有终身观点的决策主体而言，就有继续投资的意愿；如果差额为负值，则投资中止。

假设某项人力资本投资，在未来一段的时期内（t 年）为投资者带来收益为 $B_1$，$B_2$，……$B_t$，贴现率为 r，t 年内折现的收益为 PV，那么，人力资本投资收益的现值（PV）为：

$$PV = \frac{B_1}{(1+r)^1} + \frac{B_2}{(1+r)^2} + \cdots + \frac{B_t}{(1+r)^t} = \sum_{i=1}^{t} \frac{B_i}{(1+r)^i} \ (i = 1, 2, \cdots, t) \tag{4.1}$$

同时假设该项人力资本投资的成本为 C，在 n 年之内完成，且每年的投资成本为 $C_1$，$C_2$，…，$C_n$，n 年内投资成本的现值为 PVC，那么：

$$PVC = \frac{C_1}{(1+r)^1} + \frac{C_2}{(1+r)^2} + \cdots + \frac{C_n}{(1+r)^n} = \sum_{j=1}^{n} \frac{C_n}{(1+r)^j} \ (j = 1, 2, \cdots, n) \tag{4.2}$$

有了上面收益和成本的现值，就可比较它们的净现值。假设净现值为 Q，那么：

$$Q = PV - PVC = \sum_{i=1}^{t} \frac{B_i}{(1+r)^i} - \sum_{j=1}^{n} \frac{C_n}{(1+r)^j} \geqslant 0 \tag{4.3}$$

由此我们可以看到，人力资本投资的原则应该使净现值为非负值。

### 2. 内部收益率法

这种方法所要回答的问题是："如果要使得投资有利可图，那么贴现率应该是多大？"很显然，内部收益率是个人所能接受的最低利息率，它大于或等于其他投资的报酬率。在实际中,人们在计算这种内部收益率时,首先是通过使收益的现值与成本相等,即根据 $\sum_{i=1}^{t}\frac{B_i}{(1+r)^i}=\sum_{j=1}^{n}\frac{C_n}{(1+r)^j}$ 求出内部收益率 r,然后再将这种内部收益率与其他投资的报酬率 s 加以比较。如果人力资本投资的内部收益率 r 超过了其他投资的报酬率 s,则人力资本投资计划就是有利可图的。

对不同的人来讲,存在着两种情况,一是个人之间的边际成本不同而导致的人力资本投资数量不同;二是个人之间的同一单位的人力资本投资收益不同而导致的人力资本投资数量不同。如图 4－1 所示,其中,MC 表示追加每一单位人力资本投资的边际成本,MB 表示边际收益的现值。图 4－1(a)描述了第一种情况,MC′表示较高的边际成本,由此导致人力资本投资数量由 HC*减少至 HC′;图 4－1(b)描述了第二种情况,MB″表示预计从追加的人力资本投资中获得的未来收益较少,由此导致人力资本投资数量由 HC**减少至 HC″。

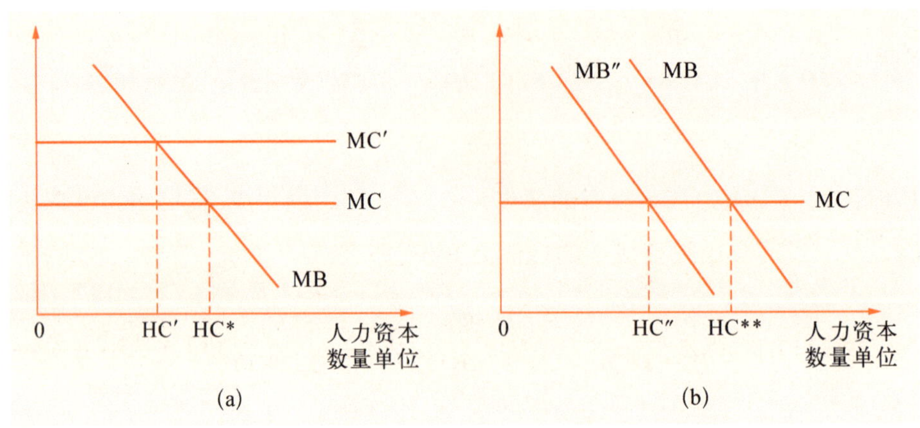


图 4－1 导致人力资本投资数量不同的两种情况

# 第二节 教育投资的分析

## 一、教育投资的成本与收益

在市场经济条件下,人们在接受完义务教育之后,将面临多种选择,可以立即进入劳动力队伍，也可以继续学习深造，如上大学等，进行更高层次的人力资本投资。人们在做这种选择时有多种因素需要考虑，其中经济因素是值得考虑的最重要的因素。总体说来，应当使上大学的总收益超过其总成本时，人们才选择继续进行教育投资。由于人力资本投资的主体是个人，所以我们在分析其成本与收益时，并没有考虑社会的投资与收益。

### 1. 成本

上大学的总成本包括货币成本与非货币成本。货币成本由两部分组成：直接成本与间接成本或机会成本。直接成本是学杂费、书本费等，是接受大学教育直接发生的费用。间接成本，也称为机会成本，是由于上学而无法去工作而放弃的收入。一般说来，非货币成本是指由于上大学所承受的心理成本，由于读书是一件很艰苦的事，枯燥乏味，考试还要面临很大的压力，所以有人把它当作一种负效用。当然，不排除有些人将学习视为一种享受。由于非货币成本是一种主观感受，所以很难进行量化，在下面的分析中我们将省略对非货币成本的分析。直接成本与间接成本分布于整个大学时期，是一个预期值。

### 2. 收益

上大学的总收益也包括经济收益和非经济收益。经济收益就是从终生收入来看，上大学的人一生得到的收入总量高于没有上大学的人一生得到的收入总量的部分。但是，这种收入的超出部分建立在对未来的预期的基础上，也是一个预期值。而这种预期又是以已经发生的事实作为基础的，因为一个人并不知道大学毕业以后或者没有读大学的收入如何。非经济收益包括由于上大学而得到的社会地位的提高、知识面的扩展所带来的生活兴趣的广泛等。由于非经济收益很难准确地计量，我们同样将省去对它的分析。

### 3. 模型分析

图 4－2 清楚地显示了两类人的收入流的差异。其中，收入流 A 反映了未上大学的终生收入流，也就是代表这部分人 18 岁高中毕业后不去上大学，立即工作；收入流 B 反映了 18 岁上大学的人到 65 岁退休的终生收入流。我们看到，上大学的

总成本为放弃的收入和学杂费,收入增量表示接受大学教育和不接受大学教育的收入流的差额。经过折现后,只有收入增量大于或等于上大学的总成本,人们才继续选择接受大学教育。值得注意的是,这里仅反映了经济收益,没有反映非经济收益。

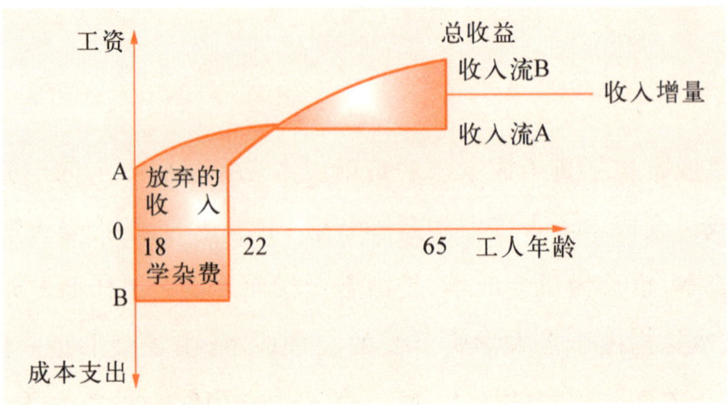


图4-2　教育程度不同的人的收入流

从以上分析中,我们可以提出以下几点与大学教育决策有关的结论:

(1) 其他条件不变,上大学的总成本降低,对上大学的需求将增加;反之,总成本上升,对大学教育的需求下降。

(2) 其他条件不变,大学毕业生与无大学学历劳动者的收入差别扩大,则要求上大学的人数增加。即收入流的规模会对教育决策产生影响。

(3) 年龄是影响决策的因素之一。由于年轻人未来工作时间长,因而其总收益的现值要大于老年人。因此,多数大学生是年轻人。即收入流的长度也会对教育决策有影响。

## 二、教育投资的分析

### 1. 个人教育投资的评估

当一个人决定进行大学教育投资的决策后,那么他能收回自己的投资成本吗?美国学者的研究结论是:该国教育投资的收益率大约是5%~15%(扣除物价因素之后),这个比例和其他类的投资收益率大体在同一范围内。然而,值得指出的是,专家们都认为在评估教育的收益时,一些因素可能会使得收益被高估或低估。第一种情况是现实生活中,能力与学校教育在获取高报酬时都能发挥作用。这是因为,精明能干的人越有可能获得更多的学校教育。即使他们没有获得更多的教育,他们的生产率也可能比其他人高,从而获得更高的报酬。在能力指标不能被观察时,研究人员就有可能将高报酬归之为高学历的功劳。因此,教育投资的收益就有可能会被高估。第二种情况是在评估教育收益时,人们时常忽略了构成报酬的福利部分,或者没有考虑某些工作的心理收益,而这些工作往往能给人愉悦的感受。如果是这样的话,那么教育收益就存在被低估的可能。第三种情况是职业选择问题。假设某个人上大学是为了将来毕业后从事医生的职业,但是多种因素使他不得不从事护士的工作,那么在这种情况下,他拿的报酬就有可能比没有读大学而专职从事护士工作的其他人的报酬低。同样的道理,即使一个没有读大学的人完成了从事医生所修的各项课程,他获得的报酬可能并没有那些专门读完医学课程的大学毕业生的报酬高。这些情况的存在既有可能低估那些决定上大学的人的教育收益,也可能高估那些不上大学的人放弃的教育收益。

### 2. 文凭的信号功能

关于教育的作用,人们一般认为有两种功能。第一种功能是接受高等教育能提高人们的生产效率,因此高学历的人能获得高报酬。然而,有些研究人员却认为接受高等教育不是提高员工生产效率的手段,或者说接受高等教育能提高生产效率并不是高学历与高报酬之间存在正向关系的唯一解释,他们认为学历只是一种发现哪些员工具有高生产效率的手段。这就是教育的第二种功能:信号功能。

在招聘员工时,雇主并不完全知道求职人员的实际生产效率。雇主所能观察的只是与雇员的生产率相联系的一些特征如年龄、性别、工作经验和受教育水平,按照教育信号功能假说,员工的受教育水平对企业决定雇用哪些工人有重要影响。

假设在雇主面对两类求职人员,一类人员生产率为1,另一类人员生产率为2,雇主在不能甄别这两类人员的情况下,只好假定所有求职人员的平均生产率为1.5,从而用1.5的工资水平雇用员工。但是,如果雇主有一种手段可以排除生产率为1的人仅雇用生产率为 2 的人,企业利润就会增加。市场上的每个企业都这样做的结果是,生产率为 2 的劳动者的工资为 2,生产率为 1 的劳动者的工资为 1,教育年限可以起到这种甄别的作用。

如果雇主认为 e* 的教育可以作为甄别手段,那么高于 e* 教育年限的人员得到的工资率为 2,低于 e* 的人员得到的工资率为 1(如图 4-3 所示)。

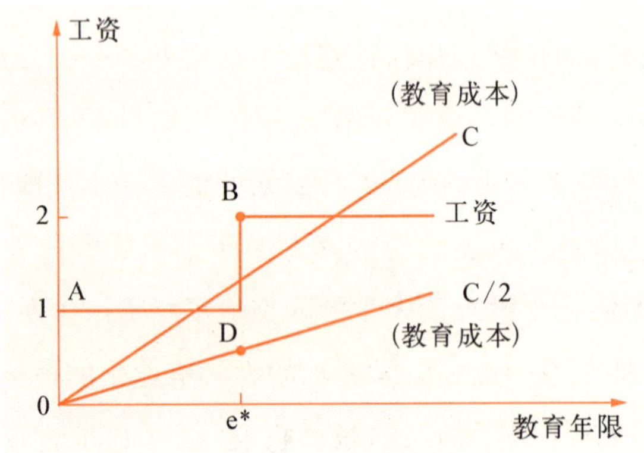


图 4-3 教育信息的收益和成本

但如果不要任何成本都能得到 e* 年教育,每个求职者都会这样做,那么,e* 也就失去了其甄别的信息功能。然而,教育是要付出成本的,对于不同的个人来说,心理成本的差异也是巨大的,并且付出的心理成本与个人的劳动生产率往往是有关系的。如果那些善于学习、能够用较低成本达到一定教育水平的人员也是在工作中更有效率的人员,那么,教育年限的信号功能就可以体现出来了(参见图 4-3 中的两条教育成本线)。低生产率者,由于不善于学习,其教育成本曲线为 C,高生产率者则为 C/2。在这种情况下,员工选择的原则是:工资报酬的贴现值与其教育成本之间的差距最大时为最佳。对于教育成本为 C、工资率为 1 的员工来讲,教育年限为 0 的差距最大;对于教育成本为 C/2、工资率为 2 的员工来讲,教育年限为 e* 的时候差距最大。所以,只有教育成本为 C/2 的人才会选择接受 e* 的教育。e* 也就成为劳动力市场上进行甄别劳动力的信息标志。

当然,这种办法也有弊病。因为有些有学历的人并无相应的能力;而有些有能力的人并无学历,这些都会使劳动力市场的供求双方遭受损失。然而,使用这种筛选工具却使企业大幅度降低了雇佣成本。

# 第三节 在职培训

从理论上说，严格意义上的正规学校教育的决策仅仅是人力资本积累和技能发展的一部分。正规学校的教育后，投资并没有停止，它恰恰是在另一种意义上的开始。正规学校教育只是为劳动者积累特殊技能和通过在职培训从具体的工作环境中学习配置了舞台布景。人力资本文献非常广泛地解释了“在职培训”这个术语，整个概念只有一小部分被包括在正式的培训计划、学徒期限和诸如此类的情况中，而较大的部分则与从经验中学习有关。目前，在职培训受到越来越多的重视和研究，这主要存在三方面的原因①：

（1）国际竞争加剧使全球的厂商都在寻找提高其员工生产率的办法，培训以及相应的员工生产率提高被视为增强竞争力的关键。

（2）技术方面的快速变化，特别是信息产业的发展，已经导致了大规模的员工再培训，以及对员工的技能结构进行调整的需求。这一变化在各个产业领域都体现出来。开发、提供乃至使用此类技术和产品的企业都必须通过培训提升员工的劳动技能和能力。

（3）员工在各类岗位间的轮换变得普遍。因而，他们通过在职培训来适应更广泛的技能要求。扁平化组织的出现使更多的决策权被下放给直线部门，为了使员工有效地承担新的决策责任，要求其具备更高的知识和能力。

## 一、在职培训的成本与收益

### 1. 成本

企业的在职培训的成本因为培训的性质、内容等不同而不同。培训的成本主要包括直接成本和机会成本。直接成本包括雇员在培训期间的工资和举办培训活动所需要的费用，如聘请培训师和租用场地的费用。机会成本有两部分组成：一部分是

① 朱舟，《人力资本投资的成本收益分析》，上海财经大学出版社，1999 年，第 133 页。

受训人员参加培训要花一定的时间和精力,致使自己的生产率会受到影响;另一部分是利用有经验的员工和机器从事培训活动的成本,这两者都会给企业正常的经营活动造成一定的损失。

### 2. 收益

在职培训的最终收益是企业员工的劳动生产率得以提高。假设员工在培训前的边际产品价值是 $VMP_1$,培训后的边际产品价值是 $VMP_2$,那么,培训的收益就是 $VMP_2 - VMP_1$,但这还不够,雇主还必须把培训受益与成本折成现值进行比较,即 $\sum_{i=1}^{n}\left[\frac{VMP_{bi} - VMP_{ai}}{(1+r)^i}\right] > C, (i = 1, 2, \cdots, n)$,而且培训的收益不是一次性回收,只要员工培训完后继续留在该企业里服务,收益就存在。除了企业得到收益外,员工的收益表现为收入以及福利的增加、择业能力的增强。图 4 - 4 说明了员工在培训前后的劳动边际产品的差异。

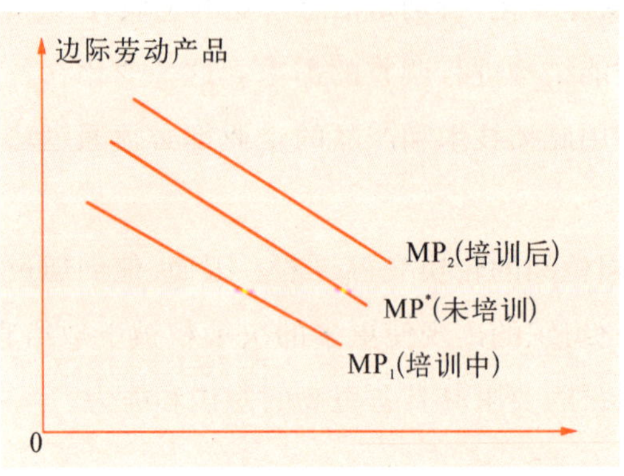


图 4 - 4 培训对边际产品曲线的影响

## 二、在职培训投资的主要模式

与在职培训相关的投资决策比学校教育决策远为复杂,其涉及的主体、投资成本的支付方式和影响因素都更复杂。在对企业培训投资模式进行的跨国比较研究中,林奇(Lynch,1992)按在职培训投资的成本承担主体划分,把发达国家的在职培训分为以下四种主要模式。

### 1. 德国模式

表现为所谓的双重学徒制(Dual Apprentice-ship),即由企业和员工个人共同投资(企业和政府共同承担直接培训成本,个人以接受较低工资的方式承担间接成本),共同作出投资决策(工会与雇主在一般培训和特殊培训中寻求平衡,前者倾向一般技能的取得,后者倾向提供特殊培训)和取得培训证明(个人在培训期满参加考试并取得全国通用的培训证明,这使员工有培训动力)。德国式的企业特殊培训和一般培训都在学徒期内完成。

### 2. 日本模式

与德国模式不同,日本模式基本不存在学徒制培训员工。企业重视建立员工对企业的忠诚度,而非对某一特定职业的忠诚度,学徒制不是很有利的形式。由于日本企业的员工周转率很低(约40%的日本企业员工为终身雇用),企业因此甚至能够取得一般培训的投资收益。因此,与德国模式不同,日本的培训根植在生产制造系统内部,并在员工加入本企业后进行。

### 3. 北欧模式

政府提供技能培训。在美国,政府培训项目意在帮助劳动力市场中最为不利的人群。但在北欧国家,尽管最可能受到培训资助的仍是失业工人,但接受培训资助项目的工人远大于美国的范围。尽管这种模式有助于解决一般培训中的市场失灵(投资不足)问题,但这种模式的成本较高。此外,这些项目的实际收益率也存在很大争议。

### 4. 自由市场模式

在美国最为突出。美国存在四种正规教育后进行培训的渠道:企业提供的正式和非正式培训;以营利为目的的私人职校提供的脱产培训,包括商务/技术、美容等职业学校课程;学徒制(主要在建筑业);政府培训项目(如 Job Training Partnership Act, JTPA)。其中,政府培训项目涉及的人数极少,主要目的在于帮助最困难的劳动力就业;其他项目都是由私营部门提供的。

## 三、普通培训与特殊培训

在职培训有两种基本类型:一类是普通培训,即培训所获得的技能对多个雇主同样有用,例如,教授基本阅读技能、指导秘书如何打字及如何使用文字处理软件等;另一类是特殊培训,即培训所获得的技能只对提供培训的企业有用,或者说能使提供培训的企业的生产率比其他企业要高得多。关于在职培训,企业需要作出两个相关的决策:(1)投资多少用于培训;(2)如果投资于培训,如何设计培训期间和培训后的工资,才有可能收回投资。关于投资多少前文已有说明,这里主要讨论培训期间和培训后的工资设计。

### 1. 普通培训

假设员工在接受培训之前,其边际劳动产品价值为 $VMP_1$,按照边际劳动产品价值(VMP)等于工资率(W)的原则,该员工的工资率应为 $W_1$。但是经过一段时间培训后,该员工的边际劳动产品价值提高为 $VMP_2$,那么应支付的工资率为 $W_2$。可问题是由谁来支付培训成本?如果企业为了补偿培训期间所付出的培训成本,在培训结束后,支付给员工的工资率小于 $VMP_2$,但由于普通培训的技能可以适用于所有的企业,那么受训员工就会离开所在的企业,而流向愿意付给他 $W_2$ 的企业。假定所有其他就业条件相同,培训之后,企业为了能留住工人,支付的工资必须等于 $VMP_2$。正因为如此,企业是不愿意为员工提供适用性很强的普通培训,这一类培训任务往往交给各类职业技术学校完成。

假设现在企业提供普通培训,按照上面的分析,受训员工应承担培训成本,那么他们以怎样的方式支付呢?比较合理的一个办法是员工在接受培训期间接受一个低于本来能获得的工资更低的起点工资。可用图 4-5 来说明这一问题。

在图 4-5 中,$W_1$ 为员工没有接受培训时的工资率。培训期间 t 内,员工的边际劳动产品价值为 $VMP^*$,此时由雇主支付工资率为 $W^*$,$W_1-W^*$ 的差额部分为培训的成本,即由员工承担的培训成本。培训完后的服务期(T-t)内,雇主支付给员工的工资率为 $W_2$,因为此时员工的边际劳动产品价值为 $VMP_2$,$W_2-W_1$ 的差额部分为培训的收益。

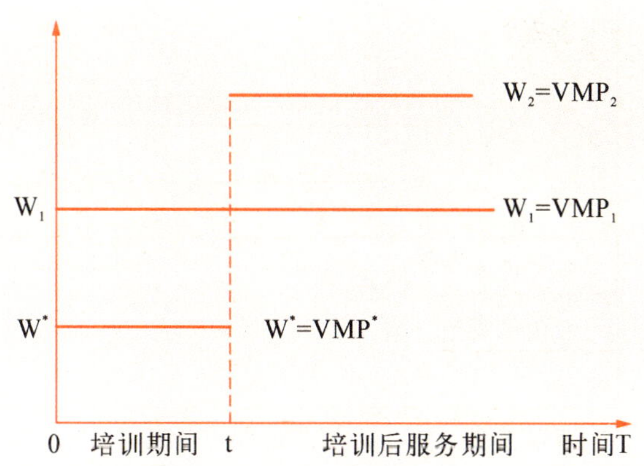


图 4－5　**普通培训的成本与收益**

## 2. 特殊培训

由于接受特殊培训的员工只能在本企业发挥更大的作用，一旦他们被雇主解聘或辞职而去其他企业任职，那么他们能拿到的工资率就和接受培训前没有什么区别，所以，员工是不愿意为特殊培训支付费用的。如果员工在培训后能留在企业工作很长时间，那么以下的工资设计就是可行的：雇主可以在培训期间和服务期间给员工支付 $W_1$ 的工资，在这种情况下，由雇主来承担特殊培训的成本以及获得收益。如图 4－5 所示，在培训期间，企业支付的工资高于受训员工的 $VMP^*$，这就相当于特殊培训的成本；在 $(T-t)$ 的服务期内，企业支付的工资高于受训员工的 $VMP_2$，从而赔偿了培训成本。但是，如果员工在培训完出现流动情况，或者说只为企业服务很短的时间就辞职了，去其他企业拿 $W_1$，这显然对员工没有任何损失，可是企业的特殊培训的成本就收不回来了。因此，有必要重新设计成本承担和收益获得。这种解决途径可以通过图 4－6 加以说明。

如图 4－6 所示，在培训期间可以向员工支付 $W_4$ 的工资，尽管按照 $VMP=W$ 原则，员工只能拿 $W_*$ 的工资。$W_4-W_*$ 的差额部分就是企业承担的培训成本，$W_1-W_4$ 的差额部分就是员工个人承担的培训成本。在雇用期间可以向员工支付 $W_3$ 的工资，$W_3-W_1$ 的差额部分是员工个人预期的培训收益，$W_2-W_3$ 的差额部分是企业个人预期的培训收益。在特殊培训的条件下，员工的辞职率要低于普通培训条件下的员工的辞职率，因为受训员工承担了一部分培训成本，而且由此得到的特殊

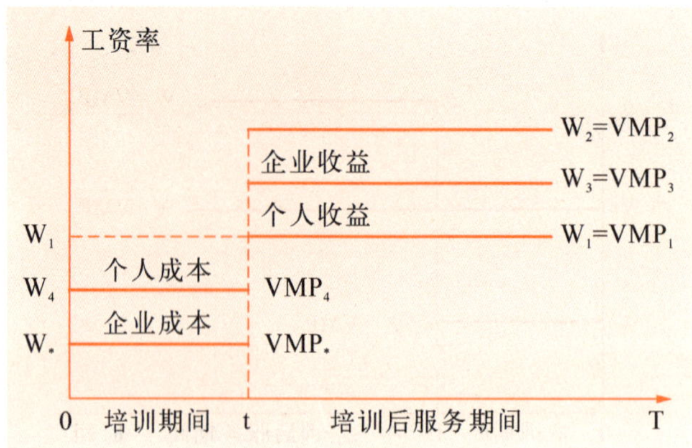


图 4-6 特殊培训的成本与收益

技能还不被其他企业所接受。同样,企业也不愿意解聘员工,因为此类员工的离去会给企业带来损失。至于双方各自承担多少成本与分享多少收益,可通过双方协商解决。

特殊培训的成本与收益结构的分割也只是形式上的,实质上,特殊培训的成本和普通培训成本都是劳动者自己支付的。

## 四、有关在职培训的总结

综合以上的研究,在职培训具有以下特性:

(1) 一般训练和特殊训练都涉及成本和收益。在一般训练下,一个人既负担成本又在以后获得收益;而在特殊培训下,成本和收益由提供训练的企业和获得训练的工人分享。

(2) 在两种情况下,人们对训练的支付都是通过在培训期间接受一个比市场均衡工资更低的工资来进行的,这种成本是接受培训的机会成本。

(3) 在有特殊训练的工作中,人们的所得在训练期间大于其 VMP,此后则少于 VMP。在有一般训练的工作中,工人的所得总是等于 VMP,但其 VMP 随着训练时间增加而上升。

(4) 风险的存在。人力资本投资的收益存在不确定性,如在受训期间及之后,人力资本投资的受体可能会发现志趣不合,或因技术改变,而未长期从事与所学相关的工作,则自然会降低人力资本投资收益。

对在职培训进行科学分析时,需要考虑一些现实世界的问题。首先,伴随着年龄与经验上升的“学习曲线”必然会因知识的贬值和陈旧而影响其上升趋势;其次,并非所有的员工都是在完全竞争的市场条件下,通过选择低收入的、有“工作中学”的潜力的职业进行人力资本投资,并在其后漫长的职业生涯中取得其早期投资的回报。对于这个很基本的问题,雅各布·明赛尔在“学校教育、工作经验和收益”一文中,提出了与贝克尔在《人力资本》中基本一致的意见:“关于‘在干活中学’作为一个基本无成本的提高劳动生产率的方法的假设,在一个广泛存在劳动力流动的劳动力市场上并非是一个良好的描述。”考虑到劳动力市场的流动性,所有的职业间,甚至是职业内部的劳动力流动是否能简单地被描述为对在职培训进行播种与收获的行为是值得怀疑的。更为复杂的是,人力资本理论中假定所有进行过一定人力资本投资的个人都是以使其终生收入的净现值相等(简单地忽视不同职业在非货币因素上的差异)为职业选择和在职培训决策的依据,但这一假定对很多职业选择都是不恰当的,一个典型的例子是进行基础研究的科学家。此外,员工生产力不只决定于他们的能力,也决定于员工的动机或工作的努力程度,人力资本理论的研究忽视了对劳动者劳动过程中非能力因素对生产率进而对收入的影响的研究。

## 第四节　中国的人力资本投资

2000年的诺贝尔经济学奖得主詹姆斯·海克曼①说:“我认为,中国在人力资本投资方面应该警醒。各国统计显示,中国对人进行投资的支出远远低于各国平均数;而每年物质资本投资和人力资本投资的比率大大高于世界上大多数国家。”“随着中国进入世界市场,它将接触到新的技术和组织结构,对熟练劳动力的需求会上升。目前偏重物质资本投资、排除人力资本投资的投资战略,不能获得一个相对平衡战略的潜在收益。如果按照西方经济学通常评估教育回报率的方法,将会发现中国21世纪

① 詹姆斯·海克曼,“诺奖专家分析:中国应重视人力资本投资”,《21世纪人才报》,2003年7月1日。

初期的教育回报率大约是4%。这是较低的回报率,这远远低于工业中物质资本的回报率(据估计大约是20%)。”

## 一、中国教育投资的现状及问题

增加对教育的投资是增加我国人力资本存量水平和提高人力资本质量的基本途径,这一人力资本开发方式的有效性也将影响到其他人力资本投资方式的效率。我国已明确了“实施科教兴国战略可持续发展战略”的目标,并已经认识到,“只有大力发展教育和科技事业,把经济发展切实转到依靠科技进步和提高劳动者素质的轨道上来,才能加快现代化进程,缩小与发达国家的差距”。基于这一认识,我国对各级教育进行了大量投资,到2008年,我国的初中毕业生升学率为83.4%,全国各类高等教育总规模达到2 907万人,高等教育毛入学率达到23.3%①。但是,当我们集中分析教育这一人力资本投资的最重要方式时,就会发现,我国的教育既有总量问题,也有质量问题,还有结构方面的问题。

### 1. 总量问题

总量问题表现在我国劳动力接受教育的整体水平和国家教育投资数量的偏低。由于最近几年来高校扩大了招生规模,从表4-1中可以看出尽管各类在校学生比例不断上升,但是国民接受教育的年限仍然偏低,我国人均受教育时间仅为8.5年,可是中等发达国家平均时间却为12.26年,其中,加拿大为17年,澳大利亚、新西兰、英国为16年,美国、法国、德国等为15年。虽然我国的高等教育入学率已在2008年底达23.3%,但是,早在1996年,发达国家的平均高等教育入学率已为54.75%,其中,加拿大为90%,美国为81%,澳大利亚为76%,法国为52%,德国为45%,意大利与日本为43%②。

① 中国教育新闻网资料中心,《2008年全国教育事业发展统计公报》,2009年7月17日公布。

② 中国科学院,《2001年中国可持续发展战略报告》,中国财政出版社,2001年。

表4－1 全国各级学校在校生人数

单位：万人

| 年 份 | 高等学校① | 高中阶段② | 初中阶段③ | 小 学 | 幼儿园 |
|---|---|---|---|---|---|
| 1990 | 326 | 1 337 | 3 426 | 10 707 | 1 725 |
| 1991 | 304 | 1 355 | 3 465 | 10 502 | 1 907 |
| 1992 | 313 | 1 365 | 3 518 | 10 413 | 2 072 |
| 1993 | 376 | 1 448 | 3 599 | 10 656 | 2 190 |
| 1994 | 433 | 1 293 | 3 681 | 10 819 | 2 219 |
| 1995 | 457 | 1 610 | 3 945 | 11 010 | 2 262 |
| 1996 | 470 | 1 780 | 4 180 | 11 273 | 2 208 |
| 1997 | 482 | 1 905 | 4 289 | 11 435 | 2 058 |
| 1998 | 519 | 1 978 | 4 408 | 11 287 | 1 944 |
| 1999 | 594 | 2 032 | 4 656 | 10 855 | 1 864 |
| 2000 | 723 | 2 000 | 4 969 | 10 335 | 1 782 |
| 2001 | 931 | 2 021 | 5 161 | 9 937 | 1 602 |
| 2002 | 1 146 | 2 283 | 5 240 | 9 525 | 1 595 |
| 2003 | 1 298 | 2 523 | 5 209 | 9 100 | 1 560 |
| 2004 | 1 420 | 2 824 | 5 058 | 8 725 | 1 617 |
| 2005 | 1 613 | 3 070 | 4 781 | 8 358 | 1 676 |
| 2006 | 1 816 | 3 321 | 4 557 | 8 192 | 1 731 |
| 2007 | 1 924 | 3 409 | 4 364 | 8 037 | 1 787 |
| 2008 | 2 042 | 3 440 | 4 227 | 7 819 | 1 873 |

注：① 高等学校包括普通高等学校和成人高等学校。
② 高中阶段(全口径)包括：普通高中、职业高中、普通中专、技工学校、成人中专和成人高中。
③ 初中阶段包括：普通初中和职业初中。
资料来源：1990—2008年全国教育事业发展统计公报。

另外，教育投资占GDP的比重还是偏低，虽然其绝对总量不断增加。改革开放以来，我国各级政府大幅增加了对教育的投入量，财政性教育经费从1978年的81.24亿元上升到2007年的8 280.21亿元①，30年来增长了100多倍，财政性教育支出的年均增长率高于10%。然而，财政性教育投资的相对比重和增长率却未真正符合法

① 教育部，《全国教育事业发展统计公报》，教育部门户网站，http://www.moe.edu.cn/edoas/website/8/54/info1209972965475254.htm。

律规定的要求：我国财政性教育经费占 GDP 的比重一直在 2% ~3% 之间徘徊，2007 年达到 3.32%，但仍然与 5.2% 的世界平均水平相差甚远。可见在财政资金安排上，教育经费支出并不是被放在优先地位上。同时，相对于物质资本投资项目而言，教育投资的收益具有时滞性和间接性，且不易于测定和考核，因而，出于追求政绩或本地区、本部门经济利益的考虑，各级政府往往更注重那些见效快且效果同本地区、本部门直接相关的经济建设投资，对教育大量投资的意愿不足。

### 2. 质量问题

质量的问题表现在教育投资效率偏低，培养的学生就业能力不足，无法满足社会需求。自 2003 年开始，大学生就业难问题日渐凸显，根据中国就业研究所对 2009 年高校毕业生就业状况调查，至 7 月 1 日大学生就业比重为 55.4%，仍有 21.6% 的人处于失业状态①。就业难的原因一方面是扩招导致大学生供给增加，但是，更为重要的是，毕业生素质难以满足企业需求。咨询公司麦肯锡的一份报告称，中国缺乏训练有素的大学毕业生，这可能阻碍中国的经济增长以及发展更先进的产业。这份报告是基于对 83 位人力资源高管的访谈。这些人士认为，中国毕业生中只有不到 10% 拥有为外企工作的技能，而相比之下，印度的该比例则达到 25%。据麦肯锡称，中国每年新培养出约 160 万名工程师，是美国的 9 倍。然而，在中国 160 万名年轻工程师中，只有约 16 万名具备为跨国公司工作所需的实用技能和语言技能。盖洛普公司的一项调查也显示，目前我国大学生的就业能力满足程度只能达到 70%，企业最为看重的个人素质恰恰是当前毕业生所欠缺的。如表 4－2 所示，企业最为看重的“敬业精神、沟通协调能力、基本解决问题能力”等几项能力指标，也是大学生最为欠缺的。

表 4－2 大学生所欠缺的就业能力

| 就业能力指标排序 | 用人单位最看重的能力指标排序 | 大学生最欠缺的能力指标排序 |
|---|---|---|
| 敬业精神 | 2 | 1 |
| 沟通协调能力 | 4 | 5 |
| 基本解决问题能力 | 5 | 2 |

① 中国人民大学中国就业研究所，http：//www.cier.org.cn。

当前我国高等教育效率不高，主要是由于高校培养目标不清晰，没有明确就业能力目标，重视概念、忽视实践等导致的。对国内文献进行的计量分析发现，当前我国高等教育发展方面存在的主要问题包括：高等教育发展定位不清、教学方法老套、教师本身能力不足、专业设置与市场相脱节、专业设置缺乏针对性、课程设计不合理、课程内容陈旧、重理论轻实践情况突出等(参见表4-3)。这些问题导致在我国这种许多专业人才缺乏的国家，由于学生的就业能力缺乏，存在专业人才过剩、学校培养出来的学生找不到工作的现象，这大大影响了人们对人力投资的积极性。同时，它造成的危害还有：人力资本利用效率不高，教育投资形成的人力资本在知识运用能力和对知识进步的适应能力上都存在欠缺。

表4-3 当前我国高等教育发展问题的文献提及频数

| 职业教育发展存在的问题 | | 频　数 |
|---|---|---|
| 高等教育发展定位 | 定位不清，与实际脱节 | 17 |
| 教　师 | 教师本身能力不足 | 12 |
| | 教师队伍的评定不力 | 2 |
| | 教学方法老套 | 1 |
| 专业设置 | 专业设置与市场相脱节 | 16 |
| | 专业设置缺乏针对性 | 12 |
| | 专业设置混乱 | 3 |
| 课程设置 | 课程设计不合理 | 11 |
| | 课程内容陈旧 | 5 |
| | 课程整体结构不合理 | 4 |
| | 重理论轻实践 | 10 |
| 实习制度 | 缺乏规范的实习制度 | 15 |
| | 实习效果不理想 | 3 |

首先，我国高校培养目标不清晰，片面追求研究型大学的办学思路与社会实际需要人才相脱节。联合国教科文组织1997年修订的《国际教育分类法》中，本科教育分为两种类型，一是按学科分设专业，为进一步研究做准备的教育；二是按大的技术领域(或行业、产业)分设专业，适应高科技要求的应用教育。20世纪90年代以来，

我国高等教育往大众化方向迅速发展。2006 年,全国共有普通高等学校和成人高等学校 2 311 所。其中,普通高等学校 1 867 所,成人高等学校 444 所。但是,我国许多高等学校定位不明,一味追求发展研究型大学,忽视劳动力市场需求更大的是应用性技能人才的培养,导致一方面,许多大学生就业难;另一方面,企业招不到具备应用性技能的人才。

其次,高校很少关心大学生的素质和能力培养,特别是一个大学生在求职前,究竟应当具有什么素质和能力?高校并不清楚。很多国家高等教育机构都与企业合作,对工作胜任能力的基本要求进行了分析,成为大学生提升能力目标。但是,在我国缺乏相应的研究,导致高校与企业对大学生就业能力的认知存在差异,所培养出来的学生自然也无法满足企业需要。

最后,高校教育重视概念,缺乏实践。一方面,师资队伍总量和构成不合理。据专家论证和国外一些高校的实际情况,高校师生比一般不应当突破 1:13(如美国斯坦福大学师生比约 1:10),否则会增加教师负担,影响教育质量与教师创新精神的培养。但是,2006 年我国普通高等学校专任教师数量为 107.6 万人,平均师生比已达到 1:17.93,部分学校的师生比更突破 1:40,如此低的师生比例严重影响教学质量,不利于学生的培养。另一方面,高校教师大多直接来自高校,缺乏实践经验,教学方法与教学内容难以满足实际工作的需要。同时,学生缺乏应有的社会实践和实习经历,影响了他们对于社会所需能力的判断和相应技能的提高,2009 年中国就业研究所对北京中关村地区企业大学生就业能力调查表明,66% 的人认为“无工作经验”是大学生求职的主要障碍。

### 3. 结构问题

结构的问题主要表现在职业技术教育的发展滞后和地区教育投资水平的不平衡。

关于职业教育对经济增长的推动作用毋庸置疑,美国学者伯纳德 · L · 温斯坦博士在研究西方国家发展的普遍规律时得出结论:“西方的经验有力地证明,一个健全的中等教育和职业教育体系,是一个比高等教育还要关键的因素。”特别是在我国这样一个劳动力数量密集、技术水平相对较低的国家,发展职业技术教育应该是非常迫切的。可现实情况是我国中等职业教育相对高等教育的发展速度而言,没有得到较快发展，甚至一度出现绝对下降的现象。虽然近几年来，随着国家强力推进职业技术教育，职业学校在校生人数有所增加（参见表4－4），但是还远远不能满足我国经济发展的需要。

表4－4　1998—2008年职业学校在校生人数

单位：万人

| 年　份 | 职业高中 | 普通中专 | 技工学校 | 成人中专 | 总　数 |
|---|---|---|---|---|---|
| 1998 | 454.92 | 498.08 | 173 | 341.87 | 1 467.87 |
| 1999 | 443.84 | 515.50 | 156.05 | 302.12 | 1 417.51 |
| 2000 | 414.56 | 489.52 | 140.1 | 240.28 | 1 284.46 |
| 2001 | 383.10 | 457.98 | 134.7 | 189.16 | 1 164.94 |
| 2002 | 428.13 | 456.35 | 152.99 | 153.34 | 1 196.52 |
| 2003 | 455.76 | 502.37 | 193.14 | 105.45 | 1 256.72 |
| 2004 | 516.92 | 554.47 | 234.5 | 103.35 | 1 409.24 |
| 2005 | 582.43 | 629.77 | 275.3 | 112.55 | 1 600.05 |
| 2006 | 655.64 | 725.84 | 320.82 | 107.59 | 1 809.89 |
| 2007 | 725.25 | 781.63 | 367.15 | 112.98 | 1 987.01 |
| 2008 | 750.32 | 817.28 | 398.85 | 120.65 | 2 087.1 |

资料来源：教育部发展规划司，《1998—2002年、2002—2008年全国教育事业发展统计公报》，教育部网站。

由于我国各地区经济发展水平相差较大，人们对教育的投入就会有所不同，人均教育投资的水平最能反映各地的教育投资差异。数据分析表明，经济发展水平越高的地区，人均教育经费越高；反之越低。2008年，人均教育投资最高的北京，人均教育经费达到2 405元；而人均教育投资最低的贵州，2008年人均教育经费仅为546元①，相差4.4倍。同年，北京的农民人均纯收入为10 661.92元；贵州的农民人均纯收入2 796.93元，相差3.81倍②。说明两地的人均教育投入差异大于农民人均纯收

① 此处根据《中国统计年鉴（2009）》的数据计算而来（各地区教育经费合计/各地区年末总人口）。

② 数据来自：国家统计局，《中国统计年鉴（2009）》，中国统计出版社，2009年。

入的差异①。地区经济发展水平影响人力资本投资意愿,造成的后果就是贫困地区的居民不愿意为子女进行教育投资,造成儿童失学问题严重,这已构成新文盲的主要来源。

## 二、我国企业人力资本投资的现状及问题

目前,我国企业意识到了培训的重要性,大多数企业都有员工培训计划,但是,企业对培训的重视程度仍然不够,培训计划的执行力也很弱。企业在制定培训计划时,"闭门造车"现象较为严重,缺乏必要的培训需求分析,培训内容针对性差,导致培训效果不明显。此外,虽然企业普遍开展培训,但是培训成本偏低,多数企业培训沦为"花瓶"②。

### 1. 企业意识到培训的必要性,但重视程度不高,而执行力更弱

中国人力资源开发网(简称中人网)的一项调查显示,目前,我国只有13.04%的企业没有制定员工培训计划。数据显示,大多数企业意识到了对员工培训的必要性,且有相应的计划,但是在计划的执行过程中有近一半的企业不能按照计划去做,执行力很弱,可见许多企业对培训的重要性还没有一个充分的认识。

进一步分析发现,不同性质和规模的企业,企业的员工培训计划有所不同。国有企/事业单位中有员工培训计划且执行的比例最高,其次为外资/合资企业,而私营或民营企业的比例最低;规模越大的企业有员工培训计划的就越多,且执行比率也越高。

### 2. 企业对培训内容的选择随意性很大,企业需求和培训相脱节

首先,企业在制定培训计划时,"闭门造车"现象较为严重。中人网2005年的调查显示,2/3的企业在制定培训计划时,忽视了"培训需求分析",随意性较大,很多企业的计划制定者根本不了解员工真正需要哪一类的培训、哪种培训会对员工未来的

---

① 沈百福,《地方教育投资研究》,北京师范大学出版社,2003年,第265—267页。

② 《2005中国企业培训现状调查报告》,中国人力资源开发网,http://www.chinahrd.net/ZHI_SK/jt_page.esp?articleid=78655。

工作有本质性的帮助。因此，导致员工对企业培训工作满意度不高。

其次，缺乏培训效果评估，导致企业在培训内容的选择上更加随意。一半以上的企业在培训后没有进行过培训效果评估，究竟企业安排的培训效果如何，是否对员工有所帮助，该讲师授课风格是否符合员工口味，企业培训负责人不得而知。尽管有些企业认识到了培训效果评估的重要性，对其进行评估，但也仅局限在最表层的授课满意度评估层面，极少企业对员工行为改善层面进行评估。

### 3. 多数企业的培训成本偏低

虽然多数企业认识到了培训的必要性，但在对员工培训的投入上并不是很大方。调查显示，参与调查的近半数企业每年在员工培训投入上竟不足员工工资总额的1%；有39.13%的企业每年为员工花费的培训成本，占其员工工资总额的1%～5%；只有4.35%的企业每年为员工花费的培训成本超过其员工工资总额的10%。

### 4. 培训效果差，培训后难以学以致用

培训后真正能学以致用的有多少呢？前程无忧2008年的一项调查显示，参与调查的受训者中45.01%的人认为听课时有收获，可具体工作时收效甚微；感觉"学有所得、非常有益"的人仅占38.07%，还有16.93%的人觉得"学着一套、用着一套"。这的确呼应了不少受训者的心声，许多培训课程听的时候觉得很不错，可听完后真正能应用到工作中的却太少。更多的人需要的不仅只是系统理论梳理，操作技能和工具应用的传授才是最主要和最行之有效的，半数以上的人还希望公司能够多提供一些软技能培训。

## 三、中国人力资本状况与投资的总结①

### 1. 人力资本的现状

（1）中国的人力资本结构失衡：高智能、高技术劳动力所占比重极小；

（2）人力资本存量不足，特别是中国农村（尤其是中西部）的人力资本严重

① 胡锋，"国内人力资本理论研究综述"，《中国人力资源开发》，2002年第2期。

匮乏;

(3) 人力资本发展水平与发达国家相比存在重大差距;

(4) 人力资本利用效率低下。

### 2. 人力资本现状形成的原因

(1) 认识上的误区,没有充分发挥市场在与人力资本有关的资源配置中的积极作用。人力投资成本与收益遭到扭曲,影响了人力资本投资。

(2) 资金的限制,政府财政投资是教育投资的主渠道,但受财政收入的限制;社会资金投资教育受体制的限制;居民特别是农村和中西部落后地区的居民的人力资本投资受收入水平的约束。另外,人口数量的过度膨胀限制和影响了人口质量的改善和提高。这些都造成了教育投资总量不足,结构不合理。

(3) 体制上的障碍,投资体制单一;就业体制僵化,缺乏人力流动机制;行政官僚的管制过多。

(4) 外部因素的影响,主要是"智力外流"造成大量人力资本的损失。有些学者研究表明我国中西部是人才的净流失地区。

### 3. 解决对策

(1) 转变观念,充分认识人力资本投资对高质量劳动力供给的意义。尽管这是一个思想认识问题,但它对于当代中国的人力资本投资影响较大。如前所述,我国一些地区出现教育经费投资比率不稳定,就是由于当地地方政府对于人力投资与经济增长关系认识不清。因此有的学者(于洪平,1997)提出了人力资本优先投资的观点。

(2) 加大人力资本投资,调整投资结构。在加大人力资本投资的过程中,要发挥政府在人力资本投资中的主体作用,并带动社会人力资本投资。人力资本投资中存在负外部性,会导致市场失灵,造成投资不足,而政府的人力资本投资能够弥补投资不足,消除市场调节造成的种种缺陷;保证人力资本形成中的机会均等。同时,要注意到我国由于受财政收入的限制,在短时间内大比率地提高财政投资也是不可能的,所以一方面在现有投资的基础上,调整投资结构,重点扶持职业技术教育的发展;另一方面,采取合适的政策与措施,鼓励民间投资参与举办各类教育。

(3) 完善教育培训体系,提升人力资本投资效率。首先,高校应与市场接轨,根据市场需要调整专业设置和教学内容,以提升大学生就业能力为目标。通过开发"大学生就业能力模型"、"大学生就业能力标准与评价方法"等就业能力培养的工具,强化就业能力培养,为培养满足市场需要的毕业生奠定基础。其次,职业技术学校应深入企业等有关单位调查并进行职业分析,研究制定职业岗位能力标准,在此基础上开发课程和教学材料。在课程开发中,应采用"文化课程 + 职业资格证书课程 + 素质教育课程"的课程框架,建立以能力为本位、以就业为导向、学历证书与资格证书相统一的课程体系,培养合格的产业工人,为我国产业结构升级和转移农村劳动力发挥重要作用。最后,强化企业对培训的重视程度,增加培训费用,加强培训需求分析,规范企业培训市场,提高培训内容的针对性和培训结果的有效性。

(4) 从根本上讲,是要加强人力资本投资的制度建设。首先要为人力资本投资建立一个完善的法制环境。例如,普及扫盲教育和九年制义务教育、建立"先培训后就业"制度和在岗培训制度;建立和完善有关的教育法规、培训法规、就业法规、劳动法规,加强劳动力市场的反不正当法规和劳动者社会保障法规的建设。其次,深化教育体制的改革,特别是引进市场机制,从而使教育所提供的劳动力与社会所提出的劳动力需求发生较为密切的联系,教育水平和教育机构协调发展,最终达到提高教育的投资效益水平的目标。

## 本章小结

人力资本投资是影响国家经济发展和劳动者个人工资收入的一个重要因素,其作用已日益为人们所认同。人力资本投资成为劳动经济学的重要研究领域主要是20世纪60年代以后的事情。本章从人力资本投资的概念入手,回顾了人力资本投资理论的形成和发展简史,介绍了舒尔茨等人的人力资本理论的主要观点,并提出了人力资本投资决策的基本方法,即净现值法和内部收益率法。净现值法是直接对比贴现后的未来收益与成本;而内部收益率法则是通过计算收益与成本现值相等时的内部收益率,并将其与其他投资的报酬率进行比较,最终作出人力资本投资决策的一种方法。

在人力资本投资的多种形式中,教育是最为重要的形式之一。是否上大学取决于成本和未来的预期收益,以及两者之间的比较。上大学的成本降低以及大学毕业生与无大学学历劳动者的收入差别扩大,会增加上大学的需求。收入流的长度也会影响教育决策,其在现实中的体现就是多数大学生是年轻人。教育除了能提高个体生产率之外,还具有信号功能。教育的信号功能理论认为能力越高的人,接受教育的心理成本越低,越容易获得较高学历,因此,以学历作为选人信号有利于降低企业的雇佣成本。

学校正规教育仅仅是人力资本早期积累和技能发展的一部分,随着国际竞争的加剧、高新技术的发展以及岗位轮换管理理念在实际工作中的运用,企业对员工技术水平和生产率的要求不断提高,因而,在职培训作为人力资本投资的一种重要手段得到实践界和理论界的高度重视。与其他人力资本投资决策类似,培训的决策也取决于成本和收益的对比,但培训形式的选择又有其自身特色。根据成本-收益分割原则的不同,在职培训分为一般培训和特殊培训两种形式。一般培训的成本和收益都由个人承担,而特殊培训则是由企业和个人共同承担。对在职培训进行科学分析时,还应该考虑"学习曲线"、"工作中学"、"终身收入预期"等一些现实问题的影响。

人力资本投资的重要性在我国逐渐得到广泛认同,重视程度也不断提升,但是仍然存在人力资本投资效率偏低、教育投入地区不均衡、教育结构不合理等问题。其中,高等教育与现实相脱节,导致大学生就业能力不能满足企业需求,表现为一方面大学生就业难,另一方面企业雇不到合适的人才。近几年,职业技术教育得到较大发展,但是当前我国职业技术教育的培养模式所培养的毕业生存在着实际职业技能较低的情况。企业培训虽然得到单位重视,但是培训费用、培训内容的针对性和培训效果等方面还需要进一步的提高。本章最后从观念、制度建设、具体措施等方面提出了改善我国人力资本及其投资现状的应对措施。

## 复习思考题

1. 简述人力资本投资的概念与类别。

2. 舒尔茨人力资本投资理论的主要观点是什么？人力资本投资的基本模型表示的是怎样的经济含义？

3. 在教育投资的成本收益率分析中，应注意哪些问题？

4. 普通培训和特殊培训的经济含义是什么？应怎样安排它们的成本和收益？

5. 目前我国人力资本投资存在哪些问题，应采取怎样的措施来解决？

## 附录4-1 自费攻读硕士研究生的成本收益分析[①]

## ——基于北京地区部分高校的实证研究

### 一、研究背景

2005年，全国报考硕士研究生的人数首次超过百万。据教育部2004年统计显示，从1999年研究生开始扩招至今，招生规模年均递增26.9%，到2004年全国硕士研究生招生人数已达33万。

随着研究生的扩招，研究生教育资源日趋紧张，自1999年以来一直有“明年将对研究生全面收费”的说法，人们对研究生收费的争论也日渐激烈。目前的看法大致有三类：赞成收费、反对收费和维持现状。赞成收费者认为，研究生教育不属于国家义务教育范畴，由公费转向自费是大势所趋；从教育成本分摊的角度看个人应该参与分摊，等等。反对收费者的理由是，读研本身就存在机会成本；收费会将众多成绩优异而家庭贫寒的学子拒于门外，有悖教育公平；即便已经入学的研究生，也会花费大量精力为钱奔波，无暇顾及学业；也易使研究生“向钱看”，缺少为国奉献的精神，等

① 资料来源：赵瑜、刘梅英、肖湘、巫强、彭鹏，“自费攻读硕士研究生的成本收益分析——基于北京地区部分高校的实证研究”，《中国人民大学学报》，2006年第2期。

等。认为应维持现状的人认为目前我国人均收入还不高,民众支付能力有限,研究生教育目前还不宜采取全面收费政策;问题的关键在于研究生教育的公平化,应改变以分数决定差别收费的不合理现状,将有限的资源向贫困和优秀学生倾斜、向基础学科倾斜①。

目前我国东西部发展差距较大,东部沿海地区经济发达,不论在平均工资水平、福利待遇方面,还是在发展机会、工作环境方面相对于西部地区都有绝对优势。从个人效用最大化角度考虑,研究生择业时,"孔雀东南飞"的现象比较普遍。为了开发西部,实现区域平衡,需要更多高层次人才到西部去,以知识和教育带动经济的繁荣,为此,怎样引导人才流向西部成了一个亟待解决的问题。

另外,劳动力市场对不同性别的研究生有着不同的偏好,导致不同性别的研究生的收益也不同。目前大学生就业时女生就业难问题比较突出,女生在求职和工作待遇方面处于相对劣势,那么女生自费读研是否有收益呢?

有关研究生是否收费、怎样收费的争论仍在继续,虽然相关政策尚未浮出水面,事实上研究生收费早已部分执行。人大、北大、北师大等高校相继出台了"自费研究生"的收费方案,学费额每年 5 000 ~ 10 000 元不等。那么,花几万元读研到底值不值?是选择读研还是就业?选择读基础学科还是应用学科?研究生毕业后选择在哪里工作?显然,对自费读研的成本和收益进行分析,计算投资收益率,并比较影响人力资本投资收益率的一些因素,可以帮助我们作出一些相对理性的判断。

### 二、相关研究回顾

1. 国外的相关研究

西方学者从 20 世纪 60 年代开始,就对教育投资收益率进行了估算。加里·贝克尔(1964)经研究认为:美国白人男大学生的私人收益率 1939 年为 14.5%,1949 年则为 13%。在美国,高等教育的私人收益率一直比较高,通常在 10% ~15%之间,高于物质资本投资的平均收益率。多数研究表明,随教育水平不断提高,收益率呈递减趋势。

Williams 和 Gordon (1981)在英国对 2 000 多名学生进行了调查,利用收入函数法估计出男性的教育收益率为 13.0%,女性为 9.9%。

---

① 参见网易新闻中心的讨论,http://news.163.com/special/t/000113B0/tuition050120a.html。

Bosworth 和 Ford（1985）在英国 Loughborough 技术大学对 261 名学生进行调查，估计出男性的教育收益率为 22.0%～28.0%，女性为 21.0%～26.0%。

世界银行教育与培训部经济学家 Psacharopoulos 对数十个国家和地区的教育内部收益率进行了长期研究，其 1994 年研究的主要结论为：（1）教育收益率随教育层次的增加而递减；（2）教育收益率随国家经济发展水平提高而下降（参见表 1）。

**表 1　教育收益率的国际比较**

| 国家或地区 | 社会收益率（%） | | | 私人收益率（%） | | |
|---|---|---|---|---|---|---|
| | 小　学 | 中　学 | 高等教育 | 小　学 | 中　学 | 高等教育 |
| 撒哈拉非洲 | 24.3 | 18.2 | 11.2 | 41.3 | 26.6 | 27.8 |
| 亚洲 | 19.9 | 13.2 | 11.7 | 39.0 | 18.9 | 19.9 |
| 欧洲/中东/北非 | 15.5 | 11.2 | 10.6 | 17.4 | 15.9 | 21.7 |
| 拉丁美洲/加勒比海国家 | 17.9 | 12.8 | 12.3 | 26.2 | 16.8 | 19.7 |
| 经合组织国家 | 14.4 | 10.2 | 8.7 | 21.7 | 12.4 | 12.3 |
| 世界平均 | 18.4 | 13.1 | 10.9 | 29.2 | 18.1 | 20.3 |
| 低收入国家（低于 610 美元） | 23.4 | 15.2 | 10.6 | 35.2 | 19.3 | 23.5 |
| 中低收入国家（低于 2 449 美元） | 18.2 | 13.4 | 11.4 | 29.9 | 18.7 | 18.9 |
| 中高收入国家（低于 7 619 美元） | 14.3 | 10.6 | 9.5 | 21.3 | 12.7 | 14.8 |
| 高收入国家（高于 7 620 美元） | NA | 10.3 | 8.2 | NA | 12.8 | 7.7 |
| 世界平均 | 20.0 | 13.5 | 10.7 | 30.7 | 17.7 | 19.0 |

注：NA 为数据无法取得项。
资料来源：Psachaopoulos, Returns to Investment in Education: A Global Update, *World Development*, Volume 20, Issue 9, 1994, p.1328。

2000 年诺贝尔经济学奖得主海克曼（James Heckman, 2003）在对我国的教育投资进行研究后认为，中国教育投资的真实经济回报率可能高达 30%～40%。

此外，大学教育在不同学科中存在明显的投资收益率差异。在美国，大学主修自然科学、工程和商务的学生与主修教育、人文及社会科学（经济学除外）的学生相比，前者的收入水平大大高于后者。根据大学安置委员会的调查，1991 年，与人文和社会科学（经济学除外）的学生相比，工程学专业的大学生初始工资高 45%～70%，计算机科学专业高38%,自然专业高24%,商务管理专业高10%[①]。

但是也有学者认为,测算出的教育投资收益率容易出现高估或者低估的问题,微观经济研究得出的高回报率缺乏宏观经济支持;私人收益率易被夸大(Weale,1993)。还有学者认为,由于在发展中国家无法获得足够的数据,比如除教育以外影响个人收入的其他因素等,所以用传统方法计算出的收益率并不可靠(Bennell,1998)。

2. 国内的相关研究

我国学者从20世纪80年代开始研究教育投资收益率。例如,朱国宏(1992)估算出我国的初等教育、中等教育和高等教育的收益率分别为15.1%、9.02%和6.71%。

赖得胜(1998)对1万多名城镇职工的收入与其教育水平间的关系进行估算,结果表明平均个人收益率为5.73%。

陈晓宇、闵维方(1998)采用国家统计局城调队和北京大学高教所联合调查得到的结果,估算出各级教育的个人收益率分别为初中3.59%、高中4.19%、中专6.76%、大专4.67%、本科6.58%。

李实和丁赛(2003)使用中国社科院经济研究所课题组的两次住户抽样调查数据,发现简单明瑟收益率[②]从1990年的2.4%上升至1999年的8.1%。

岳昌君(2003)采用国家统计局“中国城镇住户调查”的数据,计算出我国城镇职工的简单明瑟收益率从1991年的2.76%上升至2000年的8.21%。随着受教育程度的提高年均教育收益率一致变大,分别为初中3.74%、高中5.24%、中专5.40%、大专6.24%、本科8.84%。

近几年随着高等教育的一系列改革,国内学者对教育投资的关注日益增加,而且已经有一些专门对研究生教育投资收益的研究。

钟宇平、陆根书(2001)应用1998年对北京、南京、西安三地14所高校13 511名大学生的调查数据,估计出学生期望的高等教育回报率平均为3.69%,研究生教育回报率平均为17.03%。

---

① 朱舟,《人力资本投资的成本收益分析》,上海财经大学出版社,1999年,第122—124页。

② 明瑟收益率(Mencerian Rate of Return),是衡量教育与经济收入相关度的重要指标,表示社会成员每多接受一年教育,在经济收入上提高的百分比。

裴劲松、袁伦渠和赵忠义(2002)计算出我国研究生投资收益率达38.6%。

李元春(2003)基于2000年中国城市工资价位抽样调查数据,对全国及地区间的各级教育收益率进行了估算。结果如表2所示。

表2　中国城市劳动力各级教育收益率

| 类　别 | 高　中 | 专　科 | 大　学 | 硕　士 |
| --- | --- | --- | --- | --- |
| 受教育年限 | 0.24 | 0.37 | 0.28 | 0.21 |
| 工作经验 | 0.02 | 0.051 | 0.014 | 0.003 |

注:所有变量的系数估计值都在0.01的水平上显著。

孟东军、褚超孚(2004)估算出2003年本科生、硕士生、MBA、博士生教育的收益率分别为73%、72%、109%、-5%。

另外,近几年研究生教育收费问题也是理论界讨论的热点。大多数文章主要讨论研究生教育属于公共物品还是私人物品,研究生的生均教育成本,该不该收费,如何建立收费制度等问题,对研究生教育的投资收益率的研究相当少。

3. 小结

西方学者大多数的研究都表明:总体上看,教育投资在各国的收益率都比较高,但随着教育水平不断提高,收益率呈现递减的趋势。并且,高等教育在不同学科中存在明显的投资收益率差异。我国学者估算出的教育收益率各异,很难具有可比性。这很大程度上是由于不同研究者采用了不同的估计方法和抽样数据所造成的。

理论和实践都证明,高等教育不单是一种十分耐用的消费品,更是一项具有较高回报的个人投资。从目前的文献中可以看出,国内对教育投资收益率的研究基本上以研究国家、地区、行业、企业层面为主。大部分的教育投资研究几乎都没有涉及专门针对自费研究生个人的分析,也较少涉及不同地区、不同专业、不同性别的投资收益比较问题。因此,对自费读研这种人力资本投资进行深入研究十分必要。

## 三、研究命题与研究方法

1. 研究命题

本研究考察自费读研的成本和收益,我们分别从总体、学科、地域和性别四个角度,来分析自费读研这一人力资本投资方式。本文提出以下四个命题。

命题一：自费读研是一项值得选择的人力资本投资，其个人收益率大于物质资本投资的平均收益率。

北京大学中国经济研究中心宋国青教授认为中国目前物质资本投资的平均回报率为8%～9%①。本文仅从微观个体的角度，考察自费读研这种人力资本投资行为的个人成本与收益。假设自费读研的个人收益率要大于市场上物质资本投资的平均收益率。

命题二：应用学科自费读研的个人收益率大于基础学科。

学科差异直接影响到毕业生关于工作行业的选择，进而导致了收益的差异。一般认为，基础学科(包括理学、文学、哲学等)的研究生毕业去向主要为政府机关或事业单位，这些单位的薪酬水平普遍不是很高；应用学科(包括工学、管理学等)的研究生毕业去向主要为各大企业，这些单位的薪酬水平相对较高。

命题三：读研前后工作地区的差异会影响个人收益率的大小。

地区经济发展的不平衡影响了平均工资水平，进而影响到人力资本投资个人收益率的大小。事实表明，东部沿海地区硕士毕业生和大学毕业生的起薪要高于西部地区相应学历毕业生的起薪。这样就有四种情况：(1) 读研前后都选择在西部地区工作；(2) 读研前选择在西部地区工作，读研后选择在东部沿海地区工作；(3) 读研前选择在东部沿海地区工作，读研后选择在西部地区工作；(4) 读研前后都选择在东部沿海地区工作。初步判断，第二种方式的个人收益率最高，第三种方式的个人收益率最低，甚至为负值。

命题四：男生读研的收益率要大于女生。

劳动力市场对不同性别的研究生有着不同的偏好，这使得不同性别的研究生的收益也不一样。一般来说，男生在劳动力市场上具有明显的优势，不论是工作机会还是工资收入，都要远大于女生。这可能影响到男女生读研的收益。

2. 研究方法

为证实上述四个命题，本文主要采用了以下三种研究方法。

方法一：文献分析

我们除了认真阅读舒尔茨、贝克尔和明瑟等人的经典论著之外，还广泛搜集了国内外有关教育收益率测算和其他相关的文献数十篇，进行梳理和比较分析，了解国外

① 陈建军，“上市公司投资回报率走高”，《上海证券报》，2004年11月2日。

教育投资收益率的大小以及不同学历、学科之间收益率的差异，总结中外学者关于国内教育投资成本收益的研究方向和主要成果。

方法二：问卷调查及分析

为进行实证研究，我们设计了读研成本调查问卷并于 2004 年 12 月—2005 年 1 月在北京市部分高校中进行发放。本次调查覆盖了包括清华大学、中国人民大学、北京航空航天大学、北京师范大学、北京科技大学、中国地质大学、中央民族大学、北京工商大学、北京物资学院等 9 所高校中 20 多个专业的研究生。共发放问卷 900 份，实际回收有效问卷 707 份，问卷有效回收率 78.56%。问卷涉及了在读研究生的现(原)学校、现(原)专业、入学时间、不读研可能的就业城市和就业类型、是否辞职考研等相关信息。与本文直接相关的成本部分主要包括：学费，住宿费，考研时购书、参加培训班及购买其他考研用品的费用，入学后购置电脑费用，购书及其他学习费用等。由于本次调查采取了调查员直接入校，被调查者现场填写问卷并立即回收的方式，可以保证调查数据的质量。通过问卷调查，我们获得了自费读研直接成本，以及不同学科、不同地区、不同性别之间差异的第一手数据。

方法三：网络调查数据引用及分析

关于自费读研的收益部分，我们采用国内领先人力资源网站中华英才网(www.ChinaHR.com)所发布的第 9 期薪酬调查报告相关信息，如：不同工作经验、不同教育层次、不同学科、不同性别以及不同城市的薪资平均值等。该报告每半年发布一期，是目前涉及行业、职业最多，地区范围最广的网上薪资调查，具有一定的参考价值。基于此，我们希望得到：(1) 研究生和本科生之间随工作经验增加的工资差距变动趋势；(2) 基础学科和应用学科自费读研预期收益间的差距；(3) 在东部沿海城市就业和在西部城市就业这两种不同的选择对自费读研的机会成本和预期收益的影响；(4) 男女生读研预期收入的差异。

**四、研究结果与讨论**

1. 自费读研的成本收益分析

关于教育收益率的计算方法，目前学者们所广泛采用的主要有边际收益率(明瑟收益率)和内部收益率(internal rate of return)两种方法。本研究是在对读研的成本进行问卷调查的基础上展开的。从本次调查来看，在读研究生大部分是应届考研的学生，有工作经验的比较少，而且大多不足一年。因此在计算自费读研人力资本投资的个人收益率时,我们所采用的是加里·贝克尔的内部收益率公式,即将投资限于期初,而将收益扩展为全部工作年限来计算,其公式表达为:

$$C + K = \sum_{j=1}^{n} \frac{Y_j - X_j}{(2 + r)^j} \tag{1}$$

其中,C 表示接受完研究生教育所花费的直接成本;K 表示受过本科教育的劳动者因接受研究生教育而放弃的可能的劳动收入;$X_j$ 表示受过本科教育的劳动者在第 j 年的劳动收入;$Y_j$ 表示受过研究生教育的劳动者在第 j 年的劳动收入;n 表示受过研究生教育后可以用于工作赚取劳动收入的年数;r 表示接受研究生教育所带来的教育投资的内部收益率。

直接成本:包括学费、住宿费、书籍费、购置学习用品(如电脑、MP3)费用等。对各年费用折算为 2004 年的现值。折算的现金价值 = 实际费用 /(1 + 近 10 年活期存款利率平均值 1.52%①)。表 3 列举了读研直接成本的明细表。

**表 3　读研费用(样本平均值)明细表**

单位:元

| 项　　目 | 金　　额 |
|---|---|
| 学费总额* | 20 813 |
| 住宿费(每年) | 1 011 |
| 考研时购书、参加培训班及购其他考研用品费用 | 987 |
| 入学后购置电脑以电脑配件费用(包括 MP3、USB) | 2 656 |
| 购书及其他学习费用(每学期) | 298 |
| 奖学金(每学期) | 98 |
| 助学金(每月) | 222 |
| 兼职收入(每学期) | 481 |
| 其他费用(如因读研而交纳的违约金等)** | 16 483 |

注:* 本次调查中研究生的平均学制为 2.8 年,为方便计算,假设研究生的学制为 3 年。
** 此项只有 43 人填写,占总数的 6.1%。考虑到缺失此项的样本值不能简单推断为零,并且不少填写者在此项填写的是“生活费”(由教育成本的定义可知不计入成本),所以此项费用不便计入读研的直接成本中。

---

① 根据中国人民银行网站相关数据计算得出。本文折算公式中所用的利率值均为 1.52%。

间接成本：即机会成本，是指个人由于读研而未参加工作所放弃的工资收入。机会成本可由那些没有读研的同龄人的收入来测度。

表4 具有不同工作经验年限人员的人均年薪①

| 工作经验(年) | 0 | 1 | 2 | 3 | 4 | 5 | 6～9 | 10～15 | 16 以上 |
|---|---|---|---|---|---|---|---|---|---|
| 人均年薪(元) | 18 889 | 22 239 | 26 515 | 32 675 | 34 949 | 39 354 | 47 431 | 52 797 | 50 885 |

表5 具有不同学历人员的人均年薪②

| 学 历 | 大专以下 | 大 专 | 本 科 | 硕 士 | 博 士 | 平 均 |
|---|---|---|---|---|---|---|
| 人均年薪(元) | 20 729 | 30 147 | 43 244 | 65 948 | 61 573 | 35 437 |

假设具有不同工作经验的人学历分布相同，则将表3中的相关数据分别乘以本科薪资系数 $X_{本}=1.22$（$X_{本}$ = 本科生平均年薪43 244元/人均年薪35 437元）、硕士薪资系数 $X_{硕}=1.86$（$X_{硕}$ = 硕士生平均年薪65 948元/人均年薪35 437元）③，可得到因读研而未参加工作所放弃的工资收入数据及其折现值。

经计算，读研的总成本如表6所示。

表6 读研总成本

单位：元

| 类 别 | 直接成本 C | 间接成本 K | 总 计 |
|---|---|---|---|
| 金 额(元) | 17 545.7 | 81 288.9 | 98 834.6 |

读研的总收益是指因教育年限增加带来的终生收入差额，即研究生毕业后与本科毕业参加工资的终生收入差距。本文中出现的收益计算结果均为折现后的现值。计算结果见表7。

---

① 数据来自中华英才网第9期薪酬调查报告。

② 数据来自中华英才网第9期薪酬调查报告。

③ 此种算法参见裴劲松、袁伦渠、赵忠义，“研究生教育投资的经济学分析”，《中国软科学》，2002年第2期。

表7 本科生和研究生的终生预期收入差异

| 年龄(岁) | 本科生平均年薪(元) | 研究生平均年薪(元) | 年龄(岁) | 本科生平均年薪(元) | 研究生平均年薪(元) |
|---|---|---|---|---|---|
| 23 | 23 044 | – | 42 | 46 609 | 74 349 |
| 24 | 26 725 | – | 43 | 45 911 | 73 236 |
| 25 | 31 387 | – | 44 | 45 224 | 72 140 |
| 26 | 38 100 | 35 134 | 45 | 44 547 | 71 060 |
| 27 | 40 141 | 40 745 | 46 | 43 880 | 69 996 |
| 28 | 44 524 | 47 852 | 47 | 43 223 | 68 948 |
| 29 | 52 857 | 58 086 | 48 | 42 575 | 67 915 |
| 30 | 52 066 | 61 199 | 49 | 41 938 | 66 898 |
| 31 | 51 287 | 67 880 | 50 | 41 310 | 65 897 |
| 32 | 50 519 | 80 587 | 51 | 40 692 | 64 910 |
| 33 | 55 393 | 79 381 | 52 | 40 082 | 63 938 |
| 34 | 54 563 | 78 192 | 53 | 39 482 | 62 981 |
| 35 | 53 746 | 77 021 | 54 | 38 891 | 62 038 |
| 36 | 52 942 | 84 451 | 55 | 38 309 | 61 109 |
| 37 | 52 149 | 83 187 | 56 | 37 735 | 60 194 |
| 38 | 51 368 | 81 941 | 57 | 37 170 | 59 293 |
| 39 | 48 767 | 80 714 | 58 | 36 614 | 58 405 |
| 40 | 48 037 | 79 506 | 59 | 36 065 | 57 531 |
| 41 | 47 317 | 78 316 | 60 | 35 525 | 54 162 |

根据加里·贝克尔的内部收益率公式,可以算出研究生教育人力资本投资的个人收益率为14.4%。

2. 基础学科与应用学科的成本收益比较分析

基于本次调查,我们选择"文史哲教"(代表基础学科)和"通信"(代表应用学科)进行比较。便于研究,特作出以下假设:(1)这两个学科的研究生毕业后从事本专业领域的工作,即文史哲教学科的研究生毕业后将在培训机构/教育/科研院所工作，而通信学科的研究生毕业后都能到通讯/电信业去工作。(2) 两个学科的学生本科毕业若直接参加工作，都能在与本学科相应的行业中就业。(3) 两个学科的研究生学制均为 3 年。

将调查问卷的数据按照上一部分的计算方法处理，可以计算出两个学科读研的总成本、收益率和净收益折现总值，见表 8。

表 8　两学科成本与收益比较

| 类　别 | 平　均 | 应用类 | 基础类 |
|---|---|---|---|
| 总成本(元) | 98 834.6 | 154 480.6 | 95 692.9 |
| 收益率 r(%) | 14.4 | 21.3 | 2.2 |
| NPR(元) | 683 306.8 | 1 521 306.4 | 75 006.7 |

不同学科读研的净收益折现总值与平均值的对比见图 1。

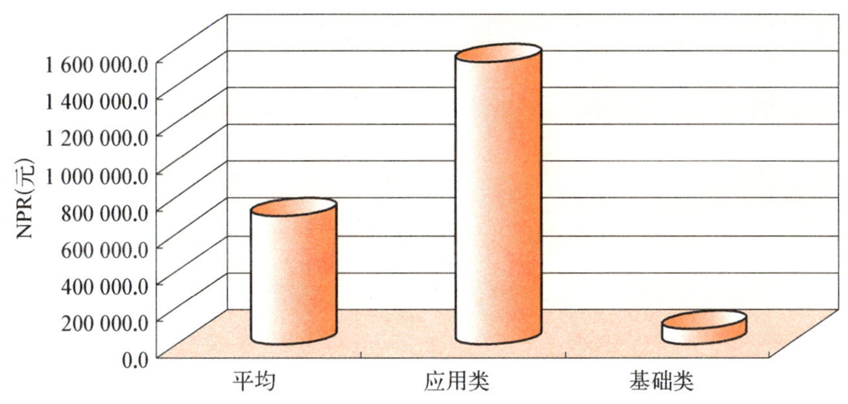


图 1　不同学科读研的净收益折现总值与平均值对比图

3. 不同地区的成本收益比较分析

基于本次的问卷调查，有 8.8% 的学生本科时就读于西部省份，60.5% 的学生本科时就读于东部省份。根据研究命题中假设的四种情况，分别计算读研的收益率，并计算出其净收益。

将调查问卷的数据按照前面所述的计算方法处理，可以计算出四种情况学生读研的总成本、收益率和净收益折现总值，见表 9。

表9　不同地域就业的成本与收益比较

| 类　别 | 平　均 | 西到西 | 西到东 | 东到西 | 东到东 |
|---|---|---|---|---|---|
| 总成本(元) | 98 834.6 | 83 321.6 | 83 321.6* | 122 263.4 | 122 263.4** |
| r(%) | r = 14.4 | $r_{西到西}$ = 14.5 | $r_{西到东}$ = 34.9 | $r_{东到西}$ = −5.9 | $r_{东到东}$ = 14.8 |
| NPR(元) | 683 306.8 | 557 492.3 | 1 570 627.3 | −160 054.5 | 853 080.5 |

注：* 读研前选择在西部地区工作的学生,研究生毕业后不管是回西部工作还是留在东部,其读研的机会成本相同,显然直接成本也相同,所以读研总成本相同。

** 理由同 *。

读研后在不同地区就业的净收益折现总值与平均值对比见图2。

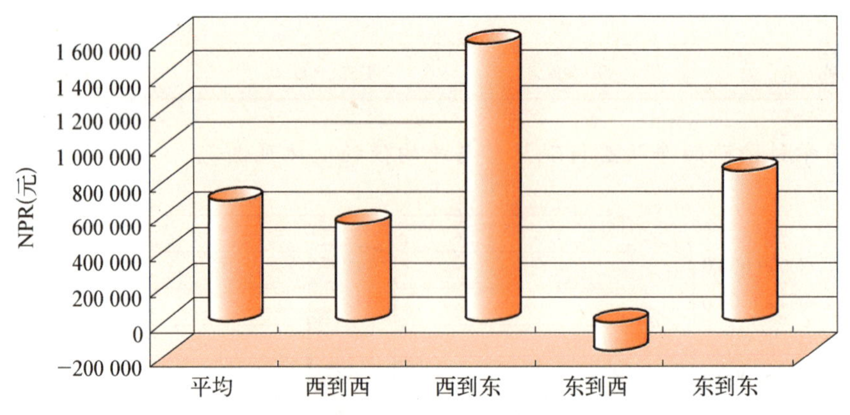


图2　不同地区就业的净收益折现总值与平均值对比图

4. 不同性别的成本收益比较分析

劳动力市场对不同性别的研究生有着不同的偏好,这使得不同性别的研究生的收益也不一样。在我们的调查样本中男生占55.3%,女生占44.7%。考虑到不同性别员工的退休年龄不同,本文假设:男性60岁退休,女性55岁退休。

将调查问卷的数据按照前面所述的计算方法处理,可以计算出男女生读研的总成本、收益率和净收益折现总值,见表10。

表10　不同性别的成本与收益比较

| 类　别 | 平　均 | 男 | 女 |
|---|---|---|---|
| 总成本(元) | 98 834.6 | 110 788.7 | 89 358.1 |
| r(%) | r = 14.4 | $r_m$ = 17.0 | $r_f$ = 8.2 |
| NPR(元) | 683 306.8 | 906 522.6 | 274 860.0 |

男女生读研的净收益折现总值与平均值的对比见图3。

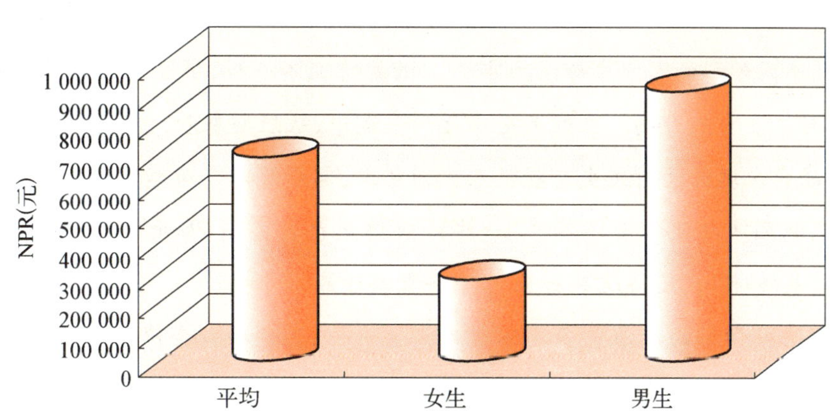


图3 男女生读研的净收益折现总值与平均值对比图

5. 对研究结果的讨论

个人一生的荣辱成败有多方面的原因,在此,我们研究的只是通常情况下由于人力资本投资所可能发生的现象和规律。

(1) 对个人平均收益率(14.4%)的分析。

从本文的研究结果来看,自费读研的个人收益率为14.4%,另外我国快速发展的经济对高层次人才的需求也将越来越大。因此,从现期实证研究的结果和对未来经济发展趋势的判断两方面来看,自费读研都是一项高回报的投资。

本文计算出的自费读研的个人平均收益率与之前一些学者计算出的结果有一定差距。如裴劲松等(2002)算出我国研究生投资收益率达38.6%,李元春(2003)计算出城市硕士生的教育收益率为21%等。其原因主要是:不少学校已经开始对某些专业的研究生收费,并逐渐扩大自费生的比例。本次调查表明,707个样本中有61%的人不同程度地交了学费。特别是一些热门专业学费更高,这就增加了读研成本,降低了收益率。另外,近年来随着大规模扩招,研究生不像以前那样"稀缺",甚至有些地方出现了"硕士诚可贵,技工价更高"的现象。研究生对预期收入普遍高估,导致研究生供给大幅增加,使得收益降低。

(2) 对不同学科间未来收益差别的分析。

本文计算出应用学科的研究生教育收益率为21.3%,基础学科的收益率为2.2%,前者比后者要高出19个百分点。与平均收益率14.4%相比可以看出,应用学科的投资收益率比平均值高近7个百分点，而基础学科的收益率比平均值低12个百分点。不同学科未来收益不同有多方面的原因：

第一，不同学科的人才在劳动力市场上供需情况不一样，供过于求时工资较低，而供不应求时工资自然升高。在经济全球化的浪潮中，从短期来看，信息技术的发展对通信类人才的需求远大于对文史哲教类人才的需求，部分解释了两类学科的收益率差异。

第二，我国市场化程度还不够，一些行业仍然存在垄断，如电信、能源等，竞争者少，还属于买方市场，使得这些行业工资一直高于正常水平。

第三，基础学科的价值更多地体现为社会价值，而这种社会价值目前并没有得到政府的公平补偿，致使基础学科的收益明显偏低。

此外，基础学科的毕业生到教育研究机构工作，经济收入虽然较低，但工作稳定，心理收益较高。例如，教师每年还有寒暑假这种非货币收益，而非货币收益难以计量，所以也使得本次研究中基础学科的教育收益率较低。

人力资本投资像其他投资一样，也有风险，收入高的职业风险波动较大，收入低的职业风险波动较小。另外，个人成就的高低也不能完全由收入来衡量。

(3) 对在不同地域就业的分析。

从研究结果看，读研前选择在西部地区工作的学生毕业后假如到东部地区工作，其收益最高。不仅收益率达34.9%，净收益折现总值也高达157万。假如他回西部工作，收益率降至14.5%，净收益折现总值也降到55.7万。作为理性人，选择留在东部工作才能使他的教育投资收益最大化。这或许可以解释为什么西部地区难以吸引、维系人才，学生毕业后不愿意回西部。

读研前后都选择在东部地区工作的学生，其收益率与读研前后都选择在西部地区工作的学生差不多，但是净收益折现总值要比后者高出30万元左右。这说明东部地区本科生与研究生的收入差距更大。但其毕业后如果选择去西部工作，教育投资回报率为-5.9%，净收益折现总值为-16万，显然东部地区的学生一般不会考虑去西部工作。

我国目前的经济发展很不平衡，研究生在不同地区就业后收入差距明显。究其原因，是因为东部地区经济体制改革比较早，高速发展的经济对高层次人才的需求更大。学生在东部地区工作信息来源广，发展机会多，人力资本投资能获得更好的回报，能充分体现个人价值。

不过，在西部工作也有优势。考虑到物价因素，西部地区的实际工资并不很低，生活质量不会和东部有太大差距。另外,西部地区的竞争压力较小,个人脱颖而出的机会较大。在“西部大开发”的背景下,西部地区的各项配套设施,包括政策环境、舆论环境等都将会大大改善。随着西部地区经济的发展,个人经济收益也必然逐步提高。

(4) 对不同性别收益的分析。

本文计算出女生读研的个人收益率为8.2%,远低于男生的收益率17.0%,也低于平均水平(14.4%)6个百分点。从净收益折现总值来看,女生只有27.5万,更是远低于男生的90多万。女性研究生的收益率低于男性有以下原因:

首先,在刚开始就业时男女研究生就受到了不同的对待,男性研究生明显占优势地位,不仅待遇高,职业发展前景也相对较好。

其次,在就业过程中由于女性自身的特点导致工作时间不连续,这些都使其职业发展、收入不如男性。传统的社会性别意识仍然限制着女性的发展,职业隔离及玻璃天花板的存在,在一定程度上减弱了女性自身的进取精神,也导致女性收入低于男性。

最后,女性退休要比男性早,目前国家规定男性退休年龄为60岁,女性退休年龄为55岁或50岁,这样,女性的终生收入流更少。

6. 本研究的局限之处

本研究在总结前人研究成果的基础上,基于北京市部分高校的问卷调查,对自费攻读硕士研究生的成本与收益进行了分析,得出了一些新的结论。既为准备考研者提供了实际的参考,也对相关部门规范硕士研究生教育收费问题有一定的借鉴意义。本研究的局限之处主要体现为以下三点。

第一,受条件所限,本次调查的覆盖面较小。来自重点大学的样本相对较多,并且专业也较为集中,这样就会对自费读研成本的计算产生一定影响。

第二,收益部分的数据主要来自中华英才网的薪资调查,难免有偏差。此外,本次调查是在北京部分高校中进行的,不少研究①以及新闻报道都表明北京是在京高校毕业生的首选就业城市,而中华英才网的数据来自全国,这也会影响最终的计算结果。

第三,由于间接收益难以量化,我们未能全面估计自费读研的个人收益。事实

① 曾湘泉等,《变革中的就业环境与中国大学生就业》,中国人民大学出版社,2004年,第61页。

上,读研带来的就业选择范围扩大和层次提升这一间接收益,以及教育的耐用消费品性质带来的心理收益和效用满足,也是广大自费研究生十分看重的。

**五、对研究生教育的政策思考**

总结以上的研究结论,我们认为可以从以下四个方面,对国家的研究生教育政策加以改进和完善。

1. 国家应加大调控、引导毕业生就业去向的力度,通过增加奖学金、减少学费,减免贷款等措施,鼓励研究生到西部地区工作

建立研究生到西部地区就业的经济补偿制度。现今学生往往热衷于到东部地区接受研究生教育,并继续留下来工作;而西部省份,特别是较贫困县区的单位非常需要研究生,却很少有学生愿意来。市场在这方面的调节失灵,必须借助行政手段加以推动。今后应建立研究生到西部地区就业的经济补偿办法,给予特别资助,鼓励和引导研究生到西部地区就业。

可以设立专项奖学金,并提高金额。对于享受国家和各级政府设立的专项奖学金的研究生,让其承担一定的义务,毕业后到西部地区和艰苦行业工作若干年,或参加志愿服务项目、支援西部大开发等。

对于毕业后选择到西部地区,特别是贫困地区工作的研究生,应该部分或全部返还其学费;在贷学金方面,应考虑采取减免贷款利息、延缓贷款偿还期等措施,提高研究生到西部工作的积极性。

2. 重视基础学科,大力发展应用学科

人们普遍认为基础研究具有巨大的正外部性,因此政府应给予基础研究很大支持。如何保证基础学科能吸引优秀人才,加强我国本来就薄弱的基础研究,这是在发展我国学术型研究生教育中,应高度关注的战略性问题。我们建议,一方面,应尽可能减少基础学科研究生的学费,吸引对基础研究有兴趣的学生,确保基础学科的生源;另一方面,对基础学科提供研究资助。李昂(2004)通过研究美国大学研究资助的情况,建议在国内研究生阶段增设研究资助。即根据学生过去的成绩,对将来的能力和相应工作的胜任程度作出预估,在学期初替学生缴纳学费,并在该学期按月付给生活费。基础学科研究生阶段可以借鉴这种方法。

至于应用学科,因其已有市场化的激励机制,学生可以获得相对较高的报酬,所以可以在考虑学生接受程度的基础上适当收费。在确定学费过程中,需要考虑专业

特点、自身教育质量、生源竞争、学生就业状况与就业工资等因素。政府也要对应用学科类研究生学费定价提供政策指导,给予相应支持。

3. 规范研究生教育收费

一方面,个人是研究生教育的直接受益者,应承担一部分成本。相对于本科生来说,研究生就业渠道广、机会多、待遇好。本研究表明,攻读硕士研究生是值得选择的个人投资;并且从国内外的相关研究中都可以看到,高等教育的个人收益率一般要高于社会收益率。既然如此,由国家和社会全部承担研究生的学费,显然已经不合时宜。

另一方面,研究生为我国的社会发展经济发展和科技进步作出了重要的贡献,无论过去、现在还是将来,国家都是研究生教育的最大受益者,国家和社会也应承担一定的成本。因此,我们建议,应该逐步推进研究生收费改革的进程,充分考虑学生和家庭的可承受度。另外,对基础学科和应用学科要区别收费,以平衡不同学科间的个人收益率差异。

4. 逐步完善研究生奖、贷、助学金制度

近两三年来,研究生教育的学费增长甚为迅速,几万元的学费对不少学生和家庭来说都是一笔不小的负担。过重的经济负担可能使一部分优秀的学生失去深造的机会;而已经入学的研究生,也会为赚钱而四处兼职,影响教育质量。研究生阶段,要想在所研究的领域里有所发展,就要尽量排除外界的干扰,学费或者生活费不应该成为读研的制约因素。完善的奖、贷、助学金制度可以为学生们安心学习提供保障。

教育管理部门及各高校应在现有基础上,逐步完善奖学金制度,适当增加奖学金数额,扩大其覆盖面。现有普通奖学金数额较少,对研究生的激励作用不大。建议提高奖学金的额度,扩大奖学金数额的差距,使奖学金真正能够激励研究生的学习和研究工作。

做好国家助学贷款工作。贷学金制度是国际通用的助学方式,但在我国研究生教育中的影响还不够大。目前,由于贷款手续繁、额度低、还贷期短,研究生的认同度不高,银行积极性不大。应通过建立社会信用体系,提高全民诚信意识,采取放宽贷款条件、提高金额、延长还贷期等措施鼓励研究生完成学业。

此外,还可以探索加强与金融机构及大企业的联系,建立助学金制度,为同学们提供多种助学金来源,使学习优异但家庭困难的学生有深造的机会。

# 附录4-2 上大学是合算的吗?[1]

虽然在中国,由于高等教育资源的稀缺以及历来重视教育重视学历的社会氛围,如果能考上大学,大多数父母即使是砸锅卖铁也要送孩子读书。人们也会奋不顾身、不假思索地挤独木桥然后逍遥自在地在大学的象牙塔里继续荣耀和自豪地感叹"风景这边独好"。但同样在广东、浙江等地,我们也听到了诸如"何必浪费时间死读书,还不如早点出来做生意"的论调。看来,即使是"秋后算账",计算人力资本投资的价值却很有意义。它体现和说明的是一种决策的理性,是自己对自己作出的投资决策负责的一种态度。值与不值,其实每个人心中都有数。在决策的十字路口,是选择理性决策还是选择盲从他人或是稀里糊涂就作决定,一个江西的毕业生对自己上大学的人力资本投资成本和收益进行了初步的核算。

## 一、背景资料

罗饰,女,江西籍考生,于1997年8月28日拿到"中国青年政治学院"的录取通知书。通知书上标明学费1 800元/年,住宿费500元/年,学制4年。另有一份工作在等着她。随表姐去广东工作,底薪是1 000元/月,包吃包住。她考虑:我到底是去念大学呢,还是去工作?

## 二、成本与收益权衡

计算说明:

为确保对成本和收益的衡量都是在1997年9月考入大学时所进行的比较,因此对所有在1997年9月以后发生的成本和收益都累进折算成1997年9月时的现金价值。银行存款利率参见表1。

为保证计算的准确性和可衡量性,考虑到心理收益和心理成本的不可量化性,因此先假定读大学的心理收益等于心理成本,在比较时不考虑心理收益和心理成本。

### (一) 成本

直接费用(实际费用):其中包括学费、购书、衣食住行和通讯等费用,但其中剔

---

[1] 资料来源:本内容是由2001级硕士研究生周欢,在曾湘泉教授讲授的《劳动经济学》课程中,以作业方式提交的内容。我们在此进行了改写。

除了即使是不读大学也需要发生的吃、住、购置衣物等费用。对各年费用，按各年活期存款利率折算为1997年的现金价值，基本公式是：

折算的现金价值＝实际费用/(1＋当年活期存款年利率)

以此类推，1997年适用利率1.71%，1998年适用利率为1.44%，1999年、2000年适用利率为0.99%。由此计算出的读大学的直接费用如表2、表3所示。

**表1 城乡居民及单位活期存款利率一览表**

| 时间 | 年利率(%) |
|---|---|
| 2002-02-21 | 0.72 |
| 1999-06-10 | 0.99 |
| 1998-12-07 | 1.44 |
| 1998-07-01 | 1.44 |
| 1998-03-25 | 1.71 |
| 1997-10-23 | 1.71 |
| 1996-08-23 | 1.98 |

数据来源：中国人民银行网站。

**表2 大学费用明细表**

单位：元

| 时间 \ 金额 \ 项目 | 学杂费(含报考研班、商务英语班等费用) | 书本费(含学习用品等) | 交通费① | 通讯费② | 住宿费 | 日常花费(含旅游、日用品等) | 费用总计 |
|---|---|---|---|---|---|---|---|
| 大一(1997.9—1998.9) | 3 600③ | 500 | 400 | 300 | 500 | 3 000④ | 8 300 |
| 大二(1998.9—1999.9) | 2 800(报BEC班1 000元) | 500 | 200 | 200 | 500 | 1 000 | 5 200 |
| 大三(1999.9—2000.9) | 2 600(报考研班800元) | 1 000(含考研资料费) | 200 | 200 | 500 | 1 000 | 5 500 |
| 大四(2000.9—2001.8) | 1 800 | 800 | 300 | 300 | 800⑤ | 1 500⑥ | 5 500 |

① 交通费：含寒暑假回家往返路费和北京市内交通费。
② 通讯费：以电话卡费用进行估算。
③ 学杂费：大一新生含杂费(体检、军训等费用)1 800元。
④ 日常花费：旅游花费较多。
⑤ 住宿费：搬入新公寓，住宿费增加300元。
⑥ 日常花费：为找工作购置衣物等导致费用增加。

表3 上大学期间所发生的费用折算对比表

单位：元

| 时　　间 | 实际费用 | 折算后的1997年现金价值 |
| --- | --- | --- |
| 大一(1997.9—1998.8) | 8 300 | 8 160.46 |
| 大二(1998.9—1999.8) | 5 200 | 5 040.00 |
| 大三(1999.9—2000.8) | 5 500 | 5 278.51 |
| 大四(2000.9—2001.8) | 5 500 | 5 226.77 |
| 总　　计 | 24 500 | 23 705.74 |

机会成本：在上大学期间由于不能工作而放弃的工资报酬。

假定罗饰去广东打工，第一年工资为1 000元/月，年终奖1 000元，以后每年工资递增100元/月，年终奖每年递增500元。其读大学的机会成本的计算如表4所示。

表4 放弃的工资报酬折算对比表

单位：元

| 时　　间 | 可能的工资报酬 | 折算后的1997年现金价值 |
| --- | --- | --- |
| 1997.9—1998.8 | 13 000 | 12 781.44 |
| 1998.9—1999.8 | 14 700 | 14 247.69 |
| 1999.9—2000.8 | 16 400 | 15 739.56 |
| 2000.9—2001.8 | 18 100 | 17 200.81 |
| 总　　计 | 62 200 | 59 969.50 |

两项成本相加共计：23 705.74 + 59 969.50 = 83 675.24(元)

（二）收益

1. 上大学期间可能获得的奖学金和兼职收入

表5　上大学期间的收入明细表

单位：元

| 时　　间 | 奖学金 | 兼职教师收入 | 其他兼职收入 | 合　计 |
|---|---|---|---|---|
| 大一(1997.9—1998.8) | 1 500 | 500 | 500 | 2 500 |
| 大二(1998.9—1999.8) | 1 500 | 2 500 | 500 | 4 500 |
| 大三(1999.9—2000.8) | 1 500 | 1 000 | 500 | 3 000 |
| 大四(2000.9—2001.8) | | | 10 500 | 10 500 |
| 总　　计 | 4 500 | 4 000 | 12 000 | 20 500 |

对各年收入，按各年活期存款利率折算为1997年的现金价值，基本公式是：

折算的现金价值 = 实际费用/(1 + 当年活期存款年利率)

以此类推，考虑利率的变化，将1999年先折成1998年，再按1998年现金价值折回到1997年，1997年适用利率1.71%，1998年适用利率为1.44%，1999年、2000年适用利率为0.99%。

表6　大学收入折算明细表

单位：元

| 时　　间 | 实际收入 | 折算后的1997年现金价值 |
|---|---|---|
| 大一(1997.9—1998.8) | 2 500 | 2 457.97 |
| 大二(1998.9—1999.8) | 4 500 | 4 361.54 |
| 大三(1999.9—2000.8) | 3 000 | 2 879.19 |
| 大四(2000.9—2001.8) | 10 500 | 9 978.37 |
| 总　　计 | 20 500 | 19 677.07 |

2. 预期报酬(相对于高中毕业生较高的预期未来收入的增加值)

一个正在考虑上大学的人实际是在两种终生工资报酬流(高中毕业生的报酬和大学毕业生的报酬)之间作出选择。高中毕业生的工资报酬流开始出现得很快，但却不可能上升得很高，而大学毕业生的工资报酬流在开始的四年中只有负收入流(上大学的学费成本和放弃的工资报酬)，但是大学毕业后，薪酬起点要高于高中毕业生,接下去的上升趋势也要比高中毕业生快。

按照国家规定女性的退休年龄为55岁,假定罗饰工作到55岁。试分析以下两种情况。

(1) 假定她高中毕业后直接去广东工作。四年后21岁。此时她的月工资为1 500元,以后平均每年月工资增加100元,26岁工资不再增加,月工资为2 000元。到35岁升为车间主管,月工资为3 000元,以后工资不再变化。

(2) 假定她选择读大学。大学毕业后21岁,此时她参加工作的月工资报酬为2 500元,以后平均每年月工资增加100元,到30岁获得升职机会,月工资直接涨为5 000元,此后平均每月工资增加100元,40岁后工资不再增加。

按照以上假定,并根据公式:某一段时间的年收益流(B1,B2,……)现值可以按下列公式加以计算:

$$现值 = B1/(1+r) + B2/(1+r)^2 + B3/(1+r)^3 + \cdots\cdots + Bt/(1+r)^t$$

其中,利率r根据1997年活期存款年利率(1.71%)进行计算:我们对未来35年中的收入进行累进贴现。每年收入如表7所示。

表7 各年工作收入一览表

单位:元

| 年龄(岁) | 21 | 22 | 23 | 24 | 25 | 26 | 27 | 28 | 29 | 30 |
|---|---|---|---|---|---|---|---|---|---|---|
| (1) | 1 500 | 1 600 | 1 700 | 1 800 | 1 900 | 2 000 | 2 000 | 2 000 | 2 000 | 2 000 |
| (2) | 2 500 | 2 600 | 2 700 | 2 800 | 2 900 | 3 000 | 3 100 | 3 200 | 3 300 | 5 000 |
| 折现(1) | 1 401.9 | 1 470.6 | 1 535.7 | 1 598.6 | 1 659.4 | 1 716.7 | 1 687.8 | 1 659.8 | 1 632.7 | 1 605.1 |
| 折现(2) | 2 336.4 | 2 389.7 | 2 439 | 2 486.7 | 2 532.8 | 2 575.1 | 2 616 | 2 655.6 | 2 693.9 | 4 012.8 |
| 适用利率 | 0.070 | 0.088 | 0.107 | 0.126 | 0.145 | 0.165 | 0.185 | 0.205 | 0.225 | 0.246 |
| 年龄(岁) | 31 | 32 | 33 | 34 | 35 | 36 | 37 | 38 | 39 | 40 |
| (1) | 2 000 | 2 000 | 2 000 | 2 000 | 3 000 | 3 000 | 3 000 | 3 000 | 3 000 | 3 000 |
| (2) | 5 100 | 5 200 | 5 300 | 5 400 | 5 500 | 5 600 | 5 700 | 5 800 | 5 900 | 6 000 |
| 折现(1) | 1 578.5 | 1 550.4 | 1 524.4 | 1 499.3 | 2 210.8 | 2 173.9 | 2 136.8 | 2 100.8 | 2 066.1 | 2 031.1 |
| 折现(2) | 4 025.3 | 4 031.0 | 4 039.6 | 4 048.0 | 4 053.1 | 4 058.0 | 4 059.8 | 4 061.6 | 4 063.4 | 4 062.3 |
| 适用利率 | 0.267 | 0.290 | 0.312 | 0.334 | 0.357 | 0.38 | 0.404 | 0.428 | 0.452 | 0.477 |

续 表

| 年龄(岁) | 41 | 42 | 43 | 44 | 45 | 46 | 47 | 48 | 49 | 50 |
|---|---|---|---|---|---|---|---|---|---|---|
| (1) | 3 000 | 3 000 | 3 000 | 3 000 | 3 000 | 3 000 | 3 000 | 3 000 | 3 000 | 3 000 |
| (2) | 6 000 | 6 000 | 6 000 | 6 000 | 6 000 | 6 000 | 6 000 | 6 000 | 6 000 | 6 000 |
| 折现(1) | 1 997.3 | 1 963.4 | 1 930.5 | 1 898.7 | 1 865.7 | 1 834.9 | 1 804 | 1 773 | 1 744.2 | 1 714.3 |
| 折现(2) | 3 994.7 | 3 926.7 | 3 861.0 | 3 797.5 | 3 731.3 | 3 669.7 | 3 607.9 | 3 546.1 | 3 488.4 | 3 428.6 |
| 适用利率 | 0.502 | 0.528 | 0.554 | 0.58 | 0.608 | 0.635 | 0.663 | 0.692 | 0.72 | 0.750 |

| 年龄(岁) | 51 | 52 | 53 | 54 | 55 | 总 计 |
|---|---|---|---|---|---|---|
| (1) | 3 000 | 3 000 | 3 000 | 3 000 | 3 000 | 1 074 000 |
| (2) | 6 000 | 6 000 | 6 000 | 6 000 | 6 000 | 2 119 200 |
| 折现(1) | 1 685.4 | 1 657.5 | 1 629.5 | 1 601.7 | 1 574.8 | 738 183.6 |
| 折现(2) | 3 370.8 | 3 314.9 | 3 259.1 | 3 203.4 | 3 149.6 | 1 447 077.6 |
| 适用利率 | 0.780 | 0.810 | 0.841 | 0.873 | 0.905 | |

可分别算得方案(1)中的折算现值为：738 183.6 元；方案(2)中的折算现值为：1 447 077.6 元。两者相减，读大学后参加工作比高中毕业即工作多出的预期收入为 708 894 元。

(1)、(2)两项收益相加，上大学的总收益为：708 894 + 19 677.07 = 728 571.07(元)

(三) 结论

根据测算，上大学的总成本为 83 675.24 元，总收益为 728 571.07 元，总收益与总成本的净差额为 644 895.83 元。显然收益远大于投资，因此从经济上判断选择读大学是合算的。

**附：高中生和大学生终生报酬的变化趋势模拟图**

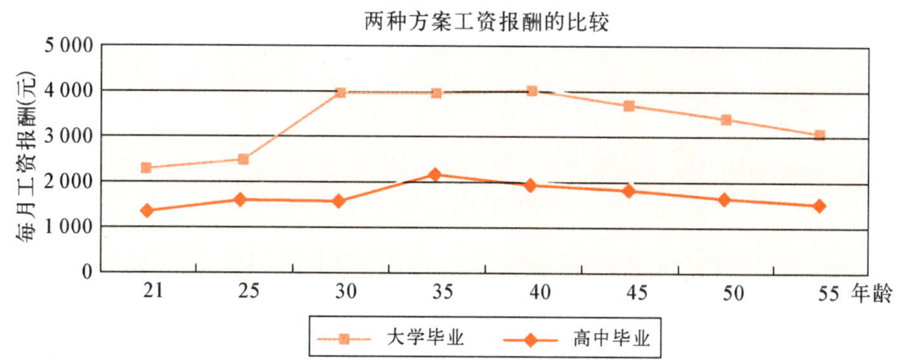

# 第五章

# 劳动力流动

劳动力在不同的地理区域和不同的工作岗位之间的迁移和流动是劳动力在寻找工作过程中的基本现象，在市场经济中起着非常重要的作用。由于任何市场作用的发挥都在于促进自愿交换的实现，所以社会依靠劳动者在雇主之间的自由流动来进行劳动力的配置，这种劳动力配置方式可以同时使劳动者和消费者的满足达到最大化。比如，劳动者从低工资工作向高工资工作流动这一活动本身，就是迫使那些支付给劳动者的工资低于均衡工资的厂商提高工资水平的一种手段。再比如，补偿性工资差别的存在也同样取决于见多识广的工人为提高自己的效用水平而在各种就业机会之间进行选择的能力。

然而，流动是要付出成本的，劳动者必须花费一定的时间来四处搜寻与雇主可能提供的工资和工作条件有关的信息。对于许多劳动者来说，边工作边寻找信息，效率会大打折扣，如果他们首先辞去现在的工作，其工作搜寻才是最有效率的（当新工作在另一个地区的时候，情况就更是如此）。脱离与当前雇主的关系往往意味着离开自己的朋友和熟悉的环境，有时还可能意味着要放弃有价值的雇员福利，比如，那些在一个地方工作时间长了才有的工龄工资补贴、医疗补贴、互助金、养老金、健康保险，或者在未来按照“内部轨道”晋升的机会。一旦发现新工作，劳动者就不仅要面临向新环境转移的货币成本，还要面临相应的心理成本。简而言之，劳动者为了在以后增加自己的效用，就必须在短期内承受向新雇主转移的成本。本章试图从劳动力流动的基本理论方面进行一些分析。

# 第一节　劳动力流动的成因

## 一、劳动力流动的概念

劳动力流动，在某些情况下也被称为劳动力迁移(Migration of labor force)一般包含多重含义，即地域性流动、行业性流动和职业间流动。劳动力流动主要有三种形式：(1) 劳动力在本地更换行业职业；(2) 劳动力在地区之间的流动；(3) 劳动力行业性流动(易地在其他行业就业)。

早在19世纪末，E·G·雷文斯坦就对人口的迁移、流动进行了具有开创意义的研究。英国经济学家希克斯(J. R. Hicks)在1932年指出：“区域间的经济利益差异，其中主要是工资差异，是劳动力迁移的首要动因。”1962年，芝加哥大学教授沙斯特德(Sjaastad)发表了题为“劳动力迁移的成本与收益”的经典论文，阐述了伴随迁移的主要经济成本与收益。美国芝加哥学派经济学家西奥多·W·舒尔茨(T. W. Schultz)的迁移成本—效益理论，即把迁移看作一种带来某种经济收益的投资行为。

劳动者在国与国之间的流动以及在一国的不同地区之间的流动，是经济生活中的一个常见现象，在市场经济中起着非常重要的作用。目前，全世界大约有1亿人生活在与他们出生地不同的国家中，随着世界经济的一体化，全球移民在劳动力队伍中所占比例已经从5%上升到20%①。由于任何市场的作用都在于促进自愿交换的实

---

① 伊兰伯格、史密斯，《现代劳动经济学——理论与公共政策(第六版)》，中国人民大学出版社，1999年，第311页。

现,劳动力市场的流动性源于劳动力的自主选择行为,所以,社会依靠劳动者在雇主之间的自由流动来进行劳动力的配置,这种劳动力配置方式可以同时使劳动者通过流动预期得到更高的收入、选择更好或稳定的职业等,同时使消费者的满足也达到最大化。

劳动力流动是一个比人口流动有着更严格限制的题目。劳动力流动通常不考虑随父母迁移的儿童和退休人员在退休时或退休后的流动。退休人员的移动和在职人员的移动受不同的原因所支配。退休人员经常是流动到气候宜人和那些生活费用低的地方,因为这样能够增大他们退休金的实际价值,从社会保障中得到更多收益。

在市场经济比较成熟的国家的劳动力市场中,美国的劳动力流动程度最高。每年大约有 1/10 的劳动者变动工作,其中 1/3 的劳动者变动工作不止一次。美国制造业的月辞职率高达 1% ~3%,这意味着职工年流动率高达 12% ~36%。在许多的情况下,职业的变动往往伴随着地区的流动。此外,美国每年还要接受 50 万名合法移民,但是希望进入美国的人口数量远远超过法律所允许进入的数量,从而导致大量非法移民涌入美国。根据美国人口普查局估计,1985 年以来非法定居在美国的移民要达到 300 ~500 万人①。

劳动力流动在很大程度上受到劳动力市场化程度的影响。在改革开放前,我国政府通过特定的工资和社会保障制度以及严格的行政控制手段,对劳动力在不同工作单位和经济部门之间的流动进行了严格的控制,因此,个人的职业流动率是很低的。从表 5 - 1 可以看出,在 20 世纪 80 年代前,北京、无锡、珠海三个城市的劳动者中职工从事一份工作后,大约需要 15 到 20 年才会有一次工作变动。而这一间隔时间在 80 年代缩短为 10 年,90 年代更缩短到 5 年左右。这意味着劳动者的流动频率大大地加快了②。

---

① 张抗私等,《当代劳动经济学》,经济科学出版社,2000 年,第 265 页。

② 这种考察方法的前提是假设个人在一生中进行职业流动的行为是均匀分布的。尽管从以往的经验研究看,年轻人可能比年龄大的人有着更为频繁的工作变动。但考虑到中国的特殊情况——在计划经济时代里,人们的流动频率是相当低的——这种由于所处年龄段不同所可能导致的误差是可以忽略不计的。

表5－1 不同年代就业者平均每次工作变动所需的时间

单位：年

| 年　代 | 北　京 | 无　锡 | 珠　海 |
|---|---|---|---|
| 1949年以前 | 20.5 | 18.8 | 29.6 |
| 1950—1965 | 26.7 | 22.8 | 21.3 |
| 1966—1979 | 16.8 | 16.5 | 14.1 |
| 1980—1989 | 10.4 | 9.6 | 9.2 |
| 1990—1994 | 5.2 | 6.1 | 5.7 |
| 1995—1998 | 4.8 | 6.6 | 5.1 |

资料来源："中国城镇劳动力流动"课题组，"中国劳动力市场建设与劳动力流动"，《管理世界》，2002年第3期。

尽管近年来我国劳动力市场建设取得了很大的成效，但必须认识到，我国的职业流动率还是相对较低的，特别是与发达市场经济国家相比，还有不小的差距。调查发现在这三个样本城市中，在自己职业生涯中从未改变过工作单位的个人的比例还是比较高的，均在30%以上，这一比例与日本横滨20世纪70年代的比例（34.9%）大致相同，但却远远高于美国底特律1970年的比例（13.9%）。同时，对年龄分组后的进一步分析和比较结果说明，在不同的年龄段中，中国就业者的职业流动次数都要远远低于日本和美国就业者（参见表5－2）。研究中专家还发现，现行的户籍制度、人事档案制度以及社会保障制度等仍对人们的职业流动构成一种障碍①。这些都说明在我国建立起完善的劳动力市场制度，为人们自由地流动提供条件，仍是一个漫长而艰巨的任务。

表5－2 调查城市与其他数据分年龄组工作单位变动次数均值比较（城市与国家）

| 年　龄 | 北　京 | 无　锡 | 珠　海 | 日　本 | 美　国 |
|---|---|---|---|---|---|
| <24 | 0.45 | 0.55 | 0.40 | 2.1 | 4.4 |
| 25～29 | 1.08 | 0.76 | 0.82 | 2.7 | 6.2 |

① "中国城镇劳动力流动"课题组，"中国劳动力市场建设与劳动力流动"，《管理世界》，2002年第3期。

续 表

| 年　　龄 | 北　　京 | 无　　锡 | 珠　　海 | 日　　本 | 美　　国 |
|---|---|---|---|---|---|
| 30～34 | 1.07 | 1.29 | 1.38 | 3.1 | 6.2 |
| 35～39 | 1.14 | 1.27 | 1.56 | 3.5 | 6.2 |
| 40～54 | 1.24 | 1.47 | 1.58 | 4.2 | 6.2 |
| 55～64 | 1.38 | 1.74 | 1.43 | 4.9 | 6.2 |
| >65 | 1.67 | 2.11 | 2.79 | — | 11.2 |

资料来源:"中国城镇劳动力流动"课题组,"中国劳动力市场建设与劳动力流动",《管理世界》,2002 年第 3 期;Masanori Hashimoto, Raisian, Employment Tenure and Earnings Profiles in Japan and The United States, *American Economic Review*, Volum 75, No.4, 1985, pp.721－735。

## 二、劳动力流动的成因

对劳动力流动的研究表明,70%～80%的人移动是由于经济原因,其中,大约30%的人是为了改变职业和工作。也就是说劳动力流动的经济动因是最直接、最主要的,这种动因是通过以下各种因素发挥作用的。

### 1. 区域间劳动力供求的不平衡

劳动力资源和劳动力供给需求状况在各国或不同地区之间有很大差异,影响劳动力供求的不仅有各国或不同的人口和劳动力的自然因素,比如,人口的绝对密度及数量;也有国家或不同地区的经济发展水平和速度。经济发展水平和速度直接影响对劳动力需求的增长,在经济发展较快的地区,人口的自然增长赶不上生产对劳动力需求的增长,会出现所谓劳动力短缺,就业相对容易,于是就会对劳动人口相对过剩的地区的劳动力产生吸引力,导致这些地区劳动力的流动。19 世纪中下旬到 20 世纪初,欧洲人口大量流入美国的在很大程度上就是基于这样一个原因。美国在 19 世纪 80 年代工业高速发展,超过英国成为第一大工业国,甚至在 1926—1929 年美国工业生产超过了欧洲的总和。如果单位经济增长所吸收的劳动力是相同的,这便意味着美国需要比欧洲总和还要多的劳动力数量。1840 年美国与欧洲的人口比率为

1:15.3,经济规模比率为1:18.8;到1900年,经济规模比率为1:1.4,原有的人口比率显然不能支持这种变化,靠人口的自然增长不能满足美国对劳动力的需求,没有移民就没有美国经济的高速增长。欧洲和美国劳动力供求状况的巨大差异导致了欧洲向美国的大规模移民。1840—1900年间,美国人口增加了3.5倍,与欧洲人口比率达1:5.1,纠正了劳动力供给相对于经济规模的倾斜状态。由此可以看出劳动力的国际流动是从经济发展较慢的国家流向经济高速增长的国家①。

### 2. 经济发展水平的差异

经济发展水平的差异决定了劳动力供求的不同。在发达地区,农业过剩人口释放已经接近完毕,剩余劳动力在工业化过程中被逐步吸收,庞大的经济规模与巨大的劳动力市场和劳动力吸收能力同时存在,创造的就业机会远远高于不发达地区,劳动力自然从工业化程度较低的地区流向工业化程度较高的地区。换言之,获得工作机会的多少同样是该地区具有吸引力的一个重要因素。人们会从工资报酬机会相对较差的地区向工资报酬机会较好的地区迁移,目标地区较好的机会所产生的"拉力"与原来地区较差的机会所产生的"推力"共同强化了劳动力流动。

### 3. 不同国家和地区间同质劳动力的工资差别

因为同一质量的劳动力在不同国家或地区的工资收入不同,造成劳动力的国际或地区间迁移,即从低工资地区向高工资地区移动。正如马克思所讲"在世界市场上一个国家同其他国家相比,生产率越高,它的工资就越高"。美国19世纪工资水平比欧洲高许多,这是造成19世纪后半期至20世纪初欧洲向美国大量移民的一个重要原因。劳动力向高工资国家或地区的短期流入以储蓄为目的,最重要的是比较工资差额和劳动时间的长短。生活水平相对不太重要,因为流入的劳动人口并不把收入的主要部分消费在当地,他们一般与当地消费水平关系不密切。但长期移居的劳动人口,生活水平即实际工资就具有决定意义。

还有一个重要方面:有些地区的工资报酬分配结构比另外一些地区的工资报酬分配结构要更为平均,在这些国家中,技术工人和非技术工人之间的平均工资报酬差

---

① 张抗私等,《当代劳动经济学》,经济科学出版社,2000年,第266页。

别要小一些,这意味着人力资本投资的收益在这些国家要比在另一些国家要少。这些国家的一部分劳动者就会有移动或迁徙的愿望,以求在新的国家或地区获得最大的人力资本投资收益。相对而言,不发达国家或地区的工资报酬分配一般较为平均,所以更多、更经常地发生由不发达国家或地区向发达国家或地区劳动力短期流动甚至移民的现象。

经济学理论告诉我们,在其他条件一定的情况下,工人辞去低工资工作的可能性比辞去高工资工作的可能性要大。也就是说,工人在当前雇佣状态下所获得的工资如果比他能够在其他地方获得的工资低,他们很可能会作出辞职的决定。这时,如果雇主不采取某些措施挽留辞职者,可以看成是雇主认为留住他们的价值还不及所付出的成本。比如,日本企业比美国企业为雇员提供更多的企业特殊培训,同时他们也随着工人在企业中供职时间的增长而向工人提供更大幅度的工资增长。其结果是,日本企业的年平均离职率只有美国的1/4。

此外,辞职率也受到企业规模的影响。大企业通常为雇员的工作轮换和晋升提供了更多的机会,大企业生产过程的机械化水平一般都较高,能够更好地满足工人的个人需要,因此,通常大企业的离职率也较低。

### 4. 经济周期引起的波动

一般情况下经济繁荣或高涨时,企业开工率高,对劳动力需求大,就业机会多,工资较高,这样的劳动力市场对外来工人既有吸引力又具备一定容量,将会有较多劳动力向其中流入。反之,经济衰退时,劳动力市场急剧收缩,失业率大幅上升,受失业的威胁,工人不得不接受较低工资,不仅劳动力流入暂时会停止,还会引起劳动力外流和外来工人的倒流。此外,一些局部性危机,战争、灾难等因素也可能极大地造成经济波动,同样也都会对劳动力地区流动产生深刻影响。

还应注意的是,劳动力市场周期对流动也同样产生影响。人力资本理论认为:如果工人们能够相对容易且较为迅速地找到一个更好的工作的话,那么他们辞职的可能性就会很高。也就是说,工人的辞职率在劳动力市场较为宽松的时候比劳动力市场较为紧张的时候要高。当劳动力市场宽松的时候,辞职率趋于上升;当劳动力市场紧张的时候,辞职率趋于下降。因为,一方面当工作空缺较少而找工作者很多的时候,雇主手中的每一个空缺工作都有许多求职者,因此,雇主在答应提供工作之前可以进行更为仔细的挑选，此时，对雇主而言，工作匹配的质量会有所提高；另一方面，由于工人可以得到的工作为数不多，因此，他们在衰退期间可能更倾向于首先抓住第一个到手的工作机会，由于工人们进行的选择较少，对工人来讲，工作匹配的质量可能会受损。

### 5. 国际资本流动的影响

当一个国家的跨国公司建立之后，要在国外建立分公司、子公司，除雇用当地工人以外，总要带去一些本国职工，以承担管理、培训等工作。正如马克思所说，“过剩人口的这个要素随着大工业的扩大而增大，其中一部分移居国外，其实不过是跟着外流的资本流了出去”。对于移入国来说，迁移到此的劳动力实际上增加了所在国的人口，而这些人既是生产者，同时又是消费者，他们为该国增加的总产量与所消费的总产量比值决定了流入国的原有公民从总体上看变得更富有，还是更贫穷了。如果劳动力到达迁移地之后继续工作，雇主支付给他们的工资不会超出其所带来的边际产品的价值，他们仅仅依靠工资报酬来支撑自己的消费，因此，并不会减少接受国原有居民的人均可支配收入。如果迁移劳动力的工资报酬并不等于或大大低于(这是通常存在的现象)他们为所在国所创造的产出的全部价值，则当地人的人均可支配收入会增加，接受国的资本存量会随之逐渐增大。如果某些老年人因要与其已经成年的儿子团聚而获准迁移，他们将不再工作，并且要依靠自己的孩子或者所在国家和地区的纳税人来维持消费，那么无疑，当地人的人均可支配收入将降低；但是，当因为团聚家庭综合经济效用的增加抵消了这种人均可支配收入的降低时，对于接受迁移者的国家来说，人均收入的降低就是一个他们所愿意承担的代价了。当精力旺盛的迁移劳动者将其收入的一部分汇回原所在国时，对劳动力输出国来说，即获得了宝贵的外汇收入；对劳动力流入国来说，该货币构成了它们的外汇支出。正是这样的“支出”和“获得”使国际的资本流动得以保持蓬勃的朝气。

### 6. 强化工作匹配的意愿

从单个工人的角度来说，人力资本理论认为，变换工作是一种有成本的交易，这种交易只有在预期收益相对较高的情况下才会被当事人自愿采取。因此，工作流动被工人看成是改善自身福利的手段之一。从更为全局性的角度来看，劳动力的流动在执行着一种有用的社会功能,即使得工人与那些对他们的技能评价最高的雇主匹配起来的功能。每个工人都有着区别于他人的技术和兴趣,从雇主的角度来说,不同的雇主对于各种技术以及其他各种工人特征存在着不同的需求。由于工人和雇主最初拥有的关于对方的信息是不完善的且获取的成本都比较高,因此,一个工人与一位雇主达成的最初"匹配"很可能并不是最优的,并且也不会永远保持在最优的水平上。这样一来,最初的匹配实现之后所发生的流动在改善工人在某一段时间内的工作匹配状况方面就扮演着极为重要的角色。雇主们则希望解雇那些实际生产率比他们雇用时所预期的生产率要低的工人;而如果工人所具备的素质足以使他们能够在别的地方提出更高的工资要求(假如这是因为他们在那里具有更高的生产率),那么他们会希望离开现在的雇主。这样,在经过了一定过程之后,通过流动就会逐步接近雇员与雇主达到良好匹配的目标。当一位工人与一位雇主之间的匹配出现了不吻合之后,他们的雇佣关系就会结束,流动就会出现;而如果两者之间达成了一种良好的匹配关系,那么这种雇佣关系就可望得到较长时间的延续。

## 第二节　劳动力流动模型

### 一、单个劳动者自愿流动的经济分析

劳动力的流动,不仅是人力资源在区域间的转移,而且是人力资本在地区之间的迁移。人力资本是体现在人身上的劳动技能和生产知识的存量。一个劳动力在掌握和完善其自身技能的过程中,不仅要付出时间和精力,而且还要付出直接和间接的经济成本。其直接经济成本可以看作一种特殊形式的投资,即人力资本投资,这种投资可通过其未来工作取得附加的收入来形成回报。

因此,人力资本模型可以被用来理解和预测自发的劳动力流动。这种模型将自愿流动当成一种投资来看待,即劳动者为了在今后一个相当长的时间段内获得收益而在早些时候承担这种投资的成本。

通常,劳动力流动基于以下两种假设:

其一,劳动力的流动是劳动者为了实现自己的利益而自愿迁移的行为。这也就

是说，劳动力流动不包括由于雇主造成的流动，如失业而导致劳动者工作岗位的变化。

其二，劳动者在劳动力市场上有流动的自由选择性。这主要是因为，虽然劳动力的流动在某些方面是由资本的运动所支配的，但资本在一定时期内总是固定的。

如果与流动相联系的收益现值超过了与之相联系的货币成本和心理成本的总和，那么，我们就可以认为，劳动者要么会决定更换工作，要么会决定进行地理上的迁移，或者是两者兼而有之。如果贴现之后的收益并不比成本高，那么，劳动者就不会决定进行这种变动了。

决定流动净收益（即流动收益减去流动成本）的现值的那些因素也就是对劳动者的流动决策最终起决定作用的因素。如果我们把计算流动净收益现值的公式写出来，那么上述这些因素就可以更好地被确认下来。同时，这一计算公式也是我们在较为精确地估计流动净收益的时候所必需的。

$$\text{净收益现值} = \sum_{t=1}^{T} \frac{B_{jt} - B_{ot}}{(1+r)^{t}} - C \qquad (5.1)$$

其中，$B_{jt}$为在 t 年从新工作 j 中所获得的效用；$B_{ot}$为在 t 年时从原来的工作 o 中所获得的效用；T 为在工作 j 上的预期工作时间（用年限表示）；r 为贴现率；C 为在流动过程中所产生的效用损失（直接成本和心理成本）；$\sum$ 为加总符号，在这里是指从第 1 年到第 T 年这一时期中每一年净收益贴现值的加总。根据上述公式，如果某人的净收益现值大于 0，则意味着收益期望大于由于劳动力流动带来的货币和心理的综合成本，此人将会进行流动。如果某人的净收益现值小于 0，该人将不会流动。在其他情况不变的条件下，两种工作之间的效用差（$B_{jt} - B_{ot}$）越大，净现值就越大，就越有可能流动。

## 二、非法流动与移民：外来劳动力对劳动力市场的经济影响

关于流动与非法移民问题，有两种相反的观点。第一种观点认为，非法流动或移民剥夺了一个当地居民或合法移民的工作机会。正如一位西方国家移民管理部门的官员所言："如果他们真的被雇用，那么，他们就正在从当地合法公民手中夺取工作

机会,我想这个结论是符合逻辑的。”按照这种观点,如果 X 名非法外国移民被驱逐,或其他外国人被拒于国门之外,那么,失业的本地人数将下降 X。从下面的分析中我们将会了解到,有关这一问题的分析将不仅适合于那些有大量外来移民的发达国家,也适合于在一个国家内部存在严格的户籍隔离管理的城乡二元劳动力市场的情况。

与上述观点相反的另一个观点认为,非法流动和移民从事的工作是任何发达国家或地区公民所不愿干的。“你不会到一家餐馆去刷盘子或到又脏又累的工地去工作,如果没有重体力劳动力的供给,我们就得不到任何干重体力活的劳动力,那么,让谁来干这些粗活?”我们经常可以听到这样的说法。

事实上,上述两种观点都未免太简单化了,因为它们忽视了供给和需求曲线的斜率。例如,如果考虑到干粗活——任何发达国家或地区公民都讨厌的工作——这一工作的劳动市场,没有非法流动或非法移民,发达国家或地区对这种市场的有限供给将意味着比较高的工资(如图 5－1 中的 $W_1$),$N_1$ 个公民被雇用。如果非法的移民进入这一市场,供给曲线将向外移动,也许变扁平(意味着移民比公民对工资的上升更加敏感),非法移民的进入使工资下降到 $W_2$,但就业增加到 $N_2$。

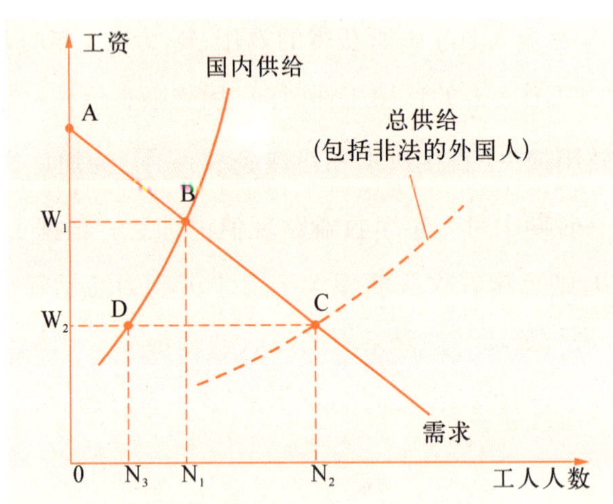


图 5－1 体力劳动者的需求与供给

发达国家或地区居民不愿意干重体力劳动者的工作吗?显然,当市场工资为 $W_2$ 时,外来移民比本地公民愿意从事这项工作的要多。在这个工资水平下,只有 $N_3$ 个公民希望从事这些工作,而其余的供给 $N_2-N_3$ 全然由外来移民填补。不过,如果没有移民,工资率为 $W_1$ 时,有 $N_1$ 名本地人被雇用于重体力劳动。工资提高,会使得使用这种劳动生产的商品或劳务的价格也提高，但工作是有人做的。只有在 $W_2$ 这一低工资水平的情况下，才存在发达地区本地公民的“短缺”，在 $W_1$ 时，并不存在短缺。

驱逐那些从事重体力劳动的外来移民，能为发达国家或地区公民创造同量的工作岗位吗？答案显然是否定的。如果从事体力劳动的 $N_2-N_3$ 名外国人被驱逐，并且不让所有其他的非法移民进入这一市场，那么，在这一市场就业的本地人的数量将从 $N_3$ 上升到 $N_1$，工资从 $W_2$ 上升到 $W_1$（如图 5－1 所示）。由于驱逐造成的工资率上升，$N_2-N_1$ 个工作岗位被摧毁。所以，尽管驱逐增加了发达地区本地人在这一劳动市场的工资和就业水平，但是可以肯定，失业不是按 1∶1 减少的。

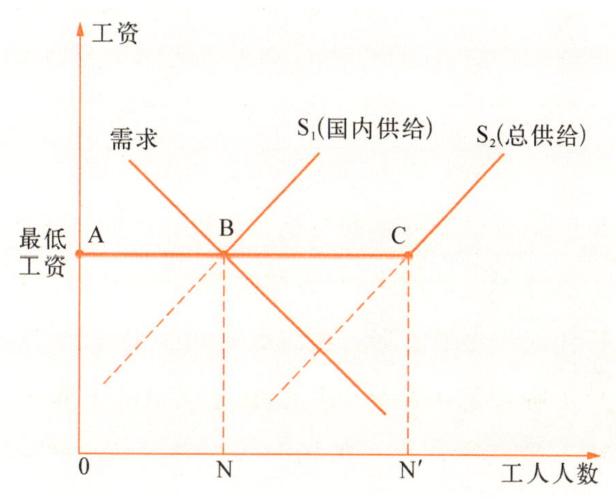


图 5－2　最低工资条件下的体力劳动者的需求与供给

驱逐非法移民为本地公民按照 1∶1 的比例创造工作机会要有一个条件：即政府最低工资法造成劳动过剩。例如，假设在图 5－2 中，$ABS_1$ 代表发达地区本地劳动力的供给，$ACS_2$ 代表总供给，由于人为的高工资造成了劳动力过剩，愿意为最低工资提供劳动的有 N′，但实际就业者只有 N 人。如果这 N 个就业者中有一些人为非法移民，驱逐他们——加上经过努力，成功地排除了其他外来人获得这些工作的机会——将为同等数量的本地人创造就业机会。但是，为了防止驱逐之后工资水平的上升以及随之而产生的工作机会减少，需求曲线必须在 B 点或 B 点的左面与国内或特定区域内的供给曲线（$ABS_1$）相交。另外，全部劳动者都必须支付最低工资。

然而，上述分析忽略了这样一种的可能性，即如果阻止低工资的外来移民获得这些工作，雇主可能将工作岗位转移到劳动供给丰富、工资很低的国外或本国不发达地区。如果这样,即使不再有非法移民,发达国家或某一国家内部发达地区的非熟练工人仍然会感到工资下降和就业机会减少的压力。因此,情况可能是,无论怎样,发达国家或地区的非熟练工人都在与外来的非熟练工人处于竞争状态,无论那些工人在发达国家或地区就业还是在国外或本国不发达地区就业。然而,并非所有的非熟练工作都能转移到国外或不发达地区,因为并非所有的产品都可以进口或从相互分割的外来市场流入(例如,大多数非熟练劳动者的服务必须在消费地点进行)。所以,下述的分析继续集中于这样的情况,即非熟练工作不能“出口”,或者“出口”成本太高。

受益者和损失者分析后宣称,尽管非法移民的大量涌入不是按 1:1 的比例减少发达国家或地区公民的工作机会,但的确有害于发达国家或地区的工人。这种观点可能是我们限制性的移民或流动管理政策以及对非法流动或移民忧心忡忡的主要原因。

这种观点主要是依据对单个市场的分析。在图 5-1 中仅考查了对体力劳动市场的影响,就此而言,这种观点是正确的,当移民增加了体力劳动的供给,从事体力劳动的当地公民的工资和就业水平下降。在图 5-1 中可以看到,发达国家或地区工人的总工资从 $W_1BN_1O$ 下降到 $W_2ON_3D$。因此,由于工资的下降,一些本地人离开这一市场(减少了 $N_1-N_3$),继续待在这一市场的人工资更低。如果从事体力劳动工作的本地人是反贫困努力的对象,移民的流入可能使这些努力打折扣。

从上述分析中得出,由于移民有害于当地的体力劳动者,所以必然有害于全体本地人的结论却是错误的。第一,“廉价”劳动的移入显然有利于这类劳动的消费者。随着工资的减少和就业的增加,由这类劳动生产的商品和劳务数量增加,价格下跌。

第二,重体力劳动的雇主显然受益,至少短期如此。从图 5-1 中可以看到,利润从 $W_1AB$ 上升到 $W_2AC$。获利可能性的增加有两种主要影响。资本报酬提高,这是投资者增加对工厂和设备投资的一个信号(不仅可以从本地获得,而且可以从国外或从外地吸引所需要的投资)。增加的利润也吸引更多人成为雇主。资本和雇主数量的增加,最终使利润下降到正常水平。但是本地的资本储备增加了,并且为一些人创造了成为所有者的机会。

第三,我们对体力劳动者市场的分析,是假定移民的流入对需求曲线不产生影响

(在图5-1和图5-2中,需求曲线是固定的)。当考察单个劳动市场时,这个假设并没有错误。因为,移入的体力劳动者的收入,用于购买体力劳动者所生产的商品和劳动的比重很小。但是,移民确实在发达国家或地区花了钱,这一附加的需求为更熟练的工人创造了工作机会或更高的工资(或者兼而有之)(如图5-3所示)。因此,那些与非熟练移民没有密切替代性的劳动者,受益于移民。因为伴随着劳动人口的增加,消费需求也增加了。

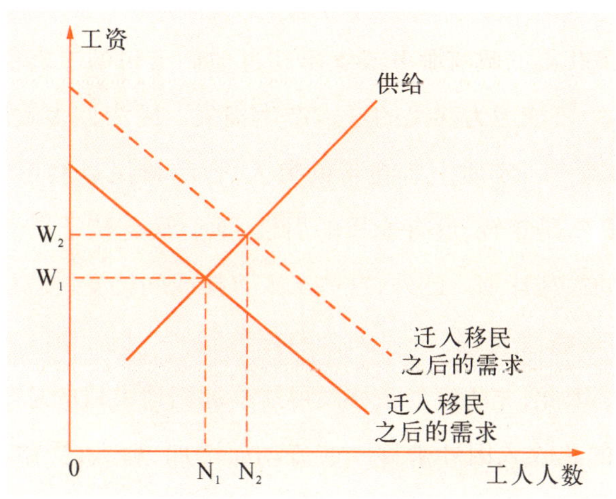


图5-3 除非熟练劳动外所有劳动的市场

如果非熟练劳动的工资下降、熟练工的需求上升时,那么,这两个等级的劳动总是互补的。假定生产过剩中熟练和非熟练劳动互相替代,那么,他们总互补的唯一方法是,非熟练劳动工资下降的规模效应大于替代效应。在存在移民的情况下,可以设想规模效应特别大,因为,随着劳动人口的增加,总需求增加。如果熟练工和非熟练工在生产过程中互相替代,尽管理论分析不能证明熟练工人需求量的增加等于迁入的非熟练劳动的数量,但可以说明,熟练工人需求的增加显然是可能的。当然,对于任何在生产过程中与非熟练劳动互补的劳动来说——如管理人员——移民并不带来明显的收益。

有关外来移民对本地人口的影响,至此我们已经得出这样的结论,即非法移民有害本地非熟练工人的利益,但增加了雇主的实际收入,也可能增加了熟练工人的收入。但是,本地公民的总收入是否增加了呢?如果本地公民的总收入增加,则受益者(熟练工人和雇主)的收益大于损失者的损失,因此,有足够的收益通过收入维持或再分配补偿损失者的损失,并且受益者的收益仍然增加。在这种情况下,政策制定者愿意执行默许非法流动或移民的政策。

如果外来移民的工资等于其边际产品(MP)的价值,并且没有来自本地纳税者的津贴,那么,本地公民的总收入将由于迁入移民而增加,总产品——边际产品曲线以下的区域——大于支付的工资。仅仅是雇用的最后一个单位的劳动(此时 MP = 工资),没有剩余或利润。因此,只要移民的工资仅仅等于 MP,公民的总收入不会减少。

如果流动或移民获得的政府服务或支出超过他们支付的工资税、所得税,那么,本地人口作为一个整体,可能因为移民的迁入产生损失。因为许多政府计划——如公共卫生、福利和失业保险——实质上旨在帮助穷人,合法移民显然可以获得净补偿。但是考虑到非法移民常常是年轻、没有拖累的男性,他们没有孩子在学校上学,一般没有资格享受当地政府的福利计划。此外,这些工人直接或间接支付着税收,也有助于减少对本地公民某种"一般管理费用"——如公路保养费——的负担。这些费用并不因为移民的存在而增加。因此,非法流动或移民可能增加当地人口的总收入。

如果当地人口的总收入因外来移民或流动而增加,那么,受益者的收益大于损失者的损失。经济学认为只有收益大于损失,才有可能发生互惠交易。总的来说,移民因迁入这个发达的区域而获益,当地居民人口也受益。事实上收益很大,使受益者足以补偿因为移民造成的损失者的损失,并且境况更好。

限制外来移民的政策是否可取,受以下三个因素的影响:

(1) 因此造成的损失者可以获得补偿的可能性;

(2) 对外来移民没有补贴的可能性;

(3) 一项旨在减少或拒绝对外来移民补贴的计划合意性。

因为许多社会福利计划的对象是穷人,补偿非熟练工人因非熟练移民的流入造成的损失是自动进行的,如失业补偿、经济适用房、职业再培训等形式。对熟练工人的补偿(如果移民主要是熟练者)不是自动进行的,也许不得不采取专门补贴的形式。

许多人对不限制迁移的意见集中在第 2 和第 3 点,特别是当他们与最有可能得到公共补贴的人——非熟练劳动者——有关时。非法移民或非法流动者,由于无正式身份,没有资格享受一些本地的公共福利。此外,只要政府一声令下,这些人就得离开这些地区。因此,贫穷的、非熟练的外来移民没有补贴或补贴很少,意味着他们没有资格享受当地居民的权利。当移民流入时,尽管他们自己愿意付出这一代价,但仍有人担心他们会对当地社会治安或环境整洁带来损失。

## 第三节 影响劳动力流动的诸因素分析

从选择的角度来看,一个人是否要在劳动市场流动,以及流动后应如何寻求最适合他的劳动市场,是经过评估个人自身条件、所处内在环境和外在因素后所作的决策。因此,就个人因素来看,例如,年轻人及教育程度较高的人较年纪大及教育程度较低的人之流动的可能性较大,主要原因是年轻人所受到的牵制和考虑因素较少,以及经流动的“投资”所能“回收”的终身利益较年长者高;而教育程度较高的人则因较擅长索取及处理劳动市场信息,以及他们的劳动市场范围较大。我们在下面分别从年龄、家庭、教育、迁移的距离和职业与技术等级等五个方面进行分析。

### 1. 年龄

在决定谁会迁移的问题上,年龄是最为重要的因素之一。统计表明,劳动力流动的高峰年龄是在20~24岁之间。处于这一年龄段的劳动者,每年都有一定量的人员进行跨地区流动。一个年龄为32岁劳动者的流动率大约只是前者的50%,42岁以上劳动者的流动率大约只有年龄为32岁人员的25%①。

有两个方面的原因可以解释迁移为什么主要是年轻人从事的活动。首先,一个人越年轻,那么他从人力资本投资中所能够获得的潜在收益也就会越高。正如人力资本理论所指出的,从一项投资中获得收益的时间越长,则这些收益的现值就会越大。

其次,迁移成本中的相当大一部分是心理上的,其中主要包括由于离开朋友、失去社区联系以及丢掉因熟悉周围环境而享有的收益等所造成的心理损失。当一个人刚刚步入成人的时候,这种心理损失相对来说还比较小一些,因为他们在成年人的世界中尚未真正立足。然而,当一个人年纪大了以后,社会联系变得更为紧密,与迁移

---

① 张抗私等,《当代劳动经济学》,经济科学出版社,2000年,第275页。

相联系的心理损失会变得越来越大,这种情况就会抑制迁移。家庭因素的作用也能说明这个情况。

### 2. 家庭

劳动力流动成本会随家庭规模的扩大而成倍增加。

在年龄、学历相同的情况下,已婚劳动力比单身劳动力更不易流动,而且当那些已婚劳动力的配偶已有满意的工作或工作收入较高时,他们就不易流动,特别是配偶双方都有较高的工资时,举家流动就更加不容易了。

此外,家庭中的子女对劳动力的流动也是一个限制因素,父母和子女会拿预期的货币收益与流动的心理成本相比较,倘若后者太大,就不倾向于进行流动。

许多经验研究发现:未婚比已婚更容易流动;妻子就业阻碍流动;妻子就业时间越长,家庭越不容易流动;有学龄儿童的家庭不易流动。

### 3. 教育

如果说年龄可能是预测谁将会从事迁移活动的最好标准,那么教育就是预测在同一群体内部哪些人会进行迁移的最好指标。图5-4中所显示的是1998—2000年我国15~29岁的人口分教育程度的跨县迁移率。从图中不难看出,较高的教育水平确实使得人们具有较高的迁移率。

同时我们也可以看到,自中国改革开放以来,以学者或留学身份跨出国门、走向世界各地,甚至成为所在国新移民的人员占所谓“出国潮”的绝对比例,同样也说明了教育程度对劳动力流动的影响。

### 4. 迁移的距离

劳动力流动的可能性与迁移的距离成反方向变动。统计结果表明,随着流动成本的上升,流动的劳动者数量就会随之下降。

因为,其一,距离越远,可能流动的劳动者获得工作机会的信息就越有限。处于远距离的劳动力市场的人获得其他地方的就业信息非常困难,而了解家乡附近的就业前景比距离远的地方要容易得多,如报纸容易得到、打电话的费用较低、与朋友和亲属的联系显得更为有用等。

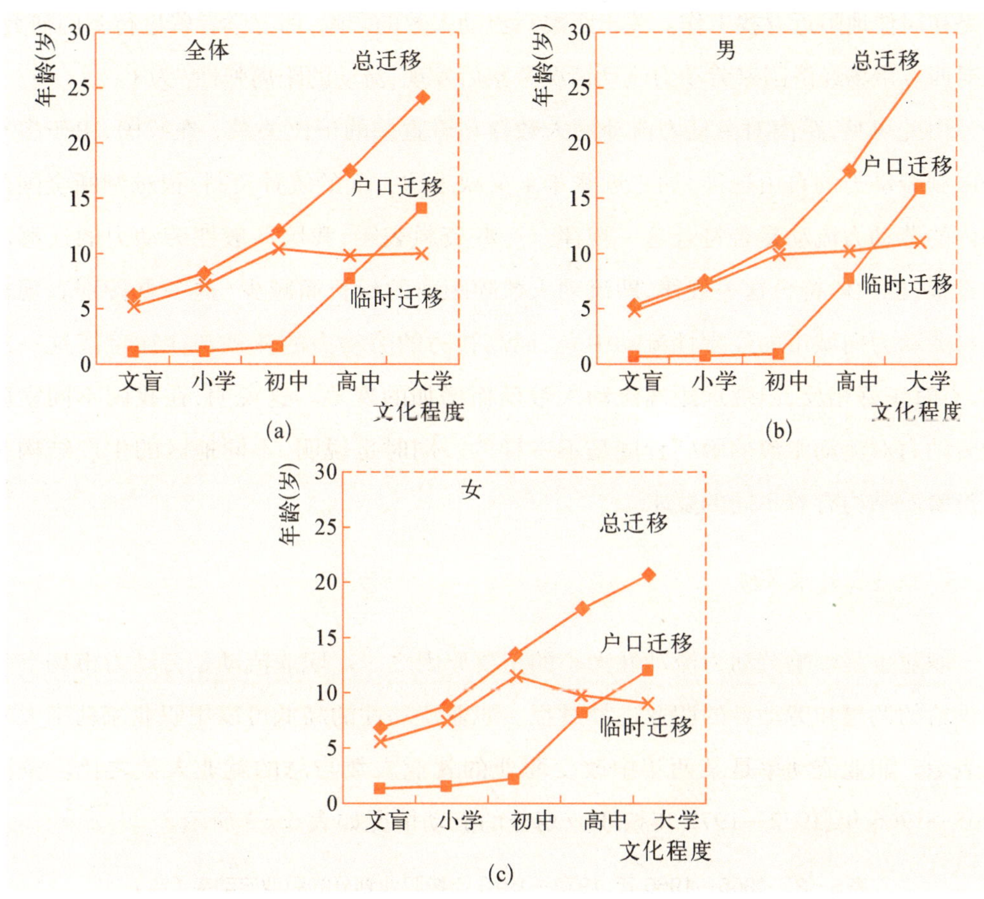


图5-4 1998—2000年我国15~29岁人口受教育程度的跨县迁移率分析

资料来源：唐家龙、马忠东，“中国人口迁移的选择性——基于五普数据的分析”，《人口研究》2007年第5期，第42—51页。

其二，与迁移本身以及迁移之后回去看望朋友和亲戚的交通问题有关的货币成本以及迁移的心理成本，显然都会随着距离的增加而上升。这样，相比之下，人们更愿意进行近距离的迁移，而不大愿意进行远距离的迁移。

美国20世纪60年代末期公布的一项研究成果表明，34%的移民迁移距离在100英里以内，51%的移民迁移距离是在200英里以内；仅仅只有17%的移民迁移距离在200~400英里，迁移距离在400~600英里之间的仅占10%，迁移距离超过600英里的移民只占全部移民人数的22%①。很明显，人们远距离的迁移倾向是比较小的，主要倾

① 卢昌崇、高良谋，《当代西方劳动经济学》，东北财经大学出版社，1997年，第180页。

向是在居住地附近寻找工作。关于距离对流动人数的影响,西方学者曾进行专门研究,在对西方市场经济国家劳动力流动情况考察后发现,流动的距离弹性①为1。

由此可见,距离对劳动力流动的人数存在着直接的正比关系。在我国,由于多年来限制劳动力的自由迁徙,加之近些年来又缺乏这方面的统计资料,很难判断全国范围内的劳动力流动是否符合这一规律。一些资料表明,我国一般性劳动力的迁移流动过程,也大体符合这一规律,即流动人数随距离的延长而减少(这一点特别表现在农村劳动力向城市的经常性流动中)。而高智力的劳动力的流动却往往背离这一规律,有时正好相反,出现远距离流动人数反而增加的现象。这说明,在我国不同素质的劳动力对流动距离的敏感程度是不一样的。同时也说明,不同地区的生产结构对人员素质结构有着不同的要求。

### 5. 职业与技术等级

职业也是影响劳动力流动性大小的重要原因之一。职业流动是劳动力市场上劳动供给的调整和劳动者的职业选择过程。职业流动性的高低可以用职业流动率大小来表示。职业流动率是某两年中改变职业的就业人数与总的就业人数之比。美国1965—1966年、1972—1973年按职业划分的流动情况如表5-3所示。

**表5-3 1965—1966年、1972—1973年按职业划分的职业流动率(%)**

| 职业 | 1965—1966年职业流动率 | | 1972—1973年职业流动率 | |
|---|---|---|---|---|
| | 男 | 女 | 男 | 女 |
| 18岁以上的劳动力就业者总计 | 9.9 | 6.9 | 9.0 | 8.2 |
| 专业技术人员 | 6.4 | 3.6 | 5.5 | 5.6 |
| 管理和销售人员 | 7.4 | 6.0 | 7.6 | 7.4 |
| 销售人员 | 8.5 | 8.1 | 11.4 | 9.1 |
| 办事人员 | 14.0 | 8.4 | 9.3 | 9.3 |
| 工匠、工头和同类人员 | 8.7 | 10.8 | 8.0 | 9.7 |
| 操作工和同类人员 | 12.9 | 7.0 | 11.4 | 8.75 |

① 流动的距离弹性=流动量变化百分比/流动距离变化百分比。

续 表

| 职 业 | 1965—1966 年职业流动率 | | 1972—1973 年职业流动率 | |
|---|---|---|---|---|
| | 男 | 女 | 男 | 女 |
| 非农矿业劳工 | 17.3 | * | 15.5 | 13.5 |
| 私人家庭雇工 | * | 4.0 | * | 6.3 |
| 服务人员 | 11.7 | 8.0 | 10.5 | 7.4 |
| 农场主和管理人员 | 1.9 | 1.7 | 1.9 | * |
| 农业劳工和工头 | 8.6 | 4.5 | 6.6 | 2.1 |

资料来源：卢昌崇、高良谋，《当代西方劳动经济学》，东北财经大学出版社，1997 年，第 181 页。

从表 5－3 中可以看出，流动率与技术等级成反比。技术水平越高，流动率越低。管理人员和专业人员的流动率要比熟练工人的流动性小得多。然而，有某种技术的工匠也有相当大的流动性，因为他们的工作是季节性的和短期性的，他们为了保持这种技术和较高的薪金而不断变换雇主和地区。专业技术和管理人员的总流动率低于体力劳动者的流动率，专业技术人员的职业流动率仅高于农场主，低于其他职业集团。专业技术人员之所以变换职位很频繁，但很少改变职业是因为变换职位可以更好地发挥职业特长，而改变职业则会丧失专业优势。

从劳动供给方面来看，专业技术特长的形成需要长期的教育和训练，劳动者投入了大量的“人力资本”，改变职业不仅使“人力资本”投资不能回收，而且也无法“获利”；从劳动需求来看，对专业技术人员的需求量大，较高的报酬和较高的职业稳定性等职业优越性明显，使劳动力一般不放弃自己的专业，因而专业流动率低。但专业技术人员的地区流动率可能会高一些，这是因为专业技术人员的家乡观念一般来说也比体力劳动者淡薄；同时，由于专业技术人员越来越专门化，如果在地方劳动市场找不到需要服务的雇主，在其他一些地区又需要，所以专业技术人员为寻找更好的工作岗位而进行跨地区之间的流动率就要比体力劳动者高一些。由于向远距离的地方迁移，需要一笔可观的费用，体力劳动者的工资收入低，一般也承受不起，只有高工资的专业技术人员才有能力进行这种长距离的迁移。

劳动力流动不单受个人因素影响，劳动市场总体因素亦占一重要角色。因此，若从劳动市场总体因素来考量，劳动市场能否留住本市场的工人或吸引别的劳动市场的人力资源，重要的决定因子也包括诸如劳动市场的人口数（可代表市场之潜在经济规模)、就业成长率、失业人口数及失业率、都市化程度、产业结构形态、所得水准和环境品质等众多因素。

## 第四节　劳动力流动的形式和机制

### 一、劳动力流动的主要形式

如果我们以劳动力流动的地域和职业特征为依据,可以将劳动力流动分为以下四大类型。

#### 1. 地域之间

这种类型是指劳动力的职业没变,但可能是在地区之间或国家之间进行流动。比如,一位在跨国公司工作的部门经理,因为工作的需要,从一个国家或地区流动到另一个国家或地区工作。

#### 2. 行业之间

这种类型是指劳动力从一个行业换到另一个行业,这种情况相对很少。因为劳动力从一个行业换到另一个行业会经历较大的改变,“隔行如隔山”,他必须承受更多的心理成本和信息成本。

#### 3. 职业之间

劳动力的居住地并未发生变动,但是职业发生了变化,可能是劳动力由于自己或外界的原因主动地转换了职业,比如,劳动力在发现了自己更适合的工作或职业时,会最终流向自己更加喜爱的职业。这种职业变动多数发生在年轻人身上,在西方国家,70%的进行此类变动的劳动者在35岁以下。

#### 4. 岗位之间

劳动者依然从事以前所从事的职业,而且居住地也没有发生变动,只是从一个单位换到另一个单位，或是从原来单位的某一个工作岗位换到了另一个工作岗位。例如，某企业的人力资源部经理跳槽到另一家企业担任人力资源部经理；同样，银行职员从银行的一个部门转移到另一个部门从事同样的工作也是如此。

## 二、劳动力流动的合理性

### 1. 劳动力流动的意义

劳动力流动是工业革命以来社会生产过程中技术基础不断变革的客观要求。现代工业的技术基础完全不同于以往生产方式保守的技术基础，它在本质上是革命的。生产技术基础发生的变革使劳动力的职能、劳动者就业分布、劳动过程的社会结合不断变化。不断将大量的资本和劳动从一个生产部门转移到另一个生产部门，从而使劳动者变换职位、变换职业成为一种经常发生的事情。劳动力市场通过各种方式维护和推动劳动力流动，在满足生产技术基础变革客观要求的同时，也使自身结构和机制得以改善。

劳动力流动对劳动力市场的运行和劳动力资源的合理利用具有重要的意义，具体表现在以下三个方面。

第一，流动能使人力资源得到充分利用。经济学家认为，工作职位是雇主与雇员匹配过程的结果，而不仅仅是雇主政策的结果。如果匹配的过程受到阻止而制约职工的流动，就可能造成人力资源的浪费。流动是劳动者选择职业、企业选择劳动力的重要机制，可以使工人和职位在一定程度上接近于最佳选择，从而使企业内部劳动力资源得到充分合理的利用。

第二，流动能够促进经济增长。劳动力通过流动使劳动者能够从衰落的产业、部门和地区流向发展迅速的产业、部门和地区，能够使这些产业、部门和地区在全国甚至更大的范围内按照经济发展的需要配置劳动力，并能够有效地保证所需的劳动力质量，从而促进经济增长。

第三，能够保证劳动力市场的活力和效率。劳动力流动使工作职业具有竞争性，这不仅促进了劳动力素质的提高，改善了劳动者的地位，同时也形成了对劳动者的竞争压力，这就在很大程度上保证了劳动力市场的活力与效率。

### 2. 劳动力流动的代价

劳动力流动对雇主、雇员和整个经济可能也会产生某些负面作用。当一个有经验的工人离职而由一个缺乏经验的工人替代时,雇主就要支付训练费用,并在相当一个时期内承担新工人生产效率低所带来的损失。对雇员来说,某些流动可能会造成失业。虽然并非所有的流动都会带来失业,但失业却总是与劳动力一定形式的流动有关,所以劳动力流动是有代价的。劳动力流动需要支付大量的经济和心理损失费用、承担失业的风险和痛苦,社会也要为此而付出代价。

劳动力市场需要适度的流动来保证经济的效率。但这个目标即使在具有高度流动性的发达国家,其实现程度也大大低于经济学家所论证和所期待的目标,这除了由于劳动力流动并非完全是自愿性选择流动(如被解雇和辞退等)情况外,至少还有以下三个方面的原因:

第一,劳动者本身对工作的评价,在很大程度上影响劳动者的流动。因此也会出现一方面有较高的失业率,但同时也有若干工作岗位无人问津的现象。特别是西欧一些高福利国家,一些工人宁可选择失业也不参加工作,造成失业与岗位空缺并存。

第二,不能掌握劳动市场需求的完全信息,这也限制了劳动力的流动及其流动的合理性。

第三,劳动力选择职位和工作范围的有限性也限制了劳动力流动的频率并影响其合理性。

因此,我们可以得出的结论是:劳动力市场中通过劳动力的流动来实现人力资源的合理利用只是一个相对的概念,劳动力市场的自由运行机制并不能完全解决劳动力资源的合理配置问题,这个判断无疑会有助于我们拓宽劳动资源合理利用的思路。

### 3. 自愿流动的收益与评价

劳动力市场的结果是具有自由选择权的工人和对劳动力具有需求的雇主双方共同决定的。如果工人为了得到更高的工资或由于其他方面的原因而主动辞职,这种行为可以被看作自动离职,这种离职是由雇员自己造成的;而由雇主所造成的离职,则被称为非自愿离职或解雇。尽管在实际中也有工人和雇主双方"一拍即合"的情况，但在大多数情况下对于由工人自己造成的“自愿失业”，还是由雇主造成的“非自愿失业”，进行区分是比较困难的。例如，雇主不采取措施挽留某个人辞职或认为不值得挽留，则这个辞职是由“谁”造成的这种区分就比较困难。但不管怎样，如果工人不是在消息非常闭塞的情况下，自愿流动的结果一般来说都能够提高工人对工作的整体满足程度。

经济收益的提高是工作满足程度的一个重要方面。有证据表明，在年轻人中，多数年轻人离职后的工资增长幅度要比他们继续留在原来工厂工作的工资增长要快。虽然这不能意味着所有的年轻人离职后工资收入都会有所改善，因为也有的没有离职的年轻人比离职的年轻人的收入状况要好，但不管是留下来还是“走出去”，两者的决策都是对现在工作的企业与其他可能去的企业的收益进行比较和精确的计算的结果。

雇主通常是对工人的自愿辞职，即“炒老板鱿鱼”的做法持反对态度的。这是由于在高度竞争的市场条件下，流动频繁使得雇主难以对工人进行特殊的培训，而这种培训对雇主来说是十分重要的。为此雇主不得不花费更多的精力来降低离职率，竭力降低在工人工作期间所支出的每小时的固定成本。特别是在大企业中，大企业的生产过程高度机械化，一个生产单位的产量与其他生产单位的产量密切相关。企业越大，就越需要可靠、稳定的工人。人员上的变动有可能给高度关联的生产过程带来极大的损失，这正是大企业倾向于建立内部劳动力市场的原因；企业一旦花费了大量的时间和精力选择了最好的工人，这些工人的辞职就会给企业造成巨大的损失。这些都构成雇主对辞职持反对态度的理由。

经济学家对自愿流动则持有比较宽容的态度。他们认为如果有更好的机会能够吸引工人，那么对原来的雇主来说，没有适当的措施要留住工人是不可能的，他必须提高工人的工资。那种担心工资的竞相螺旋上升会损害雇主的利润和妨碍工业进步的观点是不成立的，因为市场需求和供给会对此作出反应。因此，雇主对工人寻求高工资和更好职业的经济动机应当予以默认，这对劳动力市场是极为重要的。显然，经济学家们的观点是出自对工人的“经济人”假设。实际上，工人除了经济上的需求，还有许多其他方面的原因导致辞职，这使得对工人需求的满足和激励有了重要的意义。

# 第五节　我国劳动力流动方面存在的问题与对策

## 一、我国劳动力流动的现状及问题分析

劳动力流动是市场配置劳动力的客观要求,它给我国社会经济的发展带来了巨大活力。自改革开放以来,我国劳动力流动的规模正在逐步扩大,劳动力流动对中国社会经济结构的变革已经发生重要影响并将继续产生深远影响。劳动力从低生产率、低收入部门(农业)向高生产率、高收入区域(城市)和部门(如工业)的转移,是我国改革开放以来经济增长的一个重要源泉。根据一些学者的调查和估计,中国境内的农民工汇款总额在2005年达到2 490亿元(程恩江等,2005)。更为重要的是,劳动力流动对于提高农民生活水平、缩小城乡差别、合理配置劳动力资源、促进社会公平与进步等均有其积极作用。

就目前来看,在我国劳动力的流动主要有以下四大流向:一是从农村、小城镇向大中城市流动;二是由内地落后城市向沿海发达城市流动;三是由各地传统经济部门向新技术、新产业开发区流动;四是由技术力量雄厚的部门和单位流向技术力量薄弱的部门和单位,或者技术雄厚部门或单位之间的流动。流动的范围也将打破各种界限,逐步扩大:由企业内部流动发展到企业之间流动;由省市内部流动发展到省市之间流动;由国内流动发展到国际之间的流动。我国现存的国际之间的流动类型主要有两种形式:一种是我国的劳务出口;另一种是从国外引进优秀的专业人才,如聘请国外优秀的管理人才、著名学者等。随着我国科学技术和教育事业的不断发展进步,我国目前这种国际劳动力和人才流动的格局将会发生变化,引进和输出的形式也将越来越丰富多样。

由于城乡流动特别是从农村向城市的流动对我国具有特殊的意义,并将在长时期内在我国多种劳动力流动中占据主要地位,因此,本节对劳动力流动的论述将我国城乡劳动力流动作为研究重点,并以此来探讨我国劳动力流动的规律。从我国城乡和区域间劳动力流动历史来看,劳动力流动大体上可以划分为以下三个阶段。

第一阶段是20世纪50年代至70年代末。这一阶段城市人口增长速度较慢，人口和劳动力流动数量相对较少。20世纪50年代，随着社会经济的发展，城市化水平稳步提高。“大跃进”时期城市人口剧增。1959—1961年三年经济困难时期，大批新进城的劳动力被动员返回农村，使城市人口比例回落。在20世纪60—70年代，由于实行严格的户籍管理制度控制劳动力流入城市，大量城市人口，包括动员知识青年上山下乡，使得城市化过程处于停滞状态。一直到20世纪70年代末期，随着改革开放的实施，城市人口的比例才开始回升。

第二阶段是20世纪80年代至90年代末，这一阶段城市化速度较快。国家在这一阶段实施了“严格控制大城市规模，合理发展中小城市，积极发展小城镇”的战略方针。通过20年的实践，城市化率由20世纪80年代初的19%上升到1999年的30.9%，提高了11.9个百分点。其中，50万人口以上大城市的平均规模，在全部城市人口中所占的比例有所降低；中小城市在平均规模有所降低的同时，在全部城市人口中所占的比例上升了13.1个百分点。1978年底，全国仅有2 173个建制镇，1984年为7 186个，1996年达1.82万个。但是，大城市中的超大规模城市在这段期间规模也是不断扩大的。1980—1997年，北京市、天津市的非农业人口分别增加了158.5%和131.4%，上海市城镇人口增加了192.7%。同期，大城市的数量增加了1.8倍，人口总规模增加了1.9倍①。这期间的城市化进程与政府的初衷存在一定差距，50万人以下的中小城市和小城镇的发展与政府的方针基本上是吻合的，但“严格控制大城市规模”的目标并没有实现。值得注意的是，第二阶段的城市化进程，不是以户籍管理制度的改革为主要特征，而是以开放城乡之间的经济交流、对户籍管理工作进行试验性改革、积极引导农村工业化与小城镇结合等为主要特征。

第三阶段是2001年到现在。我国2007年的城市化率估计为44.94%②，中国城市化水平仍然不高，国内外许多研究机构和学者对中国未来的城市化水平作出了预测。国务院发展研究中心李善同根据世界银行2000年《世界发展指标》，估计了城市化发展的多国平均模式，并用城市化水平与人均GNP的自然对数呈线性相关关系测算，到2020年我国城市化水平将提高到58.7%。国务院人口普查办按“五普”统

① 曾建明，“户籍管理制度改革及劳动力流动趋势”，《财经科学》，2002年第4期。

② 国家统计局，《中国统计年鉴(2008)》，中国统计出版社，2008年。

计口径测算,到2020年,城市化率将达到61.4%。有学者分别以城市化率年均增长0.6、0.8、1.0和1.2个百分点,提出了2020年的中国城市化率分别为50.73%、54.13%、57.53%和60.93%四种情景。吴向阳(2007)比较各种估计,在考虑了经济发展、工业化进程、制度变革及统计口径变化等因素后认为,城市化率平均每年提高1个百分点是可能的,2020年将达到57%左右①。中国将步入人口城市化较高水平的国家行列。由于中央政府和各级地方政府正在酝酿对户籍制度进行实质性改革,因此,第三阶段的城市化有望在更为市场化的条件下推进②。

一般认为,我国劳动力的流向在未来20年内不会发生太大的变化。虽然从"十五"计划开始中国加快了中西部特别是西部地区发展的步伐,实施西部大开发战略,但由于东部地区现有基础较好,社会经济综合实力强,因此仍然会成为国内外投资的重点,在市场经济规律的作用下,仍然会维持劳动力由中西部农业省份流向东部地区的基本格局③,2005年全国1%人口抽样调查数据显示,中西部迁往东部的人数约占中西部总迁移人数的85.87%。国家统计局2006年的调查显示,农村常住户中,在东部地区务工的农民工占全国农民工总量的比重为70.1%,在中部地区务工的占14.8%,在西部地区务工的占14.9%。

理论上讲,在市场经济条件下,保持一定数量的劳动力流动是正常的,它保证了人才资源在合适的岗位上更好地发挥才干;相反,如果劳动力的流动受到种种限制,劳动力资源有效配置的目标就会难以实现。中、西部地区目前的劳动力外流,原因是多方面的,既有专业技术人员不能充分发挥个人才干的问题,也有社会经济条件落后等方面的原因。

从世界各国的情况看,10%左右的劳动力流动通常不会对经济的良性发展带来损害,而且明显地具有提高劳动者工作热情、扩散技术技能、改变分工过细和增进生产效率的功能。在曾经实行过传统计划经济体制的国家中,中国的劳动力流动表现出与众不同的特点,就是它不同于苏联、东欧国家的短缺促进流动(裁员产生的流动很少,劳动者选择的机会较多),而是过剩阻滞型流动(充沛的后备劳动力资源可以在很大程度上满足对劳动力变动的需要)。这是苏联、东欧国家历史上劳动力流动

① 吴向阳,"中国可持续城市化:问题与建议",《经济研究参考》,2007年第27期。

② 曾建明,"户籍管理制度改革及劳动力流动趋势",《财经科学》,2002年第4期。

③ 杨云彦,"劳动力流动、人力资本转移与区域政策",《人口研究》,1999年第5期。

较为普遍，而我国劳动力难以流动的重要原因。从这个角度看，建立有效的劳动力流动机制也许是中国经济体制改革的困难之处。部分专业人员的流动可能使成功者获得优厚的报酬，而一般劳动力的流动机会则少得多。但社会主义市场经济体制的建立使劳动力流动的发展趋势具有某种不可逆的性质。中国作为一个发展中国家，目前在推动劳动力流动方面能走多远还有待研究。这些不同方面的考虑迫使我们在推动劳动力流动的时候不得不小心翼翼。

进一步看，在传统体制中占总人口 80% 以上的农村居民从建国起就一直不具有真正流动的权利，他们被中国户籍制度有效地限制在农村。经济体制改革以来，农村劳动力流向城市的步伐逐步加快，对经济发展起了积极作用。但在城市中还存在着大量失业工人的情况下，特别是在历史形成的城乡生活水平和收入悬殊的情况下，大量农村劳动力流入城市势必要引起人们对城市就业压力的担心。

因此，在分析劳动力流动对经济和企业生产所起到巨大推动作用的同时，也必须认识到在劳动力流动过程中存在的一些问题与障碍，这突出表现在以下五个方面。

(1) 农村进城劳动力与城市剩余劳动力之间争夺就业岗位的冲突。在专业技术较强的岗位，前者竞争力仍较弱；在城市劳动力不愿干的粗活、重活、累活、脏活岗位，两者的竞争也不强；但在专业技术要求不太高的一般操作岗位，外来农民工则有工资较低廉的竞争优势。城市政府为了保护本城居民的利益，通常采用行业禁入、岗位证书等政策来限制从农村流入的劳动力在城市就业，对于这样一种政策，支持者和反对者仍然难分伯仲。

(2) 越来越多的农村劳动力流出农村社会体系，又难以被城市社会所接纳，往往成为社会管理体系中最薄弱的环节。特别在宏观经济不景气时期，如果寻找工作的努力失败，他们很容易演变为“游民”，成为社会不安定的因素。

(3) 户籍障碍。这是影响农村劳动力向城市流动的主要制度障碍，其他诸如住房、医疗、教育、劳动用工等制度障碍大都由此派生。虽有部分地方对户籍制度进行了改革，打破区域界限，广纳贤才，但这主要是针对专业技术人员的，对农村劳动力的流动，户籍管理制度方面的问题仍然影响深远。

(4) 信息障碍。劳动力市场的供求信息直接影响到劳动力的流向与流量，影响到劳动力资源的合理配置。目前，我国尚缺乏系统的劳动力供求信息发布机制，特别是市、县级劳动力市场信息传递方式仍较为落后，信息传递迟缓、覆盖面小、范围窄。

再加上劳动力(尤其是农村劳动力)获取和分析信息的能力较弱,他们获取信息更多的是靠亲朋好友、同乡等亲缘网络的帮助,由此就大大提高了流动成本。

(5) 成本障碍。劳动力市场中流动成本偏高的状况不仅影响到参与流动的劳动力个人的收益,也影响到全国统一开放的劳动力市场的形成。人口迁移理论认为,对成本和利益的考虑是决定人们是否迁移的基本动因,也是个人寻求利益最大化及成本最小化的合理决策的过程。劳动力流动成本包括与迁移有关的直接成本、流动和寻找工作花费时间的机会成本以及原有社会联系和社会资本的丧失的心理成本等。由于我国劳动力市场尚不完善,劳动力尚不具备完全自由流动的条件,加之具体的制度和管理体制的缺陷导致劳动力流动成本居高不下。这方面的成本主要包括以下五种。

① 就业成本偏高。当前我国农村劳动力外出就业除了携带身份证外,还须持有流动人口婚育证明、外出务工证明、技术专长证明等供流入地管理部门和企业查验的相关证件,他们在开具这些证明时需支付不少费用。在流入地办理"暂住证"后每月也须缴纳费用,不少地方还向社区组织缴纳"治安管理费"、"卫生费"等非常规收费。如果从事服装加工、小修理、贩卖肉类、蔬菜等还需要承担超过当地居民人口的税负和名目繁多的收费。另外,外来劳动者一般收入低于具有本地户籍的同类劳动者。即使显性收入不明显偏低,也由于没有各种与户籍有关的补贴、劳保、公费医疗、养老金等福利,就业成本也要高得多。从制度经济学分析,参与流动的劳动者是在几乎没有任何保障的情况下换取目前的异地就业权。

② 生存成本偏高。参与流动的外来劳动者生存成本偏高。主要表现在:一是生存费用高。他们在住房、水、电、煤等方面的支出,尤其是昂贵的房租花去了他们相当部分的收入。二是生活质量低。为了减少居住等方面的支出,有的参与流动的外来劳动者将居住水平压低到了近乎非人道的状态,饮食、卫生等方面条件也较差。三是生存负担重。最突出的是外来劳动者子女的教育费用高出本地人口许多,各种费用不仅加重了外来人口的生存负担,还将这一负担转嫁给下一代,致使不少外来劳动者子女处于失学、半失学状态。

③ 交通成本偏高。一方面参与流动的外来劳动者职业一般不够稳定,工作流动性大,导致交通费用增加;另一方面则主要表现为春节期间返乡费用过高,不仅要承受过度交通拥挤造成的身心困苦,而且往往要承受运价上涨或"黑市票"的经济

压力。

④ 心理成本偏高。由于体制的限制,大量参与流动的外来劳动力难以实现真正意义上的迁移,难以融入当地社会并享受当地居民的同等待遇,加之社会习俗和传统排外观念影响,他们要承受更大的心理压力;同时,又要减少闲暇和与家人亲友的团聚和感情交流,心理上忍受着孤寂。此外,由于长期处于流动之中,既无安全感、又无法作长久居住的打算,更影响了他们的心理、情感及对社会、人生的态度和行为,容易导致冲突,甚至会因心理不平衡而诱发犯罪,最终以高昂的社会成本形式表现出来。

⑤ 风险成本偏高。第一,参与流动的外来劳动力既缺少流出地的土地和亲朋等基本保障,又缺少流入地的社会保障体系和社区组织等基本保障,因而失业风险增大,且一旦失业又不属于"再就业工程"范围而使再就业难度加大。第二,伤病风险增大。他们一般生活条件差,加上多从事脏、重、苦、险、累活等,生理上受损害机会较大;同时,工伤、车祸等事故发生概率也大得多,还容易成为犯罪力量侵害的对象;加之伤病以后对外来劳动者缺少保障,其风险可想而知。第三,劳动过程风险增大。劳动条件差、工时长、拖欠克扣工资现象时有发生、工伤事故频繁等都加大了风险发生的可能。

## 二、改善我国劳动力流动机制的政策分析

劳动力资源在市场价格机制作用下自由流动从而达到优化配置,这是经济学关于实现劳动力资源有效配置的基本原理,当然也是社会主义市场经济体制下"市场在资源配置中起基础作用"的内在机制。但现实生活中客观存在着一些非市场因素的干扰,不仅造成劳动力流动呈现诸多非理性状态,而且直接或间接地制约了劳动力市场的培育和发展。

改善我国劳动力流动管理机制首先应从降低劳动者偏高的流动成本做起。偏高的流动成本将产生一系列后果:一是不利于建立全国统一开放的劳动力市场,不利于人力资源的市场化配置;二是不利于实现农村劳动力的彻底转移,有碍于城镇化、工业化和现代化进程的推进;三是不利于劳动者在平等竞争的环境中充分发挥才华,造成人力资源的浪费。为了保障劳动力有序、有度、有效地流动,不断降低流动成本,应从以下四个方面着手采取措施。

(1) 将劳动力流动作为一种投资行为看待。将劳动力流动看成市场经济条件下资源优化配置的必然现象,是社会经济保持活力的源泉。按照人力资本理论的分析,要把劳动力在区域间的流动作为一种投资。对政府来说,为减少流动的盲目性应加强职业信息系统和中介机构的建设,通过减免不必要的收费来降低劳动力在流动中的成本支出。对个人来说,作为人力资本的投资行为,不仅要考虑现期收入与预期收入的比较,还应考虑流动成本的可能变动,遵循收入最大化、成本最小化原则,动用可能的资源以支持合理有序的流动,降低流动成本。

(2) 强化劳动者的流动激励,通过财政援助推动劳动者的流动。鼓励在有过剩劳动力的地区创造就业岗位,通过采取发放迁居津贴,在工资、雇用上优惠鼓励企业到劳动力过剩地区投资等办法,把财政援助与当地经济发展和增加劳动力就业结合起来。

(3) 健全社会保障制度。健全的社会保障体系是消除流动后劳动者后顾之忧和保障其基本权利的基础。当前,一是要扩大社保覆盖面,逐步将参与流动的劳动者全部纳入到社保体系中来;二是建立覆盖全国各地和各行业的社会化保障体系,使劳动者不管流动到何处都能及时方便地得到保障;三是在现行户籍制度尚无突破性进展的情况下,可考虑在流动人口中首先推行工伤、医疗保险,以解燃眉之急,再逐步推开到其他领域,最后逐步实现本地户籍人口与流动劳动力人口公平地享有社会保障。

(4) 完善法律法规制度。市场经济说到底是法制经济。《中华人民共和国劳动法》颁布实施后,首先应抓紧与《劳动法》相配套的社会保障、促进就业、劳动保护、确立最低工资标准、合理有效的户籍管理等一系列配套法规建设,减少各地政策性因素对劳动力流动的影响,从立法角度保障参与流动的劳动者享有平等权利。其次,加大执法力度,依法保护参与流动劳动者的合法权益,制止各种乱收费、乱摊派等直接导致流动成本上升的现象。最后,加快配套规章制度建设,逐步制定全国统一规范的劳动力流动管理制度。只有在全国范围做到依法管理,才是降低劳动力流动成本,按照市场要求配置劳动力资源的根本办法。

在采取上述有效措施的同时,考虑到我国多年来形成的劳动力管理体制和管理传统,必须在户籍制度和城市化管理方面作出较大程度的改革,以适应加入世界贸易组织后我国市场经济所面临的新形势。这方面应包括以下五种措施。

(1) 加快户籍管理制度的改革。考虑到我国各城市现有的承受能力,户籍管理也不宜马上完全放开，可根据城市的经济、社会发展水平，管理水平的状况，首先推动劳动力在中小城市之间的自由流动，继而推动劳动力在我国大城市和特大城市间的流动以及城乡之间实现良性对流。自1997年以来，国家已在全国各地进行了中小城镇户籍制度改革试点。2001年3月国务院批转了公安部《关于推进小城镇户籍管理制度改革的意见》，这无疑将推进农村剩余劳动力的转移和小城镇的发展。在此基础上，我国大中城市户籍制度的改革措施相继出台，在有序推进户籍管理制度改革的同时，各地也在进行相应的住房、医疗、教育、劳动用工等制度上的改革，为我国未来的劳动力的流动提供了相应的制度保证。

（2）加快城市化进程。关于我国城市化的道路问题，我国历来存在着偏重于发展小城镇和偏重于发展中型城市或大城市之争，应该说这样的发展思想带有浓厚的计划经济和行政干预的色彩。实际上，城市的发展自有其内在规律。一个地方的地缘资源、人文状况能否吸引投资者是城市能否发发展壮大的关键。我国一些传统大城市的衰落和新兴城市的壮大便是明证。因此，有投资潜力的城市就是有发展前景的城市，应该大力让其发展。当前，我国东部地区的中型城市如苏州、温州、绍兴、宁波、顺德、东莞等极具发展潜力，而西部地区的成都、西安等大城市也面临西部大开发的良好机遇，应当允许其获得较快发展。各国城市发展的经验证明，与现代经济相联系的产业如房地产、金融、保险、信息、医疗、娱乐、旅游、文化、教育、体育、环保等都与城市的规模呈正相关关系。从亚洲来看，东京、香港、首尔等国际性都市的经济实力和吸纳人口的能力惊人。因此，应加快我国有潜力、有前景的大中城市的发展。

（3）加强城市管理和社区建设。随着户籍制度的改革，农村剩余劳动力必然大量进入城市，城市必须加快整体规划的步伐，加强基础设施建设，加强城市的行政、经济、交通、治安、卫生等管理制度，尤其是要大量使用较高层次的专业人才，加强社区建设。一些发展中国家的"城市病"也说明，如果只是一味地扩大城市规模，而城市管理跟不上，就会大量出现贫民窟、犯罪现象、肮脏物、疾病流行以及各种社会丑恶现象。因此，只有建设高水平的城市社区，才能使新流入的劳动力尽快被纳入城市社会管理体系，以减少流动人口因不稳定、无人管理而导致的不良事端。

（4）城市剩余劳动力应尽快从政府的保护中解脱出来，转变就业观念，与外地或农村进城劳动力进行平等竞争。经过了30多年外来民工的冲击，城市劳动力已具有接受挑战的心理承受能力，城市政府对本地居民劳动权利的保护应该逐步结束，外来劳动力和农村进城劳动力不应再承受不公正的劳动力市场歧视政策。城市政府应运用城市的各种资源,加强对城市失业、半失业或下岗工人的技术培训,以有利于他们的再就业或转岗;作为城市居民应摈弃高人一等的落后观念,树立起开放、竞争、效率、成本等市场经济观念,要敢于与外来劳动力进行公平竞争;各城市应对城乡劳动力一视同仁,推行公平的就业政策,简言之,“新”“老”居民都应享受“市民待遇”。

(5) 农村剩余劳动力人口的流出是在农村实施适度规模经营的契机。我国大量农村剩余劳动力人口长期滞留在农村,既影响了农业劳动生产率的提高,也妨碍了农民生活水平和农民素质的提高。随着城市化的推进和农业劳动力的流出,必然大大提高我国农村人均土地的使用面积,为下一步我国农村土地使用制度的改革,为在农村实施适度规模经营和农场化提供了有利的条件,这是一个既有利于推进城市化,又有利于在农村实现农场化的契机。

## 本章小结

劳动力在不同地理区域和不同工作岗位之间的迁移和流动是劳动力在寻找工作过程中的基本现象,在市场经济中起着非常重要的作用。劳动力流动主要包括职业流动、行业流动和地域流动三种形式,受到区域间劳动力供求不平衡、经济发展水平不同、不同国家和地区间同质劳动力的工资差别、经济周期、国际资本流动以及工作匹配意愿等的影响。除这些外在因素之外,一个人是否要在劳动力市场流动,还受个人自身条件,如年龄、家庭、教育、迁移距离和职业技术等级等的影响。个体在综合考虑以上因素的基础上,根据单个劳动者流动意愿的经济模型,最终根据净收益现值的大小作出流动与否的决策。

非法流动和移民是劳动力流动研究领域中最受关注的问题之一,争论点在于,非法流动或移民对不同群体和整个社会的影响是正面还是负面的。本章通过分析非法移民存在与否情况下的劳动力市场供求状况,认为非法移民有害本地非熟练工人的利益,但是增加了雇主的实际收入,也可能增加了熟练工人的收入;但是对于非法移民自身来说，由于其给流入地创造了经济利益，但是受到流入地各项政策的限制和移民自身特点的影响，却很少享受到当地政府的福利计划。因此，当地人口的总收入会因外来移民而增加。

我国当前劳动力的流动主要包括农村到城市、落后城市到发达城市、落后经济部门到新兴经济部门以及技术力量雄厚的部门向薄弱部门流动等四种流向。其中，农村劳动力向城市的流动是对我国意义最为特殊的流动。我国农村劳动力向城市的流动经历了三个阶段的发展，但是，目前仍然存在诸如户籍、信息、成本等阻碍流动的障碍。有鉴于此，本章最后提出，有必要通过加强户籍改革、城市化进程、城市管理和社区建设、建立平等的就业观念和政策，以及在农村实施适度规模经营等来消除农村劳动力流动的障碍，从而推动城乡一体化的劳动力市场建设，优化劳动力的市场化配置，使我国人力资源的优势得以充分发挥。

## 复习思考题

1. 试述劳动力流动的成因。

2. 试述单个劳动力个人流动的经济模型及其含义，分析非法流动和移民对劳动力市场的经济影响。

3. 影响劳动力流动的因素主要有哪些？它们是怎样影响劳动力流动的？

4. 怎样看待劳动力流动的成本和收益？

5. 你如何看待我国劳动力流动的现状？改善我国劳动力流动机制应采取什么对策？

6. 在其他条件相同的情况下，通常企业希望低辞职率，但是，社会可能认为辞职率太低了。为什么企业希望低辞职率呢？太低的辞职率对社会的不利影响是什么？

7. 如你所知道的，成千上万的外地民工在北京工作。假如北京采取了限制外地劳动力进京的措施，试分析这些措施对所有有关工人群体工资和就业水平的影响。

# 附录5-1 从"五普"数据看我国劳动力流动[①]

## 一、农村劳动力仍然是流动的主体,城镇劳动力流动开始加速

劳动力流动的规模可以从两个角度来观察——跨区域流动的总量和流入目的地劳动力的总量。

从跨区域流动看,第五次人口普查资料显示跨县流动的劳动年龄人口中,农村劳动者占67.5%,城镇劳动者占32.5%。从流入地看,在9 300万流动劳动年龄人口中,流向城镇的人口为6 700万人,流向农村的为2 600万人。城镇是劳动力流动的主要目的地。

在流向城镇的劳动年龄人口中,来自农村的迁移人口大约为4 791万人;在流向农村的迁移人口中,来自其他农村地区者有2 134万人。由此得知,2000年11月1日人口普查时,从农村迁出的劳动年龄人口总量为6 925万人。这个数字可能与政府相关部门公布的数据有出入,关键原因在于定义流动人口的口径不同。

在解释迁移的理论中,地区之间的收入差距是迁移发生的动力,收入高的地区通常也就是迁移的流入地;距离则意味着成本的增加,在迁往城镇地区的6 700万劳动年龄人口中,省内人口流入城镇者为4 347万人,省际迁入者为2 348万人。省内的流动规模大于省际的流动规模。从迁入率看,全国平均水平的省内迁入率为11.8%,省际迁入率为6.37%。

## 二、迁移者的人口学特征

从年龄结构上看,流向城镇的劳动年龄人口主要集中在35岁以下,约占迁移者总数的77%。在所有城乡劳动年龄人口中,迁移群体的年龄结构无疑更为年轻。其中,女性的平均年龄为28.3岁,男性的平均年龄为29.4岁。

从性别结构看,男性和女性基本上相等,男性占49.95%,女性占50.05%,性别比为99.79。中国15~34岁年龄段人口的男女性别比一直在103~108之间,显然,

---

① 资料来源:吴要武,"从'五普'数据看我国劳动力流动",中国人口信息网,http://www.cpirc.org.cn/yjwx/yjwx_detail.asp? id=2182。

迁移群体中女性占有一定的优势。

从迁移者的受教育状况看,平均受教育年限为 10.1 年。迁移者受教育程度主要集中在初中、高中和中专等中等教育水平上,占迁移者总体的 67.6%;大学专科及以上水平者占迁移者总体的 15.5%,这个比例明显高于全社会劳动年龄人口中受过高等教育者所占的 4.8% 比例。即使与城镇劳动年龄人口的受教育状况相比,迁移者的受教育水平仍然是高的,城镇本地劳动年龄人口中,大学专科以上文化程度者的比例为 9.9%。

当对城镇外来人口进一步观察可以发现,来自其他城镇的劳动年龄人口受教育水平最高,平均受教育年限为 11.9 年;来自农村的劳动年龄人口的受教育年限为 9.33 年。这两个群体的平均受教育年限都要高于城镇本地人口(9.05 年)。

### 三、迁移的发生具有地域性

由于近年来经济发展的地域不平衡,使迁移的发生显示出同样的特征。在省际迁移出发地的地区分布中,东部地区的省际迁移者占 20%;中部地区出发的省际迁移者占 47.7%;西部地区出发的省际迁移者占 32.3%。如果考虑到第五次人口普查时,东中西三个地区的人口比重分别为 39.8%、32.2% 和 28%,那么,东部地区在省际迁移者中所占份额远远低于其地区人口在总人口中的比例,说明东部地区的省际迁移相对说来并不活跃;相对于人口规模来说,中西部地区,尤其是中部地区,在省际迁移中不仅占据更高的份额也表现得更为活跃。

劳动年龄人口跨地区流动方向主要是从中西部地区流向东部地区。在所有流向东部地区的迁移者中,东部地区各省之间的流动占 17.9%;来自中西部地区的迁移者占 82.1%,其中,中部地区占 52.1%,西部地区占 30%。

在省际迁移的劳动者中间,从省际迁出率和迁出人口的绝对数量两个方面看,一些省份是人口净流入省份,另一些省份则是人口净流出省份。人口迁出大省主要有江西、安徽、湖北、湖南、河南等中部省份和四川、重庆、广西等西部省份;广东、上海、浙江、福建、江苏和北京等则成为吸引劳动力流入的净流入省、市。人口迁出大省的迁出者主要为农村劳动力。从全国平均水平看,跨省迁移并进入目的地省市城镇的劳动年龄人口中,农村劳动者占 76%,而这 8 个人口迁出大省的省际迁出者中农村劳动者要占 83% 以上;吸纳劳动力最多的 8 个省市,吸纳的跨省迁移者占所有省际迁移者的 2/3 以上。

迁移的出发地和流入地在城镇就业上显示出非常显著的差异:迁出大省的城镇就业压力较大,表现为更高的失业率和更低的劳动参与率与就业率;而迁入大省的城镇就业环境相对较为宽松,失业率较低,劳动参与率较高。

### 四、迁移者与城镇本地人口之间存在明显的职业分层

城镇本地劳动者与外来劳动者在失业率上存在非常显著的差别:城镇本地劳动者的失业率高,为8.98%;外来劳动者的失业率低,为4.67%,其中,农村流动劳动者的失业率只有3.6%。从理论上说,影响失业率高低的因素包括劳动者的人力资本状况和劳动者的保留工资。在人力资本水平较为接近的条件下城镇本地劳动者却有高得多的失业率,说明城镇本地劳动者的保留工资高。

保留工资不同可以通过劳动者进入的行业、职业和劳动时间等特征侦测出来。城镇本地劳动者主要进入了劳动条件好、收入水平高的部门。从行业结构看,城镇本地劳动者更多集中在政府机关、教育、卫生、体育、金融、房地产等政府垄断性部门,而城镇外来劳动者则主要集中在制造业、建筑业、批发零售餐饮服务业和社会服务业等行业。在非农行业内,城镇本地劳动者有34.6%的人进入了平均工资较高的垄断和半垄断部门,而外来劳动者进入垄断部门的比例只有16.36%,农村流动劳动者进入垄断部门的比例只有11%。职业分布显示出同样显著的差异:在竞争性行业,农村流动劳动者职业为“商业服务业人员”和“生产设备操作人员”者占94%,城镇本地劳动者只有81%;垄断性部门内,农村流动劳动者在这两种职业上的比例为46%,城镇本地劳动者只有32%。从工作时间上可以看出,城镇本地劳动者中52%的人能够享受到“五天工作制”,而外来劳动者只有18.2%;外来劳动者每周工作6天及以上者占72%,农村流动劳动者则高达80.4%,形成对比的是城镇本地劳动者只有44.5%。

通过比较城镇本地劳动者和外来劳动者在行业、职业与工作时间分布上的差异,使我们认识到,虽然外来劳动者的失业率更低,但不能因此断言外来劳动者的竞争使城市劳动者处于不利的竞争地位。相反,更可能是由于传统的城市偏向政策的优待使城镇本地劳动者有更高的保留工资从而导致了更高的失业率。

总之,劳动力流动促进了劳动力市场发育,优化了劳动力资源的配置,也促进了城市化进程。今天,城镇外来人口已经占城镇劳动年龄人口的约19%。从外来劳动者进入的行业和职业特征看,外来劳动者与城镇本地劳动者之间更可能是一种相互补充而不是相互替代的关系。

# 附录5-2 国际人才大流动时代的到来[①]

在刚刚参加的洛杉矶全球经济论坛上，我注意到有关国际人才流动的议题也成为大会论坛上的热点话题，大会上有好几个有关人才的热点话题。其中有大家热烈参与其中的有关人才的培养和教育问题，从美国教育部的官员到美国的前教育部部长，再到国际上的大企业，都十分关心人才培养问题。另外，还有如何管理全球人才流动的话题，流动人才的竞争技能培养问题，以及全球人才流动对祖籍国的贡献问题等好几个专门的分论坛议题。

实际上，世界已经进入了一个国际人才流动的时代。从历史上看，随着世界经济在不同阶段的浪潮，人才流动在很多国家已经成为传统。如爱尔兰、亚美尼亚等国在海外的人口已经超过了在本国的人口。亚美尼亚在本国有300万人口，在海外却有600万人口。随着地球越来越平，人才流动不仅是从发展中国家向发达国家流动，也开始了发达国家向发展中国家以及发达国家之间的流动。美国的人才也在流动，随着世界其他地区经济的发展，大量美国培养的人才也流向了世界各地。实际上，不仅美国是如此，而且欧盟一些国家也出现了大量人才流动的现象。德国政府的资料显示，在2005年，有145 000人离开德国去了其他国家，例如去南非和西班牙等，是1954年以来的最高数据。法国也是如此，根据法国外交部的统计，2005年，有102 470法国人在法国驻英国的使领馆登记注册，其中光是法国人在伦敦就有98 199人。

全球人才的流动，从联合国教科文组织对留学生的目的地国及来源国的角度出发，在1999—2004年间世界各国的留学生情况进行了调查也可以看出来。联合国教科文组织指出，在此期间，全世界出国留学人员数量增长了141%。留学生们的目的地国主要集中在美国、英国、德国、法国、加拿大、澳大利亚和日本，此七国共吸收全球67%的留学生。其中，吸引外国留学生最多的国家是美国，全世界23%的留学生在美国留学。调查结果显示，全球留学生总人数中，有14%是中国留学生。目前，中国

---

① 资料来源：翁璟，“国际人才大流动时代的到来”，新华网浙江频道，http：//www. zj. xinhuanet. com/work/2007-04/30/content_9942533. htm。

已成为世界上出国留学人数最多的国家。中国学生的留学目的地国主要是美国、日本和英国。据《国际先驱论坛报》的报道,2004 年中国留学生在美国留学的有 62 523 人。美国目前仍然是接受中国留学生最多的国家。

中国对外人才流动的速度也是十分可观,据教育部最新统计,2006 年,中国出国留学的人数达到了 134 000 人,创历史纪录的新高。而目前在华留学的外国人也达到了创纪录的 150 000 人左右。据美国大学研究所协会(CGS)最新公布的统计数据显示,申请到美国攻读硕士和博士学位的中国大学生人数,连续第二年强劲增长,今年增长了 17%。在福特基金会国际奖学金全球项目(IFP)负责中国项目的克莱门格(Keith Clemenger)指出,"中国学生非常渴望到美国学习"。据国际奖学金项目统计,获得全球奖学金的中国学生,可以选择去任何一个国家留学,但 2/3 的人选择了留学美国。克莱门格在接受 USINFO 采访时说:"一个主要的原因是,许多中国学生感觉美国拥有一个理想的教学环境。"这次我在洛杉矶的全球论坛上还听到 MIT 商学院的企业家研究中心的主任说今年在美国毕业的中国博士生数量超过了本土美国人博士生毕业的数量。

据美国大学研究所协会统计,2005 年到 2006 年间,申请赴美国攻读硕士学位的中国大学生,增长了 19%。2006 年,约有 565 039 名来自世界各国的学生在美国大学研究所注册就读,其中来自印度的学生最多,共有 76 503 人;中国名列第二,共有 62 582 人;名列第三的韩国学生为 58 847 人。

我认为我们已经进入了全球人才流动的时代,联想公司的总部已经设在了纽约,在中国受教育在美国上班,如杨元庆等,在美国受教育,在中国上班,更是一种潮流。中国在 21 世纪的竞争,实际上也是人才的竞争。扁平化的全球已经进入了国际人才大流动的时代,我们准备好了吗?

# 第六章

# 工资的确定及制度设计

工资在现代经济生活中占有十分重要的地位。按照国际劳工组织的统计，以工资为主要收入来源的雇佣劳动者数量，在工业化和后工业化的国家已占到国民收入的60%～70%。我国以雇佣劳动报酬为主要报酬形式的人群的比重尚不很高。不过，按照2007年的就业结构分析，我国的非农劳动力（第二产业加第三产业的劳动者）也已达到59.2%的比重。另外，在上海等地的郊区农村或其他省份的一些新型的农场，一些外来的从事农业性质工作的劳动力也已成为获得工资的雇佣劳动者。因此，我国以雇佣劳动报酬为主要形式的劳动力数量已成为主体的份额。而且，随着工业化和市场化的推进，雇佣劳动的比重将日趋上升，雇佣劳动的报酬，即工资占国民收入的比重不断上升，也越来越显现出它的重要地位。

诚如商品市场的价格决定生产什么、怎样生产和为谁生产，劳动力的工资作为劳动力市场的价格，作为一种劳动力市场运行的重要指示信号，一方面它决定于劳动力市场的供给和需求等诸多因素；另外一方面它也引导整个社会劳动力资源配置，引导和改变着企业的生产、交换和分配行为,以及个人对职业的选择、人力资本的投资及流动的地点等行为。从广义上讲,整个劳动经济理论都可以说与工资有关。从劳动力的供给来说,劳动者是否参加劳动,劳动者参与劳动的程度高低等都受工资的影响,工资构成了劳动者物质利益动力机制的核心内容。就劳动力的需求而言,企业是否增加劳动力,增加多大规模的劳动力数量,也同样受工资的影响,工资构成了企业生产性成本的重要部分。劳动力的流动,如前所述,无疑也受工资的影响。就宏观劳动经济而言,工资作为生产成本的重要方面,它对商品的价格进而最终对物价总水平都有影响,由此对整个宏观的就业和失业水平都构成了重要的影响。可见,整个劳动经济的分析,都不能脱离对工资问题的研究和分析。

本章我们首先讨论工资的形式、本质和结构及影响工资确定的主要因素;其次,在第二节我们来讨论和分析一下,迄今仍然有着较大影响的工资学说——补偿性工资差别理论;最后,我们探讨一下组织内的报酬设计的理论和实践。

## 第一节　工资的历史、本质和形式

### 一、工资的演变历史

从工资的概念、内容乃至于表述来看,工资的形式经历了许多变化。在人类社会的早期,绝大部分的劳动人口从事与农业和与农业生产有关的劳动,用传统的手工方法建造房屋、制造家具和进行纺织。在奴隶制的部落,奴隶们是强制劳动,没有工资,他们仅能从奴隶主那里得到食品和其他少量基本生活品。即使不是奴隶的那部分人,但也要像奴隶那样为奴隶主从事繁重的劳动,得到一部分谷物作为劳动的报酬。不同于现代的商品经济,那时劳动报酬大部分是实物,即食品、住宿和其他消费品。

在中世纪,特别是在由于严重瘟疫造成劳动力短缺的时期,劳动者也曾获得一些自由,因为地主和企业主为争夺劳动力竞相提高生活标准和改善劳动条件。在城市,出现了各种各样的手工业行会。这些行会的劳动者的就业环境发生变化,他们的生活待遇也比农业劳动者有所改观。

18 世纪工业革命以后,雇佣劳动开始普及,工资问题开始出现。由于较高工资和较多自由的吸引，越来越多的人离开农村到工厂寻找工作。由于这些人习惯了农村中的实物报酬，雇主们起初将工资的一部分用土豆、面粉等食物代替，剩余部分支付现金；或者是发放票证或债券从雇主开设的店铺中领取食物。这即出现了早期所谓的“实物工资制度”。

随着经济的发展和社会的进步，除一些发展中国家外，发达的市场经济国家，员工的工资开始都用货币支付。货币工资便于员工决定自己在哪里购买物品和购买什么样的物品。后来，白领阶层开始与蓝领阶层分化，出现了不同于传统工资概念的“薪水”的概念。自第二次世界大战后，现代的工资和薪水制度的内容不断充实并发生新的变化，以带薪休假和延期支付为特征的附加福利作为现代货币工资的补充形式，成了目前广泛使用的“薪酬”制度的重要内容。

从历史的演变来看，工资的概念经历了从实物工资（natural wage），到货币工资（money wage）；从货币工资，再演化为工资（wage）和薪水（salary）的区分；从纯粹意义上的工资制度（payment system），直至发展到今天，包含非货币福利和延期支付的“薪酬”（remuneration、compensation）或“报酬”（reward），这样一个逐渐演变的历史过程。

## 二、工资的本质

工资是雇佣劳动的报酬。这一表达强调了工资与“雇用”联系的本质特性。按照马克思的说法，工资制度起源于古代，它是从古代的军队里发展起来的①。尽管如此，作为现代意义上的雇佣劳动的货币报酬形式，工资的产生和发展则是工业革命以后的事情。传统的农业社会本质上是以家庭自营生产为特征的社会经济形态，没有雇佣劳动，至于以工资为形式的雇佣劳动的报酬形态则也无从谈起。工业革命导致了分工，导致了工厂制度的产生，导致了劳动者与资本和土地等生产资料的分离。雇佣劳动成为工业革命后所产生的一种社会经济现象。工资作为给受雇用者支付的劳动报酬方式，便产生了货币工资的需求。

值得一提的是，与工资相关的另一个概念是薪水。无论在英文或中文的表达中，

---

① 据 Ledford 宣称，技能工资制（skill-based pay, knowledge-base pay, pay for skill, pay for knowledge, pay for learning, multi-skilled pay）的产生可追溯到公元6世纪的罗马军队，当时苏力士将军（General Sauris）根据骑兵队中每位武士所学的武艺表现来分配薪资、粮食和升迁（Feuer，1987）。

工资(wage)和薪水(salary)都有着重要的联系,同时也有着重要的区别。从两者的联系来讲,工资和薪水都是雇佣劳动的报酬形式,但两者又存在着不同。

首先,支付方式不同。工资通常则是雇主以现金的方式直接支付给雇员一种报酬形式。而薪水通常是雇主通过银行再转移支付给雇员的报酬形式。其次,支付时间不同。薪水通常是以月或年作单位,定期支付给雇员;而工资则以日或周,对雇员劳动或者服务的一种支付。最后,也是最重要的一点是,支付对象不同。一般而言,对以工作品质要求为主的报酬支付称之为薪水;而以工作数量要求为主的报酬支付称为工资。换言之,劳心者的收入为薪水,而劳力者的收入为工资。

如果说在工业化的初期和中期,上述薪水和工资的区别还有存在的价值,那么到了工业化的后期,特别是到了后工业化社会和信息经济社会,工作的本质差别日趋缩小。在生产一线,生产过程走向机械化与自动化,生产过程也日趋复杂,生产一线的工人也需具备较高的教育与训练知识。传统的以薪水为报酬来源的白领阶层,由于大规模的普及使用和操作计算机,工作也不乏传统所理解的“体力劳动”。加之,以往劳心者的薪水常较劳力者的工资为高,而现在有许多劳力者的工资等于,甚至高于劳心者的薪水,因此两者的区别已逐渐模糊起来。严格地将两者加以区分,已感困难,且也无多大意义和必要。故现在人们大多开始使用薪酬(compensation),或者报酬(pay, reward)等概念和范畴。

## 三、工资的形式

谈到工资的概念,还有一点值得讨论。这就是工资概念的外延问题。如果说我们从雇佣劳动的报酬形式这一点,清楚地理解了工资这一概念的内涵,那么对工资的外延,则经常引起争论,甚至在日常经济生活中使用得有些混乱。一般来说,工资这一范畴可从广义和狭义两个角度加以理解。**广义工资**是指劳动者因从事劳动而获得的所有报酬收入。它包括固定工资、奖金、津贴以及其他货币的,或者非货币的福利收入。劳动所得、薪酬、劳动成本等都是广义概念的不同形式的表达。就现代劳动经济分析而言,尽管固定的工资和薪酬的其他部分对企业和个人行为有着不同的影响,但总体而言,企业关心的是劳动的总成本,个人关心的是总收入,因此,将工资与其他部分内容严格区分,显得意义不大,故使用广义的概念(pay)更有价值。而且,从国际比较来看，发达的市场经济国家大都使用广义范畴，诸如 pay、wage、salary、earnings、reward、compensation 等。而**狭义的工资**（basic pay）是指员工因从事雇佣劳动而获得的仅仅限于固定货币报酬收入的部分，即狭义的工资不包括奖金、津贴，更不包括其他福利性收入了。在下述两种情况下，狭义的划分和使用有着存在的价值：第一，就薪酬管理，特别是薪酬设计的角度上讲，它有着重要的意义。因为就不同的部分而言，不同类型和不同职位的员工，其结构有所不同。在一个组织中如何借助薪酬结构设计解决员工的行为导向，是薪酬设计的一个关键问题。第二，对传统的国有计划经济体制而言，显得十分重要。

我国长时期使用的是狭义的工资范畴。我国之所以使用狭义范畴，其原因在于，我国长期实行的是计划经济的劳动管理体制。与市场经济国家企业的所有劳动力费用和开支都视为人工成本内容，无所谓工资进不进成本的问题不同，在国有经济的计划管理体制中，企业实质上不是独立的法人，国有资产的所有者实施对国有企业的控制要借助一系列的手段。工资就是其中之一。在我国国有企业实施工资总额控制之时，企业工资性开支的变动相当敏感。因为它会影响到国家和企业的利益分配关系。加之，国家通过控制劳动成本来控制价格水平，因此将工资范畴严格限定为狭义的基本工资报酬部分。其原因很清楚：国有企业的每一次工资调整，都是一次成本增加或者税利水平变化，都会影响到国家和企业，最终影响到企业和个人的分配比例关系（V + M）。所以，在我国目前从计划经济到市场经济的转变过程中，搞清楚工资的外延仍然有着现实的意义。特别是对研究中国的劳动经济而言，尤为必要。

概括起来，国内目前对工资的结构理解和使用大体有如下四个内容：

（1）$W_1$ = 基本工资等级表部分；

（2）$W_2 = W_1$ + 奖金 + 津贴；

（3）$W_3 = W_2$ + 福利（医疗、住房、培训等）；

（4）$W_4 = W_3$ + 延期支付（养老金、员工持股计划、股票期权）。

## 第二节　影响工资确定的主要因素

什么因素影响着工资水平的变动？或者说影响工资确定的因素有哪些？这是经

济学家一直在关心的一个重要话题,也是一个相当复杂的问题。从亚当·斯密1776年出版的《国富论》开始,无数的经济学家都试图解释劳动力市场上工资决定的因素。迄今为止,有大量的工资理论学说问世(参见本章篇末附录6-1:历史上曾经流行的几种工资理论)。学习工资理论,我们常抱怨工资理论和学说太多,使得人们经常感到有些困惑。是生存工资理论有理,还是边际生产率理论正确?是应当牢记补偿性工资学说,还是应当追随效率工资理论的时髦思想?显然,无数的经济学家,为了寻找能够被广为接受的、解释在任何条件下工资水平和工资变化如何决定的工资理论,进行了多方面长期的探索和研究。但这样一种理想的理论和学说迄今尚未发现,原因很简单:影响工资的诸多因素非常复杂。这些因素与整个经济和生产系统紧密地联系在一起,与社会各种因素交织在一起。那些似乎适用于早期农业和手工业生产方式条件下的理论,在充满活力的工业化国家则行不通。

为了有助于对工资理论,特别是对决定工资因素的理解,在此,有必要将影响工资确定的一般因素进行一些归纳和总结。总体而言,影响工资确定的因素可分为内在因素和外在因素两大类。

## 一、影响工资确定的内在要素

所谓影响工资确定的**内在因素**是指与工作特性及状况有关的因素。从经济学的理论来看,这些要素与边际生产率理论、补偿性工资差别理论等都在不同程度上有着一定的联系。从人力资源管理,特别是从薪酬管理来看,这则更接近于现代薪酬制度设计中所提出的内部一致性原则,以及由此原则指导下的工作评价要素。

### 1. 员工的劳动和工作努力程度

劳动是一种有目的的工作活动。任何国家的任何时期的工资都主要受劳动者所提供的劳动影响。劳动者只有参加劳动才可能得到工资,故经典的定义是:工资是“雇佣劳动的报酬”。也只有劳动者的劳动技能高低,所提供的现实劳动量变化或者是工作的努力程度的大小,才是这种报酬水平变化的基本原因。故我们一般认为,个人的努力程度是工资水平调整和变动的基本原因。薪酬设计便是对员工这种劳动及其工作努力程度的报酬的一种制度安排。实践证明,在同样职位的情况下,工资水平有所不同来源于工作努力程度以及由此所决定的劳动成果或工作绩效的不同。在我国经常听到人们对收入分配差距现状过大的批判和担忧，实际上这种批评大多源于对工资与劳动或工作不相关的因素，诸如垄断、限制劳动力流动、劳动力市场寻租等。通过工作评价制度的引进，在组织内部，拉开体现劳动或工作的工资差距，仍是我国工资改革的主要方向。

### 2. 职务高低与权力大小

传统上，对职务和权力与工资的关系的解释，大多沿用了劳动要素分析法。职务和权力与劳动既有区别也有联系。的确，简单地套用劳动，特别是劳动量或工作量的概念来解释两者的关系，经常会引起混乱。国际劳工组织 1956 年的“日内瓦范本”将劳动定义为四大类要素。职务和权力归结为劳动责任，这是一个恰当的解释。权力和责任是一个问题之两面。权力是由责任而来；责任是由判断或决定问题的能力而产生，对于权责重的人给予较高的工资，实际上是因为权责重的人其决定和判断的正误对于组织生产的产品或提供的服务的品质、市场、信誉与效益有决定性的影响。正因为如此，在以职位为基础的薪酬制度设计中，国际上使用的海氏(Hay)等几种不同的工作评价方法，都包含有“问题产生的后果”这一指标。实践中，可以大量地观察到 CEO 的工资大大高于一般员工的事实。其原因在于，它试图补偿管理者在生产和经营过程中所作出的正确判断和决定。这部分高出的工资成为建立管理者职责严格的工具。

### 3. 技术和训练水平

以人力资本为出发点的工资理论，已经系统和深刻地解释了为什么技术和训练高的人，应拿较高的工资。这就是说，这部分较高的工资包含有人力资本投资回报的成分。人力资本回报乃是补偿学习技术所耗费的，由直接成本以及机会成本构成的人力资本投资。工作评价中的知识要素的选择，以及国际上 20 世纪 70 年代以来流行的技能工资制度，都充分体现了这一要求。从管理学的角度来认识，体现技能要素的工资制度，也包含积极性的激励。所谓激励乃是说在技术变革日新月异的今天，面对知识更新加速的外部竞争环境，组织有必要鼓励员工从事更艰难的工作，使劳动者迅速更新自己的知识结构，以为组织的竞争战略提供支持。在我国的企业中，目前存在着高级技术工人短缺的严重人力资源问题，这与目前工资制度未能更多和更好地体现技能这一要素有极大的关系。

### 4. 工作的时间性

人们工作的现实情况是，有些工作的性质可能是稳定的和长期性的，如一个公共汽车的司机，或者是一个邮政部门的邮递员。而另一些工作则是季节性或临时性的，比如，20 世纪 90 年代网络经济时期在美国流行的一种被称为“Contractor”的职业，我们将其翻译为“合同制工作者”。这一工作的特征是，从事这个工作的人，往往是计算机行业的技术人员，他们依照与雇主签订的半年或一年的合同来工作。工作的特点是：他们没有固定的雇主，当项目完成后便另寻雇主；工资很高，在网络很热的 2000 年，小时工资是 50～200 美元不等。这些人的工资似乎一般都比从事长期稳定工作的人的工资要高。其原因在于以下三点：一是这些人过了合同期有可能失去工作，即可能处于失业的状态，失业期间将无收入；二是这些人在劳动期间没有社会保障，企业没有为他们支付保险等费用；三是这些人没有福利，如年终分红、法定休假和一定天数的带薪病假等。为了补偿上述三点，工作不稳定的人的按单位工作时间核算的工资名义上是较高，但实际上，如果用广义的薪酬的概念和一定时期的薪酬总额来衡量，可能的结论是差距未必如此。

### 5. 劳动条件，特别是工作的危险性

人们一般认为，在工业化的早期，劳动条件比较恶劣，有些工作甚至具有危险性。在同样的劳动技能要求的条件下，只是因为这一点，导致了工资的差别。实际上，关于劳动条件，特别是工作的危险性对工资的影响，在现代社会仍然存在，关于这一点，在下一节补偿性的工资理论中，我们将详细进行讨论。

### 6. 附加福利

附加福利可以被定义是一种正常工资外的补充。正常工资是定期支付非职工的劳动报酬，附加福利是另外一种职工乐意接受的报酬或福利，是雇主在劳动力费用之外的一种支付。它虽然是雇主为雇佣劳动力所支出的费用，但员工并没有专门的劳动与此相对应。它包括法定节日和年度休假期间职工的报酬；社会保险费用；企业补

充保险或提供的住房或住房补贴等。比如，在我国，在政府工作的公务员、在事业单位（如国家负担的教育、卫生和文化等部门）和大型国有企业工作的正式职工，往往都有这方面的附加福利。而不在上述部门工作的员工则很少，甚至根本就没有这种附加福利。为了增加组织的人才竞争力，维持劳动力之稳定，我们往往会看到，后者的工资较前者更高，以弥补附加福利的欠缺。

### 7. 风俗习惯

同工同酬为劳动力市场上倡导的工资分配的重要原则，但是在现实社会当中，我们总是发现，无论在发达国家还是发展中国家的劳动力市场上，也会常出现如下一些现象。比如，女性获得的工资要比男性要低，一些技术学徒工在学徒期间的工资很低，甚至低于一些简单的体力劳动者。为什么？前者大多受社会观念的影响，包括许多社会存在对女性歧视所导致的不同程度的工资差别（参见表6－1）；而后者则与人们的观念和习惯做法有关。人们普遍认为，学徒工一旦学成出师，工资要比粗工高很多，因此学徒在学徒期间的薪金要比粗工低。

表6－1 1967—1994年非农业部门男性和女性小时工资比率

| 国家 \ 年份 | 1967 | 1970 | 1975 | 1980 | 1985 | 1990 | 1994 |
|---|---|---|---|---|---|---|---|
| 澳大利亚 | | 0.65 | 0.84 | 0.86 | 0.87 | 0.88 | |
| 法　国 | | | 0.79 | 0.79 | 0.81 | 0.81 | 0.81 |
| 日　本 | | 0.52 | 0.56 | 0.53 | 0.52 | 0.51 | |
| 德国（西德） | 0.69 | 0.69 | 0.72 | 0.72 | 0.73 | 0.73 | |
| 英　国 | 0.60 | 0.60 | 0.68 | 0.70 | 0.69 | 0.70 | 0.72 |
| 美　国 | 0.62 | 0.62 | 0.62 | 0.64 | 0.68 | 0.72 | 0.76 |
| 瑞　典 | 0.78 | 0.80 | 0.85 | 0.90 | 0.90 | 0.89 | 0.90 |

资料来源：Francine D. Blau, *The Economics of Women, Men, and Work*, N. J.: Prentice-Hall International, Inc., 1986, p. 353。

### 8. 年龄和工龄

按理说，工龄并不体现劳动者的劳动能力，更不能体现劳动者的劳动成果，工龄

故不属于“劳动”的范畴。但实际的情况是,工龄常在工资中起作用。其原因有以下三点:

第一,补偿员工过去的贡献。一般来说,员工年龄越大工龄越长,理论上讲,他对一个组织过去劳动的贡献就越大,为了给予这部分贡献以补偿,就需要增大其目前的工资收入。

第二,平滑年龄收入曲线。如果按照现实劳动贡献的情况观察,在较高年龄段,员工所提供的现实劳动成果或者工作业绩将会下降,体力劳动者尤为如此。如果不按照工作绩效或劳动成果曲线建立分配标准,那将出现工资制度与工作表现脱节的分配曲线 B(如图 6-1 所示)。日本企业的终身雇用制度下所采用的年功序列工资制度基本属于这种情况。过去在我国国有企业也存在这样的情况,其结果是干多干少一个样,干好干坏一个样,对员工工作激励不利。如果完全按照工作业绩曲线,那将会出现,部分员工工资会随年龄增大而下降,即曲线 A。这种年龄收入曲线也一般并不为员工所接受。为此,随年龄和工龄增大,人们的工资会有所提高,但提高的幅度是适当的平滑,即类似曲线 C(如图 6-1 所示)。

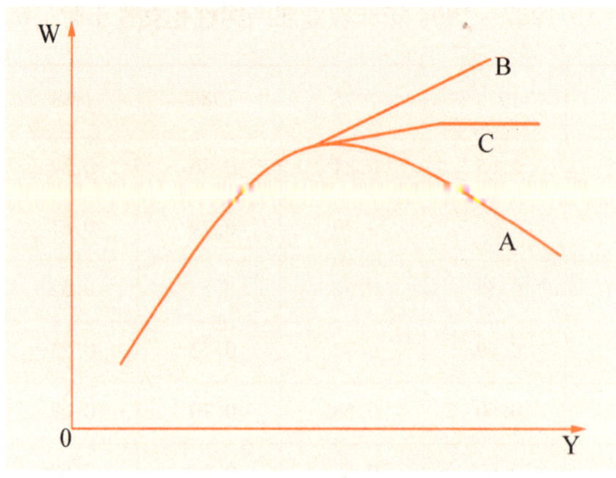


图 6-1 三种年龄收入分配曲线

第三,减少劳动力流动。一些企业为减少员工“跳槽”频繁的现象,保持员工队伍稳定,实施了工龄工资政策。比如,在本公司工作一年,便增加一年的工龄津贴,由此增加了员工离开本公司的代价,使得频繁地跳槽给员工造成较高的机会成本和一定的经济损失。虽然,年龄和工龄在工资分配中起作用的情况在世界各国普遍存在,但程度不同。根据弗里曼教授的研究,20 世纪 70 年代在美国,45 岁至 54 岁的男性大学毕业生的收入，要比同类的25岁至34岁的毕业生高63%；而日本上述人员之间的比例高达200%。年龄和工龄不起作用的情况在一些特殊的工作和职位上也存在，如职业运动员等。一般情况下，年长工人的工资要比年轻工人的工资高。

随着知识经济的到来，知识陈旧周期的缩短，年龄和工龄在不断弱化，知识和能力的作用在不断强化。即使推行现代的基于工作评价基础上的职位工资制度，工龄和年龄的作用都在淡化。工龄对工资的正向影响作用主要通过两个方面表现出来：一是管理和技术职位的工作能力和工作业绩都与工作经验有关，因此，工作经验与工龄的作用仍然存在，使得工资和工龄的关系还继续发挥作用，这特别表现在传统的产业上；二是工资中体现工龄的表现方式间接化，即采取的方式可能是工龄工资的方式，而非直接与工资挂钩的方式。比如，国内宝钢等企业的做法，集中反映了这一特点。

如果说影响工资确定的上述八个要素，更多地直接或间接体现了工资与工作和劳动的联系的话，那么，影响工资的外在要素则更多地体现了工资与整个产品市场和劳动力市场的联系。

## 二、影响工资确定的外在要素

在市场经济的条件下，影响工资确定的更为重要的因素是**外在因素**。外在因素是什么？它是指与工作特性及状况无关，但又同时构成对工资本身确定具有重大影响的一些市场经济因素，其主要有以下六个方面。

### 1. 生活费用或者说物价水平

保证员工及其家庭获得维持生活费用的工资，是制定工资率的基本考虑。故现代大多数国家都有最低工资制度。所谓生活费用也就是指一个人日常经济生活衣食住行育的费用。决定生活费用的是物价水平，故企业职工的最低工资水平必须考虑地区物价状况。另外，物价水平也是不断变动的。如果物价上涨，企业也必须考虑增加员工的工资，否则职工原有的生活水平也就难以维持。

### 2. 企业的经济效益状况或者说企业的负担能力

工资和企业的生产力有关，如果企业所负担的工资超过其负担能力，则企业不是停业就是破产解体。企业负担工资的能力,涉及企业的利润和员工的工资分配关系,在我国还包括国家和企业的分配关系。在我国国有大型企业实行的工资总额与企业效益挂钩的政策,反映了这一要求。而且,许多企业之间同一职位而工资相差较大,大都与此有关。

### 3. 地区或行业的工资水平

企业所在地区或所属行业的环境,对于员工工资的制定有相当大的影响。顺从这种大环境的要求制定工资,是现代企业在薪酬制度设计中所提出的薪酬具有外部竞争力的必然要求。因此我们看到,各地的劳动和社会保障部门,近年来广泛开展了劳动力市场价位调查工作。大多数企业在制定自身工资标准时,开始购买此资料,或委托其他人力资源咨询公司,或自己出资直接开展薪酬调查。其目的是,尽可能地了解当地劳动力市场价位。一方面是为更好地吸纳、维系和激励优秀的人才;另外一方面是为了减少人工成本。随着全球化条件下的企业竞争加剧,此项方法将对企业的工资水平越来越构成影响。

### 4. 劳动力市场的供求

在市场经济的条件下,劳动力的供给与商品相类似,以稀为贵。在我国的劳动力市场上,有的职业经理人,年薪高达千万,而有的普通员工的工资年薪则不足万元。什么使他们的收入差距如此巨大?我们说,是劳动力市场上的供求。我国目前大量缺乏合格的职业经理人,优秀的职业经理人的高额报酬恰好反映了这一事实。而普通的劳动力在我国是源源不断、供过于求的,这导致他们的工资相当的低。对劳动力市场上供给弹性小的高层管理人员、技术人员等而言,供求对短期的影响不可能立即消除。随着供求状况的根本改善,这种工资的差距才会逐渐缩小。一度报酬极高的出租车司机,由于供给的大量增加,其收入已有了较大的变化,与公共汽车司机的工资差距,已不很显著。正因为供求的变化,故会出现下述情形:某一地方粗工的工资可能比其他传统行业从事同样工作者的工资要高,新工业区的劳动力工资比旧工业区的工资要高,这些现象在土地广袤的国家尤为显见。在我国深圳出现的"硕士诚可贵,钳工价更高"实际上恰恰反映了这一状况。我国当前各地技术工人的工资普遍上升,与高级技术工人的短缺有很大的关系。

### 5. 劳动力的潜在替代物

工资不但受现有劳动力的影响，而且受劳动力市场中的潜在替代物的影响。这些替代物可能是机器，也可能是人。生产人员的工资太高，企业有可能用机器来代替劳动力。因此，有些劳动力已知道有新机器来代替他们劳动时，即使工资减少，他也愿意继续从事这项工作。在劳动力市场上，存在着愿意接受低工资的妇女或临时工作者，他们的存在对在职工人的工资水平也构成了影响。企业目前推行的谈判工资就是这样。

### 6. 产品需求弹性

消费者的消费需求变化对企业的产量产生决定性的影响，这种产量的变化最终影响到企业职工的工资水平。产品需求弹性越大，产量受需求影响的程度就越大，由此对企业工资水平的影响也就越强烈。在需求大的企业一般都实行浮动性的工资制度。

# 第三节　补偿性工资差别理论

## 一、工作的非货币特征

在我国 20 世纪 90 年代初期，由于城乡隔离制度导致劳动力流动困难，企业内部也缺乏工资对劳动资源的调节机制，我国国有企业内部出现了所谓“一线紧、二线松和三线人员富余”的状况。即一线艰苦的工作岗位，发生了劳动力短缺的问题。面对这一问题，有关学者提出了在企业内部强化和加大对重点岗位的激励，即从传统的八级工资制改变为岗位技能工资制度的政策建议，其核心就是提高对一线艰苦工作岗位的报酬。那么，如何提高工资，其标准是什么？国内企业界在吸收国外工作评价的技术基础上，设定了 21 个劳动评价要素。除此之外，还增加了“人心流向”这样一个社会心理的评价指标。

我们知道，国际劳工组织在 1956 年的“日内瓦范本”中，曾谈到劳动的四大类因素,劳动条件就是其中之一。在前述决定工资的八大内在要素时,我们也曾谈到了劳动条件,特别是工作的危险性对劳动者工资的影响。实际上,工作危险性只是劳动条件的一部分内容。工作的重复性,即我们通常所说的枯燥和单调,工作脏、乱、差,人们讨厌和不喜欢,即所谓社会地位较低和不大光彩等,都成为广义的劳动条件的一部分内容。这些人们不大喜欢的工作特征,或者称为不愉快的特征,尽管都与劳动条件或特殊的工作性质有关,但毕竟不同。粉尘、噪音、辐射、高温、高速等能够通过一些工具和技术测量,而诸如像社会地位、名声等则无法达到这一点。正因如此,我国在推行生产企业的工作评价制度时,推出了“人心流向”这样一个社会心理的评价指标。尽管这在国内工作评价的实践历史上可视为一种创新,但就理论而言,对上述称之为工作效用满足的非货币特征,或社会声誉特征现象的分析,最早可追溯到亚当·斯密在18世纪对补偿性工资理论的讨论。

## 二、补偿性工资理论分析

1776年亚当·斯密在《国富论》中,用了相当的篇幅来论述这个问题。他认为某些非货币效用“一方面对某些职业的微薄货币报酬给予补偿,另一方面又对一些职业的优厚报酬加以抵消。”“对于一切尊贵的职业,荣誉可以说是报酬的大部分。在卑微的职业上,情况正相反。屠户的职业既野蛮又讨厌,但在许多地方,他们的得利比大部分其他普通职业多。刽子手的职业,是最可嫌恶的职业,可是,与其工作量相比,他的报酬比任何普通职业都多。”①

用今天规范的经济分析的语言来表达,补偿性工资差别的最终原因是员工的主观偏好。显然,我们知道这些偏好是什么,但目前还没有科学的方法判定它们应该是什么。尽管如此,我们还是能够借助经济分析的方法和工具,来详细地分析一下偏好相同,或者偏好不同的补偿性工资的影响。

首先我们假定:所有员工偏好都是相同的情况,即大家都同等程度地喜欢或厌恶一种工作的特征。假设有A和B两种工作,且两者没有人力资本要求的差别。假如工作特征上也不存在相应的差别,A和B的工资相等。如图6-2所示,此图表明

① 亚当·斯密,《国民财富的性质和原因的研究》,商务印书馆,1979年,第92页。

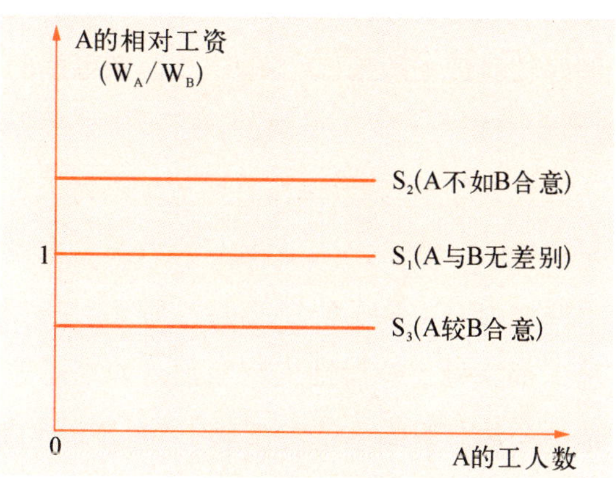


图 6－2　偏好一致时的补偿性工资差别

对 A 工作的员工的供给，是 A 与 B 相对工资（$W_A/W_B$）的函数。供给曲线 $S_1$ 代表偏好相同而且没有工作特征差别的情况，因为在所需技能或工作特征上没有相应的差别，$S_1$ 曲线位于相对工资为 1（$W_A = W_B$）的地方；又因为偏好相同，$S_1$ 是水平的。如果大家都认为工作 A 不满意，供给曲线就较高（但仍旧是水平的），如 $S_2$ 所示。高出的那部分工资是吸引人们接受不愉快工作条件所必需的差别补偿。如果 A 工作更令人愉快，则结果正好相反。此时，A 的供给曲线 $S_3$ 位置较低，补偿性工作差别则由 B 工作中的工人获得。

现在假设所有的员工都讨厌 A 工作的某一方面，但讨厌的强度彼此不同。这时员工对 A 工作的供给曲线将向上倾斜（如图 6－3 所示）。曲线开始处相对工资大于 1，其幅度刚好达到足以满足那些对 A 工作讨厌程度最低的员工。劳动力需求曲线

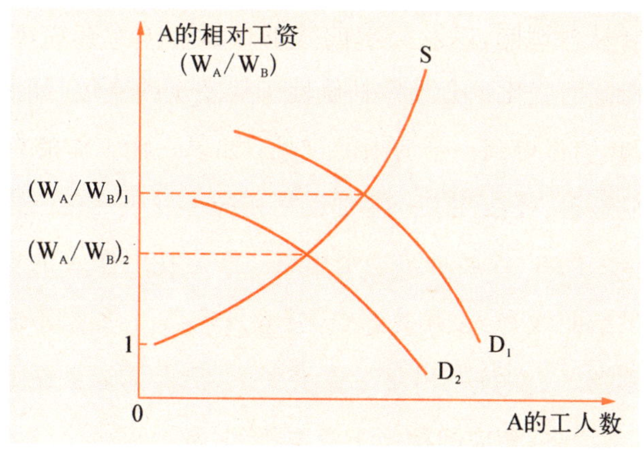


图 6－3　工人偏好不同时的补偿性工资差别

肯定会影响均衡工资率,要吸引更多的员工,必须有较高的相对工资。起作用的是边际工人的偏好而不是偏好较弱员工的偏好。图 6-3 两条可能的需求曲线,对均衡工资构成了明显的影响。

还有一种可能性。假设偏好不同,但现在有些员工不讨厌工作 A,即供给曲线在相对工资为 1 的地方是水平的。然而,对后来的另一些员工来说,供给曲线是向上倾斜的。如果劳动力需求曲线为 $D_1$(如图 6-4 所示),那么,包括那些不必给予额外补偿的员工在内的所有员工都获得了补偿性工资差别。如果需求小得多,比如在 $D_2$,则显然可以不存在补偿性差额。假如员工对夜班工作、经常出差或各种危险毫不在乎,对带有这些特征的职业就不必支付补偿性工资差额。

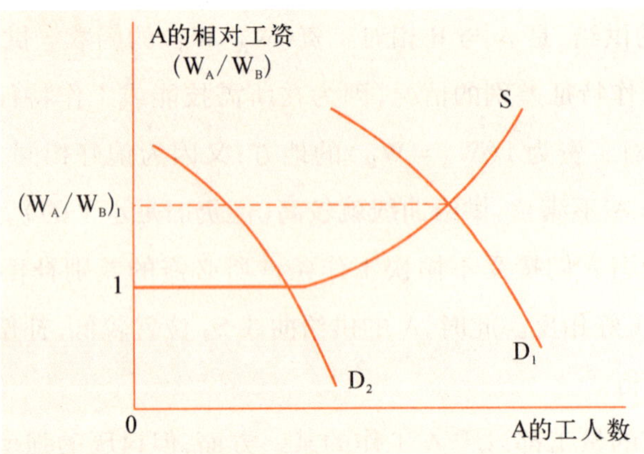


图 6-4 工人偏好不同时不存在补偿性差别的可能

上述我们对补偿性工资差别的分析所建立的前提是,工人的目标是效用最大化。问题的关键是,偏好是否相同,以及需求曲线的位置。关于在需求曲线不变的前提下,工作的非货币特征的变化也会导致补偿性工资差别的变化(如图 6-5 所示)。

通过上述分析我们将得到一个清晰的预见:如果一种工作的有关特征发生了变化,例如变得不很危险了,补偿性工资差别也将相应地发生变化。这种分析的基本机制是供给曲线的移动,图 6-5 展示了这个思想。假定在工作 A 的现有特征和工人偏好给定时,相应的供给曲线为 $S_1$,相对工资为 $(W_A/W_B)_1$。如果不愉快的工作特征有所减少,曲线将外移到 $S_2$,在每一相对工资水平上,沿着需求曲线,现在在 A 中寻找就业的劳动力比以前增多,相应的均衡工资也降到 $(W_A/W_B)_2$。当然,如果 A 的不利特征日益严重,则情况会向相反的方向发展。

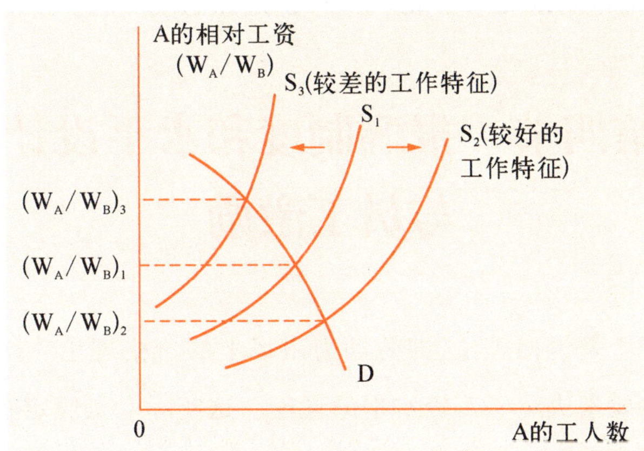


图6-5　非货币特征变化的效应

实证研究证实，在其他情况相同的条件下，死亡事故危险程度较高的工作所获得的工资，的确也较高。按照罗伯特·斯密斯等的研究，“死亡概率每增加十万分之一，每年的补偿性差额在200～3 500美元之间”①。补偿性工资理论能够成立，即在员工的特征不变的前提下，从事较差工作的员工得到的工资高于那些在较舒适的条件下工作的员工，这源于以下三个设定的理论前提：

(1) 员工追求效用(而不是收入)最大化。如果选择能得到的工资为最高的工作，最终这将达到不同员工工资的均等化。也就是说，有一些员工宁愿从事低工资但更愉快的工作，这就必然出现补偿性工资差别。在这种情况下，工资虽然不等，但员工的工资和工作心理方面的总效用倾向于均等。

(2) 员工了解对他们十分重要的工作特征信息，如灰尘、肮脏、噪音、严格的工作纪律、危险性等。如果不了解信息，或者工作特征模糊，补偿性工资的差别就很难产生。

(3) 员工的流动性，即员工可以有一系列可供选择的工作机会。如果员工只能从事危险性质的工作，工伤危险的补偿性工资差别就不会出现。选择安全工作而不是不安全工作的行为，必然使得提供不安全工作的雇主增加工资。关于这一点，在我国2003年4月北京等地“非典”传染病流行时，医院护理工工资的急剧上升也证实了

---

① 转引自：霍夫曼，《劳动力市场经济学》，上海三联出版社，1989年，第242页；原文参见：Robert S. Smith, Compersating Wage Differentials and Public Policy: A Review, *Industrial and Labor Relations Review*, Volum 32, Issue 3, 1979, pp. 339-352。

这一点(参见本章篇末附录6－2：北京“非典”定点医院一线护工高薪难找)。

# 第四节 报酬制度和水平设计与员工激励

工资理论实际上是价格理论,即劳动力市场上的价格理论。所谓工资的理论也就是寻求解释哪些要素决定了工资水平的理论。这实际上是假定企业是一个不能打开的“黑匣子”,可以发现投入,也可以发现产出,但不知道内部的结构是什么。问题在于只有这样一种分析的方法远远是不够的。从个人的角度看,员工关心工作的合理回报,这决定了他的劳动供给,如工作的时间和流动方向,在长期还影响到他的人力资本投资。而从组织层面来看,一个公司,甚至是一个非营利的学校或医院,一方面要将员工的工资作为总运营成本,即劳动的成本部分来加以考虑;另一方面,在组织内部,如何通过报酬制度的科学设计,以及通过制定有竞争力的报酬水平,来解决各类员工,特别是高层管理人员的激励问题,也是现代劳动经济学理论关注的重点。

## 一、工资与生产率的关系

传统上,我们认为劳动力是同质的。劳动力的工资反映了同质劳动力的供求价格。当讨论人力资本的时候,我们改变了劳动是同质性的假说。由于教育和培训,即人力资本投资的作用,劳动力的异质性成为基本的命题。这样,一个员工的劳动生产率,因为人力资本所导致的能力不同而产生了不同的生产率。在上一节我们引入了补偿性工资理论,但上述基本假说和命题都没有改变。即员工作为一个劳动力进入企业,他的生产率是给定的。工资自然等于他的边际生产率。实际上,这一假说存在着问题。人不同于机器,人的生产率是浮动的,是一个区间,而不像机器是一个恒定的量。什么东西决定一个劳动力生产率是处于区间的下端,还是处于上端,来源于组织对员工的激励。因此,从组织内部来观察,报酬制度设计的焦点,本质上是对员工激励目标及其实现手段的研究,也是对工资和生产率本质特征认识的深化。报酬制度设计是企业薪酬管理的出发点和难点。

首先，我们从员工的招募来看，我们知道现代人力资源管理已经发展出各种各样的招募技术，如人员素质测评、面试方法等。为了提高对新招募员工的真实情况的了解，有的公司通过工作实习，以及对以前工作过的上级主管的电话访谈等方法，尽可能地获得对员工的真实情况了解。即使如此，对员工生产率的完全真实地把握，也是不可能的。因为，不同的员工往往有不同的工作习惯，而这对生产率有很大的影响。但在雇用前，甚至于在雇用后一段时间内，人们都难以了解。或者是因为观察不到，或者是因为观察的成本太高。

其次，我们看到，一个员工在不同时间或不同工作环境下的生产率不是一成不变的，而是可变的，这取决于对其的激励机制。就如同我们现实中看到的，有的人在国有单位总是偷懒，生产率低下，而换到外资企业，或者是到民营企业，一下子就如同换了一个人，变得勤奋起来，生产率有了很大的提高。为什么？不是这个人的能力在短短的数月时间，发生了变化，而是因为他所处的外部环境发生了变化。这即人们时常所讨论的国有企业和外企及民营企业具有不同的激励机制。显然，在一定的时间段内，员工的生产率是其个人天生的能力、后天的努力程度，以及环境（如价值导向的企业文化、其他雇员的行为等）的函数。所以我们得出一个结论，员工不会简单地盲目服从雇主的命令，要求员工达到较高的生产率通过对其的强制和命令，效果很小，对人的管理的要点在于发挥其主观能动性。按照通俗的表达，即如何调动员工的积极性。而这些都取决于管理的技巧和行之有效的报酬激励制度。

正是上述原因，组织为达到对员工的最大的激励，必须选择适当的管理战略和报酬决策。从经济学的理论来讲，在选择管理战略和报酬的过程中，组织的管理者不得不面临各种决策的成本和对收益的衡量，并需要经常将两者加以对比和权衡，并最终作出有利于组织效率提升的决策。

## 二、委托—代理关系与报酬制度设计

### 1. 委托—代理关系

在市场经济的条件下，我们可以把雇主和雇员关系，视为是一种委托和代理的合同关系。即雇主是委托人，他通过提供工作合同，委托雇员来完成他所希望完成的工作目标和任务;而雇员是代理人,他通过签订和接受合同上所规定的条款内容,按照雇主的旨义,执行雇主所期望的工作要求。当然,这种显性的合同关系只是一方面,实际上还存在隐性合同的内容,即非正式的契约关系内容。

在以合同或契约为纽带的劳动关系当中,雇主和雇员各自追求的目标实际上是不同的:雇主追求的是财富的最大化,而员工追求的是自身效用函数的最大化。由于两者目标有不一致之处,员工就有摆脱雇主控制的倾向,产生机会主义的行为,发生所谓“道德风险”的问题,甚至作出违背雇主利益的事情。为什么呢?其原因在于以下两个方面:

一是信息的非对称性。由于雇员的很多行为难以观测,雇员在签约前后,其工作的实际努力程度是他的私人信息,因此,雇主直接观测雇员行为从而获得信息有很大的局限性。在委托—代理关系中这就出现了道德风险问题。雇员有可能选择非雇主所要求的努力水平,或者可能背离雇主的愿望。

二是合同的不完全性。在契约缔结过程中,存在着三种交易成本,人们不得不考虑:(1)人们把合同关系中可能发生的各种情况,即完整的信息都一一考虑到,并作出应对计划需要付出成本;(2)合同形成,要进行谈判,谈判是有成本的;(3)合同出现纠纷时,需要第三方解决争议,也需要一定的执行成本。正因如此,人们缔结的合同不可能是完善的,肯定是不完全的,雇主不可能事先通过明确的契约来规定雇员的各种行为,来减少雇员的“越轨行为”。

上述雇主和雇员的委托—代理问题的解决,关键在于建立一整套激励和约束机制,促使雇员采取适当的行为,最大限度地增进雇主的利益。其中最重要的是实行激励性的报酬制度。

### 2. 报酬制度设计

什么样的激励制度和措施是有效的呢?加强对员工的监督显然是一个最直接的办法。在任何组织中,都存在着监督。而问题在于严密的监督也存在成本。获取员工工作的所有信息,不仅需要成本,而且可能因为决策调整缓慢,影响工作效率;另外,在现代组织中,监督者本人也是该企业的雇员,也存在着监督者本人需要被监督的激励问题。解决不了他们的激励机制,最终也会损害雇主的利益。因此,严密的监督并非是一个好的制度选择。

引入员工的报酬与工作业绩相挂钩是一种好的激励思路。问题在于，假定工作业绩都能衡量，员工报酬与工作业绩完全挂钩，也存在着一些难点。比如，如何解决由于不可控制的原因导致的工作业绩浮动；不增加额外的风险的报酬，员工不乐意；如果完全按照固定的报酬制度给工作付酬，又如何解决员工的道德风险呢？不过有一点是值得肯定的，国内外的人力资源管理都证明，报酬一旦与工作业绩脱钩，肯定影响员工能力的发挥程度。

在实行业绩管理为基础的激励性工资中，还有一个难点这就是雇主所提出的工作目标和雇员所努力的结果的衡量问题。这也是我们在企业人力资源管理中所经常遇到的考核问题。尽管我们知道，考核是将工作的实际情况与工作所规定的目标加以比较。问题在于，实际的情况比较复杂。一个人没有完成工作的目标可能是他不努力的结果，但也可能超越了他个人所控制的范围，如外部因素的变化。超出个人努力控制的范围越大，业绩管理对个人的激励的作用就越小。因此业绩管理制度有两个要求：一是要提高业绩测量对个人努力程度的敏感性；另外一点就是报酬是否反映了雇主所期望的工作目标和工作行为，以及两者的一致性如何。再进一步讲，这涉及工作业绩目标的制定问题。比如，工作目标包括哪些方面，是否我们都已经观察到了，或者观察到后是否能够衡量，以及如何衡量。这些对业绩工资来说，最终对激励来说，都是关键的。

公平问题，也是组织在设计报酬制度时需要加以关注的。在劳动力市场上，工作的条件、雇用合同的决策过程，以及一个人相对其他人的报酬水平的高低，对于雇员的心理感受而言，都是十分重要的。如果员工感到不公平，他将会采取辞职、降低努力水平等一系列行为，以便使自己的努力与报酬对等，所谓“按酬付劳”。当然，公平的问题比较复杂，群体中的其他人是如何被对待的，以及一个人的相对位置是得到保护还是受到削弱，都是其决定因素。尽管如此，在企业报酬制度设计中，也不能不顾及。

除报酬制度外，激励问题还涉及员工对企业的忠诚度以及员工对该组织在社会上的相对地位的感觉。事实证明，员工愿意而且确实能够对自己的组织产生强烈的认同感，从而对生产率构成重要的影响。因此，制定有利于培养员工忠诚度的政策，形成良好的企业文化，也是组织对员工激励的重要手段。不过，从劳动经济学的角度看，研究对员工的激励焦点仍然是不同报酬支付方式对工作效率的影响。

就生产人员报酬支付方式而言，多项研究已经表明，接受激励性的计件工资计划的员工比根据工时支付工资的同类员工所获得的工资要高，激励作用要大。而且，前者比后者工资高的这一部分，仅有很少的部分可以归结为是补偿性工资差别引起，且大部分与高生产率联系在一起。

但是，从实际的情况观察，在美国，80%的企业实行的是计时工资制而非计件工资制，那么如何解释这现象呢？除了工业高度现代化导致生产技术变革，实施个人计件存在一定困难等原因之外，与计时工资制和计件工资制天然的优缺点、企业对员工期求的不同行为方式，以及最终的激励方式选择有关。

(1) 计时工资制。计时工资制以工人所费时间作为计算工资的标准，时间计算以小时、日、周或月作为单位。工作时期乘以每小时的工资额，即为所得之工资数。一般来说，计时工资制的适用范围是：产品质量重于产品数量的工作；工作不便以件数计算的工作；生产规模较小，上级对于下级可进行严密监督的情况。

计时工资制的优点是明显的。计时工资数额确定、计算简便；企业易于预算人工成本，员工有稳定的收入；员工可专心提高产品质量，不至于粗制滥造。计时工资制也有一些缺点，比如，由于计时制是一种过程管理，只有严密的监督，才可能避免工作与报酬不一致，缺少激励作用的问题；单位产品的人工成本难以确定；为保持工作效率，需要多设监督人员，增加支出；以及贡献大的和贡献小的不同人员，获取同等报酬不大合理等。

(2) 计件工资制。计件工资制以完成工作数量或产品件数为计算报酬标准的一种制度。其工资数随其产品增减而高低不同，员工自身掌握劳动时间的长短。其计算是某人生产数量乘以每一单位应得的工资。计件工资制适用范围包括：工作性质重复而便于以件数计算的情况；工作监督困难不便采用计时工资制者；有必要鼓励提高生产速度及数量的情况等。

计件工资制的优点也是显而易见的。计件工资制是一种结果管理，因此，按照工作实绩计酬，能使员工感觉公平；易于计算单位产品的人工成本；为增加产量多得工资，员工不断改良工作方法，增进工作效率；可减少监督人员，由此节省管理成本支出等。

但计件工资制也有很多天然的缺点。如员工只求增加工作速度，产品质量的维持困难，易致粗劣；个人计件不利于团队精神的培养，也会损害员工对组织的集体忠诚度；对机器设备的过度使用；个人产出衡量的困难，如就计件单价的修订而言，因管理或技术改进而使生产效率增加时，如依原标准实施计件工资制，企业负担过重，如降低原有标准，常易引起员工不满。

美国大部分企业选择的是计时工资制度，其优点和缺点自然并存。针对计时工资制是一种过程管理，监督成本太大，存在着明显的激励不足的问题，解决的办法是，各企业强化了对工作的考核，如实行成就工资制度（Merit Pay）、激励性工资制度（Incentive Pay）等，并辅之以多种多样的奖励制度，包括集体激励制度，以解决个人激励不足的问题。甚至实行分享制，尽可能使员工个人的工资与企业整体的利润水平联系起来。这些方法都在一定程度上缓和了计时工资制度的缺陷。

关于管理人员和技术人员的工资制度，与生产人员有所不同。但解决对他们的激励，特别是长期行为的激励，同样是现代企业薪酬制度设计的重大问题。

传统上一般认为，对管理人员的奖酬要依组织所需要的行为而设计，不过这方面因组织阶层和工作类别而有很大差异。对高层管理人员而言，其行为重点是冒风险，所以要鼓励他们创新、创造以及对企业的成长和发育承担必要的风险。因此，对高层管理人员的奖酬往往不是以一种共同的方式来处理，而是针对不同管理者的行为，决定其所应得的奖酬。对中层管理人员而言，其行为重点在放在和企业内其他人员的合作关系与协调方面，因此可以一个部门为基础，视其成绩的一般情形，而明确地将奖金按其本薪的百分比，分配给各个管理人员，这样可将他们的个人成绩和其部门的成绩结合，既保留了基本的工资结构，又保留了一部分富有弹性的奖酬。至于对基层的管理人员而言，还是以衡量为主。衡量标准一般来说有以下四个：(1) 部门总产量；(2) 品质率；(3) 生产如期完成的情况；(4) 生产按部门预算完成情况等。报酬，特别是奖励可按其成绩衡量标准分别给予支付。

近些年来，由于全球化和国际企业竞争的压力，对高层管理人员激励问题成为报酬领域一个热门话题。可以说，在国外，特别是在美国，企业高层管理人员薪酬所引起的广泛注意是前所未有的。

国际上，对企业高层管理人员薪酬的广泛兴趣是由几个相互联系的因素引起的。第一个原因是 CEO 薪酬大幅度的增长。世界 500 强企业的 CEO 实现的薪酬总额（包括执行股票期权的收入）差不多达到了原来的四倍。第二个原因与这一时期 CEO 的高工资增长，伴随着企业倒闭和公司规模的缩小以及员工解雇有关。第三个因素是在整个20世纪90年代,企业高层管理人员的直接报酬部分,在企业薪酬总额中所占比例已渐降低,而股票期权等延期性报酬支付方式在不断上升。而客观上,20世纪90年代的牛市行情给CEO带来的意外收入,引起了争论。

与实践活动伴随的是,有关企业高层管理人员薪酬的学术研究文献也迅速增加。统计表明,CEO报酬研究的增长速度比CEO的薪水增长还要快,在1985年前,每年仅有1~2篇论文,到2009年猛增到71篇①。20世纪80年代以来,伴随着委托—代理理论的产生和被普遍认同,现代公司中所有权与控制权的分离问题,CEO报酬与公司绩效之间的关系等都成为讨论的热点。而且这些研究大都涉及会计学、经济学、金融学、劳动关系、法律、组织行为学和战略等跨学科领域。

20世纪90年代后期以来,对企业高层管理人员实行类似股票期权一类的长期激励制度,在我国也进行过热烈的讨论,并流行了一段时间。针对国有企业高层管理人员报酬低下、激励不足的现实,有关学者提出了"中国有世界上最低的工资的"批评,在国有体制的大背景下,在北京、上海和深圳等地开展了期股和期权的实施试点。近一段时间,管理者对企业产权的收购(MBO)又引起了理论和实际部门的兴趣。总体而言,高层管理人员的激励问题,在我国仍然没有得到根本的解决。特别是由于我国对股票期权实施中有很多政策限制,存在很多障碍,加之资本二级市场状况欠佳不完善等原因,目前对此的学术研讨和舆论宣传,已大幅度降温。

## 三、效率工资理论的要点

除上述所讨论的各类员工报酬制度设计外,员工报酬水平高低的确定和设计,对吸纳、维系员工也有着十分重要的意义。在讨论企业劳动力需求时,我们假定企业是报酬水平的发现者,或者说是接受者。由此认为,企业报酬水平越低越好,因为企业的人工成本较低,由此才会使企业获得更多的就业,获得更多的利润。实际上,企业也是报酬水平的制定者。而这种制定出的报酬水平,并非是越低越好。因为在一个充分流动的劳动力市场,工资承担了劳动力市场信号的功能,员工会对这种工资水平进行内外比较。一个组织要想吸纳、维系优秀的员工,就必须将员工的报酬保持在

① 该数据是对2009年1月到11月的ProQuset数据库的相关文献进行统计得出。

“领先型”,至少是“匹配型”的水平之上。一般来说,公司制定报酬水平所提出的原则是具有内部公平性和外部竞争力。前者是说,报酬的制定要体现内部一致性原则,在此原则指导下,开展工作分析、工作评价和薪酬等级的设定。后者是说,报酬水平与外部相比要有竞争力。为此,要开展市场薪酬水平调查工作。其原因在于组织要在对员工的职位工资比较中,找到依据。员工也会在与组织内不同人的工作职责和工作技能的比较中,在劳动力市场中的同职位人的薪资水平比较中,感到公平,获得激励。一个企业如果通过高的工资,达到了高的生产率,换句话说,通过边际收益与边际成本(工资)相等的提升达到了利润最大化,即获得了效率的提升,这即达到了所谓效率工资的目的和要求。

与传统的边际生产率的工资理论不同,效率工资理论认为,员工的生产率取决于工作效率,工资提高将会导致员工工作效率的提高,故有效劳动单位成本(工资、福利、培训费用)反而可能下降,生产率会得到提升。为什么呢?

(1)工资提升会产生刺激效应和惩罚机制。一个员工逃避工作义务,即偷懒的程度与解雇的代价成反比。而解雇的代价是因偷懒而被发现的概率及因此被解雇而发生的报酬收入损失的函数。为了提高因偷懒而被解雇的代价,给员工支付高于其他企业的薪酬,增大被解雇的代价,即被解雇的机会损失便是一个有效的方法。这种方法会改进员工的工作刺激,从而会提高效率。当然,另外一种提高因偷懒而被解雇的代价的方法,就是保持较高的失业率。找到新工作的概率较小,也会增加解雇的代价。

(2)逆向选择效应和筛选机制。人们的能力与人们愿意接受的最低工资有关。因此,企业的现行工资对于它将招募到的员工的质量会产生重要的影响。那些在本企业个人生产率高于现行工资的员工,将会向高工资的企业求职。对于低工资的企业而言,其平均生产率随工资下降而下降,因为工资降低将会导致更多高生产率的工人退出这一企业的求职者的行列。

(3)流动效应和效率机制。从企业的人工成本核算来看,总劳动成本比工资成本更重要。总劳动成本是变动成本(工资)和准固定成本(如培训和雇用成本)之和。辞退率的增加对变动成本影响不大,但会导致准固定劳动力成本的增加,因为需要更多的招聘支出和新员工的培训支出。提高工资,表面上是增加了劳动成本,实际上它降低了辞职率,这对企业来说最终是降低了成本,提高了效率,可能是合算的。

(4) 社会伦理效应和认可机制。在劳动力市场上,工作的条件、雇用合同的决策过程,以及一个人相对其他人的报酬水平的高低,对于雇员的心理感受而言,都是十分重要的。如果员工感到不公平,他将会采取辞职、降低努力水平等一系列行为,以便使自己的努力与报酬对等,所谓"按酬付劳"。相反,而当员工相信他们自己受到公正的优待时,不但会增加对企业的忠诚度,而且会努力工作,回报企业。因此,吸纳和维系优秀的人才,就有必要将收入水平维持在一定的高度,这样才有利于工作效率的提高。

当然,值得注意的是,效率工资的办法只是在员工与企业保持长期的雇佣关系的情况下,才会有效。显然,对于一个随时准备辞职的人来讲,解雇并非是一种有效的惩罚。因此,在企业报酬水平设计时也存在效率工资的适应性问题。

## 本章小结

工资在现代经济生活中占有十分重要的地位。以工资为主要收入来源的雇佣劳动者数量,在工业化和后工业化的国家已占到国民收入的60% ~70%。劳动力的工资作为劳动力市场的重要指示信号,一方面它决定于劳动力市场的供给和需求等诸多因素;另外一方面它也引导整个社会劳动力资源配置,引导和改变着企业的生产、交换和分配行为,以及个人对职业的选择、人力资本的投资及流动的地点等行为。

工资是雇佣劳动的报酬。作为现代意义上的雇佣劳动的货币报酬形式,工资的产生和发展则是工业革命以后的事情。

影响工资确定的因素可分为内在因素和外在因素两大类。内在因素是指与工作特性及状况有关的因素。它包括员工的劳动和工作努力程度、职务高低与权力大小、技术和训练水平、工作的时间性、劳动条件,特别是工作的危险性、附加福利、风俗习惯以及年龄和工龄等八个要素。

影响工资确定的外在因素是指与工作特性及状况无关,但同时又构成对工资本身确定具有重大影响的一些市场经济因素，其主要有生活费用或者说物价水平、企业的经济效益状况或者说企业的负担能力、地区或行业的工资水平、劳动力市场的供求、劳动力的潜在替代物和产品需求弹性等六个要素。

补偿性工资差别理论是既古老又有现实意义的工资学说。实证研究证实，在其他情况相同的条件下，死亡事故危险程度较高的工作所获得的工资，的确也较高。补偿性工资理论能够成立，是基于以下三个设定的前提：一是员工追求效用（而不是收入）最大化；二是员工了解对他们十分重要的工作特征信息；三是员工的流动性。

在组织内部，如何通过报酬制度的科学设计，以及通过制定有竞争力的报酬水平，来解决各类员工，特别是高层管理人员的激励问题，也是现代劳动经济学理论关注的重点。从组织内部来观察，报酬制度设计的焦点，本质上是对员工激励目标及其实现手段的研究，也是对工资和生产率本质特征认识的深化。报酬制度设计是企业薪酬管理的出发点和难点。

在以合同或契约为纽带的劳动关系当中，雇主和雇员各自追求的目标，实际上是不同的：雇主追求的是财富的最大化，而员工追求的是自身效用函数的最大化。由于两者目标有不一致之处，员工就有可能摆脱雇主控制的倾向，产生机会主义的行为，发生所谓“道德风险”的问题，甚至作出违背雇主利益的事情。其原因在于：一是信息的非对称性；二是合同的不完全性。上述雇主和雇员的委托—代理问题的解决：其关键在于建立一整套激励和约束机制，促使雇员采取适当的行为，最大限度地增进雇主的利益。其中，最重要的是实行激励性的报酬制度。

引入员工的报酬与工作业绩相挂钩是一种好的激励思路。工作目标包括哪些方面，是否我们都已经观察到了，或者观察到后是否能够衡量，以及如何衡量。这些对业绩工资来说，最终对激励来说，都是关键的。公平问题，也是组织在设计报酬制度时需要加以关注的。激励问题还涉及员工对企业的忠诚度以及员工对该组织在社会上的相对地位的感觉。

就报酬支付方式而言，计件制和计时制是两种不同的工资支付方式，各有利弊。

管理人员和技术人员的工资制度,与生产人员有所不同。但解决对他们的激励,特别是长期行为的激励,同样是现代企业薪酬制度设计的重大问题。传统上一般认为,对管理人员的奖酬要依组织所需要的行为而设计,不过这方面因组织阶层和工作类别而有很大差异。近些年来,由于全球化和国际企业竞争的压力,对高层管理人员激励问题成为报酬领域一个热门话题。与实践活动伴随的是,有关企业高层管理人员薪酬的学术研究文献也迅速增加。20 世纪 90 年代后期以来,对企业高层管理人员实行类似股票期权一类的长期激励制度,在我国也进行过热烈的讨论,并流行了一段时间。

与传统的边际生产率的工资理论不同,效率工作理论认为,员工的生产率取决于工作效率,工资提高将会导致员工工作效率的提高,故有效劳动单位成本(工资、福利、培训费用)反而可能下降,生产率会得到提升。其原因一是工资提升会产生刺激效应和惩罚机制;二是逆向选择效应和筛选机制;三是流动效应和效率机制;四是社会伦理效应和认可机制。

## 复习思考题

1. 什么是广义工资、狭义工资? 工资和薪水有何区别?
2. 目前在我国影响工资的内在要素在下降,而外在要素在上升,试分析其原因。
3. 有人认为,中国有行业工资和企业工资,而没有职位工资,你对此有何看法?
4. 补偿性工资理论是否有现实意义?
5. 试述效率工资理论的要点。
6. 试述我国高层管理人员的激励制度存在什么问题。

# 附录6-1　历史上曾经流行的几种工资理论[1]

## 一、生存工资理论

在18世纪和19世纪早期，有一种流行的工资理论，即非技术人员的工资应该等同或略高于能够维持生存的水平。英国经济学家大卫·李嘉图（David Ricardo）发展了这种观点，提出了生存理论或工资铁律。依据他的观点，如果实际工资超过了维持生存的必要量，人口增长速度就会加快，从而超过食品和其他生活必需品的增长速度。人口的增加势必造成寻找工作人员数量增加，劳动力供大于求的压力又会使工资重新降到仅能维持生存的水平。因此，他认为实际工资的改善只能是暂时的状况。他接受亚当·斯密（Adam Smith）关于工资取决于供求关系的观点，但确信劳动力供给不断增加的压力将会使工资停滞在维持生存的水平。

在李嘉图时代，这一理论似乎由西欧的实践得到证实。今天，在人口密度很高的亚洲和非洲国家，在经济发展所带来的劳动生产率增长明显超过人口增长之前，这种理论也并不过时。但就20世纪的发达国家的情况而言，由于生产效率飞速提高，技术进步，劳动者文化、技术水平和健康状况不断改善，人力资本逐步积累，因而大大提高了劳动生产率。加之，人口出生率也在下降，使得劳动生产率的增长大大超过人口自然增长率。在这种情况下，绝大多数职工的工资明显提高，在这些国家中，工资水平超过维持生存的水平已成为可能，这一理论已不适用。

## 二、工资基金理论

19世纪中期，出现了工资基金理论，其主要代表人物是英国经济学家约翰·斯图尔特·米尔（John Stuart Mill）。这种理论认为，在任何国家，短期内作为用于工资的基金都有限度。这种基金是资本中的一部分，资本的其余部分要用于固定资产折旧，扩大再生产投资和支付管理费用。工资基金在所有职工中进行分配，因此职工的工资总和不能超过工资基金的数量。如果某些部门由于工会组织的活动或经济状况的影响，提高了该部门职工的工资，从而使他们在全部工资基金中占到较大的比例，

---

① 资料来源：主要部分选自国际劳工组织职工读本《工资》一书。

其结果必然是其他部门职工的工资将会由此下降。这种理论还意味着,只有在资本增加或就业人数减少的条件下,职工的一般工资水平才有可能上升。

这种理论的问题是,用于支付工资的费用在特定的时间内有一个确定的比例这一点并不真实。劳动力数量一成不变也只能是一种设想。实际中工资基金所占比例和劳动力数量都在发生波动。统计资料也显示出工资在国民收入中所占份额不断发生着微小的变化。各个国家都能创造实际工资显著增加的条件,这种增加并不是由于提高了工资基金在国民收入中的比例,而是资本增加大大快于人口增加,并且有效地利用资本,提高了劳动生产率的结果。

### 三、边际生产率工资理论

边际生产率工资理论是20世纪初广泛流行的一种理论。在本书分析企业劳动需求行为时,我们也曾讨论这一理论的要点。这种理论的要点是,只要职工创造的劳动价值高于工资价值,雇主就会不断雇用新的职工,直到雇用的最后一名职工其劳动价值与工资价值相等为止。在这种情况下,如果再雇用职工,工人创造的劳动价值将不能补偿雇主必须支付的工资。

这种理论认为,为了增加产量,需要雇用更多的职工,但到新雇用职工所带来产量的增加低于以前的职工这一点时,如果再雇用新职工,雇主将无力支付新职工的工资,除非降低工资水平。这个原理,即所谓边际生产力递减的规律,是一个技术规律,在工厂或其他生产企业也同样适用。

这种理论的前提是存在着一个自由竞争的环境,人们对需求和供给的相互作用无法限制,劳动力可以自由流动。在这种完善的竞争条件下,所有劳动者都能够就业。在失业人员寻找工作的压力下,工资水平将不断下降,直到所有劳动者都找到工作为止。但实际经济生活中,劳动力市场并非如此,无论是雇主还是员工,他们的竞争条件都不完善,充分竞争是一种理想的状态。此外,在生产企业中由于各种复杂因素的影响,使得计算由于劳动力增加的产值非常困难,就是说难以计算所谓的员工的边际劳动生产率。

### 四、谈判工资理论

谈判工资理论在工会发达的国家或一个国家工会发达的阶段,曾经流行。这个理论认为,工资率存在着一个上限和下限,实际工资率在上、下界限之间变动。雇主对员工需求程度,职工需要通过就业以挣得工资来满足生活需要的迫切程度,都会对工资率产生影响。因此，实际工资率的确定将取决于劳资谈判双方的力量对比。在双方讨价还价的场合下，雇主所能支付的最高工资可以大致地估算出来，它取决于企业的经济实力、竞争能力和由于劳动费用增长过高而使企业从事经营活动所要承担的风险。雇主所需支付的最低工资同样也可以估算出来。它取决于职工对于降低生活标准的承受能力，取决于工会的力量，以及可以用作罢工工资的基金数量。这些基金可以在职工举行罢工时用作职工的生活费用开支。

### 五、购买力理论

购买力的工资理论认为，企业发达的条件是市场存在有大量需求，以使企业能以适当价格出售产品，从而获得足够的利润。职工和他们的家庭成员也是企业产品的消费者。如果职工工资和购买力高，需求则强烈，生产规模的高水平就可以持续；反之，如果工资和购买力低，生产规模将相应地萎缩，失业就会出现。

与上述其他工资理论一样，这种理论在有些情况下也会失去作用。提高工资能够带来生产的增长是理想状态，否则，增加的购买力将会带来物价上涨，除非购买力的增加部分都用于储蓄。购买力理论对需求不足的失业，可以作出一定的解释。但如果失业是由于资本缺乏，就像在工业落后的发展中国家的情况，这种理论则不适用。在那些本国经济主要依赖于国际贸易的国家，采用这种理论也要特别小心。因为，增加工资会强化对进口商品的需求，同时也抬高了出口商品的价格。如果不能通过提高劳动生产率补偿这种影响，增长工资就会降低这些国家在国际市场的竞争地位。在那些已经面临巨大国际收支逆差的国家，工资水平迅速提高可能会导致严重的后果。

### 六、需求和供给

需求和供给的工资理论思想最早来源于亚当·斯密。他指出，如果供求关系决定工资水平，那么，一些部门和地区将会以高薪吸引所需要的劳动力，这些人会离开那些由于劳动供给大于需求因而工资水平较低的部门和地区。这将完善劳动力的合理配置，对国家的经济增长和发展有利。在竞争环境下，供求关系通过工资水平发生调节作用，由此会促进劳动力的流动。

从实践的观点看，不论是在自由竞争国家还是在转型经济国家，劳动力的需求和供给，在工资水平中都起着重要的影响作用。因此，必须考虑劳动的供求变动。不过，供求并不是决定工资水平的唯一因素，工资的确定也受到其他因素的制约。

在一些发达的西方国家，工会和雇主组织所进行的活动会对竞争中的工资水平产生影响。此外,供求效应也受到政府有关工资条款的限制,如关于最低工资的确定、仲裁裁决,以及在集体协商条约中对那些不属于任何组织的雇主和职工所作的有关规定。

正如我们已经指出的,在某些确定条件下,上述理论和政策能够发挥作用,可以解释工资问题的许多方面。然而没有任何一种工资理论能在所有条件下都适用。同工同酬原则为建立公平工资奠定了基础。尽管建立在这个基础上的实际工资率经常受到供求规律的影响而发生变化,但这种变化毕竟是暂时的,工资政策会引导工资水平回到以同工同酬原则为基础的水准上。制定工资政策必须把确定工资的一般水平和劳动生产率紧密联系在一起。劳动生产率本身就是资本、管理、劳动力以及其他因素综合作用的结果,特别是受到自然资源和人口密度的影响。

**七、经济租金理论①**

经济租金的概念最早是由大卫·李嘉图提出来的。李嘉图用它来解释质量或位置不同的地块的价格,但其应用事实上要普遍得多。在理论上,经济租金被定义为对生产要素(土地、劳动或资本)的任何超过其据以供给的最低价格的支付。简言之,它是要素所得到的支付与其“供给价格”之差。

经济租金理论能够解释一定技术等级的劳动力市场价值的确定。这种等级的技能其供给是相对固定的,因为它们不能被生产出来,不能为所有的人而只能为少数人学习获得。职业运动员、影星、歌剧演员和时装模特儿等均属此类。他们与李嘉图式的土地有两个共同特征:他们的供给是不变的(只有一个帕瓦罗蒂,也只有一个迈克尔·乔丹);而且在供给价格之上他们服务的供给是无弹性的。从经济学的角度来看,这些人和纽约昂贵的第五大道的沿街地段并没有多大的差别。有限的供给与巨大的需求结合在一起,使每个人都能得到可观的收入。从经济学家的角度分析,他们的收入属于经济租金,而实际上,经济中出现的多数巨额劳动收入,都可以将其归入经济租金之列。

经济租金在工资理论中还以第二种相关的方式出现。人力资本理论告诉我们,在长期均衡的情况下,工资和个人拥有的人力资本存量成比例,所以拥有等量人力资本的人应该获得同等的收入,而不管其技能的具体性质如何。但是在大部分时间里,劳动力市场并不处在长期均衡之中,这时个人技能的具体性质就相当重要。计算机软件人员的需求骤然上升,软件人员的工资将增加至高于有同等技能但未曾接受软

① 萨尔·D·霍夫曼,《劳动力市场经济学》,上海三联书店,1989年。

件人员训练的员工的工资水平。

我们应该如何解释有幸受训成为软件人员的那部分人的较高收入呢？方法之一是把他们的收入看作两个不同的部分，其中一部分代表正常的人力资本收益，第二部分则归因于他们所掌握的那种技术的暂时稀缺。这后一部分支付类似于经济租金，它是由需求所决定的、对供给不能增加的要素的支付。不过，这种情况往往只是暂时的，只能持续到另一批软件人员受到训练为止，因而这种租金也不过是暂时的，经济学家称之为"准租金"。

人力资本收益的这些差别也可能因为另外两种有关因素而存在：第一，如果劳动力在地区间不能流动，同样的技能可能在一个地区比在另一个地区更有价值；第二种也是更令人关注的情况是，获得必要技能或进入一种职业的人数受到了限制。最常见的形式是在现有职位上的成员，他们拥有培训、许可或录用新员工的垄断权力。他们表面上的目的是要确保职业标准或维持秩序，但实际上，他们也经常考虑通过限制劳动力供给的手段来保证现有员工的收入。这样的话，在这种职位上的人便会在较长的时间中获取准租金，在我国的劳动力市场上，一些大型的国家垄断企业，不仅产品市场存在垄断，更重要的是，职位不开放，即通过职位垄断，获得了较高的经济租金。

# 附录6-2　北京"非典"定点医院一线护工高薪难找[1]

"'非典'把这些护工都吓跑了，剩下的这摊工作谁来做？"记者近日在各大医院采访中发现，护工、卫生员包括送餐员等辅助护理人员的急缺已经成了北京一些重点防治"非典"医院的燃眉之急。为此，宣武医院、北京胸科医院等几家收治"非典"患者的定点医院都在各自想方设法招募护工。

**现状：月薪 4 000 元招不到人**

虽然临时招聘的消息已经发出去了好久，但迄今为止，北京胸科医院仍然缺百名

① 资料来源：张晓娟、张迪，"北京非典定点医院缺一线护工，月薪四千少人问津"，《北京娱乐信报》，2003 年 5 月 5 日。

左右护理人员。“除了护工,我们还急缺一批搞清洁的卫生员和给病人送饭打水的送餐员。”胸科医院的周院长向记者介绍了该医院一线护理力量的现状,“以前医院里的临时护工月薪在350元左右,但自从有了非典疫情后,考虑到他们的工作强度和危险性,我们把招聘薪水标准提到了3 000~4 000元的标准,但即使这样,我们仍然没有招到足够的人。”

胸科医院遇到的难题同样难倒了佑安、地坛、长辛店等“非典”定点医院。“迫不得已,我们很多的一线医护人员担负起了护工,甚至清洁工的工作,等于说,他们的劳累又多了一分。”

地坛医院第二病区的蒋大夫告诉记者,虽然现在医院有卫生员,但这个数量远远不够。“医院原来有个专门负责后勤工作的大姐,干了十几天一直很出色,可自从听说了‘非典’疫情后,就马上不干了。”蒋大夫无奈地表示,现在病区内有很多工作都是医护人员自己承担,不仅要治疗病人,还要护理他们的日常生活,就连几十斤重的氧气筒都得由年轻的小护士自己来搬,太辛苦了!

**原因:因有顾虑临时辞职**

为什么从来都不缺护工的医院会出现现在青黄不接的局面?为什么每月4 000元的高薪竟然招不到一个护工?“由于对‘非典’的了解可能没有正式医护人员那么全面,所以很多护工在‘非典’防治工作开始的时候就纷纷辞职了。”很多医院负责人这样告诉记者。

“刚开始也不知道‘非典’是个什么病,该干什么我还干什么。后来北京的疫情严重了,一些医生、护士在给病人治病的时候都感染了,我这才害怕起来,立马辞职走人了。”曾在一家医院当了两年护工的安徽姑娘顾晓红给记者描述了她的心情,“走的时候,医院给我做了个检查,身体健康。医院领导也希望我能留下,考虑再三,我还是走了。我真的是害怕这个传染病。”

**医院:护工上岗需要培训**

地坛医院第二病区的蒋大夫说,由于“非典”的传染性强,按照医院规定是不许非专业的护工进入病区为患者服务的。但是经过专业的培训和有效的防护措施,进入病区的工作人员也是安全的。“卫生员这工作其实是个体力活,对体能的考验较大,而现在出现后勤人员短缺的局面,直接的影响就是医护人员每天的工作强度加大了。”

"后勤工作人员也需要经过专业培训才能上岗。"佑安医院的杨院长在接受记者采访时说,其实像清洁员、护工这样的后勤人员的工作绝非那么简单,他们也需要像医护人员一样有专业的防护措施。比如怎么进病房、如何穿防护服等。问题是现在缺少愿意来工作的后勤人员和对其进行专业的培训工作。杨院长借此呼吁,有关部门能尽快组织相关培训机构为上一线的护工进行专业知识培训,以解决医院的后顾之忧。由于改建,宣武医院已经临时招募到了200名护工。"现在医院的改建工程已经进入收尾,我们最早今晚就要接收首批'非典'病人。护工的问题早就想到了,也正因为早有考虑,所以现在心里稍微有点底。"宣武医院党办褚主任告诉记者:"200多名护工已经到了,目前医院正在组织医护力量对他们进行培训。"

**办法:组建志愿者服务队**

一方面,不少医院出现护工短缺的现象;另一方面,社会上有很多市民希望能加入到医院一线的工作当中,献出自己的微薄之力。近来本报就接到不少这样的热线电话,"我怎么才能到医院当一名志愿者?需要什么样的条件……"。

就此,市卫生局团委的马女士在接受记者采访时表示,目前共青团市委和市卫生局正在做有关志愿者报名的工作。"为了方便市民的报名,我们特意开通了热线电话(65192826),凡是希望到医院去当志愿者的相关信息都会反馈到市卫生局,卫生局再将有关信息下达到各医院,根据实际情况再做具体安排。"马女士特别指出,决定志愿者是否能去一线工作,还要进行细致的准备工作和筹划,这也是出于对志愿者负责的态度。据悉,此项工作正在筹备当中,相信很快就会得到具体落实。据了解,宣武医院临时招募的200名护工中,有相当一部分是来自北京各行各业的志愿者。

## 附录6-3 沪发布工资指导价,多个职位高技能人才年薪过10万[①]

上海市劳动和社会保障局日前通过对近5 200户企业、60余万名职工工资收入的抽样调查,采集有效样本12.2万条,发布了2007年全日制工资指导价位1 235个。

① 资料来源:周凯,"沪发布工资指导价,多个职位高技能人才年薪过10万",《中国青年报》,2007年7月3日。

值得注意的是,调查显示,有多个职位的高技能人才年薪超过10万元,而且专业技术类职位工资平均数上升的比例最大。

**八成多职位工资平均数上升**

工资指导价位分为高位数、中位数、低位数和平均数。在2007年被调查的职位中,平均数比2006年上升的占86%,下降的占14%。其中,专业技术类职位工资平均数上升的比例最大,达到了95%;其次是生产服务类,为86%;管理类则为82%。

价位的变动同劳动力市场的需求密切相关。调查显示,汽车维修类职位,由于市场需求量的增大,其价位出现了普遍性增长,如汽车维修钣金工的工资平均数同比增长13.6%,达到25 082元/年;汽车维修机电工同比增长17.9%,达到32 375元/年。随着精品钢材产业的发展,相关专业技术人员的工资也出现了明显的上升。

**多个职位高技能人才年薪过10万元**

上海市劳动和社会保障局有关人士指出,在招聘中出现的"技工荒",已经促使用人单位进一步完善内部的工资制度,在工资分配方面加强了对技能操作人员的倾斜。

数据表明,技能水平是影响生产服务类人员工资水平的关键因素,技能越高,工资越高。如初级工的工资平均数为31 529元/年,同比增长10.8%;中级工为36 990元/年,增幅10.8%;高级工的工资平均数为44 735元/年,增幅10.9%;技师为50 883元/年,增幅9.2%;高级技师为60 567元/年,增幅19.1%。未评定技能人员的工资水平则较低,为25 230元/年。

从具体职位而言,高技能人才有多个价位突破了10万元,如具有高级技师水平的车工、电工、钳工等岗位的价位,高位数分别达到了104 881元/年、125 119元/年和135 800元/年。同时,特种技工价位也处于较高水平,如具有高级工技能水平的桥吊司机,高位数达到136 419元/年,轮胎吊司机高位数为130 794元/年。

**不同职位的收入受学历影响程度不同**

接受教育程度的差异,是影响工资收入的一个重要因素。据统计,研究生学历人员的工资平均数为117 924元/年,同比增长12.4%;本科为82 092元/年,增长幅度与研究生接近,为12.3%;大专为52 584元/年,增长9.0%;高中(含三校生)为32 424元/年,增长7.7%;初中为23 736元/年,增长6.9%。

对不同职位人员,学历的影响程度有所不同。专业技术类受学历的影响较普通管理类大，生产服务类最小。如计算机软件程序设计人员，硕士学历的年工资平均数为 115 409 元，本科为 84 986 元，大专为 67 144 元，三者的比例为 1.72:1.27:1；人事助理中具有研究生学历的年工资平均数为 70 488 元，本科为 44 712 元，大专为 35 724 元，三者的比例为 1.58:1.25:1；数控机床工，年工资平均数本科学历为 45 108 元，大专为 42 216 元，两者之间的比例为 1.07:1。

**31～35 岁青年工资水平及增幅均高于其他年龄段**

而立之年的劳动者不仅精力处于人生的最佳期，而且有了一定的社会阅历，在工作中积累了较丰富的经验和技能，是个人职业生涯发展的上升期，大多成为用人单位的业务骨干，在工资上体现出高水平和高增幅的特点。

数据显示，31～35 岁年龄段人员的工资平均数为 58 440 元/年，居各年龄段之首，同时增长幅度也排在第一位，达到 17.72%。而 36～40 岁和 26～30 岁人员分别以 50 892 元/年和 47 052 元/年，居第二、三位。

进一步分析表明，31～35 岁人员总体上学历较高，本科以上占到 62.6%，并成为某些新兴行业的主要力量。

# 第七章

# 劳动力市场歧视

通过前面章节的学习，我们已经知道，不同的劳动者或工作岗位的工资差别是很大的。形成这种工资差别的原因有很多，如劳动力供给需求的不平衡、人力资本投资的数量差异、内部劳动力市场的存在、补偿性工资差别的存在、福利和报酬分配比例，以及工会化的程度等。经济学家认为多数工资差别是劳动力的合理配置所必要的，或者因为其他原因在社会上是合法的。但是，也有一些工资差别似乎只与劳动者的个人特征（如性别、区域等）有关，而与劳动者的生产率和工作能力无关，这些工资差别就是人们经常谈论的劳动力市场歧视问题。本章将研究劳动力市场歧视的理论和实践，并对政府在这一领域的政策进行分析。

## 第一节　歧视问题的提出

为了对劳动力市场歧视有一个更直观的了解，我们有必要先看一些国外劳动力市场的一些统计资料。在1983年,全年从事全日制工作的美国男性职工平均报酬为22 508美元,而对同样条件的妇女来说,相应的数字为14 479美元,只相当于前者的64.3%。1983年的这一数字实际上表示妇女报酬比率已经有了显著的改善。在以前的20年里,报酬比率一直保持在58%~60%之间始终未变①。这个比率是如此稳定,以至美国妇女组织采用“59%”这个口号作为对妇女经济歧视的象征。

美国黑人和白人工人间也存在很大的报酬差别。同样在1983年,全年从事全日制工作的黑人男工的平均工资和薪金为16 410美元,相当于同类白人男工的71%多一点。而在1959年时,这个比率还要低点儿,只有61%。在这两个年份之间,它曾达到1964年的66%、1970年的70%和1978年的77%,以后才又开始下跌。对黑人和白人家庭所作的类似比较也显示出较大的差距。1983年黑人家庭平均收入仅占白人家庭的56%,即14 510美元对25 760美元。这一比率在20世纪70年代中期达到62%的高峰以后已经大大降低②。

从图7-1中可以发现,在1992年,除了来自亚洲的人之外,其他所有劳动力增长率较高的群体所挣得的工资报酬就平均水平来说都达不到从事全日制工作的白人男性的71%;从事全日制劳动的黑人及西班牙裔妇女所获得的平均工资报酬更是不及白人男性的60%(由于亚洲人在美国人口中只占相对较小的比例,因此无法得到关于他们的年度工资报酬的公开出版数据)③。

怎样才能解释这些报酬差别和收入差别呢?为什么妇女所得少于男子而黑人所得又少于白人?是他们对雇主不太重要,还是遭到了不公正的对待?为什么黑人男子和白人男子间的报酬比率在稳定上升,但妇女和男子间的变动却如此有限,看不出有任何趋势?为什么黑人男子和黑人家庭的情况这样不同?政府方面应采取什么类型的政策?

长期以来,种族歧视一直是世界各国的社会学家、经济学家们和社会舆论普遍关

---

① 伊兰伯格、史密斯,《现代劳动经济学——理论与公共政策(第三版)》,中国劳动出版社,1991年,第198—199页。

② 同上。

③ Reynolds Farely, Blacks, Hispanics, and White Ethnic Groups: Are Blacks Uniquely Disadvantaged?, *American Economic Review*, Volume 80, Issue 2, 1990, pp.237-241.

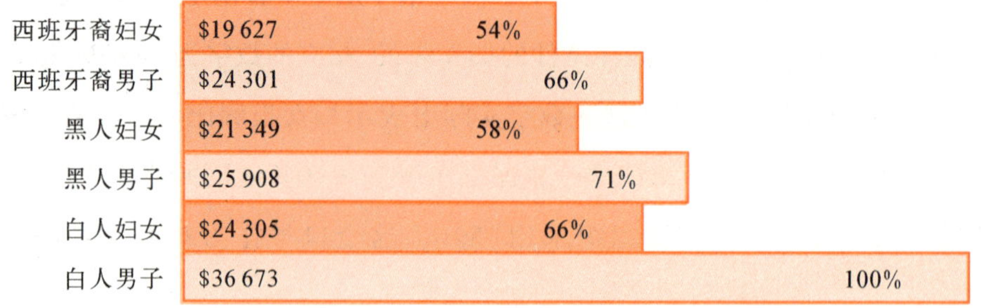


图 7-1 美国各种人口群体中 15 岁以上全日制工人的工资报酬占白人男性工资报酬的百分比(1992)

注的热点。在欧美,自 20 世纪 60 年代初民权运动兴起以来,人们对该问题的兴趣越来越强烈。进入 20 世纪 70 年代以后,对歧视问题的讨论更广泛了,而且越来越成为世界各国公众和学者共同关注和讨论的重要问题。虽然对歧视的经济分析可以追溯到 1922 年英国经济学家弗朗西斯·埃奇沃思,但今天西方经济学中所讨论的歧视问题,更直接地受到美国著名经济学家加里·S·贝克尔(G. S. Becker)的影响。对劳动力市场歧视问题研究,已成为西方劳动经济学重要的领域之一。

对劳动力市场歧视问题的研究,对于我国劳动经济学界来说,还是一块未开垦的处女地。随着我国社会主义市场经济体制的确立和完善,开展对劳动力市场歧视问题的理论研究,对于探索我国社会主义劳动力市场运行机制具有十分重要的意义。劳动力市场歧视行为不仅对劳动力资源的配置,从而对经济效益、经济福利有影响,而且直接影响广大劳动者劳动权利的实现。因此,我们只有准确地理解歧视的这一概念的内涵与外延,充分认识歧视在劳动力市场上产生的根源以及如何发挥作用的规律性,较全面把握衡量歧视的使用方法,才有可能提出适用而有效的反对劳动力市场歧视的对策。

## 第二节 歧视的定义与表现形式

首先,我们知道,歧视在劳动力市场中是一种比较普遍存在的现象,它是个人情感对劳动力市场有影响的一个例证。歧视是指某些劳动者在劳动报酬以及劳动条件等方面受到不平等待遇。这些劳动者提供了相同的生产率，只是由于在一些非经济的个人特征上有所不同，如性别、年龄、民族、宗教、观念、地域、经历、出身、残疾、外貌等方面有所不同而受到歧视。

在现实的社会组织活动中，人们常常会借用"歧视"这一概念，但是却很难把握它的准确性。一个劳动力在劳动力市场上的价值取决于影响边际生产率的所有供给和需求因素。但是，如果与生产率无关的因素在劳动力市场上出现了正向或负向影响，就可以说出现了歧视行为。可见，确切地说，歧视是在劳动力市场上对劳动者与生产率无关的个人特征的估价。

其次，我们应该了解，在给劳动力市场歧视下定义时所遇到的困难是，如何看待过去的歧视情感对于目前劳动者的教育水平、职业构成、就业选择现状的影响。由此而造成的就业机会和工资水平上的差别我们称为前市场差别，它不同于本章主要讨论的劳动力市场歧视。研究劳动力市场歧视必须把"劳动力市场歧视"与"前市场差别"区分开来。

前市场差别和劳动力市场歧视对劳动力市场的状况都会产生影响。前市场差别可能是由于很多因素造成的，比如，社会使得有些成员只能接受较少的教育或者得到较差的健康照顾，他们的父母可能让儿子上大学而只让女儿读到中学，等等。劳动力市场歧视则是指在现行劳动力市场上一切经济方面都相同的个人之间的报酬差别。这些人具有相同生产率，只是在一些非经济的个人特征上有所不同，从而影响了他们获得同等报酬或获取同等就业机会。

对劳动力市场歧视概念的理解，应注意以下三个要点：

(1) 歧视是可以衡量的劳动力市场行为结果，如工资、就业水平、晋升机会等。

(2) 歧视概念应略去偶然性的常态随机差异，它只包含有规则而不相互排斥的差异。

(3) 歧视的概念提出了一个区分引起工资差异的劳动力市场歧视与前市场差别的方法。例如，由于具有某一标志(如性别、年龄、民族等)的群体，平均生产率水平不同所产生的差异，在性质上可以归为前市场差别；如果生产率水平相同，仅仅由于某一标志(如性别、年龄、民族等)而产生的报酬或工作机会上的差异，可以作为劳动力市场歧视的证据。

衡量引起各个群体之间有规则的工资差别的劳动力市场歧视与前市场差别的相

对量,对于政府政策目标的制定是有非常重要的意义的。任何反歧视的尝试都必须以关于歧视原因的准确信息为基础,否则,就不会形成有效的反歧视计划。如果有证据表明存在着大量的劳动力市场歧视,采用针对雇主和雇用、晋升过程的计划就会奏效;然而,如果多数有规则的性别或区域收入差别根源于前市场因素,那么,就需要从社会更大范围内采取相应措施。

## 第三节　劳动力市场歧视理论

在设计相应的政策来消除这些歧视倾向之前,我们必须弄清楚引起歧视的来源以及它们发挥作用的机制。本节的目的就在于揭示并评价经济学家们所提出的各种不同的歧视理论。

经济学家们通常认为存在三种可能的劳动力市场歧视来源,而每一种歧视来源又都有一个相关的模型,来说明歧视是如何产生的以及它的后果是怎样的。歧视的第一种来源是**个人偏见**,这种情况主要是由于雇主、作为同事的雇员以及顾客不喜欢与某些特定标志的雇员打交道而造成的。第二种常见的歧视来源是先入为主的**统计性歧视**,这种情况主要是由于雇主将某种先入为主的群体特征强加在个人身上而引起的。最后,还有一些歧视模型则是建立在这样一种假设基础之上的,即存在某些**非竞争性**的劳动力市场力量。尽管所有这些模型都得出了一些有益的、富有建设性的意见,但是我们将会看到,他们中还没有任何一种歧视模型能够给予完全令人信服的说明。

### 一、个人偏见模型

建立在个人偏见基础上的模型一般都假设雇主、顾客或是雇员存在“偏好型口味”。也就是说,他们偏向不与某些特定人口群体中的成员打交道。这种模型首先假设存在一种竞争性的劳动力市场,在这种市场中的单个厂商被看成是“工资接受者”;然后,再来分析这些偏好口味对于工资和就业的影响。在开始展开这种模型讨论的时候,我们首先来分析雇主的偏好作为歧视来源的情况。

### 1. 雇主的歧视

首先假设雇主对具有某种特征的雇员有偏见，而顾客和作为潜在同事的雇员则没有这种偏见（出于简化问题的目的）。这种偏见所采取的形式可能是雇主不愿意与某类雇员之间发生联系。其表现是：雇主在任何可能的情况下都更愿意雇用一些人，而不愿雇用另一些人。这种偏见还有可能表现为职业隔离的形式。这种偏见都被认为导致了某些特征的人员受到歧视性对待。此外，我们从此模型自身的目的出发，假设这里的雇员具有相同的生产率特征（这一假设撇开了前市场差异，从而把我们的注意力直接导向了劳动力市场歧视）。

如果雇主对于雇用一些自己偏爱的人群从事高工资的工作有一种预定的偏好，即使其他类别的雇员具有同样的资格，那么他们在进行挑选决策时实际上仍然是假定后者的生产率比前者要低。由于我们假设在这里各类雇员在所有各方面都是一样的，因此，他们的生产率在雇主那里的贬值完全是出于一种主观上的印象，从而显然是个人偏见的一种表现。雇主的偏见越深，实际生产率被打折扣的幅度越大。

假如说 MRP 代表在某一劳动力市场上的所有工人的实际边际生产率，d 代表被歧视成员（我们在这里假定为女性劳动力）的生产率被雇主从主观上进行贬值的程度，那么在这种情况下，只有当雇主偏爱类别雇员（如男性劳动力，用 M 来表示）的工资率（$W_M$）等于 MRP 的时候，他们的市场均衡才能达到：

$$MRP = W_M \tag{7.1}$$

然而对于妇女劳动力成员（用 F 来表示）来说，只有当她们的工资率（$W_F$）等于她们对于企业的主观价值的时候，她们的市场均衡能达到：

$$MRP - d = W_F \tag{7.2a}$$

或者

$$MRP = d + W_F \tag{7.2b}$$

由于我们假定妇女劳动力成员的实际边际生产率与男性劳动力是相等的，即式（7.1）和式（7.2b）是相等的，因此我们可以清楚地看到，$W_F$必然小于 $W_M$：

$$W_M = W_F + d \tag{7.3a}$$

或者 $$W_F = W_M - d \tag{7.3b}$$

上面的这一组等式表达了一种十分简单的经济逻辑，即如果妇女劳动力成员的实际生产率价值遭到雇主的贬低，如果她们要同男性劳动力竞争工作岗位，就必须以一种比他们低的工资来得到就业岗位。

如图 7－2 所示，以歧视性雇主所面对的妇女劳动力成员的市场工资率为 $W_F$，因此他将会雇用 $N_0$的人，这是因为在这一点上，$W_M = W_F + d$ 这一等式成立。然而，对于追求利润最大化目标的雇主来说，他则会将雇用水平确定在 $N_1$ 上，也就是说，他将一直到 $MRP = W_F$ 时才停止雇用。如果大家还记得 MRP 曲线之下的区域所代表的是企业在资本保持不变情况下所能获得的总收益，那么我们就可以从图 7－2 中发现这两种不同的雇用水平对利润的影响分别是什么。从总收益中减去代表歧视性雇主所支付的工资总额的区域($OEFN_0$)就得到了代表这些雇主所获得的利润区域，即图中的 AEFB。而对于一位非歧视性的雇主来说，他的利润区域则为 AEG。非歧视性雇主在雇用妇女劳动力成员时，会将雇用水平一直扩大到使得她们的边际产品等于她们的工资的那一点上，而歧视性雇主则在到达那一点之前就停止了。因此，歧视性雇主为了坚持他们的偏见就不得不放弃一部分利润。

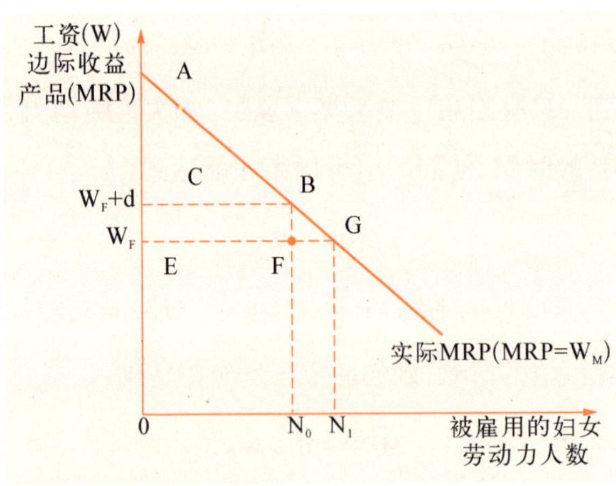


图 7－2 妇女雇员在歧视性企业中的均衡就业水平

雇主歧视模型所面临的最大困扰在于：歧视性雇主似乎是追求效用最大化的(即满足他们带有偏见的偏好)，而不是追求利润最大化的。然而，这种做法又引出了另外一个问题，即他们将如何生存。在一个竞争性的产品市场上，企业必须实现利润最大化才能从所投资的资本中获得正常的收益率。那些未能获得这一收益率的企业将会发现，他们可以通过其他投资途径获得更好的收益。相反，由于利润最大化（非歧视性）企业通常能够比歧视性雇主从既定的投资组合中获得更多的收益，因此我们可以看到，非歧视性厂商将会买断那些歧视性厂商，从而逐渐接管整个市场。简而言之，如果竞争力量能够在产品市场上发挥作用，那么歧视性企业将会受到惩罚，歧视将不可能持续下去，除非企业的所有者愿意接受低于市场收益率的报酬水平。

由于歧视性的企业会比那些没有歧视性的企业要付出更高的成本，因此理论上认为，雇主歧视最有可能在这种场合出现，即企业的所有者或者管理人员有能力同时也有动力去追求利润最大化以外的其他目标。

那些可以不必为了在经营领域中生存下去而追求利润最大化目标的比较“奢侈”的雇主，一般都是那些在他们的产品市场上多多少少有一定程度垄断力量的企业，这些企业彼此之间往往是极为相似的，它们的产品价格（或关键产品的价格）也很有可能是由某一垄断或协议组织规定的。这样，在产品市场上拥有垄断力量的企业就既有机会同时又有动力去追求效用最大化——与利润最大化相反的行为，因为通过这种浪费性的实践，他们可以在公众面前“隐藏”自己所获得的超额利润。

许多研究发现的证据也表明，在管制性、垄断性的产品市场上，歧视现象更多一些。比如，一项研究发现，在管制性的银行业中，相互竞争的银行在某一地理区域中的数量越少，则女性雇员在该行业总就业人员中所占比例也就越小。另外一项研究则发现，当政府解除对某些行业的管制，取消了对新企业进入该行业限制的时候，该行业企业间的竞争加剧，那些雇员群体中受偏爱群体原来所获得的工资奖励将被削减。这些发现与雇主歧视模型的含义都是一致的。

### 2. 顾客歧视

第二种个人偏见模型强调了顾客的偏见成为歧视来源的情况。在有些场合下，顾客们可能偏好于让某类劳动力来提供服务，而在有些场合则偏好让另一类雇员来提供服务。如果顾客对男性劳动力的偏好扩大到负责程度要求较高的工作上，如医师或飞机驾驶员，而他们对女性劳动力成员的偏好则界定在要求从业者承担相对较低责任的工作上，比如说接待员或者空中小姐，那么，就出现了对妇女劳动力成员不利的职业隔离。此外，如果妇女劳动力成员要坚持在那些为偏好男性劳动力的顾客提供服务的工作中寻求就业,那么,她们要么必须接受较低的工资,要么必须比一般男子的素质更高。其原因在于,由于顾客对于男性劳动力有偏好,所以妇女劳动力成员对于企业的价值要低于男性劳动力对企业的价值,即使他们与男子具有同样的素质。

顾客歧视的含义之一是,它将会导致相互隔离的工作场所出现,至少是在那些与顾客有较高程度接触的职业种群中情况会是这样。想迎合歧视性顾客需要的企业将会雇用那些顾客偏爱雇员群体中的人来为自己工作,与那些从非偏好群体中雇用员工的企业以及那些为非歧视性顾客提供服务的企业相比,他们必须向顾客偏爱的雇员支付较高的工资,同时也必须向顾客收取更高的价格。尽管可以预见到,一部分歧视性顾客也许会被较高的价格所驱逐,从而改变自己的行为。但是与他们的歧视性偏好相联系的商品和服务可能只不过代表了他们总体消费支出的一个很小比例。因此,他们会发现某些产品或服务的较低价格可能还不足以吸引他们改变自己的行为方式,从而尽管顾客歧视对于歧视者和被歧视者都会带来较高的成本,它仍然可能会继续存在下去。

很显然,在存在顾客歧视的情况下,在不同的职业中,属于不同非偏好群体中的成员在工资报酬被降低的程度上是不一样的,它取决于顾客对于每一群体成员的偏好程度。在分析顾客歧视时,一个可以作为分析对象的较为显眼的群体是自雇用者,这一群体的收入不仅直接取决于顾客的行为,而且很明显不会受雇主歧视的影响。一项美国经济学家对 1980 年美国的人口普查数据所作的详细分析表明,如果自雇用黑人男子和自雇用白人男子在 1980 年时具有同样的特征,那么他们所获得的收入仍然将会比白人男子低 19% 左右①。因此,顾客歧视是不可能被完全消除的。此外,值得注意的是,自雇用者之间所存在的这种 19% 的"剩余"差别比该项研究同时得出的黑人薪金雇员和白人薪金雇员之间所存在的收入差距还要大,后一种收入差距也只不过只有 11%!

### 3. 雇员歧视

第三种以个人偏见为基础的歧视来源可以在劳动力市场的供给方面找到。在那

---

① George Borhas and Stephen G. Bronars, Consumer Discrimination and Self-Employment, *Journal of Political Economy*, Volume 97, Issue 3, 1989, pp. 581-605; Stephen Coate and Sharon Tennyson, Labor Market Discrimination, Imperfect Information and Self-Employment, *Oxford Economic Papers*, Volume 44, No. 2, 1992, pp. 272-288.

里，占优势地位的雇员可能会避开那些使他们不得不以一种自己不喜欢的方式与另一类成员打交道的工作。比如，男性劳动力可能会抵制从一位女性领导那里接受命令，拒绝与一位他们不喜欢的成员分享责任。

比如，如果男性雇员有歧视性偏好，那么他们可能会从一位执行非歧视型雇用和提升标准的雇主那里辞职或不去那里求职。这样，那些希望按照非歧视性标准进行雇用的雇主就必须向男性劳动力支付一种工资奖励（一种补偿型工资差别）来留住他们。

然而，如果雇主是非歧视性的，那么，在能够雇用资格相同而且费用更低的女性雇员的情况下，雇主们为什么还要支付奖励性工资来留住男性雇员呢？换言之，如果企业是利润最大化的组织，那么雇员歧视又如何能够存在呢？答案之一是，男子构成了劳动力队伍中的较大比例，所以很难想象如果没有了他们，生产该如何进行。一旦企业改变自己的雇用实践，男子就必须针对在企业内部所出现的一大批职位竞争者来重新进行自我调整。而企业也会意识到，雇用实践的改变就意味着对自己过去承诺的反悔，而这种情况很可能会在自己的长期雇员中造成士气的下降。如果生产率或者雇员对企业的忠诚下降，那么对企业来说，无疑是有损失的。因此，企业对所作出的选择可能是去适应他们的这些工人的歧视性偏好。换言之，雇员歧视的存在对于雇主来说可能是成本很高的，但是要想摆脱它们，成本也同样是很高的。

适合雇员歧视的方法之一是在隔离的前提下进行雇用，这样，不同人口群体背景中的雇员就不需要彼此发生联系。尽管在一个工厂中完全对工人实行隔离不具备经济上的可行性，但是还是有可能按照职位名称来对工人进行某种隔离。因此，无论是雇员歧视模型，还是顾客歧视模型，都有助于解释一些研究所得到的发现，即雇主通常只雇用妇女或只雇用男子来承担某一职位的工作，即使其他雇主可能会雇用许多相反性别的雇员来承担相同职位名称的工作。

## 二、统计性歧视模型

我们知道，雇主以任何一种方式获取求职者的信息都是需要付出一定成本的。显然，企业需要对求职者的个人特征作出评价，但是当他们试图对这些求职者的潜在生产率进行估价的时候，可以利用这些求职者所属的群体所具有的某些一般性信息来帮助自己完成这一工作。如果这些群体特征成为企业雇用决策的组成要素,那么即使是在不存在个人偏见的情况下,统计性歧视也有可能会出现(至少可以在短期内出现)。

雇主很难知道某个求职者的实际生产率是怎样的。对于他们来说,在进行雇用时可能获得的与生产率有关的信息只不过是教育水平、年龄、测试分数等。然而,这些要素都只不过是实际生产率的一种不完全的"指示器"。因此,在某种程度上,他们往往只是对于决策中的主观要素提供一种辅助性信息,而即使在没有个人偏见的情况下,这种主观要素也会造成歧视性的后果。

统计型歧视可以被看成是甄选问题的一个组成部分。而所谓的甄选问题,是在下面这种情况下所出现的一种问题,即与生产率有关的可观察性个人特征并不能对求职者个人的实际生产率作出完全的预测。举例来说,假如现在有两种类型的工人在申请某一秘书工作,一种是可以在一段较长时间内每分钟打 70 个字的人,一种是可以在每分钟内打 40 个字的人。然而,这些人的实际生产率对雇主来说都是未知的。雇主所观察的只是所有求职者都要参加的 5 分钟打字测试的结果。如果雇主以这种测试结果作为甄选标准来雇用员工,那么会带来怎样的问题呢?

问题在于,下面的这种情况很可能是存在的:有些在实际工作中每分钟只能打 40 个字的打字员有可能会很幸运,在测试中所取得的分数超出 40;而还有一些在实际工作中每分钟能够打 70 个字的人在测试中却很不走运,只取得了低于 70 的成绩。在雇用决策过程中,将这种不完善的测试作为辨别员工生产率的机制会导致两种错误:一是一些"好的"求职者会被拒之门外;二是有些"差的"工人却可能被雇进来。

图 7-3 显示了两种类型的工人测试分数的分布情况。那些实际能够每分钟打 70 个字的人平均得分为 70,但他们中有一半的人打得不够 70 分。同样,那些实际能够每分钟打 40 个字的人平均得分为 40,但他们中有一半的人所得到的分数高于 40 分。假如说当一位申请人的分数为 55 分时,雇主不知道这位雇员是一位好的雇员(每分钟打 70 个字)还是一位差的打字员(每分钟打 40 个字)。假如那些得分为 55 分的求职者被自动拒绝,那么企业将会拒绝一部分好的打字员,而如果企业此时恰恰是非常需要得分为 55 分的人,有些较差的工人又有可能被雇进来。

假定雇主为可避免遇到上面的这种两难困境而采取了一些调查措施。结果发现,毕业于某一学校的求职者曾经受过特殊的 5 分钟打字测试训练,因而能够有效地

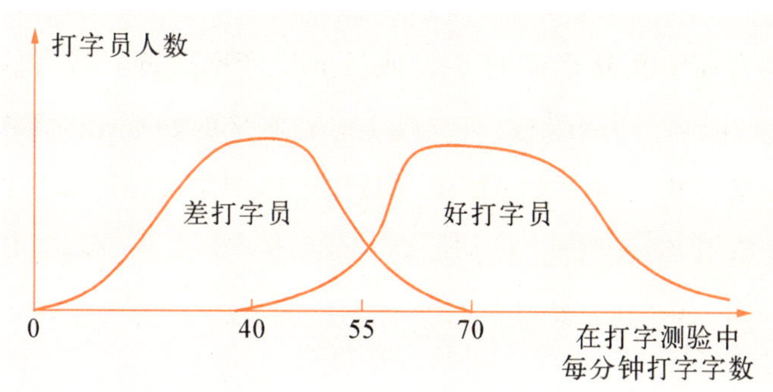


图 7－3 雇员甄选问题

应付这种测试。这样，由于受过特殊训练，这些在一个正常的工作日中每分钟只能打 X 个字的求职者，在 5 分钟打字测试中就很有可能取得高于 X 的分数（也就是说，他们在测试中表现出来的会比他们的实际水平要高）。企业一旦认识到来自这所学校的学生所取得的平均测试成绩会高于他们的长期生产率，就会决定拒绝所有来自该所学校且测试分数等于或低于 55 分的人（所依据的理由是，这些学校中的大多数学生所取得的成绩都过高地代表了他们的实际能力），因为即使那些分数低于 55 分的人也有可能会干得很好。

上面这个例子给我们带来的一般性启示是，如果根据求职者的个人特征（测试分数、受教育程度、工作经验等）不能对其实际生产率作出完全的预测，则企业在作出雇用决策时将会同时利用求职者个人的资料及其所属群体的群体资料来作为决策的依据。然而，在运用群体资料时却有可能引起劳动力市场歧视，因为在这种情况下，具有相同的可衡量性生产率特征的人将会得到系统性的不同对待，这取决于当事人属于哪一群体。

上面所讨论的这一问题与对妇女劳动力成员歧视问题之间的相关之处在于，雇主在进行雇用决策时，与求职者所属的性别有关的群体信息被他们作为对求职者个人信息的一种补充来使用。如果群体信息与求职者的实际生产率是没有关系的，或者雇主和他们所使用的甄选机制对某些群体的预测能力比对另外一些群体的预测能力更差，那么我们实际上就遇到了一个建立在个人偏见基础之上的歧视情况。然而，我们也看到了，当雇主利用群体信息来对求职者的个人信息进行修正时，他们有可能并非是出于某些恶意的理由。

假如就一般情况而言,由于教学质量的差别,具有高中文化程度的A类成员的生产率比同样具有高中文化程度的B类成员的生产率要低。或者假设说就一般情况而言,由于职业生涯较短的缘故,具有既定教育水平的妇女比同等教育水平的男子对企业的价值要低一些。雇主在作决策的时候可以利用这种群体信息来修正求职者的个人信息。其结果是,在男性劳动力与妇女劳动力成员具有相同可衡量性生产率特征的情况下,男子会受到系统性的偏爱,而从经验上讲,这种情况将会被确定为劳动力市场歧视。

很不幸,把群体信息作为个人信息的一种补充这种做法会带来一种副作用。这就是,尽管就一般情况而言,他有可能会引导雇主作出正确的雇用决策,但是他也有可能把群体特征强加给那些虽然属于某一群体但其自身的群体特征并不十分明显的个人身上。不可否认的一点是,在妇女劳动力中会有一些人有较长的工作生涯且不会出现职业中断的现象,正像上面所提到的那个学校的毕业生中肯定也会有一些人不善于考试,因而在测试中所获得的成绩比他们在实际工作中能够达到的水平要稍差一样。同样,也有A类成员的高中毕业生是能力很强的,如果不是由于家庭贫困的制约,他们本来也是会上大学的。所以,如果将群体资料应用于这些非典型的群体成员,那么他们将会遭到不恰当的贬抑。他们与那些被雇用的人有着相同的实际生产率,只是由于与他们相联系的那些群体特征不利而无法得到工作。

因此,统计性歧视可能会在占优势的雇员群体与其他群体中的个人具有完全相同的可衡量生产率特征的情况下,导致雇主产生对前者的系统性偏好。还有可能出现的另外一种情形是,由于妇女劳动力成员受到上面所提到过的那种群体贬抑,从而使她们在具有与男性劳动力完全相同的实际生产率的情况下,所得到的工资却比后者要低。这些问题虽然都因为雇主在进行雇用决策时使用了群体信息而造成的,但是雇主在运用这些信息时却并非一定是受偏见的驱使。然而,从运用群体的表面现象以及它所造成的后果来看,却让人觉得似乎是存在偏见的。

统计性歧视的一个重要含义是,同一群体中的每一成员之间的相似性越差,则运用群体所带来的成本就越高。比如,随着比例越来越高的妇女希望从事全日制的、持续性的工作岗位,并且不愿意退出劳动力市场去生育子女,那些运用性别作为一种方便的指标来预测求职者在劳动力队伍中停留时间长短的雇主就会发现,他们犯了一个代价极高的错误。他们将会拒绝许多具有终身劳动力参与意愿的女性求职者(对于雇主来说,对这些人进行特殊培训的投资是值得的),同时会接受一些生产率较低的男性求职者。在这两种情况下,使用不正确甄选工具的企业会比那些使用正确甄选工具的企业所获得的利润要少。这样,随着相关人口群体内部的不可衡量的差别越来越大,性别或区域的群体信息被使用的可能性就会越来越小,统计型歧视也就会随之而逐渐消失。

## 三、非竞争性歧视模型

到目前为止,我们已经讨论过的歧视模型说明了个人偏见以及在厂商被假定为工资接受者的这样一种劳动力市场上所存在的信息问题对工资和就业所带来的影响。我们现在转而讨论的模型则都是建立在下面这种假设基础之上的,即单个厂商对他们支付给工人的工资是具有某种影响力的,这种影响力可能是来自串谋,也有可能是来自某种买方的垄断力量。

### 1. 拥挤效应

由于职业隔离,尤其是按照性别形成的职业隔离在现实中是存在的,并且其严重程度也是较高的,因此这使得一些人认为,职业隔离是为了在某些特定行业中降低工资而故意采取的拥挤政策所造成的一种后果。如果用图形表示,这种“拥挤假设”是非常简单的,我们可以在图 7－4 中很容易看到。如图 7－4(a)所描述的是这样一种劳动力市场状况:由于劳动力供给比劳动力需求相对而言要少一些,因而工资率($W_H$)相对较高。图 7－4(b)所描述的是另外一种劳动力市场状况:由于市场过于拥挤,结果导致与劳动力需求相对应的劳动力供给过多,从而使得工资率($W_L$)相对较低。

尽管拥挤的影响是很容易看出来的,但是拥挤现象本身却不容易得到解释。比如,男性和女性在某种工作中或某一组工作中具有相同的生产率,那么有人可能会认为,正是由于妇女人为地挤进某些特定类型的工作之中,才导致她们只能获得较低的工资,但是这种较低的工资反过来又使她们对于企业的吸引力更强,从而又使那些在其他类型的工作中使用男性劳动力的企业现在也转过来用成本较低的女性劳动力对这些岗位上的男性进行替代;这种利润最大化行为应当会逐渐地消除任何工资差别。

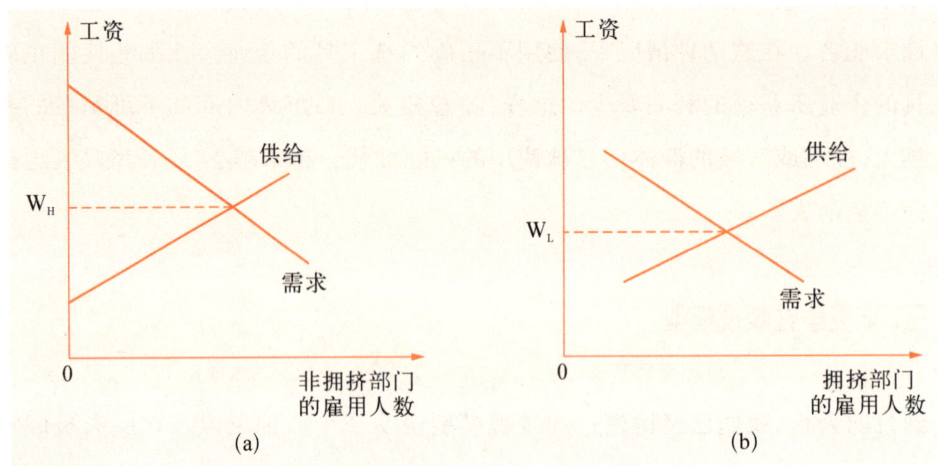


图7-4 劳动力市场"拥挤"状况

然而,尽管我们非常清楚:只要拥挤现象或职业隔离尚未得到消除,那就说明在市场上仍然存在着非竞争性的人口群体(从而存在雇员流动障碍),但是,我们仍然需要解释的是,为什么在一开始时会存在这样一些非竞争性人口群体。在过去的几十年中,经济学家们提出了各种各样的解释:把某些工作鉴定为"男性工作",而把另外一些工作鉴定为"女性工作"的过程是通过社会习俗完成的;男性和女性之间要么是存在先天能力上的差异,要么是存在后天能力上的差异;男性和女性对买方垄断雇主的供给曲线有所不同,等等。尽管从寻求歧视的最终根源这一角度来看,所有这些原因都没有能够对问题作出完整的解释,但是一个不可否认的事实是,越是女性占主导地位的职业,其工资率就越低,即使是在考虑到工人的人力资本差别之后亦是如此。

## 2. 双重劳动力市场

最近所出现的与拥挤假设最为接近的一个变种是一些经济学家们坚持的双重劳动力市场理论。双重劳动力市场论则将整体的劳动力市场看成是被分割开的两大非竞争性部门:主要部门和从属部门。主要部门中的工作所提供的是相对较高的工资率、较为稳定的就业、良好的工作环境以及进一步发展的机会。而从属部门中的工作则只能提供较低的工资率、不稳定的就业以及较差的工作条件,并且根本没有职业发展的机会。在双重劳动力市场论者的分析方法中,非常关键的一点在于他们认为两大部门之间的流动是非常有限的。被归入从属部门中的工人也被打上了不稳定、不受欢迎的标签，一般认为，他们想要获得主要部门的工作的希望是极其渺茫的。

双重劳动力市场论者进一步认为，从历史上看，大部分弱势就业群体成员都是在从属部门中就业的，而这导致了一种长期延续下来的对他们的歧视。他们认为，妇女和乡村劳动力成员之所以成为被歧视的对象，主要是因为他们（作为一个群体）的工作经历总是不稳定的，而这种工作经历的不稳定性本身又是使他们无法进入主要劳动力市场的原因。

但是，双重劳动力市场理论关于歧视的描述并没有真正解释引起妇女和外来劳动力成员被界定到从属工作上去的原因何在。一些传统的马克思主义经济学家认为，非竞争性部门的存在至少可以部分地归咎于资本家在以下方面所作出的努力：将劳动者分离开来，以防止他们组织起来形成一种反对资本主义制度的力量。一些在更为接近新古典理论的框架中展开分析的经济学家认为，两大劳动力部门的出现以及工人被分配到这两大部门之中这种情况的出现，是由于对不同类型的工人进行监督时所需要付出的成本有所差别而造成的。企业可以利用“效率工资”或较为陡直的年龄—工资报酬曲线（主要部门的特征）来作为一种激励工人和打击消极怠工行为的工资战略。这两种战略是有意要鼓励，同时估计也确实能够促成工人与企业之间建立一种长期的雇佣关系。对于那些预期服务时间较短的工人，就要求企业对他们的工作努力程度进行直接的监督；对于这些工人，企业显然没有动力去采纳高工资战略或延期支付工资战略。

由于妇女在历史上进出劳动力市场的频率较高（因为她们要结婚和生孩子），所以有一种解释认为，她们为什么在最初时会被分配到从属部门去工作这一问题的答案实际上是不言自明的。至于外来劳动力成员为什么会在一开始就被界定到从属工作中去，其原因除了这些人工作时间大都可能较短外，可能还有文化和社会方面的原因。

然而，经验证据表明，在劳动力市场上确实存在两个部门：在其中的一个部门中，教育和经验是与较高的工资率联系在一起的；而在另外一个部门中，这种联系则是不存在的，并且非白人劳动者更有可能被放到后一个部门中去。

这种有利于双重劳动力市场假设的论据对于歧视的存在提供了一种新的解释。它对当前所存在的竞争水平和流动水平提出了疑问，认为在一开始时就存在的非竞争性的性别或城乡群体就业的说法将会继续得到进一步的自我强化。简而言之，双重劳动力市场假设与我们在上面所分析过的任何一种歧视模型都是一致的;只不过它所指出的是,如果这些歧视理论中的任何一种确实可以解释现实,那么我们就不能指望依靠自然的市场力量就能够消除歧视,也意味着这种歧视现象正是由自然的市场力量本身所产生的。

### 3. 与搜寻成本有关的买方独家垄断

从市场拥挤和双重劳动力市场的角度对歧视所作的这两种解释都是建立在下面这种假设基础之上的,即工人们是被"安排"到相应的职业群体中去的,而他们若想从这些职业群体向其他职业群体流动,则会受到严格的限制。然而,这两种解释都没有完全说清楚这种安排到底是怎样作出的,以及为什么要作出这种安排。第三种关于流动受到严格限制的模型,实际上在我们关于市场拥挤模型和双重劳动力模型的讨论中就已经暗含着了,它是建立在这样一种前提假设之上的,即对所有的雇员来说,都存在一种搜寻工作的成本。这种模型将厂商行为中的买方独家垄断模型,和我们在前面所讨论过的歧视现象结合在了一起。

假如说并非所有的雇主都拒绝雇用妇女或外来乡村劳动力成员,只是有些雇主出于他们个人、他们的顾客以及他们的雇员所带有的偏见这么做,但是没有哪一位雇主会拒绝雇用男性年轻劳动力。正在寻找工作的妇女和外来劳动力成员并不知道哪一位雇主会拒绝他们,所以为了获得与男子同等数量的工作机会,他们就不得不比男性劳动力进行更长时间和更为艰苦的搜寻。换言之,只要存在某些歧视性的雇主,妇女和外来劳动力成员的工作搜寻成本就会上升。雇员搜寻成本的存在可能会导致单个雇主面临一种向右上倾斜的劳动力供给曲线,而这表明劳动力的边际成本将会上升到工资以上,从而即使是在劳动力市场上有很多雇主的情况下同样也会引发雇主的买方独家垄断行为。我们还看到,劳动力供给曲线的倾斜角度越是陡直,则工资和边际劳动力成本之间的差距将会越大。于是,由于追求利润最大化目标的雇主在选择雇用水平时,最终会停留在劳动力的边际成本等于边际收益的那一点上。所以,与那些具有更为扁平的劳动力供给曲线的工人群体相比,劳动力供给曲线越是陡直,工人群体所获得的工资相对预期边际收益产品而言就显得越低。

图 7－5 以图形的方式描述了这种情况,即有两个具有相同生产率的工人群体(也就是说,他们都有等于图中的 $MRP_L^*$ 这一水平的劳动力边际收益产品),不过其

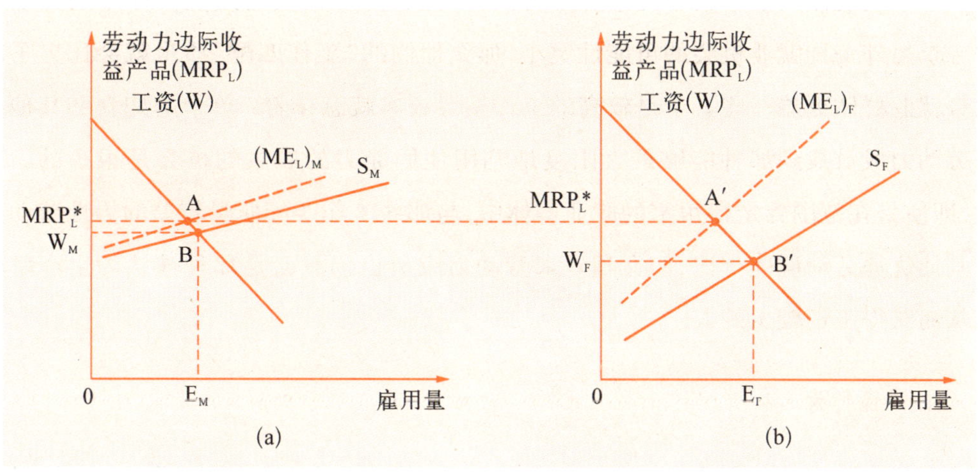


图 7－5　与搜寻成本有关的买方独家垄断和工资歧视

中的一个工人群体比另外一个工人群体具有更高的搜寻成本。图 7－5(a)所描述的是搜寻成本相对较低的工人群体的劳动力供给曲线以及劳动力边际收益产品曲线。由于他们的工作搜寻成本较低，所以只要他们所在的企业稍微削减点工资，那么必然导致这些工人离开这家企业；而稍微有一点工资增加，就会从其他厂商那里吸引来许多求职者。这样，这一群体对他们雇主的劳动力供给曲线 $S_M$ 就相对较为扁平，这也就意味着与之相联系的劳动力边际费用曲线，即图中的$(ME_L)_M$也是相对较为扁平的。利润最大化雇主将会从这一群体中雇用 $E_M$ 个工人，并向他们支付 $W_M$ 的工资率，这一工资水平仅仅比 $MRP_L^*$ 稍微低一点。

图 7－5(b)所描述的是由于歧视性雇主的存在而被迫承担较高搜寻成本的那一群体(妇女或外来劳动力成员)的劳动力供给曲线和劳动力边际收益产品曲线。这些工人被假定与图 7－5(a)中的工人具有相同的劳动力边际收益产品，但是由于他们具有较高的搜寻成本，因此对于他们而言，就暗含着一条更为陡直的劳动力供给曲线 $S_F$ 和一条更为陡直的劳动力边际费用曲线$(ME_L)_F$，即在劳动力边际收益产品和工资率之间存在更大的差距。在这一群体中，将会有 $E_F$ 个工人被雇用，他们所得到的工资率为 $W_F$。对图 7－5(a)和图 7－5(b)进行比较我们就不难看出，尽管两大群体中的工人都具有相同的生产率，但是具有较高搜寻成本的那一群体中的工人所得到的工资却要低一些(即 $W_F < W_M$)。而在实践中，如果两类工人被同一企业雇用，那些具有较高搜寻成本的工人很可能会被安排到工资率较低的工作职位上去。

如果歧视提高了妇女和外来劳动力的搜寻成本，从而使得这些群体中的劳动力去寻求另外一种就业机会的可能性更小，那么他们的“工作匹配”质量就会比男子或优势就业群体更差一些。于是较高的工作搜寻成本就意味着：单个的妇女和其他外来劳动力成员找到那种能够最大限度地利用他们能力的雇主的机会是很小的。因此，即使是在范围界定得很窄的职业群体中，与那些工作匹配质量较差的男性劳动力或其他优势劳动群体相比，妇女和外来劳动力成员也仍然会是那种被认为生产率较低从而获得工资较少的人。

### 4. 串谋行为

有些理论还建立在这样一种假设前提基础之上，即雇主们彼此联合起来，合谋对妇女劳动力或外来劳动力进行压制，从而制造一种被压制群体不得不接受买方独家垄断工资的局面。一个关于歧视的串谋理论认为，偏见及其所导致的冲突是资本主义社会所固有的特征，因为他们都是服务于资本所有者的利益的。即使是资本的所有者并没有合谋起来制造偏见，他们也会发现，如果这种偏见能够得以延续下去，他们就能够增加自己的利润。工人们被按照民族或性别分割开来之后，要组织起来就更为困难了，即使他们现在已经组织起来了，他们坚持自己要求的程度也会有所减弱。此外，歧视在工厂所制造的对立也转移了工人们对不良工作条件的关注。所以这些理论认为，资本所有者是歧视的受益者，而所有的工人，尤其是妇女和外来劳动群体成员，都是歧视的受害者。

串谋行为模型直接引发了另外一些问题的提出。如果歧视是由资本家制造的或至少是由资本家故意保持的，那么又如何解释在资本主义社会以前的其他社会中以及在社会主义社会中所存在的歧视现象呢？进而言之，下面这种情况可能是一种事实，即如果所有的雇主都串通起来将妇女和外来劳动力成员固定在低工资、低地位的工作上，那么他们能够获取垄断利润。但是，如果并非所有的雇主都能遵守串谋所形成的协议呢？比如，我们可以来看下面这种情况所产生的后果：如果从雇主 A 到雇主 Y 的其他所有雇主都遵守串谋协议，但雇主 Z 却总是怀有一种破坏协议的动机。由于他们能够获取垄断利润，遵守协议的其他雇主都不雇用妇女或外来劳动力雇员，这样雇主 Z 就可以很便宜地雇用到这些人，通过这种方式他显然能够提高自己的利润水平。这是因为从雇主 A 到雇主 Y 的其他所有雇主都雇用几个较高工资的男子来填补的工作岗位,他却是用其他条件相同但工资却较低的妇女和外来劳动力成员来填补的。由于其他的每一位雇主都与雇主Z有这种相同的动机,因此,假如说违背协议者不能以某种方式得到应有的惩罚的话,串谋必然会破产。显然,串谋行为模型并没有告诉我们串谋协议是如何在上百万雇主中得到维持和协调的。

### 四、对歧视理论的评价

我们对于各种歧视理论的分析表明,当前劳动力市场歧视是各种阻碍竞争者的力量或阻碍劳动力市场向竞争性力量进行调整的因素所造成的一种结果。有些理论假设非竞争性要素从一开始时就是存在的。"个人偏见"理论却没有作出这种假设,但是它却无法解释这样一个问题,即在一个完全竞争的市场上,劳动力市场歧视是如何维持下来的。比如,产品市场会对那些歧视型的雇主,以及当妇女和外来劳动力成员的一般特征已经发生改变而他们的甄选工具却没有作出改变的雇主实施惩罚。然而,在考虑歧视的成本是极高的同时,我们必须记住,要消除这种歧视行为同样也是要付出较大成本的;正如我们所讨论过的,要想改变自己的雇用实践,也就是撕毁自己的承诺,其成本同样也是很高的。

看来,似乎所有的歧视模型都同意一点,这就是:劳动力市场歧视之所以能够得以持续存在,要么是由于非竞争性力量或非竞争性动机所导致的,要么是劳动力市场向竞争状态进行调整的速度过于缓慢造成的。尽管没有一个模型可以证明自己比其他更能够解释现实,但是这些理论以及他们所要解释的事实却表明,在消除非竞争性影响方面,政府干预可能是有用的。

## 第四节 政府对劳动力市场歧视的管制

为了尽量减少劳动力市场歧视带来的不公正,除了在经济学上对劳动力市场歧视进行合理的界定外,更主要的就是在实际工作中减少歧视现象对经济、社会产生的副作用。对此,不同国家和地区的政府相继出台了一些有关的法律、政策,并通过响应组织机构对劳动力市场进行干预。这些努力有的看起来卓有成效,有的则尚待实践的验证。下面本章简要介绍一下美国、英国、澳大利亚、日本和中国香港特别行政区政府消除劳动力市场歧视的有关立法及实施情况。

## 一、美国消除劳动力市场歧视的立法及实施

为了消除劳动力市场歧视,国外政府已经颁布了一系列法律、规章,提出了对几乎所有的雇主都适用的非歧视性要求。以美国为例,这些规章中最主要就是《1963年公平工资法》和《民权法案》第七章的有关规定。

### 1.《1963年公平工资法》

在20世纪60年代以前,性别歧视受到一些所谓的保护性劳工立法的公开认可,这些法律不仅对妇女的工作总小时数加以控制,而且禁止她们在夜间工作、搬运重物以及在怀孕期间工作。虽然并非美国每一个州都对妇女执行所有这些方面的规定,但是这些法律在客观上使得妇女无法获得许多种工作。这些法律被《1963年公平工资法》所推翻。这一法律同时还宣布,对于运用相同技术并在相同工作条件下完成工作的男性和女性分别支付不同工资的做法是非法的。

然而,作为一种反歧视的工具,美国《1963年公平工资法》还有一些严重的不足,因为它对雇用机会均等和晋升机会均等没有进行更多规定。像歧视理论所阐明的,如果说在当前的市场上存在着对妇女的偏见,那么,无论这种对妇女的偏见到底来自哪里,雇主们在对待妇女雇员时都必然会把她们当成是生产率较低者,或者是认为雇用妇女比雇用具有相同生产率的男子所要付出的成本更高一些。市场对这一情况的反应必然使妇女的工资水平降低到男性雇员工资水平之下,因为如果不是这样,妇女就不能指望自己在寻找工作的时候能够成功地竞争过男子。《1963年公平工资法》在消除工资差别方面迈出了重要一步,但是它在消除工资差别的同时,却带来了一种不良的倾向,这就是它试图压制能够帮助妇女获得更多就业机会的那些市场机制发挥作用。同时,这一法律也没有认识到,如果想消除劳动力市场歧视,法律就不仅应当要求雇主对具有相同生产率的人支付相同的工资,而且应当要求他们为具有相同生产率的人提供相同的就业和晋升机会。

### 2.《民权法案》第七章

《1963 年公平工资法》的一些缺陷在美国《1964 年民权法案》第七章(以下简称《法案》)规定中得到了一些纠正,该法律规定:任何雇主“因为任何个人的种族、肤色、宗教信仰、性别或祖籍来源等原因而拒绝雇用之或解雇之,或在工资、待遇、工作条件或就业优惠权利等方面对个人进行歧视”均属于违法行为。新的立法还提到了工会活动的问题。从历史上看,少数民族成员是很难获准加入某一技术性行业的工会的。这种排斥不仅使得少数民族成员无法获得由工会的学徒培训计划所提供的技术培训,而且没有机会获得通过工会的职业介绍中心统一安排的就业机会。《法案》的规定使得劳工组织的许多做法都成为非法,比如:不允许个人加入工会组织;对工会成员进行相互隔离;拒绝向某些工人提供就业机会或不准工人参加学徒培训计划等。

但是,这种提倡非歧视性雇用实践的国家政策在描述上的宽泛性使得它在某些方面产生了局限。首先,该《法案》是没有效力的,它只适用于那些发生在其生效期,即 1965 年 7 月 2 日以后所出现的歧视性行为。第二,法律允许在它对非歧视性行为所作出的一般规定之外可以有例外的情况,即“在宗教信仰、性别或祖籍来源确实是企业业务正常进行所必需的职业资格要求的情况下”,可以出现例外。但是在实践中,这种情况只能运用于有限的一些场合(比如,宗教组织中的某些工作、所服务的绝大多数对象即病人都是男性或女性的医护中心)。其次,《法案》允许雇主在工资和其他雇用条件方面实行区别对待,只要它是“按照一个真正的资历体系来执行的……只要这种差别不是故意歧视所造成的一种结果”。最后,由于现有劳动力队伍存在不均衡问题,该项法律没有提出任何促使他们保证向某一人口群体提供优先对待的要求。正如我们要看到的,这些局限给该法律的执行带来了很大的困难。

在过去的若干年中,美国联邦法院已经制定了两套歧视标准,即差别待遇歧视标准和差别结果歧视标准。当某人宣称其雇主实施了歧视性雇用实践的时候,法院就可以运用这两套标准来进行判断。如果个人因为他们的民族、性别、肤色、宗教信仰或祖籍来源而受到不同的对待(比如说,被雇主支付不同的工资或福利),并且可以明显地看出存在一种故意的歧视,那么根据《法案》的规定,就可以说存在差别待遇性歧视。

由于关注到过去歧视会对当前产生影响,美国政府制定了有关差别结果的歧视规定。在这种判断方法中,歧视是一种结果,而不是一种动机。如果有些人事政策看上去似乎是属于中立性质的,但是实际上却导致因种族、性别等方面的原因而出现差别性结果,那么这些人事政策也会受到《法案》的禁止,除非这些差别是与工作绩效联系在一起的。比如,雇主可能会将各种测试和求职者所达到的教育水平来作为对他们进行甄选的工具,但是这些测试必须能够有效地反映求职者未来的工作绩效。按照美国最高法院的话来说,就是“测试必须是以完成工作的人为对象进行的,而不能是以抽象的人为对象来进行”。工作申请表可以询问求职者是否曾经有过被判有罪的经历,而不能询问求职者是否曾经有过被捕的经历(少数民族成员中的被捕比例一般较高,但是法院认为,对于雇主来说,具有重要性的只有求职者是否曾被判有罪的事实而不是他们是否曾经被捕)。婚姻状况是不能被作为甄选工具的,除非它不仅是被统一地应用于男女两种性别的求职者,并且确实与工作绩效有明显的关系。

美国法院将差别结果标准作为歧视进行衡量的一个标准接受下来之后,雇主的人事甄选工具就受到了严峻的挑战。如果对某个求职者是否具备工作资格进行判断的成本非常高,那么雇主们在选择筛选工具时往往会存在这样一种动机,即依靠求职者所属的群体的“一般”特征进行筛选,而不是根据个人的特点来进行筛选。尽管这种甄选工具的使用常常会导致人事管理成本的降低,但是它也常常会引起我们所讨论过的统计性歧视问题。由于采纳了这样一种观点,即对工人进行判断时必须以他们的个人能力为依据,而不能以他们所属群体的一般特征为依据,因此,法院对造成统计性歧视的制度发起了强有力的攻击。这种做法的一个直接结果就是企业人力资源管理的成本变得更高了,并由此引起了学术界的广泛关注。下面我们将通过美国劳动力市场反歧视实践中经常遇到的资历制度和可比价值理论问题作进一步的分析。

### 3. 资历制度

在美国,大多数工会化的企业和许多非工会化的企业都把资历作为分配晋升机会时的一个因素来加以考虑。此外,在衰退的时候,雇主常常按照资历长短相反的顺序来解雇雇员,即资历最浅的雇员最先遭到解雇。可能部分地是出于对资历在美国管理史上重要作用的认可,美国司法实践中回避了资历制度可能存在的问题。但是资历制度确实有将过去歧视的影响继续保留下来的很强的潜在作用，即尽管妇女和少数民族成员具备从事较高职位工作的资格，但他们仍然被限制在工资相对较低的工作岗位上的这样一种趋势。

由于在许多情况下，工作隔离往往是与部门资历规定相伴随的。也就是说，资历是按照个人在一个部门中工作时间的长短来计算的，而不是按照其在工厂或公司中工作时间的长短来计算的。当企业试图打破工作隔离这一历史模式来适应《民权法案》第七章的要求的时候，妇女和少数民族成员所获得的资历可能仍然都是相对较低的。在 20 世纪 70 年代石油危机的时候，企业开始解雇工人，而按照部门资历制度的规定，绝大多数被解雇的都是妇女和少数民族成员。在当时的很多场合中，许多只有较短部门资历的人所具有的工厂资历却比那些在高工资部门中保住了工作的人所具有的工厂资历还要长。如果可以把他们在原部门中的资历也累加进来的话，他们本来是有能力保住自己的工作的。因此，部门资历制度实际上导致了在妇女和少数民族成员身上产生一种差别结果性歧视，并且使得过去歧视的作用得以继续发挥。

### 4. 可比价值

许多国外学者认为达到“同工同酬”目标实际上只能取得一种虚假的胜利，因为职业已经被进行了如此严格的隔离，所以男性与女性很少是真正“同工”的，这在我们前面提到的职业拥挤和双重劳动力市场模型中可以从理论上切实地感觉到。基于这种考虑，有些人就倾向于支持另外一种目标，即对具有“可比价值”的工作支付相同的工资。比如，可比价值的支持者可以指出这样一种事实，即维护机器的“男性”职业（一般的机器维修工）每小时所获得的工资为 10 美元，而照看孩子的“女性”工作（儿童看护工人）每小时所获得的工资却只有前者的一半。他们可能会问，这是为什么呢？难道那些照看人的人所得到的报酬应当比那些照看机器的人所得到的报酬还要低吗？

力求根据某种工作的实际价值来实现报酬平等目标的观点引发了一个古已有之的争论，即一种经济资源的价值到底是如何确定的。在大约 200 年前，亚当·斯密就在他的著名的经济学著作《国富论》（*The Wealth of Nations*）中提出了一个所谓的“水和钻石之谜”。斯密问道，水是一种人们在地球上生活所必不可少的价值极高的资源，而钻石只不过是一种装饰品而已，但是水的售价为什么却比不上钻石的价格高呢？经济理论对水和钻石之谜所提供的解释是，价格是由供求双方的力量所决定的。水的售卖价格之所以很低，是由于相对于需求来说，它的供给是富裕的，尽管水的价值是不可估量的，但是却使得人们能够以一种较低的价格来使用它。也就是说，如果水是相对稀缺的，从而它是在一个较高的价格上被售卖，那人们将只能以一种仅仅能够维持生命的方式来使用它。

因此，当被问及为什么机器维护工比儿童看护者所得到的报酬要高时，经济学家们往往倾向于用市场力量来回答这一问题：由于某些原因，维修技工的供给相对于对他们的需求来说比较少，而儿童看护工的供给相对于对他们的需求来说则比较多。这些原因可能与工作条件有关，也可能是因为学习技工知识并且不断跟上一名技工所必需的技术要更为困难一些。但是无论是何种原因，工资都是劳动力的价格，由于价格在资源的配置过程中又起着如此关键的实际作用，所以最好是让它自发地发挥作用而不要对它们加以管制。

因此，在与歧视作斗争的时候，大多数经济学家都建议对引起不平等结果的需求和供给行为进行修正，而不是通过管制工资来对所发生的症状加以诊治。就眼前这一例子来说，如果将儿童看护工的工资提高到市场出清水平以上，那么就会在劳动力市场上创造出一种劳动力剩余。正如我们在对最低工资立法进行分析时所得出的结论那样，如果在儿童看护工市场上出现比均衡水平高的工资率，那么这将意味着只能有更少的工作和许多无法得到雇用的求职者，这种结果可能是那些希望消除歧视的人所想象不到的。

可比价值理论的支持者们倾向于不把雇主看成是简单经济理论中的劳动力需求模型所假设的那种消极的工资接受者，而是把他们看成是一种有能力确定自己所支付的工资的机构。正如我们在前面所看到的，许多雇主支付给雇员的工资都被人们认为是效率工资，同时他们也非常注意自己的雇员对工资公平程度的看法。我们确实可以看到，较大的雇主常常运用较为复杂的工作评价计划来确定与各种工作职位相联系的以及与每一种工作职位内部的各个晋升层级有关的内部工资差别。正是这些可比价值的倡导者们所推崇的工作评价体系将女性工作的报酬水平提高到与可以观察到的男性工作的工资相同的水平上。

总的来说，可比价值理论可以看作利用“专家”来根据各种工作所需要的知识、解决问题的能力、责任大小、工作的物理条件，以及其他各种可能的特点来分别给它们分配点数的这样一种政策，这事实上是发达国家人力资源管理过程中薪酬制度建设的一项重要举措，并已经在我国一些高科技企业的管理实践中得到运用。具有相同点数值的工作岗位将获得同样的工资，而获得较高点数值的工作则将获得较高的工资。将点数值配给各种工作的过程显然是非常关键的，而可比价值的支持者和反对者都将“专家偏见”作为该方法的一个难题来看待。可比价值理论的反对者认为，雇主有可能会利用工作评价来把某些既定工作的工资不公正地提高到市场水准以上，而高出了妇女本身工作的价值。

在澳大利亚，传统上联邦法院和州法院所决定的工资判例对于工会工人和非工会工人中85%的人产生影响，他们还利用一些非正式的工作评级方法来试图使整个经济中的男性工作和女性工作的工资不断实现平等化。然而在英国和美国，法院运用可比价值政策来强调工资不平等的案件在数量上相对要少一些，并且在这些案件中，法院对工资平等的要求往往也只是限于保持在同一雇主的范围之内。在英国，这些既涉及公共部门雇主也涉及私有部门雇主的案件将会被送到专门的法院，这种法院专门听取对可比价值问题所产生的抱怨。而在美国，对可比价值政策的贯彻产生推动作用最大的往往主要是州政府以及地方政府的各个部门。许多州政府和地方政府都进行正式的工作评价调查，看一看“女性”职业是否受到“报酬不足”的对待，并且许多政府部门的雇主已经开始根据这种调查的结果，通过集体谈判或法律的程序来进行薪资调整，以贯彻可比价值政策。

应该说，在美国和英国执行可比价值的最初效果看来既不是像它的赞成者所期望的那样积极，也不像它的批评者所预言的那样可怕。赞成者希望女性的工资能够大幅度的有所上升，但是据估计，执行平等性工资调整通过集体谈判和法律程序得到实现以后，男性和女性之间的工资差别所受到的影响实际上是很小的。而可比价值的批评者则坚持认为，进行可比价值性工资调整，即提高女性占主要数量的那些职业的工资水平，会导致雇主削减他们在这些职业中所雇用的妇女数量，从而降低妇女的就业量。然而，一系列经验研究在对已经完成可比价值性工资调整的案例进行分析之后发现，即使这种工资调整对妇女的就业有消极的影响，这种影响的程度也是很小的；而在有些研究中，则根本没有发现这种调整会对妇女的就业产生负面影响。

对可比价值性工资调整的另外一种批评意见是，如果提高那些在传统上属于女性职业的工作所得到的工资，那么，这种做法会削弱女性寻求职业进步的动力。然而,有限的分析表明,可比价值性工资调整并没有减缓在美国州政府以及地方政府的各个部门中工作的那些妇女向传统上属于男性的那些职业所进行的流动。

虽然美国和英国所进行的这种限制在雇主水平上的可比价值性工资调整方面对妇女的工资只产生了中性的影响,但是在澳大利亚所进行的整个经济范围内的可比价值性工资调整却被认为成功地将男性和女性之间的工资差距减少了 18 个百分点。标准经济理论预测,这种大幅度的强制性工资提升将会导致妇女的相对就业量下降,而事实上也确实出现了这种就业量下降的情况,但是妇女就业量相对于男性就业量的这种下降却是很小的。有些人说,正像对最低工资上升的分析一样,经济学家所作的预测是建立在一种过于简单的劳动力市场模型基础之上的。而其他一些人则认为,如果去分析工作小时数或者看一看澳大利亚的总体失业水平,那么,我们就可以看到,经济学家预期中的那种工资率上升的规模效应和替代效应实际上确实在发挥作用。

## 二、日本消除劳动力市场歧视的法律

日本政府为了消除男女雇用机会的差别,在雇用条件、员工安置和晋升等方面,也以立法程序颁布执行了《男女雇用机会平等法》,该法明确规定,禁止在教育培训、福利卫生、退休退职和解雇等方面的差别待遇。日本政府颁布的《男女雇用机会平等法》是以宪法第 14 条作为基本理念的,特别是批准废弃了有关男女差别的条文。由于目前尚未看到日本经济学界有关这些条款颁布后所可能发生经济影响的相关分析,本章仅仅将该法律的一些相关条款做一些叙述。该法于 1986 年 4 月开始实施,其要点为以下三条:

(1) 关于就业机会与劳动待遇方面的均等。作为雇主的责任是:① 招聘、录用员工时,必须向女性提供与男性均等的机会,在工作岗位安排与提升方面要努力做到与男性均等;② 在退休、解雇方面禁止设置与男性不同的条件,禁止以婚姻、妊娠等作为解雇女性员工的理由;③ 在福利方面禁止与男性差别对待。为各都、道、府、县设立机会均等调停委员,对有关纠纷进行调停。

(2) 关于女性员工劳动保护规定的修改。其内容有:① 废除对担任管理职务、技术职务的女职员在制度时间以外以及节假日进行工作的限制规定;② 废除担任政府部门认可的职种的女性员工在深夜进行工作的限制规定；③ 承认女性妊娠、产期以外可以参与部分政府行政部门认可的低度危险及有害性工作的岗位。

（3）有条件地放宽与产假相关的待遇。

## 三、中国香港特别行政区消除歧视的规章和组织

在我国香港特别行政区，也有一系列旨在消除劳动力市场歧视的反歧视条例，并有相应的法定机构监督其执行，该机构被称为平等机会委员会。平等机会委员会具体负责执行反歧视条例，包括《性别歧视条例》、《残疾歧视条例》及《家庭岗位歧视条例》。该委员会致力于消除基于性别、婚姻状况、怀孕、残疾及家庭岗位而出现的歧视行为。

该委员会的主要工作内容包括以下四个方面。

（1）教育及推广。为了让公众更好地认识平等机会及歧视问题，该委员会经常举办相应的座谈会及供各界人士参与的讲座；制作多种推广和加强公众对平等机会委员会角色的认识；透过平等机会委员会的社会参与资助计划，资助社会机构举办推广平等机会的活动；就个别的平等机会课题制作教材资料，供人力资源从业人员、社会工作者、教师及相关团体的负责人等使用，并协助培训人员进行有关平等机会问题的训练；定期在电视、电台及报章上推广平等机会的信息；与相关机构建立伙伴关系推广平等机会政策及管理常规。

（2）条例贯彻和指导。委员会负责制定了为贯彻《性别歧视条例》、《残疾歧视条例》及《家庭岗位歧视条例》等实施的雇用实务守则，以协助雇主及雇员了解其本身的法律责任，并为制定防止歧视的程序及制度提供指导。此外，该委员会还会在有需要时对《性别歧视条例》、《残疾歧视》及《家庭岗位歧视条例》提出修订建议。

（3）调查和研究。平等机会委员会委托有关机构进行研究工作，以增加对歧视问题的认识及监测社会人士对有关问题的态度转变。该委员会可根据研究调查的结果，策划其活动及工作，公众亦可查阅已出版的调查报告。

（4）调查及调解。根据反歧视法例，任何人如果认为受到了歧视，可以亲自或通过代表以书面形式向平等机会委员会提出投诉，寻求补偿。委员会就其法定权力执行《性别歧视条例》、《残疾歧视条例》和《家庭岗位歧视条例》，凡在委员会权力范围

内的投诉,委员会都会作出调查。在调查过程中,委员会会认真研究每宗案例的事实,首先会以调解方式解决问题,令双方达成协议。委员会职员会担任沟通协调人,以便双方进行调解。调解员会尽力协助双方了解导致投诉的症结,找出可以达成协议的要点和解决方法,尝试解决纠纷。

## 第五节　我国的劳动力市场歧视问题

在我国劳动力市场上,存在着形形色色的不平等现象,这些不平等现象有些属于劳动力市场歧视行为,有的则不是。一些用人单位的歧视观念严重,再加上劳动力市场运行不规范,相关的法律监督不到位,劳动力市场歧视的情况不容乐观。尤其是我国入世后在进行劳动力市场规范时,劳动力市场歧视更是应该引起高度重视。

### 一、歧视现象分类

目前,在我国的就业歧视现象大体存在以下三种。

#### 1. 性别歧视

在劳动力市场上,这种歧视现象较为普遍。很多企业招用员工时有明显的性别歧视。无论在招聘广告中,还是在实际招聘活动中,对女性的性别歧视都有表现。薪酬差异方面所表现出来的劳动力市场歧视经常可以从一些调查资料中得到反映。

人们在一些报刊、杂志上也时常发现限制性别的招聘广告。有的单位招聘人才时往往提出招男性或男性优先的要求。有的公司招聘时虽然表面没有性别限制,可一旦进入面试阶段就将女性拒之门外。一些单位和部门"重男轻女"思想严重。总的来说,女性的就业困境主要表现在两个方面:女性求职者遇到不公平的待遇,遭到拒绝或刁难;或已经就业者遭遇下岗。

一般认为,性别歧视通常采取两种比较明显的形式。其一,雇主支付给女性雇员的工资比其支付给那些与这些女职员处于同一职业、具有相同工作经验、具有相同生产率的男性雇员的工资要低。这种情况被称为工资歧视。其二,雇主有时会被认为是故意将与男性雇员具有相同教育水平和生产率潜力的女性雇员安排到低工资报酬的职业上或负较低责任水平的工作岗位上，而把高工资报酬的工作留给男性雇员。这种形式的歧视被称为职业歧视。

### 2. 年龄歧视

该种歧视现象也十分严重。在一些招聘广告中，经常可以看到有关年龄的限制性条件，比如，招收文秘人员，一般要求是女性，年龄在22~28岁之间，招聘部门经理职位一般都要求在35岁以下。如果求职者年龄在40岁以上，求职将十分困难，以致难以找到适合自己的工作岗位。

### 3. 户籍歧视

这种歧视现象在我国较为普遍。在招聘中歧视外来人口，大学生就业有本地生源和外地生源之别，有的根本就不招收外地生源。比较严重的还有“城市人”对“乡下人”的歧视。“城市人”往往能够就业于一级劳动力市场，可以获得较稳定的工作，比较高的工资收入，而且还有包括社会保障在内的各种福利（休假、培训等）；而“乡下人”则只能进入次级劳动力市场，工作不稳定，工资水平低，往往没有包括社会保障在内的福利条件，劳动者的权益难以得到有效的保障。

## 二、我国存在劳动力市场歧视的原因分析

### 1. 雇主的偏见和统计性歧视

作为一个公平的雇主，应该采取对雇员一视同仁的态度。但是，在实际生活中确有一些雇主出于个人偏见对女工进行歧视，对具有同等生产效率的女性职工进行歧视性对待。或者在招聘时拒绝录用女性职工，或者对于在生产中具有同等效率的男女职工给予不同的报酬，或者将女性职工安排在不重要的岗位上。当然，劳动力市场上出现更多的是雇主倾向于一种统计性歧视，认为雇用女职工会影响企业的经济效益。由于女性职工的心理、生理特点，女性职工在竞争同等职业时往往处于不利地位。一些雇主在劳动力市场供大于求的情况下，采取“性别排队”的办法拒绝招收女

工或给予女工较低的报酬。应该说,并不是所有资历相同男女职工存在的收入差都是劳动力市场歧视的结果。但雇主出于雇用成本方面的考虑,极有可能引入统计性歧视,将所有女性的实际生产率低估,使一些生产率高的女性职工遭受劳动力市场歧视之苦。

### 2. 传统观念的影响

我国关于两性的传统观念是"男主外,女主内"。女性的理想角色定位是"贤妻良母、贤内助"。近年来虽然观念有所改变,但传统观念并没有从人们的思想深处根本消失。社会对女性的家庭角色的期待大大高于对其社会角色的期待,妇女是家务劳动的主要承担者,社会对女性的这种家庭角色的强调在一定程度上帮助塑造了性别角色,性别角色方面先入为主的观念削弱了女性的事业成就欲望和地位信心,使得女性对职业和成功的期望值降低,更使得雇主容易产生不公正的雇用观念。

### 3. 户籍制度与城乡就业壁垒

户籍管理制度是我国一项重要的人口和劳动力管理制度。改革开放以来,虽然户籍制度也进行了多次改革,但我国目前劳动力市场的现实是,劳动力可以在部门之间或城乡之间流动(虽然流动成本很高),但由于户籍制度的存在,却不能进入特定的劳动力市场。比如,农村劳动力可以进入城市,也可以进入正式部门当临时工,但难以进入一级劳动力市场,城市企事业单位招收"农民工",往往只局限于一些"粗、笨、脏、累"的工种。农民工很难按着自己的理想进行职业选择,他们在工资待遇、劳动争议处理及维护自己合法权利方面均无法与他们的城市同行看齐,进而深深地伤害了他们的自尊。我国计划经济时期存在于城乡之间的二元劳动市场,随着国家经济市场化进程的推进和户籍制度的改革,逐步演变为城市内部的二元劳动市场。要克服这种由于双重劳动力市场结构而形成的劳动力市场歧视现象将是一个长期的任务。

## 三、消除劳动力市场歧视的对策探讨

消除劳动力市场歧视,应着眼于从市场环境和法律建设两个方面入手。

首先，应从确立市场的公平竞争方面，做一系列有益的工作。在市场经济中，我们应该确立的思想观念是，不是追求结果均等，而是机会均等，所有在市场上寻找工作并具有相同生产率的劳动者都应该得到同等的对待。从经济学理论来看，由于企业是追求利润最大化的，较高程度的竞争和自由流动有利于企业实现按照边际生产率的标准雇用人员，并减少劳动力市场的歧视现象。因此，确立公平的市场环境的重要一步就是充分发挥市场机制的作用，并减少产品市场或劳动力市场结构方面垄断行为的存在。在此基础上，政府通过分阶段的劳动力市场制度建设，逐步推进市场公平竞争机制的建立。

其次，法律建设应及时跟上市场经济发展的步伐，发挥维持市场公正和保护弱者权益的作用。目前，我国还没有一部旨在同劳动力市场歧视现象作斗争的专门法规，虽然宪法、劳动法和就业促进法都有反对劳动力市场歧视的原则性规定。如《就业促进法》第二十五条规定："各级人民政府创造公平就业的环境，消除就业歧视，制定政策并采取措施对就业困难人员给予扶持和援助。"第二十六条规定："用人单位招用人员、职业中介机构从事职业中介活动，应当向劳动者提供平等的就业机会和公平的就业条件，不得实施就业歧视。"第二十七条至三十一条分别对女性、少数民族、残疾人和农村进城劳动力的平等劳动权利进行了规定。《宪法》第四十八条也明确规定："中华人民共和国妇女在政治、经济、文化、社会和家庭生活等方面享有同男子平等的权利。"但是，性别歧视、地域歧视、年龄歧视等，在实际就业过程中依然不同程度地存在着。我国《劳动法》和《就业促进法》从大原则上是禁止各种歧视性行为的，但缺乏具体的实际操作规范。近年来歧视性行为时常见诸报端，法律也应及时跟上我国加入 WTO 后国家改革开放新形势，以保护劳动者的权益，维护劳动力市场的公平和有效运转。

最后，要消除劳动力市场歧视，还有必要全面加强全社会的文化建设，提高广大雇主、雇员和人民的公平意识和社会责任感，以最大限度地减少歧视现象的发生。根据"个人偏好模型"，很大一部分劳动力市场歧视现象的产生是由于雇主、雇员和顾客等多方面的个人偏见而产生的经济后果。因此，要消除劳动力市场歧视现象，应考虑通过全社会和社区的思想文化建设来逐步消除人们的社会偏见和等级意识，用一种更公平、更健康的心态来面对市场和社会。法理学的原理告诉我们，真正的社会变革必须在人们的心灵发生了转变后才能完成。

## 本章小结

劳动力市场上的歧视,是指那些具有相同能力,并最终表现出相同的劳动生产率的劳动者,由于一些非经济的个人特征引起的在就业、职业选择、晋升、工资水平、接受培训等方面受到的不公正的待遇。通常被分为以下几种类型:工资收入歧视、就业录用歧视、职业选择歧视、人力资本投资歧视等。到目前为止,还没有一种统一的劳动力市场歧视理论。比较有代表性的理论包括个人偏见歧视理论、垄断歧视理论、统计性歧视理论、搜寻成本歧视理论等。经济学家们往往是从相关条件平等时出现了不平等的结果来推断歧视现象是否存在的,并间接地测定受歧视的程度。目前,世界上许多国家和地区都在不同程度上制定了相关的法律法规,与劳动力市场上的歧视现象作斗争。

## 复习思考题

1. 劳动力市场歧视的含义是什么?怎样理解前市场差别和劳动力市场歧视的关系?

2. 个人偏见模型是怎样的?雇主歧视、雇员歧视和顾客歧视的经济含义是什么?

3. 统计性歧视的含义是什么?为什么它会给相同素质的劳动力带来不同的待遇?

4. 非竞争性歧视模型主要包括哪几种类别?它们产生的原因是什么?

5. 可比价值理论和市场经济的一些观点有时存在着不一致性,为什么应以市场竞争原则作为调节劳动供求的主要力量?

# 附录7-1 北大残疾博士遭歧视，求职百次被拒[①]

尽管熟练掌握英语等多门外语，尽管多次获得国家级奖学金，但因为身体有残疾，北大博士生郭晖近一年来向京、津、沪等地用人单位投出100多份求职简历，无一例外遭到拒绝。在希望当一名高校教师的郭晖看来，“坐着的老师和站着的老师是一样的”，可是，“为什么找一份力所能及的工作就这么难？”

郭晖家住河北邯郸，12岁时因误诊造成高位截瘫。由于学校的歧视，她从小学五年级就辍学。但郭晖身残志坚，除坐在轮椅上“啃书本”，还趁每天隔两小时换姿势休息的当儿，用肘撑着身体，趴在床上看书。夏天床上铺草席，趴得久了，肘上起趼子，一开裂，疼得钻心。为此，郭晖让父亲做了副海绵垫，垫在胳膊下面，坚持读书。

凭着顽强的毅力，郭晖在轮椅上自学了初中、高中、专科、本科、研究生的全部课程。获得山东大学英语专业硕士学位后，郭晖应聘一教师岗位，招聘单位无情地拒绝了她，理由很简单——她身体有残疾。而同年，该校招收了一个英语专业的自考大专生。这让郭晖伤透了心。

再次遭遇歧视后，郭晖仍然没有气馁，而是选择继续读书，她要进全国最好的学府。一个坐轮椅的残疾姑娘，考博之路岂“艰辛”二字了得：进考场，得靠哥哥背；上卫生间，得母亲照顾。为减轻家人负担，郭晖最大限度地少吃饭、少喝水，渴得不行了，就使劲咽点儿唾沫……

功夫不负有心人。2003年，郭晖如愿考取北大英语系博士生，为此母亲专门到京照顾她的生活。即便这样，正常的上课依然格外艰难：课点分散，很多时候要在教学楼间往返；有的教学楼没有无障碍设施，只能靠同学抬上楼梯。2004年3月，郭晖得了褥疮被送进医院。刀口尚未痊愈，她就心急火燎地出院。医生再三告诫不能久坐，但为完成要修的课程，郭晖咬着牙上课，真受不了了，就用胳膊撑着休息一下。那一学期，郭晖通过了所有考试，还拿到了奖学金。

在北大读博期间，郭晖被评为“全国优秀大学生”，并获得“五四青年论文竞赛

---

① 资料来源：王明浩，“北大残疾博士遭歧视，求职百次被拒”，《人民日报》，2007年6月13日。

奖”。如今,她已经掌握英语、法语等多国语言。“我有实力做一名高校英语教师。”郭晖说。然而现实是残酷的:与郭晖同专业的有20多名同学,他们大多数都能做兼职,如到学校代课,同专业的不少硕士也在给自考班上课。但这样的事儿,对郭晖却是“可望而不可即”。“不是因为我的水平,而是因为我的身体。”

从去年11月起,郭晖陆续向北京、天津、上海等地高校投出100多份简历,但均遭到拒绝,原因还是那么简单——她身体残疾。郭晖至今都忘不了:读博期间,北京一个外语类学校请她去试讲,她坐着轮椅上了讲台。下课后,那个学校的英语系领导冷冷地说:“没想到你是这样的。”之后就再没联系过。还有,一个自考班需要英语老师,郭晖和对方联系,人家听说她有残疾,忙不迭改口说要找有经验的老师。

一年来的求职遭遇,让郭晖感到“社会上对残疾人的歧视依然存在”,生活上的困难她可以克服,人们观念上的歧视却让她无能为力。曾获2006年度“河北十大新闻人物”的郭晖疾呼——“残疾人就业受阻不是我个人遇到的问题,我希望法律能保障我们的权益,也希望今后残疾人的就业环境能好一些!”

据了解,国务院颁布的《残疾人就业条例》已于今年5月1日起实施。条例规定,机关、团体、企事业组织、城乡集体经济组织等用人单位,安排残疾人就业的比例不得低于本单位在职职工总数的1.5%。在希望当一名高校教师的郭晖看来,“坐着的老师和站着的老师是一样的”。

由于论文题目难度较大,郭晖和导师沟通后,决定推迟一年毕业。“现在我想把学问做扎实,如果明年还是找不到工作,我只能自己创业了,回家乡办个英语学习班。实际上,办英语班用本科学到的知识就够了……”

## 附录7-2 专家称卫生部拟从常规体检表中去除乙肝检测[1]

日前,记者从清华大学国际传播研究中心在成都主办的乙肝新闻报道研究班上获悉,为从根本上降低社会对并不具有日常生活传染性的乙肝人士的普遍歧视,卫生

① 资料来源:本文在“常规体检表将删除乙肝项目”,《成都晚报》,2009年8月2日一文基础上略作修改而得。

部拟出台政策，将要求各体检中心把常规体检表（含入学、入托、就业、健康证申领等）的待选目录中，全部取消乙肝检测项目（如表面抗原或两对半检测），但推荐进行肝功能检测。记者就此事采访了首次透露该消息的中国疾控中心病毒性肝炎室主任崔富强，他本人也是向卫生部提交此项政策建议的专家之一。

**常规体检没有必要检测乙肝**

据他介绍，专家组之所以要向卫生部提交此项政策建议，原因在于：首先，没有任何科学证据可以证明，在常规体检中检测出“乙肝”者（即“表面抗原”或“两对半”结果为阳性），将在入学、入托或就业过程中影响到仅与其有日常接触的同伴们的健康；其次，对接受体检者进行此项检测的单位、学校、幼儿园等，也没有理由据此报告辞退或拒收体检结果呈阳性者。因此，常规体检没有检测乙肝项目的必要。

但是，体检中如果发现肝功能检测指标结果异常，则可以反映出被检测者目前的身体状况可能不够健康，能否承受相应的工作、学习，用工、招生单位应征求医生意见。“假设肝功能相关指标超过正常值上限的两倍了，那他肯定是病人，治病都来不及，哪会先去上班？若体检者发现自己肝功能结果异常，再追根溯源，看是因乙肝感染所致还是其他疾病导致，这比检测乙肝指标更有实际意义。”同时崔富强透露，卫生部已就此问题组织有关专家论证，并已达成了共识，专家组建议有关部门尽快制定相关政策并组织实施。

**用人单位：怕“传染”干脆不用乙肝患者**

在每年升学入职的竞争中，总有一部分乙肝患者被迫出局。一旦体检报告上出现了“乙肝阳性”结果，用人单位将毫不犹豫地将其淘汰。

昨日，正在成都市人才市场进行人才招聘的一家建材公司负责人表示，面试成功的应聘者，必须到公司指定医院进行体检，其中“乙肝两对半”的检测项目是必不可少的。

该公司负责人认为，新进员工的入职体检是对人才的最后一道筛选程序。“我们公司的员工中午都在食堂集体用餐，如果其中存在乙肝患者，那么其他员工会认为工作环境存在健康隐患，很有可能会影响到他的工作。”他表示，之所以不录用乙肝患者，“并非歧视他们，而是现在应聘者众多，公司不愁招不到人，还不如招个更健康的”。

**乙肝患者：我被逼得高价请体检枪手**

记者调查时惊讶地发现，为了让占人群约10%的众多“乙肝人”能够在社会上生存下去，围绕难以避免的“乙肝体检”，竟然已经催生出了一个灰色行业——乙肝代检！

23岁、家住九眼桥的高晓强(化名)，去年毕业于四川师范大学。一心想成为小学语文老师的他，去年9月，在教师公招考试中取得优异成绩。但令他没想到的是，在入职体检报告中，医生注明他携带乙肝表面抗原。随后，校方以“讲台表现不佳”为由，不予录用高晓强。

随后，在乙肝患者的论坛里，高晓强将自己的求职遭遇发帖倾诉出来。“没想到跟帖的人数竟上百，但绝大多数留言者都只留下电话，称‘可提供代检服务’。”他拨通了其中一个电话，对方表示，可提供一名健康人作为“替身”，代其通过入职体检，费用为2 000元，“先交500元押金，事成后再付全款”。

昨日，记者通过高晓强提供的网站，找到一个名为“乙肝代检”的博客。博客中写道：“是否还在为入职体检烦恼呢？体检帮手入职体检代理为你量身定做各类体检，百分百过关！”其服务范围主要为：广州、深圳、北京、成都等地的乙肝患者，而业务类别则有：乙肝入职体检、乙肝出国体检等。

记者通过博客上公开的联系方式，寻找到一名为“体检总部”的网友，他表示“该团队已经有5年的代检经验，保证100%通过体检，没通过不收费”。同时，他还透露，该团队业务量巨大，“每年大学生毕业期间，我们一个工作人员要代检上百人”。

**医院：我市单位几乎都要员工查“两对半”**

昨日，记者走访我市多家医院的体检中心。在各大体检中心所提供的众多体检套餐中，无一例外的均有“招生、招工套餐”，且任何一种体检套餐均将“乙肝标志物”检测作为其中的可选项目。四川大学华西医院体检中心主任王佑娟表示：“在我市，基本上所有用人单位都将乙肝两对半检测作为必选项。”

四川大学华西医院体检中心对外提供“白领型”、“精英型”、“豪华型”等十余种体检套餐。记者注意到，其中有一种“招生、招工体检套餐”，医院注明其适用人群：就业前筛选、职工体检、学生普查。在该套餐的体检项目中，存在“肝功能12项”以及“乙肝标志物”的检验项目。“在日常生活中，乙肝病毒携带者是不具备传染性的。”体检中心工作人员表示，他们会向用人单位介绍这类“医学常识”，以消除用人单位的“乙肝歧视”，但用人单位仍将“乙肝两对半”作为员工入职的必选体检项目，“反正为体检埋单的是即将入职的员工自己，用人单位少一项不如多一项，还可以筛除单位的‘健康隐患’”。

**医生：删除“两对半”才能消除歧视**

我市一家大型体检中心医生告诉记者，中心向体检者提供的体检服务，就像一张菜单，由对方选择所需体检项目。只是对于升学、入职的体检者而言，这个菜单的选择权在用人和招生单位方。“我总不厌其烦地告诉单位和公司，乙肝病毒携带者不具传播性，无需体检乙肝两对半。”但这位医生遗憾地表示，几乎没有用人单位听取她的意见。“他们会认为，既然没有检测的必要，那为什么各大医院的体检套餐都会列出这一项。”因此，她认为，只有从体检套餐中删除“乙肝两对半”检测项目，才能在升学、入职上真正实现无“乙肝歧视”。

**数据**

1 亿：我国乙肝患者约占总人口的 10%，超过 1 亿人；

1/3：乙肝表面抗原携带者将近 1/3 是因不安全注射造成的；

40%：现阶段人群里面估计有 40% 乙肝表面抗原携带者是通过自己母亲传染的。

## 附录 7-3 我国男女退休年龄规定被提请违宪审查①

中国人的退休标准几十年没变——干部是男 60 岁、女 55 岁；工人是男 60 岁、女 50 岁。现在，这项退休政策越来越遭到中国妇女界的质疑，认为有“重男轻女”之嫌。今年三八妇女节“要不要性别平等的退休政策”再次引起人们的激烈争议。

3 月 7 日下午，北京大学法学院妇女法律研究与服务中心就《国发（1978）104 号文件》关于女职工退休年龄的规定，向全国人大常委会提起违宪审查建议。违宪审查建议书指出，《国发（1978）104 号文件》（包括《国务院关于安置老弱病残干部的暂行办法》和《国务院关于工人退休、退职的暂行办法》）违反了《中华人民共和国宪法》第 33 条第 2 款“中华人民共和国公民在法律面前一律平等”以及第 48 条第 1 款

① 资料来源：于怀清，“我国男女退休年龄规定被提请违宪审查”，《法制早报》，2006 年 3 月 12 日。

“中华人民共和国妇女在政治的、经济的、文化的、社会的和家庭的生活等各方面享有同男子平等的权利”的规定。

## 对《国发(1978)104号文件》中的退休年龄规定进行违宪审查建议书

全国人大常委会:

根据《中华人民共和国立法法》第90条之规定,我们对《国发(1978)104号文件》中的退休年龄规定提出如下违宪审查要求和立法建议,请审查并答复。

**一、退休年龄规定实施的客观效果与立法初衷相悖**

《国发(1978)104号文件》中的退休年龄规定,其立法初衷是对妇女的照顾和保护,但是其实施的客观效果违反了《中华人民共和国宪法》第33条第2款和第48条第1款的规定。

立法时考虑女性的生理特点和抚育子女的需要,不宜长期从事繁重工作,同时考虑在解放前女职工就业的机会一般比男性少而工龄较短的现实,给予女性早退休的特权,体现了党和政府对职业女性的关怀。但是时代的变迁使这项保护性制度演变成对女性的性别歧视。

因为立法时处于改革开放初期,职业女性多在全民所有制单位工作,工人以体力劳动为主。改革开放之后,一方面,多种经济形式并存,涌现出大量民营企业,企业有用人自主权,尤其是自1986年全面推行劳动合同制以来,退休年龄制度难以落实;另一方面,脑力劳动正在逐渐取代体力劳动,成为职业女性的主要工作方式。因此,新中国第一批女干部陆续退(离)休时,即对此项规定产生了质疑。

随着改革的深入,出现了新的问题。例如,人事制度改革已从“试水”进入“深水”阶段,体现为打破终身制,授权单位以岗位决定所聘人员的身份。导致干部、工人的身份随着劳动合同制的全面推行而难以区分。因此,人事制度改革需要与退休年龄改革同步。假如退休年龄制度长期不变,日益滞后于人事制度改革,则必然产生诸多矛盾,成为人事制度改革的障碍。2005年10月,河南省平顶山市女干部周香华以单位让其55周岁退休违反《宪法》规定为由,提起的“退休性别歧视案”引起了强烈反响。

本中心自1995年成立以来,对于女职工退休年龄问题,共解答咨询118人次。

承办案件15起，涉及59人，其中绝大部分是女性高级知识分子，也有3人原为干部（技术）身份，企业改制后被聘为工人，于50周岁被强制退休。本中心承办的15起案件中，包括女公务员和女工程师要求与男性同龄退休案、女会计要求55岁退休案等。之所以出现诸多纠纷，是因为这项“保护性制度”的负面影响日益明显，导致女性无法实现在经济和家庭生活等方面享有同男子平等的宪法权利。主要表现在：

（1）随着女性受教育程度的提高，职业生涯相对缩短，女性比男性早退休影响晋升的机会，难以进入决策层，且导致缴费工资基数较同龄异性低；

（2）缴费时间短，计入个人账户的资金相对较少，使养老金随之减少；

（3）女职工自我价值的实现程度随之降低，在家务负担最轻、年富力强时被迫退休，造成对女性人力资本的巨大浪费；

（4）在客观上导致就业年龄歧视加重，女性40岁以上再就业难，招聘广告甚至打出“35岁以上免谈”；

（5）早退休工龄较短，与工龄挂钩的公积金等福利待遇也受到影响。

对此，世界银行的一份研究报告曾提出过警告：“根据新的养老保险制度，女职工的养老保险待遇比较低，这是向所建议的养老保险制度转变的一个政治性的经济问题。”

### 二、歧视性制度不利于实现创建和谐社会的目标和男女平等的基本国策

《国发(1978)104号文件》不仅规定退休年龄男女相差5～10岁，女干部与女工人相差5岁，而且存在歧视性用语。针对干部的规定表述为“可以退休”；而针对工人的规定则表述为“应该退休”。前者是任意性规范，授权当事人选择；后者是强制性规范，无任何选择余地。同样是中华人民共和国公民，如此区别对待并无正当理由，违反了宪法的平等原则。同时也违反了我国加入的联合国《经济、社会和文化权利公约》和《消除对妇女一切形式的歧视公约》中的非歧视原则。

党的十六届四中全会提出建设“和谐社会”的发展目标深得民心，而在退休年龄中存在的性别歧视导致女性受到不公正对待，已成为普遍的社会问题，直接影响和谐社会目标的实现。因为和谐社会的显著特征就是具有利益冲突的各方相融，宪法的平等原则得到贯彻，社会成员作为人应有的尊严得到普遍尊重，从而形成稳定的社会秩序。不公正的社会就不会和谐，假如允许这种不和谐的状况继续存在，当矛盾激化到一定程度，就容易酿成社会动荡。

1995年9月4日,在第四次世界妇女大会的欢迎仪式上,原国家主席江泽民代表中国政府向国际社会郑重宣布:“把男女平等作为促进我国社会发展的一项基本国策。”2005年8月28日,修正后的《妇女权益保障法》首次以立法的形式将男女平等作为基本国策。8月29日,在纪念联合国第四次世界妇女大会10周年会议上,胡锦涛总书记指出,中国明确把男女平等作为一项基本国策,表明了中国促进性别平等、保障妇女权益的坚定决心。我们将坚持贯彻男女平等的基本国策,不断促进性别平等和两性和谐发展。

可见,我国政府对贯彻男女平等基本国策的决心,消除在退休年龄中的性别歧视势在必行。

### 三、“入世”后立法应当逐渐与国际接轨

按照“入世”时的承诺,立法应当逐渐与国际接轨。目前,规定男女相同退休年龄的国家约占60%,规定男女差别退休年龄的国家约占40%。我国男女之间的退休年龄差距堪称世界之最。世界性趋势是逐渐将男女退休年龄拉平,并给当事人选择余地。例如,英国将男65岁、女60岁统一为65岁;澳大利亚将男女分别为65岁、63岁统一为65岁。

我国在人口老龄化、平均预期寿命延长、退休高峰期到来、养老基金压力越来越大等方面与发达国家相同。据专家测算,在我国退休年龄每延长一年,养老统筹金可增收40亿元,减支160亿元,减缓基金缺口200亿元。

考虑中国的特殊国情——劳动力严重过剩,可以对退休后返聘的人减发养老金,以缓解就业压力。这在国外已有先例,例如,日本原退休年龄为男60岁,女58岁,1999年将女性享受养老保险的年龄推迟到60岁。且“只要自愿,人人可以工作到65岁”;养老金仍从60岁开始支付,但对60岁至64岁之间仍在继续工作的老人,只给付部分养老金,每月约10万日元,达到65岁后再全额给付。德国也有类似制度值得借鉴。

近几年来,社会各界对修改退休年龄的呼声越来越强烈。根据人事政策,部分单位在男女同龄退休方面已经作出了典范,例如,大学教授不分性别均在60岁退休,并允许申请提前内退或者根据需要适当延长。

《国发(1978)104号文件》属于不规范的行政法规,且仅“经党中央和全国人民代表大会常务委员会原则批准”,说明当时审批机关有保留意见。我们建议在《养老

保险法》中确立弹性退休制度，将男女退休年龄统一为60周岁，允许在特定情形下，经过本人申请，主管部门批准，提前1～10年退休，领取非全额养老保险金，个别岗位经过批准适当延长。平等并非意味着机械等同，区别对待只要有正当理由，就不属于歧视。另外，《104号文件》中根据工种和健康状况需求降低退休年龄的规定，并不违反宪法平等原则。

根据上述事实和理由，特提请全国人大常委会进行违宪审查。

建议人：北京大学法学院妇女法律研究与服务中心

2006年3月7日

# 第八章

# 收入分配差距变化的趋势、成因及对策

在第六章工资决定因素及其制度设计的分析中，我们讨论了个人、家庭和企业在劳动力市场上决策的行为，如同前几章一样，这些讨论涉及的都是劳动经济学中微观方面的内容。下面两章，我们将劳动经济分析扩展到劳动力市场中的宏观方面。现代经济学宏观分析的知识与微观不同，它将经济活动视为一个总体来观察。在现代劳动经济学中，宏观部分的分析内容包括收入分配、就业和失业等问题。本章我们讨论，从纵向时间序列来看，国内外收入差距变化的轨迹是什么，是扩大或者是缩小？收入差距扩大或缩小的背后原因是什么？国内外缩小收入差距的政策都有哪些？从价值判断和政策含义来讲，收入差距讨论的核心是平等与效率的关系问题。如何既要保持经济增长，或者说是不损害经济增长，同时又能不至于产生两极分化，引起社会矛盾的激化，这成为现代国家收入分配政策设计的难点。在下一章，我们将集中讨论目前全社会更为关注的就业和失业的理论，以及各国政府的应对政策问题。

# 第一节 收入不平等测量及变化的趋势

## 一、国际收入分配差距的变动

1955 年哈佛大学教授库兹涅茨(Simon Kuznets)发表了《经济增长和收入不平等》①一文。在该文中,他提出了不平等与发展之间存在倒 U 形关系,即随着经济的发展和人均国民生产总值的增长,收入分配的不平等程度起初上升,继而下降。库兹涅茨提出倒 U 形假说是依据了当时可得到的有限的统计资料。关于经济增长早期阶段收入分配不平等迅速加剧并恶化的趋势,在库兹涅茨看来是一个不需证明的事实,他引证了经济增长早期阶段的普鲁士(1854—1857 年),处于经济发展后期阶段的美国、英国和德国萨克森地区(1880—1950 年)不同收入阶层收入差距变动的有关数据,这些数据大致支持了这一假说。库兹涅茨还将印度、波多黎各等发展中国家和英国、美国收入分配差距进行了比较,发现发展中国家收入分配不平等程度更严重。基于一系列经济发展史的实证材料分析,库兹涅茨得出这样一个结论,以人均国民生产总值来衡量的经济发展水平是一个国家决定收入分配不平等程度的主要因素。据此,他认为,随着经济的发展和人均国民生产总值的增长,收入分配的不平等程度起初上升,继而下降。库兹涅茨关于经济增长水平和收入分配状况变化的倒 U 形假说,引起许多发展经济学家的关注,或者试图肯定它,或者试图否定它。在现代经济学文献中,关于经济发展过程中收入分配差距变动的长期趋势的研究,在很大程度上实际上就是关于倒 U 形假说能否成立的争论。

在关于倒 U 形假说的实证分析中,由于时间序列资料的缺乏,故大量研究是利用横截面资料进行的,即利用当代同一时期不同发展水平(不同发展阶段)的国别资料进行分析。这类研究实际上是假设,处于不同发展水平的国家相当于一国处在不

---

① Simon Kuznets, Economic Growth and Income Inequality, *American Economic Review*, Volume 45, No. 1, 1955, pp. 1 -28.

同发展阶段。这方面的代表人物有阿德尔曼(Adelman)、莫里斯(Morris)、鲍克特(Paukert)、钱纳里(Chenery)、塞尔昆(Syrquin)、阿鲁瓦利亚(Ahluwalia)等。一般来说,他们基于横截面数据的大量经验性研究广泛地支持了倒U形假说。

对倒U形假说的纵向时序论证,即以特定国家发展过程中若干时点上的收入不平等状况来验证。20世纪50年代,在库兹涅茨提出倒U假说时,一些学者围绕着这一假说的后半段(即收入不平等改进阶段),对一些发达国家二战后的收入分配差距趋势进行了分析研究,代表人物有索洛(Solow)。20世纪70年代以后,一些学者主要是利用一些发展中国家的时序资料对库兹涅茨曲线的前半段(即收入不平等加剧和恶化阶段)进行了验证,代表人物为魏斯考夫。在以上的研究中,虽然所使用的时序资料不很全面,但对倒U假说给予了基本的支持。考察发展中国家和地区的经济发展过程可以发现,情况并非尽然。较高的经济增长率,并非以社会收入分配不平等程度的扩大和恶化作为条件,像中国台湾地区、伊朗和韩国,不仅有较高的经济增长率,同时,社会收入分配不平等程度也得到改善或至少不变。从另一个角度来看,较低的国民生产总值增长率与社会收入分配不平等改善也没有必然的联系,如印度、秘鲁和菲律宾,这些国家具有较低国民生产总值增长率,同时伴随着社会收入分配不平等程度的扩大。而斯里兰卡、萨尔瓦多等国的情况表明,它们的国民生产总值增长率较低,但最低收入人口的收入却增加了,即收入分配差距扩大的程度降低了。

值得指出的是,对美国20世纪70年代以来的收入分配变动的研究发现,从1968年以来美国的收入差距变动改变了方向。即按照基尼系数衡量的收入差距从过去的趋势性下降,改变为趋势性上升。表8-1是由美国人口普查局所提供的1947—2008年以来,按照基尼系数所衡量的收入差别的变动情况,证明了这一点。

表8-1 1947—2008年美国收入差距的变动

| 年 份 | 基尼系数 | 年 份 | 基尼系数 |
|---|---|---|---|
| 1947 | 0.376 | 1952 | 0.368 |
| 1948 | 0.371 | 1953 | 0.359 |
| 1949 | 0.378 | 1954 | 0.371 |
| 1950 | 0.379 | 1955 | 0.363 |
| 1951 | 0.363 | 1956 | 0.35 |

续 表

| 年 份 | 基尼系数 | 年 份 | 基尼系数 |
|---|---|---|---|
| 1957 | 0.351 | 1991 | 0.397 |
| 1958 | 0.354 | 1993 | 0.429 |
| 1959 | 0.361 | 1994 | 0.426 |
| 1960 | 0.364 | 1995 | 0.421 |
| 1961 | 0.374 | 1996 | 0.425 |
| 1962 | 0.362 | 1997 | 0.429 |
| 1963 | 0.362 | 1998 | 0.456 |
| 1964 | 0.361 | 1999 | 0.458 |
| 1965 | 0.356 | 2000 | 0.462 |
| 1966 | 0.349 | 2001 | 0.466 |
| 1967 | 0.358 | 2002 | 0.462 |
| 1968 | 0.386 | 2003 | 0.464 |
| 1970 | 0.353 | 2004 | 0.466 |
| 1975 | 0.357 | 2005 | 0.469 |
| 1980 | 0.365 | 2006 | 1.470 |
| 1985 | 0.389 | 2007 | 0.463 |
| 1990 | 0.396 | 2008 | 0.466 |

资料来源：Daniel H. Weiberg, *A Brief Look at Postwar U. S. Income Inequality*, *Current Population Reports*, U. S. Census Bureau, 1998; U. S. Census Bureau, *Selected Measures of Household Income Dispersion: 1967－2008*。

在美国，男性的基尼系数从1967年的0.314，上升到2007年的0.404。收入不平等在女性中也存在上升趋势，基尼系数从1967年的0.298上升到2007年的0.356①（如图8－1所示）。

随着经济全球化进程的加快，不仅美国的收入差距在扩大，全球的基尼系数也发

① U.S. Census Bureau, Measures of Individual Earnings Inequality for Full-Time, Year-Round Workers by Sex: 1967－1999.

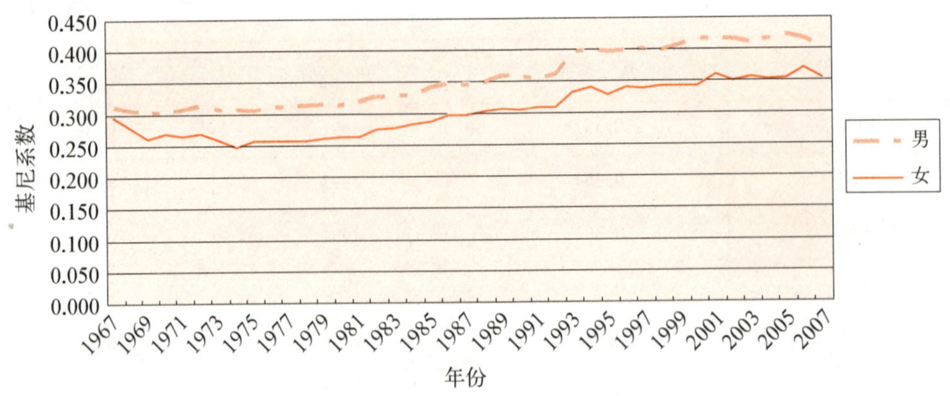


图 8-1　1967—2007 年美国按照基尼系数计算的男女收入不平等变化

资料来源：U. S Census Bureau Measures of Individual Earnings Inequality for Full-Time, Year-Round Workers by Sex：1967-1999。

生了剧烈变动。根据世界银行专家布兰科·米兰诺维奇基于各国居民家庭收入和消费数据进行的测算，全球基尼系数从 1988 年的 0.623 上升到 1993 年的 0.653，国家间的不平等呈稳定明显的上升。1994 年之后，基尼系数有所减小，到 1998 年为0.641，但是，当消除了购买力平价波动之后，运用泰尔指数①，发现即使是 1998 年不平等也在扩大。而在对基尼系数进行分组分解以后可以看出：国家之间的差异远远大于各国国内居民收入的差异，国家间不平等在总体不平等的份额中占到了85% ~90%②。

## 二、收入不平等测量的含义及难点

在我国，谈到收入不平等的测量首先一个问题是收入的概念是什么，也即我们测量对象的含义是什么？从广义上来讲，收入是指个人收入，或者按照我们通常统计测量的指标是家庭的人均收入。对经济学研究来说，家庭人均收入是一个重要的概念，比如说我们讨论消费倾向，往往与家庭收入有关。我们谈到现阶段的发展目标时曾讲到，小康即达到人均收入达到800 美元等。这些都指的是人均收入。谈到这个指标，

① 泰尔指数(Theil Index)，是一种衡量个人之间或地区间收入差距的指标。它的最大优点是，可以衡量组内差距和组间差距对总差距的贡献。

② 布兰克·米兰诺维奇，《世界的分化：国家间和全球不平等的度量研究》，北京师范大学出版社，2007 年。

有两个因素要考虑进来：一是收入的来源，有劳动的收入，如工资的收入，也有非劳动的收入，如利息和利润分红等；二是家庭人口的数量，这既与劳动力的数量，即工作人口有关，也与非劳动人口，甚至是家庭未成年人口有关。我们在开始曾谈过，劳动经济学是研究劳动力市场的一门学问，它研究工作或与工作相关的人的行为。显然个人收入这个概念的测量，较之劳动经济学所涉及的问题范围要宽得多。个人收入不仅包括劳动报酬，也包含非劳动报酬的内容。因此对家庭个人收入的讨论，往往要涉及对家庭遗产、社会福利的转移支付和税收政策等问题的讨论。对家庭个人收入不平等的衡量尽管很重要，它是一般经济理论研究关心的重要问题，但它超越了劳动经济学理论研究的命题。不过，由于个人收入包括劳动收入和非劳动收入，而收入不平等又特别与劳动收入，即工作中的报酬收入有关；加之，国内居民个人家庭收入是通过家计调查方法[①]获得的，该项收入差距数据较之工作中的报酬数据容易获得和计算，因此，我们在本章将个人报酬收入的不平等的测量和变化趋势，一并纳入进来在此加以讨论。

在对收入分配不平等的讨论中，最大的难点是在我国统计中的报酬的涵盖的范围。改革开放以前，由于收入来源几乎全部来源于劳动收入，收入来源单一；加之，国家严格的计划统计，货币收入是比较清晰的，如果我们将实物收入的影响撇开不谈，应当说对当时报酬分配的不平等的衡量，基本上说是比较容易的，是不存在困难的[②]。改革开放以来，特别是20世纪90年代以来，我国城镇劳动报酬收入水平不但提高很快，而且报酬结构发生了很大的变化。最值得注意的就是，制度外的收入急剧增长。这甚至成为中国人富裕的“秘密”[③]。这部分的统计测量成为十分困难的事情。由此也影响到目前对我国收入分配差距状况的判断。

## 三、我国城乡居民收入分配差距的变化

1978年经济体制改革以前，从总体来看，我国居民个人收入分配状况表现为较为严重的平均主义格局。城镇居民收入分配主要表现为低水平下的高度平均主义格

① 家计调查，亦称居民家庭收支调查，指以居民家庭收入和支出为主要调查内容的综合性专门调查。

② 也有的学者认为，改革开放前，如果将实物工资考虑进来，中国的收入差距的测量也存在问题，实际的差距并不低。考虑到这一点，可以认为，实际的情况至少比名义统计测量的水平要高。

③ 李鸿谷，“中国人富裕的秘密——制度外收入”，《三联生活周刊》，2001年第11期。

局的特点。国家统计局[①]、世界银行(1983)以及美国学者阿德尔曼和桑丁(1987)对我国1978年全国的收入不均等程度进行研究并得出了基本相同的估计结果,城镇基尼系数在0.16~0.17之间。况且,这种平均主义的分配格局在改革前的近30年时间里是相对稳定的[②]。

农村居民的收入分配主要表现为地区(社区)内部高度平均主义和地区(社区)之间的明显的收入差距并存的特点。改革前,中国农村尤其是作为收入分配主体的生产队和生产大队内部的收入分配,大多采取偏重均等的分配机制,从而导致分配结果往往较为平均。在不同的分配主体(地区或社区)之间,由于自然条件和历史机遇等初始条件造成收入差异,这不仅成为既定的事实,而且还成为下一轮收入差异扩大的重要条件。1978年省内县际之间和生产队之间的基尼系数分别为0.16和0.22。1979年省际之间人均收入的基尼系数为0.14,相当于当年全国人均收入的基尼系数的65%[③],全国的基尼系数为0.22左右[④]。同时,普特曼(1993)利用河北省大河乡的农户调查数据计算了5个生产队内部的人均收入基尼系数在0.14~0.19之间,而5个生产队混合数据的基尼系数为0.21。

城乡之间居民收入分配主要表现为显著的收入差距的特点。1978年城镇居民的人均货币收入为农村居民的人均纯收入的2.4倍[⑤]。世界银行估计数字为2.5倍。按照世界银行的估计,全国基尼系数大约在0.33。同时,传统体制下中国福利补贴的分配,不仅具有很强的歧视性,而且从来不与居民的货币收入挂钩。这实际上就进一步扩大了城乡之间收入差距。阿尔特曼和桑丁将城镇居民享有的补贴计算在内,全国基尼系数要上升38%左右。

1978年改革以来,我国居民个人收入分配差距表现为不断扩大的趋势。城镇内部居民收入分配差距主要表现为1984年前的相对稳定和1984年后的跳跃式上升。从1978年到1984年的几年中,城镇基尼系数基本稳定在0.16的水平上。而从1984年开始,基尼系数一路攀升,到2007年已达到0.473[⑥]。

---

① 主要是任天才、程学兵1996年的研究结果;李成瑞(1986)估计的结果为0.185。

② 阿德尔曼和桑丁(1987)对1952年和1978年的基尼系数的估计值都是0.165。

③ 赵人伟、李实,《中国居民收入分配再研究》,中国财政经济出版社,1999年,第130页。

④ 国家统计局估计的1978年农村的基尼系数为0.212,阿尔德曼和桑丁估计为0.222。

⑤ 根据国家统计局数据计算,不考虑城镇居民的实物性补贴。

⑥ 贺香玉,"我国收入分配失衡问题研究",《河南金融管理干部学院学报》,2009年第3期。

农村内部居民收入差距除了个别年份有所下降外，主要表现为持续平缓上升。农村基尼系数从1978年的0.212一直上升到2007年的0.374 2，29年中上升了约16个百分点[①]。

城乡之间居民收入差距基本上呈现一种不断上升的趋势。尽管城镇农村人均名义收入比率在前5年，从1978年的2.37下降到1982年的1.83，但是在以后却一直上升，从1983年的1.70上升到1995年的2.47，而实际收入比率却从1983年的2.15上升到1995年的2.79。按照赵人伟的计算，1988年和1995年的全国基尼系数分别为0.382和0.452。十等分组的分析结果表明，1988年最高收入组收入所占的比例相当于最低收入组的13.5倍，而1995年这一比例高达17.7倍(卡恩，1994)。据王祖祥、张奎、孟勇等人的计算，2004年全国基尼系数为0.440 505，人口份额5%的高收入层所拥有的总收入的份额由1995年的14.52%上升到2004年的20.37%；人口份额为10%的高收入层所拥有的总收入的份额由1995年的24.78%上升到2004年的32.12%；在2004年，人口份额为20%的高收入阶层拥有近50%的总收入。而这些年中低收入阶层所拥有的收入份额则持续下降，人口份额10%的低收入层所拥有的收入份额由1995年的2.34%下降到2004年的1.68%；人口份额为20%的低收入层所拥有的收入份额由1995年的6.13%下降到2004年的4.66%；在2004年，人口份额为50%的低收入阶层只拥有大约20%的总收入[②]。

改革开放30多年来，在让一部分人先富起来，即效率优先的理念指导下，我国的个人收入分配差距不断扩大。按照国际通常衡量收入差别的指标基尼系数来观察，我国的收入差别显然是达到了一个高度不平等的阶段。世界银行发表的《2007年世界发展报告》认为，我国在2007年的基尼系数已经达到了0.47[③]。尽管，不同的数据来源所计算出来的基尼系数有着一定的差别，但总体来说，迄今对我国收入差别已开始步入高度不平等的判断，在理论界和实际部门已接近共识[④]。

---

① 国家统计局，《中国农村住户调查年鉴(2008)》，中国统计出版社，2009年，第2-25部分第28页。

② 王祖祥等，“中国基尼系数的估算研究”，《经济评论》，2009年第3期。

③ 世界银行著，中国科学院、清华大学国情研究中心译，《2007年世界发展报告》，清华大学出版社，2007年。

④ 世界银行著，蔡秋生译，《1997年世界发展报告》，中国财政经济出版社，1997年，第222页。值得指出的是，国家统计局所计算的全国基尼系数要较其他数据来源计算的值低一些。据国家统计局的资料，近五年全国居民的基尼系数数据是：1995年0.389，1996年0.375，1997年0.379，1998年0.386，1999年0.397。参见倪宪军，“基尼系数和收入分配”，《工商时报》，2002年8月8日。

## 四、我国城镇职工工资差距的变化

1978年改革开放之前,我国城镇职工的工资差别经历了一个不断下降的过程。从行业之间的工资差别来衡量,最高与最低工资差别倍数从1957年的1.5倍,下降到1979年的1.48倍。从地区之间工资差别的变化来看,最高与最低工资差别倍数由1956年的2.44倍,下降到1980年的1.63倍①。

改革开放以来,我国的工资差距发生了很大的变化,这种变化主要的表现在行业、地区、产权属性、职业和员工个人之间工资的差距明显扩大。

### 1. 行业工资差距变化

由表8-2计算的最高与最低行业平均工资之间的差别倍数可知,1978年以来,行业之间的平均工资水平差距经历了一个最初下降,然后不断扩大的过程。即由1978年的2.16倍,下降为1989年的1.61倍。从此之后,一直处于上升阶段,2008年已经上升到4.77倍。

表8-2　行业平均工资差别倍数及差别比率

| 年　份 | 当年最高行业平均工资 | 当年最低行业平均工资 | 最高与最低行业平均工资的倍数 | 最高与最低行业平均工资的差别比率* |
|---|---|---|---|---|
| 1978 | 850 | 392 | 2.168 4 | 1.168 4 |
| 1980 | 1 035 | 475 | 2.178 9 | 1.178 9 |
| 1985 | 1 406 | 777 | 1.809 5 | 0.809 5 |
| 1986 | 1 604 | 980 | 1.636 7 | 0.636 7 |
| 1990 | 2 656 | 1 541 | 1.723 6 | 0.723 6 |
| 1991 | 2 922 | 1 652 | 1.768 8 | 0.768 8 |
| 1995 | 7 843 | 3 522 | 2.226 9 | 1.226 9 |
| 1999 | 12 046 | 4 832 | 2.493 0 | 1.493 0 |

① 曾湘泉,《经济增长过程中的工资机制——对中国工资问题的宏观动态考察》,中国人民大学出版社,1989年,第84—85页。

续　表

| 年　份 | 当年最高行业平均工资 | 当年最低行业平均工资 | 最高与最低行业平均工资的倍数 | 最高与最低行业平均工资的差别比率* |
|---|---|---|---|---|
| 2000 | 13 620 | 5 184 | 2.627 3 | 1.627 3 |
| 2001 | 16 437 | 5 741 | 2.863 1 | 1.863 1 |
| 2002 | 19 135 | 6 398 | 2.990 8 | 1.990 8 |
| 2003 | 32 244 | 6 969 | 4.626 8 | 3.626 8 |
| 2004 | 34 988 | 7 611 | 4.597 0 | 3.597 0 |
| 2005 | 40 588 | 8 309 | 4.884 8 | 3.884 8 |
| 2006 | 44 763 | 9 430 | 4.746 9 | 3.746 9 |
| 2007 | 49 435 | 11 086 | 4.459 2 | 3.459 2 |
| 2008 | 61 841 | 12 958 | 4.772 4 | 3.772 4 |

注：* 最高与最低行业平均工资差别比率是指两者之间的差距与最低工资的比值。
数据来源：根据国家统计局,《中国统计年鉴(2002)》,中国统计出版社,2003 年,计算所得。

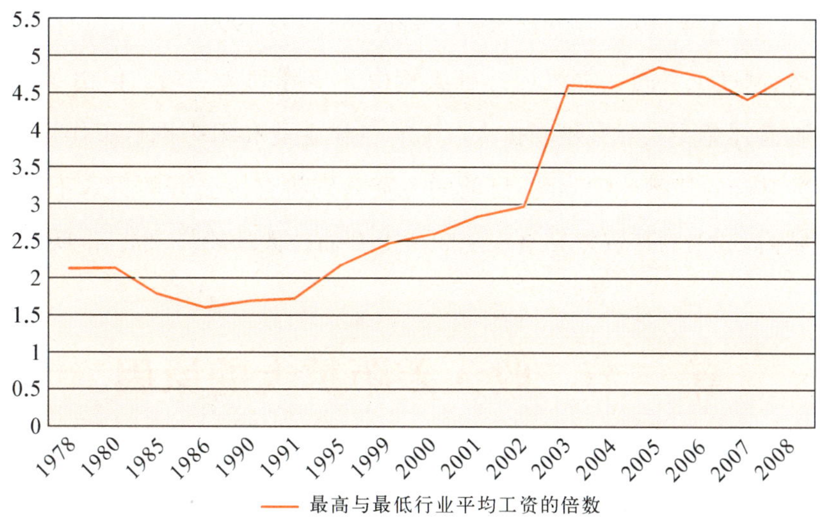


图 8－2　1978—2008 年最高与最低行业平均工资差别倍数的变动趋势

## 2. 地区之间的工资差别的变化

统计表明,自 20 世纪 80 年代以来,地区工资差别在不断扩大,由最高和最低衡量的差别倍数,由 1985 年的 2.07 倍,已扩大到 2008 年的 2.69 倍(如表 8－3 所示)。

表8－3 中国各地区之间的工资差别倍数

| 年　份 | 最高地区工资 | 最低地区工资 | 最高工资与最低工资之差别倍数 |
|---|---|---|---|
| 1985 | 1 967 | 950 | 2.07 |
| 1989 | 2 997 | 1 559 | 1.92 |
| 1995 | 9 279 | 4 134 | 2.24 |
| 1997 | 11 459 | 4 870 | 2.35 |
| 2001 | 21 781 | 7 908 | 2.75 |
| 2008 | 56 565 | 21 000 | 2.69 |

数据来源：根据国家统计局社会统计司,《中国劳动工资统计资料 1949—1985》;国家统计局人口与社会科技统计司,《中国劳动统计年鉴 1996,1998,2002》的数据整理而得。

### 3. 不同职位或不同岗位工资差距的变化

职位工资或岗位工资差别在不同组织中变化表现出了不同的变动趋向。在国有企业中,经过 1985 年、1993 年两次大的工资改革,以及 1999 年对工资标准的较大幅度调整之后,制度工资同一等级内标准工资由 3 倍降到 2.7 倍。但由于“制度外收入”的影响,总体差距实际在不断扩大。随着各类企业和组织推行工作评价制度,实行以职位为基础的薪酬分配制度,目前的工资差别将会以公开的方式不断扩大。在非国有领域内,员工的薪资差异呈现随职位上升而拉大的趋势,也已渐明显。

# 第二节　收入差距扩大的原因

## 一、对国际收入差距扩大变动的解释

由于库兹涅茨所提出的经济增长和收入分配差距之间的倒 U 形假说的失效,因此对 20 世纪 60 年代末到 70 年初开始的收入差别扩大,或者说是不平等的加剧原因的解释,就成为国际经济学界关注的问题。在过去的 20 年里,劳动经济学家做了大量的研究去跟踪和解释收入分配的变化情况。这方面的最初动机源于 20 世纪 80 年代早期的一个有争议的假说：美国的中间阶层正在缩减。这造成了高收入职位和低收入职位间的两极分化越来越严重。尽管，在美国是否存在两极分化存在着不同的观点，但收入分配变得更不平等，特别是在过去的25年中收入不平等已经上升，并且从1980年以来加速，已成为共识。至于为什么在过去25年中收入不平等加剧，有如下四种解释。

**一是产业结构的变动**。自20世纪70年代中期以来，美国不仅进入了“产值的服务业化”，而且进入了“劳动力的服务业化”，即在美国，服务部门的就业人数，出现了显著的增长，以至于成为占绝对地位的就业部门。而从工资水平来看，服务业相对于制造业而言，其平均工资要低于制造部门（可变工资高于制造部门），故服务部门就业增加也就加剧了收入的不平等。

不过，对此也存在着争论。有的经济学家认为这是一种不完全的解释。服务部门的兴起而产生的这种就业的变化，仅能解释整个收入不平等加剧的一小部分。从统计上看，行业内工资分配的不平等，差不多能够解释整个收入不平等加剧的80%。行业内收入不平等加剧，不能简单地解释成是由于从制造业到服务业就业的变化造成的。随着现代服务业的发展，在发达国家，现代商业服务业的比例大幅度增长，特别是广告、软件和计算机等信息密集性服务和会计、设计、策划、法律、咨询等知识性服务增幅更大。上述高增长的这些商业服务部门，往往是高收入而不是低收入部门。

**二是国际贸易和工会主义**。从20世纪80年代开始，日本在国际贸易竞争地位的上升，对美国国内的经济产生了很大的影响。激烈的进口竞争大大减少了一些高工资、工会化行业的劳动力雇用，包括汽车和钢铁行业的雇员需求水平。由于工会会员的工资相对来讲很难下降，所以在工会化行业劳动需求出现了大面积的缩减。一方面是在非工会行业，受教育程度较低的雇员工资的直接下降；另一方面，从工会化行业中转移出来的许多雇员增加了低工资行业的劳动供给。因此，这些行业存在着工资向下的压力。进口竞争也导致了美国产业结构在国际范围内的调整和转移，一些高收入行业的生产寻求转移到那些非工会化、工资水平低的国家或地区。这些资源的重新配置进一步加大了收入不平等，并且也强化和加剧了工会的衰落。实证研究支持了贸易逆差的增长和工会主义的衰落加剧了收入的不平等这一结论。

**三是对技术劳动力需求的增长**。由于对技术劳动力需求的增长，大学生的工资在20世纪80年代后稳定增长，导致技术雇员和非技术雇员工资差距逐步拉大，扩大了收入的不平等。问题在于,为什么技术雇员需求在不断增长?其原因在于:第一,新技术出现后,导致了行业改变他们的生产技术,行业内对于新技术的需求上升,就必然需要那些相对来讲受过更高教育的人。例如,无论制造业和服务业,他们都对计算机的技术需求上升,当然对计算机人才的需求也就上升了。第二,产品需求在不同行业之间发生变动。具体来讲,对劳动力派生需求的移动,有利于雇用高比例的技术雇员的行业的劳动力需求水平的上升。例如,对高技术行业产品的需求上升,如计算机软件和生物医药等,派生了受过更多培训的雇员的计算机行业劳动力总需求的增加。加之,高等教育入学人数的增长较慢,与高技能,特别是大学教育的雇员需求增长较快相比较,这则会进一步增加收入的不平等。

**四是人口统计学方面的变化**。劳动力市场的总供给数量的变化,也能解释一部分收入不平等增长的原因。在美国,技能雇员和非技能雇员在劳动力供给组成中的变化,主要与20世纪70—80年代婴儿高峰期出生的劳动力,以及妇女劳动力涌入劳动力市场有关。缺乏经验和技术的工人数目的上升与收入不平等之间的联系,可以从两个方面观察和认识:第一,这一数量上升会提高所有产业的低工资雇员相对于高工资雇员的比例;第二,在各个低工资劳动力市场中,年轻雇员和缺乏经验的女工的增加,会降低这些市场中雇员的相对收入。无论是以上哪种情况,其影响都会加剧两者之间的收入差别。尽管人口统计对于加剧收入不平等的解释并不全面,特别是很难与总体收入不平等证据相一致(因为这些总体的不平等通常是由各个年龄段的收入不平等加剧而造成的),但通常的一致意见是,出生高峰期的劳动力和妇女劳动力的大量增长,以及移民,是在一定程度上加剧了收入不平等。

除以上原因之外,家庭组成的变化,也是影响收入差距扩大的一个因素。生活方式上的一些变化也加剧了家庭收入的差异。例如,离婚、分居、婚外恋和结婚年龄的推迟,导致了单亲家庭的出现和转变,而这些家庭很显然收入要低。同时,高收入男性和高收入女性的结合比例也在增加,这更加剧了高收入与低收入家庭之间的差距。

从劳动经济分析的观点来看,劳动力市场上的供求关系是影响工资和就业的基本力量。工资和就业的任何变动,都来源于劳动力市场上供给和需求力量的变动。由于制度的力量,比如说最低工资制度等,也可能使工资和就业发生变化。因此,概括起来,对美国劳动力市场上报酬差距扩大的主要现象,有三个基本的经济模型能够对此加以解释：一是受教育程度较低的劳动力供给较之受高等教育的劳动力的供给要快，这使低技能劳动者的工资走低；二是制度力量的变化，比如，在美国，工会化程度的下降，使受教育程度较低的劳动力，特别是生产工人的报酬减少；三是对受高等教育的劳动力的需求比受教育程度较低的劳动力需求增加更多。

研究表明，从全球来看，收入差距的扩大与全球化背景下的资本流动和产业结构调整和转移有一定关系。随着经济全球化进程的加快，不仅高物质资本拥有者，而且高人力资本拥有者也成为经济全球化的受益者。他们收入提高的原因，在于新经济条件下迅速变化的技术对高素质人才的需求。在经济全球化过程中，对高素质人才的需求不仅限于国内，而且来自国际社会。来自发达国家的需求进一步拉动了高人力资本拥有者的市场价格，这种拉动效果，不仅体现在国内市场价格的上升方面，而且体现在高素质人才他们有更多的机会，可以在世界范围寻找更高报酬的工作。在经济全球化过程中，主要的受损者是来自那些既不拥有很多物质资本也不拥有高人力资本的人群。普通劳动力在世界范围出现相对供给过剩，就业竞争加剧，总体报酬水平下降。尽管一些国家，通过劳动密集型工作岗位的创造，使其低人力资本和低物质资本拥有者的收入上升也是可能的，但并非所有相对落后的经济都能从劳动密集型产品出口中受益。

显然，在发达国家，高人力资本和物质资本拥有者从经济全球化中受益，收入快速增长。而非熟练技术工人因受到来自发展中国家的竞争而受到损害，只是由于其财政方面强大的收入再分配功能，才使得收入差距不至于迅速扩大。

在发展中国家，尽管总体福利得到迅速改善，但不同人群对增长的分享存在结构差异。在这些国家，由于劳动密集型战略的引入，国内的一些技术和非技术工人也可能由于其较低的劳动力成本而获得收益。但农业部门很难分享经济全球化的利益，加上相对较弱的收入分配和再分配政策，收入差距扩大就不可避免①。

## 二、我国收入分配差距扩大的原因

20 世纪 80 年代以来，我国的个人收入分配及城镇劳动报酬的差距在不断扩大，

① 魏众、张平，“经济全球化对各国居民收入分配的影响”，《人民日报》，2003 年 6 月 13 日。

这已成为公认的事实。然而,形成这种差距的原因是什么?对此,则存在着一些不同的解释。从已有的研究结论来看,这些不同的解释大多来源于不同的人所分析和探讨的角度不同。有的学者从居民收入来源的角度进行研究,对劳动收入和非劳动收入进行了不同的分析;有的学者从经济增长、经济发展和体制改革的不同阶段,提出我国出现了“公有制经济收入差异倒U曲线”及其“阶梯形变异”的观点;还有的学者从收入分配政策的调整对收入分配差距的影响的角度,特别是从我国在转型期制度方面的漏洞造成大量非正常收入的角度,讨论了寻租活动产生的收入差别;市场机制和管理方面存在的缺陷所引起的分配秩序混乱所造成的收入分配差距也是人们所关注的焦点。

不可否认,我国居民收入差距扩大与上述多种原因都存在着一定的关系。问题在于,这些原因之间往往是相互联系的,不可分割。另外,值得注意的是,在本章第一节讨论我国收入分配差距现状时,我们曾提出当前我国收入分配领域突出的问题是,在收入分配领域我们能获得的信息和数据资料相当不足。因此上述判断和结论都在某种程度上存在一定的缺陷。归结起来,从下述四个角度可以解释我国现阶段收入分配差距扩大的原因。

### 1. 经济增长和发展

和大多数发展中国家一样,我国的经济增长和发展由二元结构组成。一方面农村经济即传统的和相对落后的生产方式;另一方面是现代的和相对先进的工业经济。我国农村经济的增长和发展,集中体现在农村联产承包责任制实施后的农业发展和农村非农产业的发展。我国工业经济,更确切地说是城镇经济,主要体现在公有经济的持续发展和非公有经济的快速发展,以及国民经济各产业的不平衡发展这三个方面。

尽管农村农业的发展也强化了农村居民收入差距,但是对这种差距影响更大的,应该是农村非农经济的快速发展。如前所述,农村非农产业的发展明显地扩大了农村居民的收入差距,主要表现在农业和非农业劳动人口之间收入的差距上。

在城镇经济中,国有经济本身由于发展而引起的城镇居民收入差距扩大,要远远小于非国有经济由于制度和政策因素所引起的差距扩大。非国有经济的发展,极大扩大了城镇居民的收入差距。据国家统计局的测算,非国有经济职工工资收入要高于国有经济职工工资收入，同时非国有经济内部的收入差距也在扩大。而国民经济不同产业发展不平衡，也是导致城镇居民收入差距扩大的重要因素。例如，金融保险业、IT 业、通讯业等行业高速增长和发展，其员工收入要比传统的纺织、制造业等行业的职工收入，无论绝对水平或者是增长速度都要高出很多。

地区工资差别与地区间在经济增长速度（可以用地区人均国民收入衡量）、制造业的发展程度（制造业中的就业人数）、与地区人力资本存量（地区平均教育水平）等有关。从 1989 年到 1998 年的 10 年间，中国地区工资差别加剧的速度很快。在地区工资表中排名越是靠前的地区，它与最低工资间的差距的变动也就越大。从 1989 年到 1998 年，与最低工资水平的差别增长了 5 倍以上的地区分别是：上海、北京、浙江、福建、江苏、云南、河南和安徽。这种地区间的工资差别变动，充分地显示了地区间在经济增长速度和生产力水平上的差异。

### 2. 制度或体制性因素

和其他国家区别较大的是，改革开放以来，我国一直处在计划经济向市场经济体制转变的过程之中，制度或体制本身的变革成为对居民收入差距扩大的一个主要的影响因素。这主要集中表现在行业性垄断经营、制度外收入、按生产要素分配这三个方面对工资水平的影响上。

行业垄断性经营的形成，既有生产要素占有的初始不平等的原因，也有制度障碍的原因。例如，像电信、电力、铁路等大型国有企业，长期得到国家财政拨款的投资支持，形成相对很强的获利能力，同时也存在严格的进入障碍。由于国家的强力庇护，难以形成有效的市场竞争，这就极大地维护了该部门和领域的职工的利益，扩大了与其他相对弱势的部门职工的收入差距。

从 1989 年开始，行业工资差别基本上保持升幅。导致这段时期以来工资差别扩大的原因很多，比如，产业结构的升级以及新经济的迅速崛起造成的部分传统产业，如采掘业、建筑业、地质勘探等的衰落；部分行业由于资本构成不高，而在经济发展中与其他行业在劳动生产率上的差距不断加大，如农林牧渔业、批发和零售业、餐饮业；国家垄断力量的保持，如电力、煤气及水力行业、交通运输业、邮电通信业、金融业、保险业等。如前所述，在竞争性的市场条件下，行业间工资差别是由行业的产品供求状况、劳动力供求状况、行业资本构成的不同、行业劳动生产率的差异等主要因素所引起的。但是在非竞争性市场,垄断利润往往是行业工资差别的主要来源。究竟是竞争性因素还是非竞争性因素对我国行业工资差别的变动影响更大,目前仍需更深入的研究。

### 3. 政策性因素

我国居民收入受国家政策的影响较大。因此收入差距扩大在一定程度上,也是基于政策性因素的,而且在某些政策的作用下,收入分配的状况发生了较大的变动。这主要涉及税收、农副产品价格调整、住房改革、灵活的工资体制、事业单位创收等方面的政策的制定与出台,这些对收入分配差距的扩大都有着重要的影响。

税收政策作为一个国家进行再分配的重要手段,其功能发挥的程度对居民的收入分配的影响是很大的。税收政策的一个重要功能就是调节高低收入群体的收入差距,采用不同的税收政策,对收入差距调节的程度和效果是不同的。2002 年农村税费改革之前,在我国,“农村居民人均收入相当于城镇居民的 40%,而仅税款一项他们的支付人均额相当于城镇居民的 9 倍,如果加上上缴各种名目繁多的杂费,它相当于城镇居民的近 30 倍”(赵人伟,1998)。而且,在农村内部各种税费的征收基本上是按人头分摊的。对于穷人来说,税率是高的,而对于富人来说,税率是低的。另外,农村没有对贫困人口实际税费减免政策。但是,随着 2002 年农村税费改革的实施,农业税被取消,减轻了农民负担,农民实际收入上升。可以看出,税收政策在一定意义上,可以调节收入不均等的程度,因此,在今后的政策实施过程中,应更多更好地发挥税收政策的再分配功能。

国家对农副产品价格的控制会直接影响到农村居民收入增长幅度,从而进一步影响到城乡之间收入差距,甚至农村内部的收入分配变动。如前资料所示,农村居民收入增长较快的,也是城乡之间收入差距缩小的几年,同时也是农副产品的收购价格较大幅度上调的几年。

在我国,在住房改革前相当长的一段时间内,居民拥有公有住房权意味着可以从中获得实物性住房补贴,实际上也就获得了实物性财产收入。公有住房的分配在不同所有制企业、不同单位职工之间、不同地区之间都存在着不同程度的不均等问题。尤其是,高收入者往往是高公有住房面积获得者,当市场化以后,高公有住房面积的获得者,在这一过程中获得了更大的改革利益。

“制度外收入”有效解释了单位间职工收入的差距。“制度外”的收入有多种类型，其形态及性质均很复杂。它发源于20世纪80年代中期政府为调动单位和个人积极性的“创收”政策，有关研究曾将此统计为14类，并将此命名为“账外发放”①。以后也有一些人将此形象地称为“灰色收入”。在整个90年代是“制度外”经济及其收入分配大发展的时期。无论在程度上，或项目的内容上，已大大超过80年代的水平。

至于一些个人利用手中的权力获得的大量回扣和非法收入，也是“制度外”的收入，问题在于它是“非法收入”。在权力部门和信息资源垄断的领域，或多或少都可发现这种收入，这部分大多与权钱交易等腐败行为有关。此类收入水平对目前的收入水平差距也有着重要的影响。

### 4. 劳动力市场因素

这主要涉及劳动力供求状况、劳动力流动以及教育和人力资本投资收益率这三个方面的因素对居民收入分配的影响。

在我国的劳动力市场中，突出的问题是高级管理人才、高新技术人才极为稀缺，而普通劳动力相对过剩。由于我国快速向现代管理和现代科技迈进，市场对高级管理人才和掌握高新技术人才的需求快速增长，而同时由于教育体制和学科设置所存在的问题，导致此类人才培养不足，所以出现高级管理人才和高新技术人才成为极其稀缺的要素。此类人才的市场价格一路飙升。对于普通劳动力，我国却出现了“无限供给”的局面，因此普通劳动者的市场价格出现向下竞争态势。这种现象的直接结果，就是加剧了劳动力市场上收入的两极分化。

劳动力流动对居民收入分配的影响是多方面的。一方面，农村劳动力流动，特别是向城镇的流动，会有助于缩小城乡间的收入差距；另一方面，这种流动增加了城镇劳动力市场中非技术劳动力的供给，压低了工资率，从而扩大了与技术工人间的收入差距。

教育收益率和人力资本投资收益率在劳动力收入中的作用，通常是通过受教育

① 曾湘泉，《经济增长过程中的工资机制——对中国工资问题的宏观动态考察》，中国人民大学出版社，1989年。

年限和工作经验体现的。从不同受教育年限劳动力的工资差别和对于同等学历、不同工作经验劳动力的市场工资差别中,能看出教育收益率和人力资本投资收益率对居民收入分配的影响是明显的。而且这种影响也会随着劳动力市场的完善和工资机制真正发挥作用而逐渐重要起来。

## 第三节 缩小收入差距的政策

### 一、平等与效率的认识

制定收入分配政策的难点,首先要涉及有关公平和效率问题的认识。对效率概念的理解,应当说人们容易获得共识。诸如,宏观上 GDP 的增长,微观上边际生产率的提高以及服务品质的改善等。正如奥肯(Oken)所言:“对经济学家来说,就像对工程师一样,效率,意味着从一个给定的投入中获得最大的产出。”“一旦社会发现一种以同样的投入可以得到更多的产品(当然其他产品并不减少)的途径,那它便提高了效率。”①至于效率,不能说没有争论,但总体而言,人们对收入分配问题关注的难点是对公平的认识和强调。

公平是什么?迄今对公平至少有多种理解。公平的英文是 equality,更好的翻译应当是平等。使用平等而非公平这一说法,似乎较能体现一种可以衡量的标准和尺度。实际上,我们随后会发现,平等仍更多地停留在价值理念强调的层面,而衡量的难度依旧很大。公平或平等是什么?Oken 曾经指出:“经济平等这个概念,很难予以确定或衡量。即使它存在的话,也不可能被公认为是完全的平等;但要公认是不平等却很容易。”公平可以从下述角度来理解:一是结果的公平;二是起点的公平;还有一种是遭到人们忽视的过程的平等。

什么是结果的平等?差距不大就是平等。差距多大为平等或不平等?国际上认可的综合的衡量尺度是基尼系数。一般而言,在 0.2 之下,人们认为这种收入分配就是高度的平等,而 0.2~0.4 是低度的不平等,0.4 以上就是高度的不平等了。这是

① 奥肯,《平等与效率》,华夏出版社,1999 年,第 2 页。

目前较为普遍的一种认识和看法。从全球的情况观察，在有的市场经济国家基尼系数在0.2较低的水平，也有的高达0.6左右的(如1974年的萨尔瓦多)。谈到结果公平，要讨论的是为什么要倡导结果公平？关于这一点，涉及“价值的价值观”问题。正如阿罗(K. J. Arrow)所谈到的，“在寻求社会福利的真正一般性理论时，我们应该关注价值观的整个体系，其中包括价值的价值观”①。公平是一个价值理念问题，收入分配和收入的再分配建立在效率和平等这一价值的理念之上。而问题的探讨需要进一步问到公平的价值理念建立在什么价值理念基础之上？

收入差距不能太大所隐含的价值准则首先是一种人道主义的社会准则。人道主义是一种价值观，它认可个人生来所应具有的基本生活的权利，也认可个人继续享有追求幸福和避免痛苦的权利，或者我们将其称为基本人权的价值理念。“不应允许市场裁决生存和死亡，这句老话最终会被变成事实。”这是结果公平价值的价值观。正也是这一点，促成了现代转移支付理论和社会援助制度的诞生。从这一点讲，这种平等实际上几乎无法达到奥肯所讲的平等与效率的替换。

收入差距不能太大所隐含的价值准则，其实也是一种假说。这种假说是这样：价值分配来源于价值创造，而个人之间的价值创造的能力来源于先天或后天的人力资本投资等，有着不可否认的差别。但问题在于这种创造的差距不是无限的，而是有限的，因为理论上的边际产量的区分，只是一种理论上的便利分析而已，对资本、劳动、管理及技术的贡献的计量，不可能独立认定和进行。生产要素事实上的不可脱离性，是导致劳动价值理论和边际效用理论对价值创造源泉争论的根本原因。换句话说，初次分配获得高收入的人，天经地义的应当将其一部分交给社会，社会从而将其再提供给那些社会认为需要生存援助的人们。

进一步分析，机会的平等又可细化为自然天生的机会不平等和后天外部环境原因造成的机会不平等。一个人智商、聪明程度的高低，体力的大小区别，与后来的工作效率，乃至于收入水平都有着密切的关系。它影响到个人人力资本投资的效率和水平。而社会则难以纠正这种天生的机会不平等。在理论上，起点的公平一旦认定，则会对政策层面加以提醒，这有助于恢复到下一个起点公平。从理论的推论上可以看到，一旦现有的人群形成收入差距的两极，这将会影响到一代人终生

---

① 奥肯，《平等与效率》，华夏出版社，1999年，第2页。

的收入水平,甚至下一代的贫富的定位。瑞典的经济学家米尔达尔曾将这一现象描述为“穷将是穷的原因,而富则是富的原因”,即所谓因果循环累积原理。正是如此,我们将会看到,解决起点的不平等较之解决结果的不公平更为复杂而困难。或者说,关注结果的不平等问题的解决,有助于未来更好地解决起点的不平等。特别是缓解后天外部环境原因所带来的机会不平等,甚至也有助于缓解自然天生的机会不平等。

公平或平等受到人们忽视,或者说应当引起我们重视的是过程公平。过程公平是在人们的经济活动过程中,经济生活规则或者人们的行为方式对最终社会及个人的经济和社会状况的平等影响。在再分配领域,过程公平的问题尤为突出。以社会保险而言,如果一个劳动者加入或不加入社会保险,将对他及家庭生活境况构成巨大的影响。的确,人们很难改变“穷将是穷的原因,而富则是富的原因”这一规则,但通过社会保障制度的构造,社会收入的再分配,乃至于社会加大对弱势群体的人力资本投资的机制建设,则会使穷者不再变穷。诚如索马维亚在为2000年世界劳动报告——《变化世界中的收入保障和社会保护》所写的序中所指出的,社会保障之所以可以支撑下去,主要是因为它是以人为本的,同时从长期看也是生产性的。“一个社会如果不能充分关注保障问题,特别是社会脆弱成员的保障问题,很可能要忍受破坏性不利后果的折磨。”①这也是国际社会所看到的社会保障,乃至于人力资源开发的价值所在。

## 二、美国收入分配差距调节的政策和措施

从美国等发达国家的情况来看,近20多年来随着收入分配差距的不断扩大,公平问题引起了各国政府的高度关注,政府对调节收入分配差距采取了一系列的措施。这些调节措施,一方面包括通过政府立法,间接加以调节;另外一方面是通过税收、加大对低收入者的转移支付等直接的管理措施实施控制。

在美国,劳动力的价格,即工资是由市场调节的,政府一般不能加以直接干预。

① 国际劳工局,《2000年世界劳动报告——变化世界中的收入保障和社会保护》,中国劳动社会保障出版社,2001年。

政府对工资的影响,往往是首先通过以下四种间接方式达到调控的目的。

一是通过制定联邦法律和许多州的法律,承认和维护工人工资的集体交涉权利,使得在许多产业经济活动中,集体谈判成为工资确定的一种重要的制度,这将有利于改变工人在企业中的弱势地位,一定程度上能够提高工资水平。

二是美国从20世纪30年代起,联邦政府和州政府相继建立了最低工资法规。并且依照市场生活费用等指标,定期进行调整。

三是联邦法规规定对超过所谓“正常”工作小时,如每周50小时以外的劳动,需付额外工资。政府还制定了保护童工和女工的立法,以影响劳动的总供给状况,对工资产生间接影响。

四是在特殊时期,政府甚至采用工资管制的做法,直接干预工资。

通过税收、加大对低收入者的转移支付等直接的管理措施实施控制,也是美国等发达市场经济国家通常的做法。

美国在国民收入初次分配以后,通过税收对国民收入进行再分配的比例比较大。美国个人和家庭需缴纳所得税、遗产税、财产税、社会保险税以及消费税等各种税收。对低收入家庭给予经济援助是指,政府根据维持基本生活所需的最低年收入,规定了各种类型家庭的贫困线标准,这个标准由劳工部根据物价变动情况逐年进行调整。凡年收入低于规定标准的家庭均属“合法”贫民家庭,可以领取不同的救济金。

此外,美国还建立了多个社会援助项目,包括援助需抚养儿童家庭项目,食品券项目,妇女、婴儿及儿童附加食品项目,附加保险收入项目等,以对低收入者提供帮助,缩小收入差距。

不过,从美国的实际情况观察,尽管政府制定了一系列对收入差距的调节措施,但目前收入差距仍然在不断扩大。据美国《芝加哥论坛报》1999年9月6日的报道,在过去20年中,几乎所有工人的实际工资都有所下降,而个人年工作时间比1980年多83小时,增加近4%。1999年美国国会预算局公布的统计显示,1977年占美国总人口1%(200多万人)最富有人口的收入相当于4 900万低收入美国人的收入总额;而1999年前者的收入相当于1亿低收入美国人的收入总额。最穷的20%的美国家庭的收入在美国家庭总收入中的比重由5.7%降低至4.2%;而1%最富家庭所占比重由7.3%上升到12.9%。可见,缩小收入差距仍然是一件相当困难的任务。

总体而言,从世界各国的经验来看,政府调节收入差距的措施主要有两个特点:一是广泛运用税收手段对个人收入进行调节。税收形式主要有四种:财产税、所得税、社会保险税和消费税,前两类税种具有累进性,后两类具有累退性。二是广泛行使社会保障职能。在美国、德国等市场经济发达的国家,大都建立了比较完善的社会保障体系,基本保障了人们在失去工作或丧失工作能力以后的最低生活需要,大大调节了收入分配差距。

## 三、关于我国收入差距扩大程度的判断

1978年改革开放前,我国重视强调平等而忽视效率;而自改革开放以来,我国的收入分配差距不断扩大,人们开始不断强调效率,而较少关注平等。面对收入分配的差距不断扩大,人们对平等问题的关注日益上升,缩小收入差距已成为人们的共识。那么,目前这种差距发展到了什么程度,是否到了政府需要加大控制和调节的程度?对此,国内存在着"两极分化论"与"两极未分化论"两种观点。

"两极分化论"者认为,两极分化正开始在我国出现。其依据是:据国家统计局典型调查,2008年20%的高收入户的人均年收入与20%的低收入户的差别由1991年的2.6倍扩大到4.79倍。财政部最新的调查统计显示,10%的富裕家庭占城市居民全部财产的45%,而10%的最低收入家庭其财产总额占全部居民财产的1.4%①。贫富两极分化的问题十分明显。

与以上观点相对立的是"两极未分化论"。这种观点从本质上否定出现了两极分化:撇开影响收入分配的公有制方面的因素不谈,仅就收入分配差别的程度而言,参照国际市场经济社会的情况看,至少基尼系数要达到0.5以上的水平才算得上是两极分化。而我国即使各种财产及非法收入的影响都计算在内,目前也没有达到这个程度②。对1986—1995年各年的城镇居民抽样调查的分组数据进行计算,发现其中只有一年(1988年)同时通过了绝对标准和相对标准。因

---

① 可参考中国网的相关内容:http://www.china.com.cn/chinese/jingji/347322.htm。

② 赵人伟、李实等人通过引入两极分化的绝对标准和相对标准来加以验证。可参见:赵人伟、李实,《中国居民收入分配再研究》,中国财政经济出版社,1999年。

此，可以认为进入20世纪90年代以后中国并没有出现两极分化的问题，认为主张“两极分化”论点的学者大多数是将“两极分化”混同于收入差别扩大。不过，我国近几年出现的“两极分化”论者的论据，主要涉及“各种非法非正常收入的发生和蔓延”。

另外，“两极未分化论”者对于收入分配差距的度的评价也存在差异：其一，“适当论”。认为我国居民收入分配差别总体状况大致是适当的。其原因可归纳为五个方面：① 基尼系数没有超过0.5的两极分化水平；② 高收入层与低收入层收入上的差距应被视为打破传统的平均主义的局限；③ 尽管收入差别已扩大，但包括贫困阶层在内的中国所有阶层的绝对收入水平却提高了；④ 对照经济增长速度和经济效益的提高来看，这种收入分配差别是适当的；⑤ 我国社会总体状况比较安定，没出现大的社会动荡。这说明目前社会对这种差别是认可的。其二，“失当论”。持这种观点的学者较多，他们有的从静态的横向比较角度，把收入分配差距的失当表述为“过高”；有的从动态的纵向比较角度，把收入分配差距的失当表述为“恶化”。有的学者对收入差距进行了国际比较后认为，中国基尼系数达到0.47①，这低于非洲和南美一些国家，但高于亚洲的一些国家，更高于欧洲发达国家的普遍水平。然而，这种国际比较分析的方法本身已受到批评。也有人从纵向发展的角度认为，从1990年到2007年，随着市场化的进程，分配状况进一步恶化了。其三，“价值判断论”。此论认为，从收入分配差距的大小来测度收入分配的公平与否，必须引入价值判断标准，而基尼系数只是对收入分配状况的客观判断。不过，有的学者认为，在收入分配的理论研究上进行价值判断几乎是不可能的，因为每个学者都可以得出个人的价值判断，我们不应将个人的价值判断作为社会总体的价值判断。价值判断从理论上无解，不应在理论上寻求统一的价值判断。

## 四、国内调节收入差距的主要政策

从20世纪90年代后期，理论和实践部门便加大了对收入分配差距问题的政策研究，并提出了一系列的政策建议和设想。

---

① 世界银行著，中国科学院、清华大学国情研究中心译，《2007年世界发展报告》，清华大学出版社，2007年。

首先是国内加强了对收入分配与再分配领域政策设计出发点和重点的探讨。占主导的观点是,在初次分配领域,应坚持在公平基础上的以效率为主的分配原则;在再分配过程中,坚持效率基础上的以公平为主的分配原则。在现阶段,收入再分配政策不应阻碍市场经济体制的建立,不应造成市场的扭曲,不应以牺牲效率为代价,不应影响社会经济发展的可持续性,不应违背绝大多数人认可的收入分配的基本原则①。

初始分配应继续坚持主要由市场调节,再分配要强化政府调节,而初始分配和再分配都要依靠法律和制度建立秩序。初次分配的核心问题是垄断问题。整顿初次分配秩序的核心就是反垄断。再分配的核心问题是贫困问题。作为再分配的主要手段的财税政策,其调节重点应该是反贫困,通过加强个人所得税征管和政府转移支付,为弱势群体提供基本生活保障。在收入分配的各个环节,都或多或少存在腐败问题,无论是初次分配,还是再分配,都应加大反腐败的力度。

我国目前的收入差距集中表现为城乡居民收入差距,因此,注重城乡经济协调发展,加速推进城镇化是重点。为此,应加大推进我国人口城市化进程的步伐。大力发展小城镇和乡镇企业,有计划地发展大城市,创造条件吸纳更多的农业剩余劳动力,使一部分农民转移到城镇,享有城镇居民同样的就业机会和工资报酬;通过农业产业化,发展农产品深加工,提高附加值,使农产品转化为工业品,获取更高的收入;发挥各方面的力量,加大农村教育投入,提升国民素质知识化,改变以往扶贫基本是项目扶贫的情况,不断提高知识扶贫的比重;认真研究和做好农村的社会保障工作,为农村劳动力流动创造公平的环境。

由于我国目前高收入的来源与市场发育程度不高有关,因此,推进市场化的改革,也成为控制分配差距扩大的一个重要方面。比如,打破不必要的行政垄断和市场垄断,建立规范的市场竞争机制,加强对经济活动中垄断成分的限制和管理。对垄断企业,设置特别的税费,将超额利润的大部分收归国有。最大限度地消除垄断行业或垄断企业利用其垄断地位获得的垄断利润,从而调节因垄断造成的不合理的行业收入差距;推进政府机构改革和职能转移,加快政治体制改革,从而最大限度地消除

① 中国社会科学院经济研究所收入分配课题组,"我国居民收入分配趋势与对策",《人民日报》,2002年7月9日。

“寻租”行为,调节因权钱交易而造成的不平等;加快国有经济的调整和国有企业的改革,从而提高国有经济的效率,调节因不同所有制而造成的收入差距。创造比较公平的市场机会,从而推进人们的机会平等,调节因机会不平等造成的收入差距;形成比较规范的市场秩序,从而堵住各种市场漏洞,调节因获取不合法收入而造成的收入差距;出台严格、透明的法律规定,严厉打击以各种方式获取非法收入的行为;加快国有资产管理体制的改进和创新,从体制上堵住凭借“事实上”占有国有资产,而谋取各种非法收入的黑洞等。

完善和加强我国的税收政策也是一个重要的内容。这主要涉及加快个人所得税的改革。防范会计信息失真,规范初次分配,使收入分配显性化;实行收入进入实名制的个人账号的制度;实施个人收入申报制度;加强税收征管,加大税务人员的责任,改进税收征管的方法和手段,严厉打击各种偷、漏、逃、抗税的行为;加快消费税的改革,适当降低税率和调整消费税的征收范围;开征遗产税与赠与税;修改个人所得税法,及早出台综合与单向相结合的征收办法等。

在救助社会贫困层、保障贫困家庭的基本生活方面,提出调整分配政策。保护贫困户的基本生存需要和发展权利,要通过调整分配、再分配的政策,使一部分财富从富裕层流入贫困层,从而为贫困者创造更多的发展机会;在全社会建立一个保障低收入者基本生存的“安全网”,如建立最低生活收入保障制度;建立以反贫困为基准的福利体制,建立健全福利补偿制度;建立并完善社会保障体系,充分发挥社会保障制度的“扶贫救困”的功能;扩大社会保障覆盖面,扩大社会保障资金来源,扩大社会保障调节手段;创造就业机会,拓宽就业渠道,减少因失业导致的贫困;制定最低工资法,从法律上保障低收入阶层的权益等。

对缩小收入差距,在总体结构方面,国内也开始引入非政府组织的调节主体,如各种基金会、慈善组织、民间团体等,充分发挥它们的调节作用,缓解政府的调节压力;在各个主体的内部结构上,也开始积极发挥各级主体的作用,如政府扶贫,既要发挥中央政府的作用,也要充分调动各级地方政府的积极性。

促进公平竞争,完善劳动力市场,也成为缩小收入分配差距的一个重要的关注点。为此,提出了促进劳动力市场的机会平等,反垄断和打破城乡分割,建立全国范围的劳动力市场,促进劳动力流动,通过流动使得报酬平均化,发挥市场力量对收入差距的收敛作用;应普及和发展各类教育,消除城乡户籍制度导致的身份不平等,促进劳动力自身素质的提高和身份的平等;完善职业经理人市场,建立和健全城乡统一劳动力市场,消除引起不合理收入差距的制度性障碍等。

## 本章小结

从价值判断和政策含义来讲,收入差距讨论的核心是平等与效率的关系问题。如何既要保持经济增长,或者说是不损害经济增长,同时又能不至于形成两极分化,引起社会矛盾的激化,这成为现代国家收入分配政策设计的难点。

在现代经济学文献中,关于经济发展过程中收入分配差距变动的长期趋势的研究,在很大程度上实际上就是关于倒U假说能否成立的争论。值得指出的是,对美国20世纪70年代以来的收入分配变动的研究发现,从1968年以来美国的收入差距变动改变了方向。即按照基尼系数衡量的收入差距从过去的趋势性下降,改变为趋势性上升。

随着经济全球化进程的加快,不仅美国的收入差距在扩大,全球的基尼系数也发生了剧烈变动。整个世界缺乏足够多的以国家为单位的“中产阶级”,造成了世界收入分配差距拉大的严重后果。

在我国,谈到收入不平等的测量最大的难点,是在我国统计中报酬的涵盖范围。改革开放以前,由于收入来源几乎全部来源于劳动收入,收入来源单一;加之,国家严格的计划统计,货币收入是比较清晰的,对收入不平等的衡量,是比较容易的。改革开放以来,特别是20世纪90年代以来,我国城镇员工劳动报酬收入水平不但提高很快,而且报酬结构发生了很大的变化。最值得注意的就是,制度外的收入急剧增长。这甚至成为改革开放以来,中国人富裕的“秘密”。这部分的统计测量成为十分困难的事情。由此也影响到目前对我国收入分配差距状况的判断。

1978年经济体制改革以前,从总体来看,我国居民个人收入分配状况表现为较为严重的平均主义格局。改革开放以来,城乡之间居民收入分配主要表现为显著的收入差距扩大的特点。农村内部居民收入差距除了个别年份有所下降外，主要表现为持续平缓上升。城乡之间居民收入差距，基本上呈现一种不断上升的趋势。改革开放30多年来，在让一部分人先富起来，即效率优先的理念指导下，我国的个人收入分配差距不断扩大。按照国际通常衡量收入差别的指标基尼系数来观察，我国的收入差别显然是达到了一个高度不平等的阶段。

1978年改革开放之前，我国城镇职工的工资差别经历了一个不断下降的过程。改革开放以来，我国的工资差距发生了很大的变化，这种变化主要的表现在行业、地区、产权属性、职业和员工个人之间工资的差距明显扩大。

对20世纪60年代末到70年初开始的美国等国的收入差别扩大，或者说是不平等的加剧原因的解释，是国际经济学界关注的重要问题。在过去的20年里，劳动经济学家做了大量的研究去跟踪和解释美国收入分配的变化情况。有如下四种解释：一是产业结构的变动；二是国际贸易和工会主义；三是对技术劳动力需求的增长；四是人口统计学方面的变化。

从劳动经济分析的观点来看，劳动力市场上的供求关系是影响工资和就业的基本力量。概括起来，对美国劳动力市场上报酬差距扩大的主要现象，存在着三种基本的经济模型解释：一是受教育程度较低的劳动力供给较之受高等教育的劳动力的供给要快；二是制度力量的变化；三是对受高等教育的劳动力的需求比受教育程度较低的劳动力需求增加更多。

从全球来看，收入差距的扩大，与全球化背景下的资本流动、产业结构调整和转移有一定关系。在经济全球化过程中，主要的受损者来自那些既不拥有很多物质资本也不拥有高人力资本的人群。

20世纪80年代以来，我国的个人收入分配及城镇劳动报酬的差距在不断扩大，归结起来，下述因素可以成为我国现阶段收入分配差距扩大的基本原因：(1) 经济增长和发展；(2) 制度或体制性因素；(3) 政策性因素；(4) 劳动力市场因素。

公平和效率关系的认识问题是收入分配政策设计的重点。人们对收入分配问题的关注的难点，是对公平的认识和强调，公平或平等不易界定。

从美国等发达国家的情况来看,对调节收入分配差距的调节措施,包括通过政府立法,间接加以调节,也包括通过税收、加大对低收入者的转移支付等直接的管理措施实施控制。总体而言,从世界各国的经验来看,政府调节收入差距措施的主要有两个特点:一是广泛运用税收手段对个人收入进行调节;二是广泛行使社会保障职能。

1978 年改革开放前,我国重视强调平等而忽视效率,而自改革开放以来,人们开始不断强调效率,而较少关注平等。面对收入分配的差距不断扩大,人们对平等问题的关注日益上升。

从 20 世纪 90 年代后期,国内理论和实践部门便加大了对收入分配差距问题的政策研究,并推出了一系列的实际控制措施。首先是对收入分配与再分配领域的重点进行了探讨。占主导的观点是,在初次分配领域,应坚持在公平基础上的以效率为主的分配原则;在再分配过程中,坚持效率基础上的以公平为主的分配原则。注重城乡经济协调发展,加速推进城镇化,推进市场化改革,完善和加强我国的税收政策,调整分配政策,促进公平竞争,完善劳动力市场等,都是缩小收入分配差距的重要的政策建议和措施。

## 复习思考题

1. 如何认识平等与效率的关系?
2. 20 世纪 80 年代以来美国收入差距扩大的原因是什么?
3. 我国改革开放以来的工资差距扩大的特点、原因是什么?
4. 国内外缩小收入差距的政策措施有哪些?
5. 我国收入分配的主要矛盾是什么?是平均主义还是差距过大?

# 附录8－1　收入差距的衡量方法[①]

## 一、差别倍数(极值比)

差别倍数,也称极值比,是测算收入分配差距最简单的方法之一。它是指个人或家庭的最高收入与最低收入之间的比例。它可以反映居民收入极值之间的相对差距。

## 二、收入等分法

收入等分法也是一种相当常见的衡量收入分配差距的方法。它的计算方法是:先将收入数据由高到低排列,再分为五个等分或十个等分;然后,将处于每个十分位或五分位上的收入数据进行对比,或者对个人或家庭收入的最大和最小的十分位数或五分位数进行比较。此外,我们也可以使用相对数代替绝对数进行比较,例如,对收入的每一个五分位数或十分位数在总收入中的份额进行比较(Ehrenberg, Smith, 2000)。

以下将举例说明收入等分法的应用。我们选取的是中国统计局历年来"城市居民家庭收支抽样调查资料"中的家庭收入数据。同时,我们将采用其中的两种收入衡量指标:平均每人全部年收入和平均每人年可支配收入进行比较分析(参见表1和表2)。

表1　根据城镇家庭平均每人全部年收入(元)计算的收入等级

| 年　份 | 收入数据所处的位置 | | 比例:(a)/(b) |
|---|---|---|---|
| | 第10个十分位上(a) | 第1个十分位上(b) | |
| 1985 | 1 383.72 | 482.76 | 2.87 |
| 1990 | 2 675.64 | 859.92 | 3.11 |
| 1996 | 9 250.44 | 2 453.62 | 3.77 |
| 2001 | 15 219.98 | 2 834.70 | 5.37 |

① 资料来源:1. 李沛良,《社会研究的统计运用》,社会科学文献出版社,1998年;
2. 宋义贵、盖贤坤,"收入分配差别的测算与变动趋势",《调研世界》,1996年第6期;
3. 李隆章,"谈谈对基尼系数的几点认识",《统计与预测》,1994年第6期;
4. Ronald G. Ehrenberg, Robert S. Smith, *Modern Labor Economics—Theory and Public Policy(7th Edition)*, Addison Wesley Longman, Inc., 2000, pp.524－529, 556－559;
5. Campell R. McConell, Stanley L. Brue, David A. Macpherson, *Contemporary Labor Economics (6th Edition)*, McGraw-Hill Companies, Inc., 2003, pp.500－504。

**表2 根据城镇家庭平均每人可支配(元)计算的收入等级**

| 年 份 | 收入数据所处的位置 | | 比例:(a)/(b) |
|---|---|---|---|
| | 第10个十分位上(a) | 第1个十分位上(b) | |
| 1985 | 1 276.20 | 437.40 | 2.92 |
| 1990 | 2 447.92 | 761.16 | 3.22 |
| 1996 | 8 432.96 | 2 156.12 | 3.91 |
| 2001 | 15 114.85 | 2 802.83 | 5.39 |

说明:十分位数是按分组后的资料计算的,与直接按原始数据计算有一定差异。
资料来源:国家统计局,《中国统计年鉴(1986)》,第670页;《中国统计年鉴(1991)》,第277页;《中国统计年鉴(1996)》,第296—297页;《中国统计年鉴(2002)》,第324—325页,中国统计出版社。

由以上分析可见,以差别倍数计算的我国城镇家庭收入差距正在逐渐加大。而且,较之人均总收入的差距,人均可支配收入的差距扩大的趋势更为明显。

## 三、收入的频数分布

将数据按收入高低分组,各组界限和落在每个区间的人数或户数便构成了频数分布。收入的频数分布情况一般用直方图来描述。我们还可以计算出众数、中位数和均值等指标对分布情况作进一步的分析。其中,众数是指在数据中出现频数最高的值;均值是指总收入除以总人数后得到的算术平均数;中位数则是指将数据从大到小排列,处于数据系列中央的收入值,这意味着调查对象中有一半人的收入高于中位数,而另一半的收入低于中位数(Campell, Stanley, David, 2003)。

下面我们以1987年的数据说明这种方法(参见表3和图1)。

**表3 1987年按照人均每月可支配收入分组的户数分布**

| 人均每月可支配收入(元) | 60元及以下 | 60~70 | 70~80 | 80~90 | 90~100 | 100~110 | 110~120 | 120~130 | 130~140 | 140~150 | 150元以上 |
|---|---|---|---|---|---|---|---|---|---|---|---|
| 户 数 | 9 627 | 5 175 | 4 800 | 3 975 | 2 793 | 2 001 | 1 429 | 996 | 670 | 365 | 1 042 |

数据来源:国家统计局,《中国统计年鉴(1991)》,中国统计出版社,第276页。

由图1可见,1987年中国人均每月可支配收入呈现出向右偏态分布的形状。收入的众数位于"60元以下"这个区间;中位数则位于"70~80元"区间内(由于此收入分组资料两端没有组限,所以不适宜用平均值)。直方图向右侧延伸的尾翼向我们

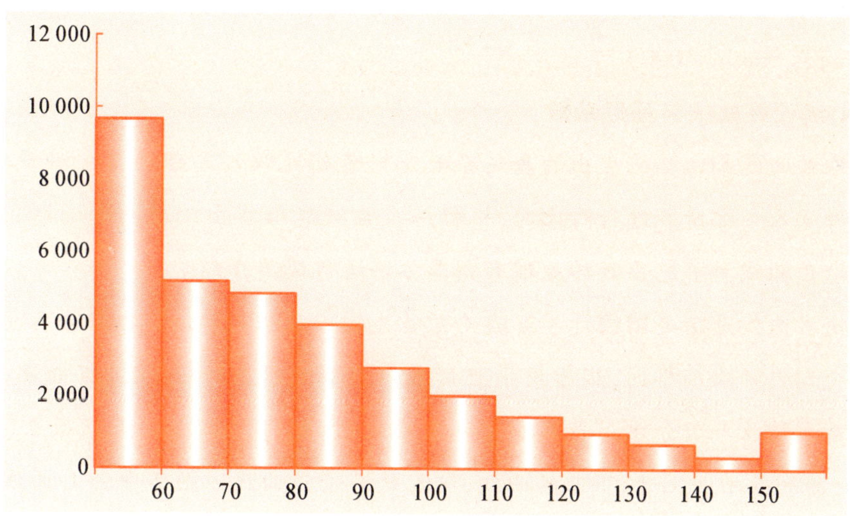


图1　按每月人均可支配收入分组的户数分布图

说明：1987 年中国绝大多数家庭的收入处于较低的水平，而有少数家庭获得的收入远超出中位数的水平。

### 四、变异系数

在数理统计学中，“方差”是对离散度进行衡量的一个常用指标。它也常被用来测量收入分配差距。其计算公式如下：

$$方差 = \frac{\sum_i (Y_i - \overline{Y})^2}{n} \tag{1}$$

其中，$Y_i$ 为总人口中的第 i 个人所获得的收入；n 为总人口数；$\overline{Y}$ 为总人口的平均收入。

方差只能反映收入差距的绝对水平，而不能反映收入差距的相对水平。比如，如果总人口中每个人的收入都增加到原来的两倍，这时方差会扩大到原来的四倍，能够正确反映收入绝对差距的扩大；而这时每个人的收入与平均收入之间的比例保持不变，即相对收入差距并未发生变化，方差就不能反映这一状况了。

此时，我们可以用“变异系数”来反映相对收入差距。变异系数（C. V.）通常以标准差与均值之比表示，具体公式如下：

$$C.V. = \frac{1}{\overline{Y}} \sqrt{\frac{\sum_i (Y_i - \overline{Y})^2}{n}} \tag{2}$$

在上例中,如果所有人的收入同时增加到原来的两倍,变异系数仍会保持不变(Ehrenberg, Smith, 2000)。

## 五、洛伦兹曲线与基尼系数

洛伦兹曲线和由其衍生出的基尼系数是定量研究收入差距的另一种重要方法。在对各种收入分配情况进行对比时,根据基尼系数能够得出比较明确的结论。以下将对洛伦兹曲线和基尼系数的原理和测算方法进行简单介绍。

洛伦兹曲线是由美国统计学家洛伦兹首先提出来的。洛伦兹把社会各居民的收入按从小到大的次序排列,然后用横坐标表示累积的人数(或户数)百分比,用纵坐标表示累积的收入百分比。当累积量不断变化时,就可以画出从坐标原点(0,0)到点(1,1)的一条单调上升,下凹的曲线,这就是洛伦兹曲线。图2中的L曲线即为洛伦兹曲线,曲线上任一点表示相应的人口比重所占有的收入份额。

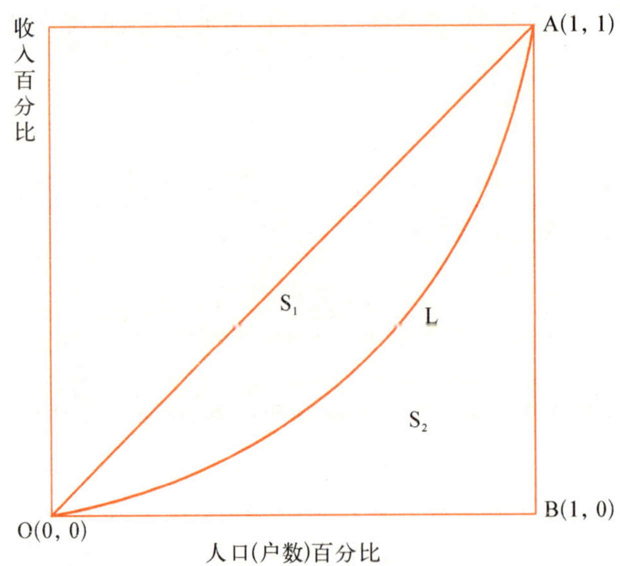


图2 洛伦兹曲线

当收入绝对平均时,洛伦兹曲线是连接(0,0)和(1,1)两点的直线OA,也称绝对平均线。当收入绝对不平均时,洛伦兹曲线为折线OBA,也称绝对不平均线。洛伦兹曲线的弯曲程度越大,收入分配就越不平均。

1. 洛伦兹曲线的绘制方法

(1) 按收入水平由低到高对人口排序,再对总人口或总住户分组,并计算出各组的人口比重和收入份额。

设P,Q分别代表总人口和总收入,若分为n组,则有:

$P = P_1 + P_2 + \cdots + P_n$　　$P_i$为第i组的人口数

$Q = Q_1 + Q_2 + \cdots + Q_n$　　$Q_i$为第i组的收入额

$p_i = P_i/P$　　$p_i$为第i组的人口比重

其中,　$p_1 + p_2 + \cdots + p_n = 1$

$q_1 = Q_i/Q$　　$q_i$第i组的收入份额

其中,　$q_1 + q_2 + \cdots + q_n = 1$

这种划分可以是等分的,也可以是不等分的。等分是指各组的人口或住户的比重相等,常用的有五等分、十等分、百等分;不等分是指各组的人口或住户的比重不完全相等。

(2) 洛伦兹曲线的绘制。

以纵轴为收入累计百分比,以横轴为人口累积百分比,建立平面直角坐标系。在坐标系内作出下面n个点:

$$(p_1, q_1);(p_1 + p_2, q_1 + q_2);\cdots;(p_1 + \cdots + p_n, q_1 + \cdots + q_n)$$

其中,$(p_1 + p_2 + \cdots + p_n,\ q_1 + q_2 + \cdots + q_n)$即(1, 1)点。然后使用描点法得出曲线L,即洛伦兹曲线。曲线上任一点表示相应的人口比重所占有的收入份额(宋义贵,盖贤坤,1996)。

2. 基尼系数的计算方法

基尼系数是意大利的统计学家基尼在洛伦兹曲线的基础上提出的反映收入分配平均程度的数量指标。它指夹在绝对平均线OA和洛伦兹曲线L之间的面积$S_1$与三角形OAB的面积$S_{OAB}$之比,计为G。

$$S_{OAB} = \frac{1}{2} \times OB \times AB = \frac{1}{2} \tag{3a}$$

$$G = \frac{S_1}{S_{OAB}} = \frac{1/2 - S_2}{1/2} = 1 - 2S_2 \tag{3b}$$

由积分法可得：

$$G = 1 - 2\int_0^1 f(x)\,dx \tag{3c}$$

当 G=0 时,表明收入分配处于绝对平均状态;当 G=1 时,表明收入分配处于绝对不平均状态。现实中,基尼系数总是在 0 与 1 之间的。基尼系数的值越小,洛伦兹曲线越趋近绝对平均线,表明社会总收入的分配越平均;基尼系数的值越大,洛伦兹曲线越趋近绝对不平均线,表明社会总收入的分配越不平均。

基尼系数有多种不同的计算方法。使用相同的收入分配资料,采用不同的计算方法得出的结果可能会有一定差异。这些计算方法大体可分为两类：一类是直接根据近似公式计算基尼系数;另一类为先使用某种数学模型,按实际资料拟合洛伦兹曲线,再计算基尼系数。如下我们介绍一下基尼系数的近似计算方法。

$$G = \sum_{i=1}^{n} W_i V_i + 2\sum_{i=1}^{n} W_i(1 - S_i) - 1 \tag{4}$$

其中,$W_i$ 为第 i 收入组的户数占总户数的比重;$V_i$ 为第 i 收入组的收入占的总收入的比重;$S_i$ 为第 1 组到第 i 组累计收入的比重。

这个计算公式是用各组梯形的面积来近似各组曲边梯形的面积,再计算基尼系数的。因此,一般来说,计算出的 $S_1$ 的面积有些偏小,也即会低估了实际的基尼系数。从理论上讲,分组越细,$S_1$ 的面积越准确。这种方法计算较简便,容易被人所理解和接受,故目前在我国得到较为广泛地使用(李隆章,1994)。

下面我们举出 40 家居民的假设收入数据,看一看在不同的分组方式下运用近似公式计算基尼系数得出的结果有什么不同①。

A. 使用近似公式按 40 个数据不分组进行计算

得出：G=0.187 069 8

B. 按每 8 户一组,共分 5 组

| 户数比重 $W_i$ | 0.20 | 0.20 | 0.20 | 0.20 | 0.20 |
|---|---|---|---|---|---|
| 收入比重 $V_i$ | 0.100 6 | 0.170 9 | 0.200 7 | 0.238 7 | 0.289 0 |

得出：G=0.177 823

① 数据来源：李隆章,“谈谈对基尼系数的几点认识”,《统计与预测》,1994 年第 6 期。

C. 将以上资料分为7组计算

| 户数比重 Wi | 0.10 | 0.10 | 0.20 | 0.20 | 0.20 | 0.10 | 0.10 |
|---|---|---|---|---|---|---|---|
| 收入比重 Vi | 0.037 | 0.634 | 0.171 0 | 0.200 9 | 0.238 6 | 0.134 7 | 0.154 1 |

得出：G = 0.182 069 9

由上述例证可见，分组越多，基尼系数的值就会越大。这是因为分组越多，组内差别就能更多地得到反映，从几何图形上看，也就是L曲线的连续性越好。所以在可能的情况下，应当尽量增加分组，否则就会低估收入差距。

## 附录8-2 收入相差大，都怕入错行[1]

眼下又到了大学毕业生们找工作的时候了，不同行业所受的“待遇”冷热两重天。像银行、电力、电信等行业，很多人挤破头皮都想进，根本无惧“数千人抢一个职位”的竞争压力，而像运输、纺织、采矿等行业，相形之下就冷清得多。原因何在？不少年轻人坦言，行业不同，收入差距太大。在招聘会上，一位女生更这样说：“现在不论男女，都怕入错行呀。”

**一、行业间差别太大**

刘先生在北京一家贸易公司的办公室工作，自2003年大学毕业之后就一直住在单位分的宿舍里，“三个人一屋，挺麻烦的”。刚毕业时，刘先生的工资是1 500元，现在刚涨到3 000元。“在北京生活，这点工资太少了，单位也没啥福利。一想到以后买房子、结婚等事情，就头疼啊。”

他的同学陈先生也在北京工作，境况就要好得多。陈先生供职于一家移动通信公司，做财务。他对自己的收入挺满意，虽不愿意细说，但承认年收入在10万元以上。公司的其他补贴看起来也非常令人羡慕。比如说，通信费基本不用花自己的钱，公司的房补也已经超过8万元了。

所处行业不同，收入差距太大，这在当前已成为司空见惯的事情。尤其是最近

---

① 资料来源：崔鹏，“收入相差大，都怕入错行”，《人民日报》，2007年10月10日。

10年来,我国行业间收入分配总的趋势是向技术密集型、资本密集型行业和新兴产业倾斜,某些垄断行业的收入更是高得惊人,而传统的资本含量少、劳动密集、竞争充分的行业,收入则相对较低。

"行业之间存在收入差距很正常,无可厚非。但当收入差距呈现出过大并且不断拉大的趋势,就值得我们警惕。"中国劳动学会副会长杨宜勇说,2000年,我国行业最高人均工资水平是行业最低人均工资水平的2.63倍,到2005年,这一比例已惊人地增加到4.88倍,并呈现出进一步拉大的趋势。而国际上公认行业间收入差距的合理水平在3倍左右,超过3倍则需要加以调控。图1列举了2006年按细行业分职工的平均工资,可以看出各行业间的收入差距。

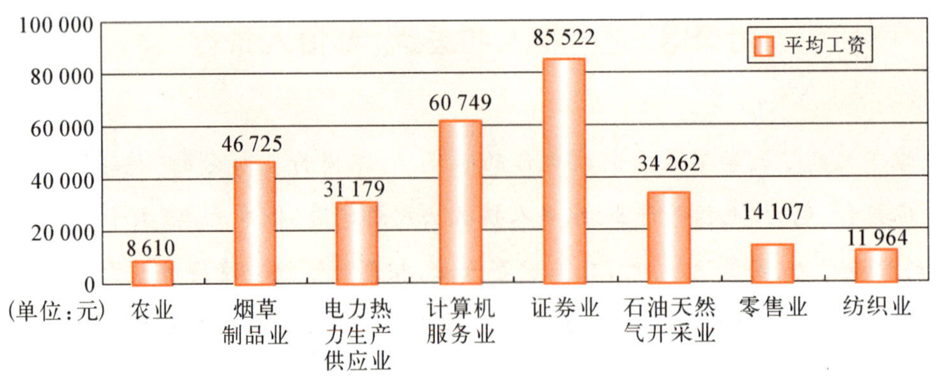


图1 2006年按细行业分职工平均工资

数据来源:国家统计局,《中国统计年鉴(2007)》,中国统计出版社,2007年。

## 二、差距拉大有其必然性

如何看待行业间收入差距不断拉大的趋势?杨宜勇认为:"行业收入差距拉大有它的必然性。"近年来,金融、保险、计算机等行业逐渐兴起,从事这类工作的人,其所受教育程度、劳动生产率显然高于从事住宿、餐饮等工作的人员,因此他们理应获得相对更高报酬。

"行业之间存在收入差距,在一定程度上可以起到优化资源配置的作用。"中国人民大学社会保障研究所所长李绍光认为,行业收入差距是结构调整的动力之一,也是人们求学上进、努力奋斗的动力之一。一般情况下,收入低的行业效益差,难以吸引优秀人才和资本,慢慢就会被淘汰掉,资本、人力等资源就会向利润高、收入高的行业集中。目前,高新技术等新兴产业吸引了越来越多的人才和资本的进入,这无疑将大大促进其发展。

尽管如此，收入差距过大却并不是一件好事，它会带来诸如弱化基础产业、影响社会和谐等诸多负面影响，尤其当这种差距是人为原因造成时。

“行业间收入差距是否合理、是否能真正起到优化资源配置的作用，取决于两个关键因素：第一，市场竞争是否充分；第二，法律或制度是否公开、公正。”李绍光说。如果一个市场能做到这两点，那么差距就是合理的，资源的配置也将是优化的，否则就是不正常的。目前，社会上对于行业间收入差距的非议，更多地集中在由行政垄断造成的收入差距上，这种差距就难以发挥正面作用。

**三、垄断行业收入“海拔”太高**

据劳动和社会保障部统计，目前，电力、电信、金融、保险、烟草等行业职工的平均工资是其他行业职工平均工资的2～3倍，如果再加上工资外收入和职工福利待遇上的差异，实际收入差距可能在5～10倍之间。“尽管目前高收入行业也包括计算机服务业等高科技行业，但总体来看，收入水平比较高的都是像金融、电信、电力等具有垄断色彩的行业。垄断行业收入畸高是导致行业间收入过大的主要原因，也是引起社会非议最大的诱因。”杨宜勇说。

垄断行业凭什么能有高收入？杨宜勇认为，一方面，垄断行业占有他人根本享受不到的资源，他们凭借其垄断地位和特权，往往通过高额收费来获取巨额利润。而另一方面，垄断行业在利益分配上有更强的向个人倾斜倾向，其产生的利润具体怎么分配，大多由企业自己说了算。

不可否认，很多垄断行业中的企业承担着关系到国计民生的重大责任，并且可能需要面对各种恶劣的工作环境。“但问题在于，垄断行业的收入在所有行业中如同青藏高原一样显赫，整体‘海拔’就比其他行业高很多。特别是垄断行业的一般岗位，其收入水平与其价值度和贡献度严重背离，这显然是不正常的。”杨宜勇说。

据了解，早在10年前我国就出台了垄断行业最高工资指导意见，但由于这一“指导”意见的实施最后还要取决于企业自身，最终形同虚设。

**四、打破垄断，升级落后产业**

“缩小行业间收入差距，最主要是要建立起充分的市场竞争环境，打破垄断。”李绍光说。他认为，目前我国垄断行业的主要特点是行政垄断，而并非市场自然垄断，因此,调节收入差距,根本上还在于政府减少管制、打破垄断,适当将某些领域向外资和民间资本放开,并积极推进国有企业改革,这样才能建立良好的市场竞争环境。

但打破垄断并非一时之功,运用适当的经济手段进行调节或许更为必要。杨宜勇认为,要注重发挥税收等手段进行调节,完善个税征收和管理。目前,我国许多重要资源,尤其是油气资源被高度垄断。若没有适当的税收调节,垄断行业的超额利润很大程度上为企业所独有,进一步拉大行业间不合理的收入差距。“通过资源使用费和资源税对垄断性的高收益进行调节是一个可行的途径。”

此外,行业间收入差距过大也会严重影响部分低收入行业的发展,使得人们的就业取向过于集中,不利于社会和谐。比如,农业等行业收入过低,人们也不愿意从事农业,但农业是不可或缺的,任何一个国家都不可能任其衰落。采矿业很艰苦,收入也不高,但也是一国的基础性行业,不能任由市场调节而萎缩。杨宜勇认为,这一方面需要政府运用转移支付等手段对艰苦行业、收入低的行业进行补贴;“另一方面,就是要按照十七大报告的要求,依靠建设现代化的产业体系来提升落后产业的生产力水平,这是提升落后行业竞争力、缩小行业间收入差距的根本途径”。

## 附录 8-3 个税起征点,高了还是低了?①

我国自 1980 年起征个人所得税,已经历了 27 年的历史。2006 年 1 月 1 日起正式施行的新个税起征标准将个人所得税起征点从原来每月 800 元提高为 1 600 元。与此同时,2006 年国家税务总局发布的《个人所得税自行纳税申报办法(试行)》规定,自 2007 年 1 月 1 日至 3 月 31 日,年所得 12 万元以上的个人要主动申报。然而关于调整后的个税起征点走向何方还存在不同的看法,并也引发了个税在调解收入分配中作用的讨论。

**中青报:97.0%公众期待调高个税起征点**

“三个月收入才够我在郊区买一平方米房子,可每个月光个税就得缴好几百

① 资料来源:1. 陶涛,“97.0%公众期待调高个税起征点”,《中国青年报》,2007 年 11 月 5 日;
2. 财政部,“再提高个税起征点对低收入人群不利”,新华网,2009 年 6 月 19 日;
3. 茅于轼,“为什么个人所得税未能控制贫富差距”,《中国税务报》,2005 年 1 月 26 日。

块。”2007 年 10 月，在北京一家事业单位工作的赵先生，向记者表达了对“个税起征点定为 1 600 元”的不理解。同样不理解的还有清华大学经济管理学院王一江教授。10 月 28 日，在一次研讨会上，王一江提出，目前以月收入 1 600 元作为个税起征点过低，把年收入 12 万元以上者归为高收入人群也不太合适。

上周，中国青年报社会调查中心与新浪网新闻中心就此联合开展了一项调查。3 698名参与者中，有 97.0% 的人认为目前的个税起征点不合适，与此同时，有同样比例的人期待能将其调高。

“个人所得税应该是保护中低收入者利益的一种手段。可是现在一些沿海城市不少外来务工者的工资也在 1 600 元以上了——按说他们应该受到保护，现在却成了征收对象，可见现在的起征点确实太低了。”有接受调查者表示。

调查中，有人以目前的个税起征点和 1981 年的相对比，以论证其不合理：1981 年职工平均工资约为每月 60 元，而起征点为 800 元，大约为月工资的 13.3 倍；到现在，起征点已调高到 1 600 元，而据国家统计局 10 月 29 日公布的数据，今年前 9 个月城镇职工月平均工资为 1 853 元，起征点仅为月工资的 86.3%。

有评论称，个人所得税的作用就是调节贫富差距，起征点太低，使它走向了反面——工薪阶层成为个税缴纳的主体，富人倒有太多的办法避税。王一江认为，起征点过低压制了中等收入者，而这一部分恰恰是社会中坚力量。可以看到的是，近年来，尤其是在一些大城市，中等收入者的被剥夺感正变得越来越强烈。“挣多少算够？照现在这样的物价、房价涨幅，恐怕你手里握着多少现金也不敢说自己够了、可以休息一下了，生怕哪一天自己不知不觉就沦落到社会中下层去了。”有人这样评论目前中等收入者的境况。

在不少人看来，经过了计划经济时代的低工资高积累，经过了改革开放以来财政收入的大幅度增长，今日中国已经完全具备“反哺民众”的充足实力。国家财政收入每年以 20% 以上的速度递增，远高于 GDP 增幅，2006 年已达近 4 万亿元，今年则有望突破 5 万亿元。而与此同时，劳动收入的增幅非常缓慢。我国国民工资占 GDP 的比例，1989 年是 16%，2003 年则下降到 12%，远低于一些市场经济较为成熟国家 60% 左右的水平。

“我们已经提出初次分配也要注重公平，个税作为以公平为目标的二次分配方式之一，在当前居民生活成本显著上升的情况下，是否也该调高起征点以更加体现公平?”调查中,很多人这样期待。

**财政部:再提高个税起征点对低收入人群不利**

中国财政部17日公布《我国个人所得税基本情况》报告指出,根据经济发展情况、居民消费支出、市场物价水平等变化情况,今后个税起征点还将适时作出调整。不过报告认为,大幅提高起征点后,高收入群体受惠多,低收入群体的利益反而会受损。

这份由财政部个人所得税课题研究组撰写的报告透露,2008年年所得12万元以上纳税人自行申报的人数为240万人,约占全国个人所得税纳税人数的3%;缴纳的税额为1 294亿元,占全国个人所得税总收入的35%;自行申报人员多集中在电力、金融、石油、电信等部门和公司股东、企事业高管等职业。

现行税制工薪所得费用扣除标准为2 000元/月,“三险一金”(一般应占职工月工薪收入的20%左右)均可在税前扣除,个人取得的独生子女补贴、托儿补助费、离退休工资等免征个人所得税。按此计算,每月工薪收入在2 500元以下者无须缴纳个人所得税,月工薪收入分别为3 000元、5 000元、8 000元和10 000元的纳税人,其每月应纳个人所得税额一般约为20元、175元、535元和825元,税收负担(应纳税额/月工薪收入)分别为0.7%、3.5%、6.7%和8.3%,均不超过10%。

从分项目收入看,近年来工薪所得项目个人所得税收入占个人所得税总收入的比重约为50%左右。

报告解释称,中国的个人所得税始终贯彻“高收入者多缴税,低收入者少缴税或不缴税”的立法精神,并认为提高起征点不会惠及中低收入者,反而会影响低收入人群的利益。

报告称,如果目前大幅提高费用扣除标准,受惠多的也是高收入者,中等收入者得益少。比如,将扣除标准提高至3 000元/月,月薪为5 000元的纳税人税负只能减少100元/月,而月薪为10万元的纳税人税负减少350元/月;将扣除标准提高至5 000元/月,月薪为5 000元的纳税人受惠175元/月,而月薪为10万元的纳税人受惠1 050元/月;将扣除标准提高至10 000元/月,月薪为5 000元的纳税人仍然只受惠175元/月,而月薪为10万元的纳税人受惠2 800元/月。

**茅于轼:为什么个人所得税未能控制贫富差距**

我国个人所得税在过去的20多年中增加了近百万倍。开始那一年,1980年,只征收了18万元,2004年是1 700亿元。2004年个人所得税占全部税收的比例为7%。

然而，与美国等发达国家比起来，这个比例还很小。比如，美国近年来个人所得税约占联邦总收入（包括个人和企业所得税、流转税以及社会保险和退休金）的50%，其中企业所得税仅为个人所得税的大约1/5。北欧的一些国家个人所得税更高。而在我国，企业所得税超过个人所得税一倍还多。

税收总量占GDP的百分比和一个国家对百姓提供的服务有关。一般而言，发达国家税收总量占GDP的比例高，政府提供的服务面广质高，如全民的免费医疗、义务教育、失业补助，以及公共服务，如优良的环境保护、发达的图书馆和博物馆、低价的公共交通等。发展中国家税收总量占GDP的比例低。在总量一定的条件下，各种税收占的比例可以有各种选择。个人所得税低一点，个人并不占便宜，因为别的税就得多一点；反过来也一样，提高个人所得税，降低其他税，个人也并不吃亏。提高个人所得税有一点好处，就是可以适当控制个人收入的差距，缓解社会矛盾。累进制的个人所得税是控制贫富差距的最直接、也是最有效的办法。我国当前贫富差距过于悬殊，应该修改个人所得税征收办法，以限制收入差距，保持社会稳定。

我国当前虽然有累进制个人所得税，但征不到真正高收入的人身上，并不能起到控制贫富差距的作用。目前我国的个人所得税制，主要适用于工资收入，而高收入人群的主要收入并非来自工资，是其他所得，特别是资本所得。按照现行的征收办法，很难保证工资以外收入的税收征收。还有一个问题是，即使高收入人群逃了税，也难以追究法律责任。

这是一个奇怪的纳税规定，即负责缴纳税款的人不是有收入的个人，而是支付收入给个人的付款人。如果支付个人收入的单位没有代表个人按章缴纳个人所得税，这个单位便触犯了税法，而个人是没有法律责任的。设定这样的规定，出发点是防止付款人帮助个人逃税，但是没有想到，在有些时候，资本收入的付款人是不确定的。如一些私企老板，从企业的资产得到收入，相当于自己给自己付款。此外，如果一个人的收入有多个来源，税务局根本搞不清该人的总收入有多少，因此也就无法按照收入的多少来征收累进所得税。结果所谓累进制所得税根本起不到累进的作用，累进制最重要的功能完全丧失了。

改进的办法，最重要的是把负责缴纳税款的人从付款人转变为收款人，也就是得到收入的个人。付款人可以帮助甚至监督纳税人的纳税过程，但是最后的责任者应该是得到收入的个人。纳税人应该按年度申报自己的收入，税务局按照他一年的总收入和累进制的税率,评定他的纳税等级和纳税数量。如果发现瞒报,个人要负全部责任。这种办法实际上也是现在发达国家一般采取的办法。

我们现在还没有建立起每个纳税人的档案,实行这个办法肯定会有困难。但是事情总有一个开始,以后可以慢慢地改进。即使现在没有完整的个人档案,但采取个人申报加抽查的办法,同时保留现有的征收制度,也应该比现在的办法更合理一些。

# 第九章

# 失　业

本章考察劳动力市场运行的一个重要结果——失业。失业是劳动力市场上最重要和最普遍的经济问题之一，是一国宏观经济运行好坏的指示器。虽然低工资、歧视、不合格的工作条件和劳动力市场上其他不正常现象都对一国经济发展和工人的生活状况造成威胁，但这些都比不上失业对经济发展和社会稳定所产生的影响。

失业的原因是复杂多样的。对于某些人来说失业是相对短期的，是工作变动或从学校毕业找工作等正常现象。但对另外一些人而言，他们要持续失业几个月以上，原因是他们没有能力找到工作。事实上，失业的原因是多方面的，它对经历失业的工人造成的影响很大，这导致人们就有关失业对经济社会到底有多大影响以及应采取什么样的政策来消除它等问题产生了激烈的争论。本章将从失业的存量—流量模型、失业的测量、失业的类型及成因等方面对失业进行考察，在此基础上，对我国目前的失业问题进行分析。

# 第一节　失业的存量—流量模型

为了了解一国经济的真实失业水平及决定失业水平的因素，不仅要对劳动力市场的存量进行分析，即对就业者(E)、失业者(U)和非劳动力(N)的人口进行划分，而且要分析不同的劳动力市场状态之间的流量，这就是失业的存量—流量模型分析。在图9-1中，EU表示从就业状态进入失业状态，可能是因为解雇、临时解雇或辞职；UE表示从失业状态进入就业状态，包括新就业者和重新就业者，例如大学毕业进入劳动市场者；EN表示从就业状态到退出劳动力市场，例如退休或上学中途退出劳动力市场者；NE表示从非劳动力进入就业状态，即新进入或重新进入劳动力市场者；NU表示非劳动力进入劳动力市场，成为失业状态；UN表示失业者退出了劳动力队伍①。

在美国等发达国家，已经开始监测劳动力市场的动态性质，因为相同的劳动力市场静态指标还不能反映不同的动态性质。例如，美国每个月都要公布其就业人数、失业人数以及非劳动力人数的数据，如果对这些数据进行短期追踪的话，这些数据是相对稳定的。在相同的监控时间里，失业率即使出现十分微小的变动都是件极不寻常的事情。尽管静态指标相同，但静态指标的结构却发生着变化，只有对失业的存量—流量模型进行分析，才可以知道劳动力市场中哪一种流量是造成高失业率的主要原因，政府因而可以制定相应的政策来降低失业率。

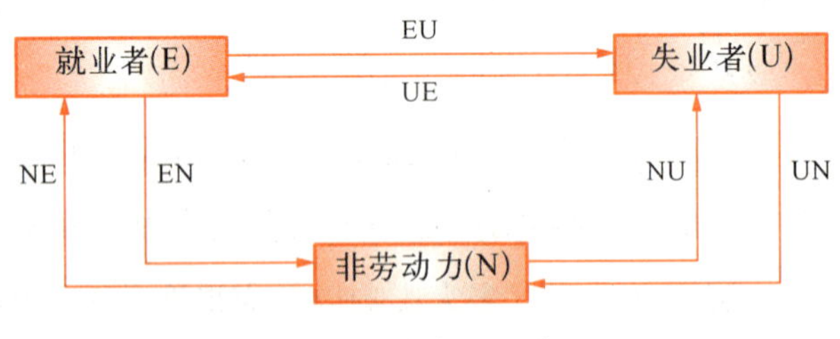


图9-1　失业的存量—流量模型

① 国际劳工局，《劳动力市场主要指标体系(1999年)》，中国劳动社会保障出版社，2001年，第533—543页；伊兰伯格、史密斯，《现代劳动经济学——理论与公共政策(第六版)》，中国人民大学出版社，1999年，第544—547页。

如果劳动力市场大体上处于均衡状态，流入和流出失业状态的流量基本相同，那么某一群体的失业率(u)就取决于下列各种劳动力市场流量，它们对失业率的作用方式是不同的，为此我们将各种流量与失业率之间的关系构成如下函数关系，并就各种流量如何影响失业率进行分析：

$$u = F(\overset{+}{P}_{EN}, \overset{-}{P}_{NE}, \overset{-}{P}_{UN}, \overset{+}{P}_{NU}, \overset{+}{P}_{EU}, \overset{-}{P}_{UE}) \tag{9.1}$$

上式中，u 为 F 中各种流量的函数，其中，$P_{EN}$为就业者中脱离劳动力队伍的人员所占的比例；$P_{NE}$为非劳动力中进入劳动力队伍并且找到了工作的人员所占的比例；$P_{UN}$为失业者中脱离劳动力队伍的人员所占的比例；$P_{NU}$为非劳动力中进入劳动力队伍但尚未找到工作的人员所占的比例；$P_{EU}$为就业者中成为失业者的人员所占的比例；$P_{UE}$为失业者中成为就业者的人员所占的比例。我们通常将该式称为**失业的存量—流量模型**。

在失业的存量—流量模型中，各变量顶部的加号意味着该变量的增加将提高失业率，而减号则意味着该变量的增加将降低失业率。因此，该等式表示，在其他条件一定的情况下，那些自愿或非自愿离开工作岗位，从而成为失业者或退出劳动力队伍的人员所占的比例的上升将会提高该人口群体的失业率；而那些从非劳动力队伍进入劳动力队伍但没有找到工作的人员所占比例的上升，也同样会提高该人口群体的失业率。类似地，那些脱离失业状态，从而成为就业者或脱离劳动力市场的人员所占的比例越大，则该人口群体的失业率就会越低。最后，那些进入劳动力队伍之后马上找到工作的人所占的比例越大，则该人口群体的失业率就会越低。

从失业的存量—流量模型我们可以看出，一个国家或地区的总体失业水平，或者某一群体的失业水平，取决于各种劳动力市场状态之间的流量的相对流动比率，是各种流量之间综合作用的结果。社会对任何既定失业水平的关注都应当集中在失业的影响范围以及失业的持续时间这两个方面。如果在一种情况下，群体中的少数人失业很长的时间；而在另外一种情况下，群体中有很多人失业，但他们都能很快渡过失业期，那么前一种情况可能更应引起社会的重视。直到最近，人们还普遍认为，在可以被衡量出来的失业规模中，大多数情况都是由于许多人正在经历短期失业这样一个事实造成的。然而，证据却表明尽管许多人能够很快地从失业状态流出，但是同时还存在这样一种情况,即那些在任何时间里都处于失业存量之中的这样一批为数相对较少的人所面临的失业期更长了。

## 第二节 失业的测量

我们从失业概念来判断一个人是否失业是很容易的,即当一个想要去工作的人没有工作,失业就发生了。然而,要在现实中根据这个简单定义去判断一个人是否真正失业,还存在着很多实际的困难。例如,如果一个想找工作的人在找到一个工作机会,但因为自身的原因他最终没有接受这份工作,他仍然被认为是失业者吗?类似地,如果一个人说想要一份工作,但事实上他在6个月之内没有做任何努力去寻找工作,这个人能被认为是失业者吗?某人想每周工作40小时,但只能找到有20小时的兼职工作,他是不是应该被认为是半失业者?

失业的定义很重要是因为它对官方所统计的失业程度的报告有很大影响,并且对人们如何评价失业对经济社会发展的经济成本产生重大影响。关于失业的统计概念,我们已经在第三章做了讨论,在发达国家,失业数据一般是每月通过现行人口调查获得的。根据劳动统计概念,劳动人口分为两个群体:就业者和失业者属于劳动力,那些没有工作也不愿去工作的属于非劳动力。目前国际上一般对于就业者的定义是,在调查周内至少有一个小时的付酬工作或在家庭企业中每周工作最低15小时的无酬劳动者①。一个人有工作但因为休假、疾病、天气或罢工而暂时离开也被认为是就业者。从统计上计算失业者,一个人必须满足以下三个标准:(1)他没有工作;(2)如果提供工作,他愿意并且有能力工作;(3)他在调查周的前四周内积极寻找过工作。失业率就是失业人数除以劳动力人数。例如,2008年中国年失业率为4.2%②。

人们对政府有关就业、失业量的测量提出了许多批评意见。有人认为根据失业数据来判断因失业而产生的经济成本与贫困,可能会产生误导。这一观点认为很有

① Bruce E. Kaufman and Julie L. Hotchkiss, *The Economics of Labor Market*, Fort Worth: The Dryden Press, 1999, pp. 648 - 649.

② 国家统计局,《中国统计年鉴(2009年)》,中国统计出版社,2009年。

说服力的论据就是传统的劳动力统计掩盖了失业的真实成本。最明显的例子就是失业量中不包括丧失信心的工人。丧失信心的工人就是指那些想得到工作,在过去的一年中找过工作但没有在近四周内寻找工作,或者是由于缺乏工作机会或只是由于个人因素如年龄、种族及缺乏技能而找不着工作的人。由于丧失信心的工人没有明显的寻找工作的努力,他们在劳动统计中没有被计入劳动力中,也不进入失业率,不过在有些国家,如美国对此则单独进行统计。例如,在1998年的美国,平均有200万人是丧失信心者,如果他们被计入失业数目中,那官方失业率就应该从4.5%上升到5.9%①。

传统测量的失业率低估了失业成本的第二个原因是失业率不能反映潜在的就业者。比如,在1998年的美国,据报道有370万人是不情愿做兼职的,或者是因为雇主砍掉了他们的工作时间,或者是因为对于新寻找工作者他们不能找到全职工作。即使这些人不能找到他们想要的那么多工作,只要他们工作着甚至是1个小时,他们也被计入就业者,就如同一个干着全职、每周工作40小时的人一样②。

然而,有些人却认为官方失业率夸大了失业而造成的经济成本。例如,在国外失业保险项目经常被认为夸大了失业率,因为接受者可以因接受失业保险而不工作,并能够维持较长时间的生活。与此相类似,对贫困家庭的临时资助和食物券等福利项目也被认为提高了失业率,因为申请工作的人把要求工作当成接受这些福利的前提条件。即使这些收入转移项目没有引起高失业率,它们也会缓解工人及其家庭因失业而造成的经济困难。

人们认为失业率夸大失业造成的经济成本的第二个来源是劳动力人口统计构成的变化。比如,在劳动力中,青少年与妇女所占比重的增长被认为夸大了经济不景气的程度,因为这两个群体频繁地进出劳动力,因此更多地被认为是失业者,这导致所测量的失业率上升。

许多发达国家的劳动统计机构针对这些批评已经对传统的失业统计方法作了修正。例如,1976年,美国国会成立了就业、失业统计国家委员会,该委员会的职能就是系统考察和检测搜集数据的方法,以及对各种劳动力概念的测量。在1979年底,

---

① Bruce E. Kaufman and Julie L. Hotchkiss, *The Economics of Labor Market*, *Fort Worth: The Dryden Press*, 1999, p. 650.

② Ibid.

这个委员会向美国劳工局提出了建议报告。委员会建议官方对就业、失业的测量方法保持不变,但对个别技术进行调整和数据的改善。关于丧失信心者是否应该计入失业者的问题,委员会认为这部分人仍不应记入失业者中,原因是这些工人中大部分已经不愿重新进入劳动市场工作。在1989年,委员会又重新考察了有关就业失业统计方法。这次纠正了一些在现行人口调查中的做法。这次就业失业统计方法的修正除了对55~64岁的工人群体有一定的影响外,并没有显著地改变对于某一人口群的失业率测量值。然而,这个重新设计对其他因素的测量产生了影响。例如,劳动力市场的新进入者中成为失业者的人数在增加,妇女的就业比率在增加,就业统计中兼职者人数在增加,丧失信心工人作为非劳动力的比例在下降。新方法中,在就业者中新设立了兼职就业者这一指标,该指标对全职工人(一份工作要做35小时以上)和多样化兼职工人(好几份工作总共要做35小时以上)作出了区别。在以前,后者被认为是全职工作者。在1998年的美国,有160万工人干着多于一份的兼职工作①。

我国关于劳动就业方面的统计自建国初期就已经开始,当时政府搜集劳动力就业信息的目的主要在于制定国民经济发展计划。当时的劳动力失业带有一种"政策性失业"的色彩。正是由于当时的这种特殊历史背景,改革开放以来我国关于失业现象的统计并不能客观全面地反映经济运行中实际的劳动就业状况。这主要表现在两方面:(1)统计口径狭窄。我国统计的失业人员指有非农户口,在一定劳动年龄内(男50岁以下,女45岁以下),有劳动能力,无业且要求就业,并在当地就业服务机构进行求业登记的人。我国失业人员的范围是不考虑农村人口的②,这是由长期传统体制形成的观念和意识积淀导致的。(2)失业与就业概念范畴交叉。失业和就业是一对截然对立的概念,但在实际中却出现这么几种情况:第一,登记失业者中有相当部分人员正在打工或从事其他有酬的临时工作,并不是真正的失业者,存在着所谓"隐性就业"的情况;第二,国有、集体企业在册职工中有一部分人员并未从事劳动,如一些下岗及内退人员等,但仍被作为从业人员统计;第三,国有、集体企业存在大量

---

① Bruce E. Kaufman and Julie L. Hotchkiss, *The Economics of Labor Market*, *Fort Worth: The Dryden Press*, 1999, p. 651.

② 根据《中国劳动统计年鉴(2008)》城镇登记失业率指的是,城镇登记失业人员与城镇单位就业人员(扣除使用的农村劳动力、聘用的离退休人员、港澳台及外方人员)、城镇单位中的不在岗职工、城镇私营业主、个体户主、城镇私营企业和个体就业人员、城镇登记失业人员之和的比。

的冗余人员，他们处于隐性失业或就业不足状态；第四，农村中的大量的隐性失业人员。因此，原有的失业统计指标已难以反映现在的真实情况。随着我国市场化程度的加深，需要构建符合中国现阶段劳动就业状况的失业指标概念体系。

## 第三节 失业类型

经济学家根据失业的特征和失业的根本引发机制，将各种类型的失业加以区分。一般来说，失业可以划分为三种不同的类型：摩擦性失业、结构性失业和周期性失业。

### 一、摩擦性失业

第一种失业类型是摩擦性失业。它产生的原因是职业市场的信息不完全，以及有职位空缺的雇主和寻找工作的人互相之间，他们都要花时间去寻找，产生了在工作和进出劳动力市场之间的持续流动过程。即使当劳动力市场的供给和需求是平衡的时候，失业仍然会发生，因为企业和工人都在寻找最佳匹配。如果信息是完全的，流动是没有成本的，这个过程在瞬间就可以完成，失业就不会发生。但在实际世界中，这些条件都不可能满足，那么在一个动态的劳动力市场就不可避免地产生一个副产品——存在一定量的摩擦失业。其具体量由寻找工作和工作空缺匹配的速度、效率及周转频率决定。

摩擦失业的明显特征有以下四个方面：(1) 它影响了跨越所有人口群体、行业和地区中相对大的数目的人。但是对每个人而言，摩擦性失业的发生是不相同的。比如，在一些流动大的行业中(像零售业或建筑业)以及特殊人口群体(像青少年)的摩擦失业大一些。(2) 摩擦失业倾向于一个相对较短的时期。第一次换工作和找工作的人根本就没有经历失业，对那些花一些时间去寻找工作的人失业的时间经常是少于一个月的。(3) 一定量的摩擦失业是不可避免的。因为有大量流动的人群进出劳动力市场，而且工作的转换是要一个过程，甚至在一个密集的劳动力市场也不可能达到零失业率。(4) 和其他类型的失业相比较，摩擦失业不仅仅带来经济成本，还会带来一些明显的经济利益。对劳动者个人而言,对单个工人而言,如果短期失业使他能进行更大范围的工作搜寻,那失业就是一项值得的投资;对整个经济而言,如果劳动力流动过程是为了在地区和企业间进行合理有效的劳动力分配,那一定量的摩擦失业是必要的。然而并不是所有的摩擦失业都是有利的,如那些频繁从一个没有前途的工作跳到另一个没有前途的工作的人们所经历的。

摩擦失业的特点表明了减少摩擦失业可以采用的几种公共政策。一个明显的方法就是在劳动力市场上增大工作信息的流动,比如,改善的公共就业服务有一个计算机化的职位银行,或对于有前途的求职者在与不同公司代表交谈时,工作机会应该是平等的。公共政策同样可以通过降低不必要的流动而减少摩擦失业。在美国等发达国家,一个经常性建议是改革失业保险系统。另一个已经被讨论了很多年的政策就是在 1993 年实施的《美国联邦家庭医疗假期法案》。这个政策通过允许工人在一个有限时期内休假而不是要求辞退这个人来减少摩擦失业。如果一个人休假了,他再次进入劳动力是作为就业者;而如果他被辞退了,再次进入就意味着是寻找一份新工作的失业期。

## 二、结构性失业

第二种失业类型是结构性失业。结构性失业是由于工作类型与寻找工作的人的不匹配所产生的。这种不匹配可能与个人的技能、学历、地理位置或年龄相关。比如,如果在经济中,存在的工作是技术性的,如软件工程师、空间技术工程师或经理人员,而寻找工作的不是没有受过多少教育或没有工作经历的年轻人,就是从没有技术性的工作如卡车司机之类解雇的成年人,这时结构性失业就发生了。同样地,如果在北京和上海有工作空缺,而寻找工作的人在陕西或者山西等中西部地区,结构性失业也会存在。这种情况下的失业不是由于信息不完全,而是由于劳动力市场的流动性障碍,这种障碍阻止了失业者与求职者的匹配。在结构性失业情况下,市场上同时存在着工作空缺和失业者,甚至从长期看,也不会很容易匹配。

结构性失业的特点有以下两个方面:(1) 结构性失业不像摩擦性失业,它倾向于集中在确定的群体,即那些受技术改变,所在企业衰退或在整个国家内的工作移动所产生的负面影响的群体。(2) 结构性失业是长期的。在一个区域内那些被新技术替代或工厂倒闭的工人很少找到可选择的其他就业资源。而且,这种寻找工作可能要持续好几个月。这表明一条直线被频繁地分为摩擦性失业和结构性失业,因为两者都包括了搜寻工作的过程。它们的主要区别在于搜寻工作过程的完成速度,摩擦性失业相对短一点,而结构性失业要持续长一些。

结构性失业的特点表明了减少结构失业可以采用的几种公共政策。其一是政府对培训项目的提供或资助。例如,将政府项目提供给为难以就业的年轻人提供就业技能服务的职业公司,对于为目标群体提供培训的企业给予税收优惠等。其二是通过提供再次安置津贴鼓励失业者流动,走出经济不景气地区。其三是通过提供给长期失业者的公共服务工作,作为政府这一最后雇主的应对措施。

## 三、周期性失业

第三种类型的失业是周期性失业(有时叫需求不足失业)。这种失业产生的基本原因是经济中总需求不足以为求职者创造足够的工作。在摩擦和结构性失业中,问题是工作空缺与求职者不能互相匹配,而周期性失业的发生是因为没有足够的工作去做。周期性失业与经济运动的上升和下降周期性变化有关:周期中上升时期,失业率会随着经济中消费和产品的需求上升而下降,因为会促使企业通过招回暂时解雇的工人以及招聘新求职者来增加就业;而在经济衰退期,销售量的下降使企业辞退现有工人,减少新的招聘人员,导致了经济中可存在的工作的下降,失业率上升。需求不足失业可能还有一个非周期性因素,如果经济缓慢低增长,这种状态就会被认为是“经济停滞”。

周期性失业的特点有以下两个方面:(1)相对于摩擦和结构性失业,周期性失业随着经济的扩张与收缩表现得一年年不一样。(2)同摩擦性失业一样,周期性失业也倾向于整个经济的范围,虽然在经济衰退时,耐用品企业和工业地区的工人通常比其他工人的境况更糟一些。

一般来说,政府可以借助公共政策去减少周期性失业。最直接的办法就是调整财政和货币政策以确保持续健康稳定的经济增长率。一旦衰退开始,及时以税收减少或宽松的货币政策的形式干预,有限地降低经济衰退的严重性和造成失业。另一个可选择的方法就是增加基础设施建设,比如,在经济衰退开始时就建高速公路或城市新建项目,直接扩大就业。

## 四、失业类型的区别:贝弗里奇曲线

尽管在理论上摩擦性失业、结构性失业和周期性失业的概念十分清楚,但在实际中要区别这几个类型并不容易。解决这一问题的一个有用的方法就是所谓的贝弗里奇曲线,利用该曲线可以对各种类型的失业作出区分。如图 9-2 所示,纵轴测量的是经济中职位空缺的数目,横轴测量的是失业人数。45 度角的那条直线表示的是职位空缺数目与寻找工作的数目相等的线——一般意义上的充分就业。在 45 度线以上的点表示劳动的需求过大,45 度线以下的点表示劳动的供给过大。

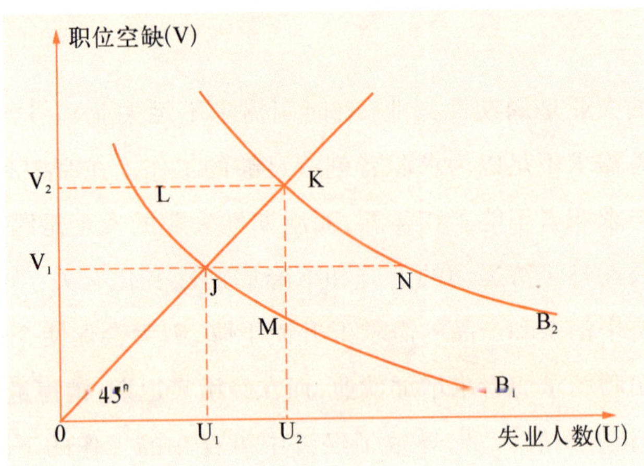


图 9-2 各种失业类型的区分

即使在充分就业下,一定数目的失业仍然存在,这是因为摩擦性失业和结构性失业的原因。在 45 度线上的点表示充分就业的点,如图 9-2 中的 J 点,存在着 $U_1$ 的失业人数,这种失业是摩擦性失业还是结构性失业呢?我们从图 9-2 中是看不出来的。职位空缺 $V_1$ 在总量上等于求职者人数 $U_1$,但这个图并没有表明职位空缺与求职者是否会很快地匹配。如果能够很快匹配,则 $U_1$ 是摩擦性失业;如果这种情况会持续一段时间,则表明 $U_1$ 是结构性失业。最有可能的是两种失业类型的结合。而且,注意到 $U_1$ 仅仅是与充分就业相等的多个可能失业水平的一种。摩擦性失业或结构性失业的人数越多,在整个经济中 45 度线向外延伸的就越长,这样在 K 点的失

业率上升到 $U_2$，从而求职者与职位空缺数保持相等。职位空缺与求职者数目的同时增加表明有可能存在更大的劳动力流动量，或者是失业者寻求工作的时间更长，或者可能是雇主要求的技能与失业者所拥有的技能之间的结构不平衡在加大。通过政府干预和各种培训项目以及改善工作安置服务等方式可以减少摩擦性失业或结构性失业，这使得 45 度线上的点向下移动。

显然在 45 度线上的每一点都位于某一条向右下方倾斜的曲线上，如 $B_1$、$B_2$ 上，该曲线就是贝弗里奇曲线（Beveridge Curve）。该曲线的名称取自英国的经济学家威廉·贝弗里奇（William Beveridge）。对于劳动力市场的任一给定结构，贝弗里奇曲线表明，职位空缺与失业人数怎样在经济周期中发生变化。从任一充分就业状态如点 J 开始，在经济上升时期，整个经济状态在曲线 $B_1$ 上移至 L 点，L 点的劳动需求大于劳动供给，说明职位空缺相对于失业过量（甚至在最密集的劳动力市场也会因为流动的原因存在一些失业）。相反地，在经济衰退时，随着企业减少雇用，职位空缺减少，这时企业解雇人员将会使失业人数增加，反映在 $B_1$ 曲线上就是 J 点向右下方的移动，例如移到 M 点，M 点的失业率为 $U_2$。如果整个经济是充分就业的（J 点），那么失业率应该在 $U_1$ 点。因此，$U_2 - U_1$ 的差值就是测量的周期性失业量，其他的失业余值可归结于摩擦性失业和结构性失业。

如果失业率随着时间推移而增加，能否对其原因作出识别呢？至少在理论上讲答案是肯定的。虽然在各国由于职位空缺的统计资料的缺乏，使得在实际操作中存在很大的困难。一方面，周期性失业人数的增加是由于失业者的增加而不是职位空缺的减少造成的，就像在某一特定的贝弗里奇曲线上的向下移动，例如，在图 9－2 中曲线 $B_1$ 上从 J 到 M 点的移动。另一方面，摩擦性失业或结构性失业的增加是由于职位空缺和失业人数的增加来表示的，在图 9－2 上就是 $B_1$ 到 $B_2$ 的移动，即点 J 向点 K 的移动。

有多种办法可以确定从点 J 到点 K 的移动到底是由于摩擦性失业还是结构性失业造成的。办法之一就是考察职位空缺与失业人数的分散度。在多个行业和地区中的职位空缺和失业人数的大范围上升将表明是摩擦性失业；而一个地区的职位空缺集中，另一个地区的失业集中则表示是结构性失业。办法之二是看失业持续时间的统计情况，经历长时间失业人数的比例上升就意味着结构性失业问题将变得更严重一些。

失业的增加也可能来自需求不足和结构性失业的共同作用。例如,随着汽车行业内大范围的工厂倒闭,与此同时经济中其他行业没有空缺职位的增加,这种需求不足和结构性的失业就同时发生了。在图 9 - 2 中就是点 J 水平地向点 N 的移动。汽车工人中高失业的部分可以由增加总需求的方式加以解决。这将有助于汽车工业的恢复,使得一些被解雇的工人可以重新回到他们原来的工作岗位上去。第二个方面的影响只可能通过整个经济中其他行业所创造的新的工作机会来加以解决。然而,即使当整个经济恢复到充分就业状态(K 点),结构性失业仍会有一个净增加值 $U_2 - U_1$。这表明总需求的增加能部分地降低结构性失业量,但不能完全消除它[①]。

# 第四节 失 业 原 因

对摩擦性失业、结构性失业和周期性失业的区分使我们对失业产生的原因有了一定的了解。然而,人们对各种失业类型的原因探讨还不仅如此。通过建立各种经济模型,我们对失业的原因可以作更加深入的分析,从而能够得到许多有益的启示。在下面我们考察有关摩擦性失业、结构性失业和周期性失业的重要理论模型——工作搜寻理论、刚性工资理论和效率工资理论。

## 一、工作搜寻理论

工作搜寻的过程可以为失业的存在提供一个重要的理论解释。不论寻找工作的人是新进入劳动力市场者还是工厂倒闭形成的失业者或是在职想换工作者,信息的不完全迫使求职者到一个个企业去寻找有关工资、工作条件等的招聘信息。与此同时,具有空缺职位的企业也会在劳动力市场上搜寻那些能够与其空缺职位相匹配的求职者,这也需要了解求职者的个人信息。因此,在求职者与潜在雇主之间的工作匹配要花费一定的时间。所以,即使是当劳动力需求和供给在总量上相等的时候,也会

---

① Mark D. Partridge and Dan S. Rickman, Reginal Differences in Chronic Long-Term Unemployment, *Quarterly Review of Economics and Finance*, Volume 38, Issue 2, 1998, pp. 193 - 215.

存在一定量的摩擦性失业。工作搜寻理论对摩擦性失业和自愿性失业现象作出了解释。

某一经济中的摩擦性失业水平是由进入和退出劳动力市场的人员流量和失业者找到并接受工作的速度决定的,而决定这种速度的因素可以通过对工作搜寻过程的分析找到。工作搜寻理论对这一过程作了很好的分析。因此,我们在下面转向对工作搜寻过程的理论分析。

为了更具体地讨论工作搜寻理论,我们假定求职者 A 是一个从名牌大学毕业的 MBA。求职者 A 进入职业市场知道有 N 个企业招聘 MBA,当然每一家确切的工资是不清楚的。但是根据朋友的经验,求职者 A 会知道去年的起始工资,以及工资提供的分布,如图 9－3 所示。曲线 f(W)表示企业能够提供给求职者的工资分布频率,比如,在 f(W)上,可以看出企业提供 $W_1$ 工资的概率是 $\Pi_1$,而提供 $W_2$ 以上工资的概率是 0。对那些没有提供工作的企业,工资率为 0。当经济处于萧条时期,企业所提供的工资分布频率曲线将会向左移动,例如,从 f(W)移动到 f′(W)。如果求职者将 $W_1$ 确定为其最低可接受工资,所有低于该工资的企业就会被求职者拒绝。显然,最低可接受工资越高,求职者为能够找到提供该工资企业所花费的搜寻时间就越长。

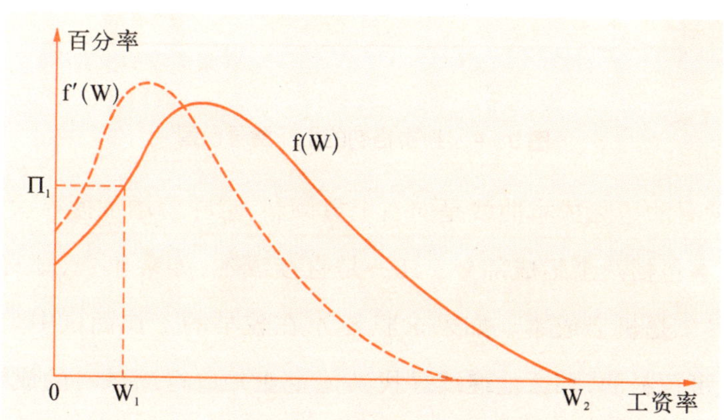


图 9－3 搜寻工作过程中假设的工资分布频率图

我们知道在完全信息条件下,A 将知道哪些企业支付 $W_2$ 工资,这样就不存在搜寻的过程,A 将直接同需要与自己条件一致的企业匹配从而没有失业过程。如果 A 不知道这些信息,A 将会在一定时间失业,去寻找最好的工作(这里的定义就是工资最高的工作)。这个失业的过程能持续多久呢? 工作搜寻的两种不同理论对这一问题做了回答。我们在下面分别对这两个理论进行介绍。

### 1. 斯蒂格勒(Stigler) 模型

第一个工作搜寻模型是由美国经济学家乔治 · 斯蒂格勒(George Stigler)在 20 世纪 60 年代早期提出的。根据斯蒂格勒的说法,工作搜寻最优次数的决策同其他经济问题一样由边际收益法则决定,即只要求职者增加一次搜寻的边际收益大于边际成本就会增加其联系企业的数目。当边际收益等于边际成本时,就达到了工作搜寻的最优次数。如图 9 - 4 所示,其中,A 的搜寻曲线的边际收益为 $MB_A$,边际成本为 $MC_A$。

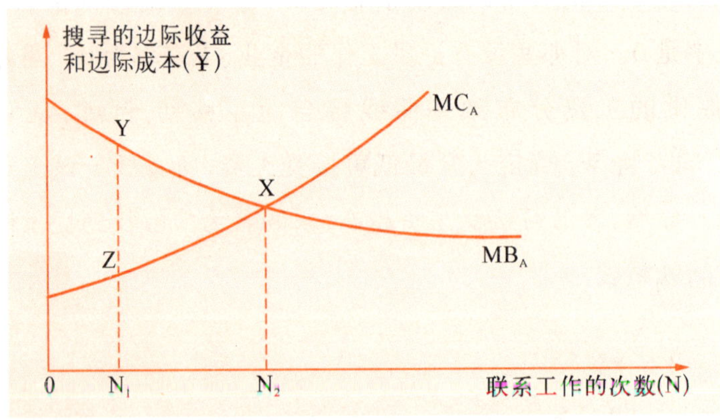


图 9 - 4 斯蒂格勒的工作搜寻模型

一方面,搜寻的边际成本曲线是向右上方倾斜,意味着增加搜寻次数将增加边际成本。搜寻成本包括两个组成部分: 其一是直接成本,如乘车费、邮寄费、给求职中介的费用等;其二是机会成本。如果求职者 A 在较早的工作面试中是成功的,并且面试的结果是可预料的,那么他继续寻找其他企业并进行面试时的成本就是他在较早时面试成功的企业所提供的收入。机会成本的大小取决于提供工作的企业能否为求职者保留那份适合他的工作。如果一个人不断地去寻找工作,尽管这个人可以根据搜寻的情况了解所有可能提供的工作状况,并从中挑选一个最好的,但先前提供的那些工作就可能会被其他人接受,从而导致搜寻的边际成本将会很高。此外,不断地搜寻可能会增加直接成本和机会成本,因为工作搜寻涉及的范围越大,导致直接的搜寻成本也就越大；同时，从可预料到的可接受的工作机会被其他人占有的角度看，收入损失的机会成本也可能上升。

另一方面，工作搜寻的边际收益受报酬递减规律的约束。从搜寻的边际收益曲线 $MB_A$ 来看，其形状是向右下倾斜的。增加搜寻次数的边际收益是求职者 A 认为多联系一家雇主所获得的收入增加的现值，即增加额外一次搜寻所获得的收益，等于求职者可能获得的更高工资工作在整个工作期内增加部分的收益的贴现值。在既定的边际收益曲线斜率为负的条件下，由于求职者 A 很可能在最初的面试中成为最有可能被录取者，因此，继续寻找更高工资收入工作的机会将会随着搜寻次数的增加而递减。

那么，求职者 A 应该联系多少家企业以求职呢？答案是 $N_2$ 家企业，即当 $MB_A = MC_A$ 时。求职者 A 很有可能只联系 $N_1$ 家企业就结束其工作搜寻，并接受所联系企业中提供最好工资条件的那份工作。然而，那样并不会使收入最大化，因为增加额外一次搜寻的边际收益大于边际成本，即点 Y 大于点 Z。同样，求职者 A 也可能搜寻比 $N_2$ 更多的企业以便找到一份较好的工作，但这也不是最佳选择，因为获得更高工资工作的可能性太小而有可能不能抵消额外增加一次搜寻的搜寻成本。

### 2. 麦柯尔(McCall)模型

第二个工作搜寻模型是由约翰・麦柯尔(John McCall)建立起来的①。在斯蒂格勒模型中，求职者首先估计搜寻的最佳时间长度，然后选择接受其收到的最好的那份工作。经验研究发现，求职者常常采用的一个战略就是，按先后顺序作出工作搜寻决策，当遇到第一份超过其最低可接受工资时，求职者就会接受该份工作。求职者的这个选择战略最初是由麦柯尔模型提出来的。

麦柯尔的工作搜寻模型如图 9－3 所示，我们仍然以求职者 A 为 MBA 的例子加以说明。麦柯尔模型的关键值是最低可接受工资的概念。最低可接受工资就是求职者考虑从事某一工作时愿意接受的最低工资。对于求职者 A 而言，他的最低可接受工资在图 9－3 中是 $W_1$，低于 $W_1$ 的工作将会被其拒绝。搜寻的时间长度取决于最

---

① John J. McCall, Economics of Information and Job Search, *Quarterly Journal of Economics*, Volume 84, Issue 1, 1970, pp. 113－126; Dale T. Mortensen, Job Search, the Duration of Unemployment, and the Phillips Curve, *American Economic Review*, Volume 60, Issue 5, 1970, pp. 847－862.

低可接受工资水平与企业提供的工资分布频率之间的联系。如果求职者 A 制定了一个相对较低的可接受工资,他可能会很快获得一份合适的工作,这样失业时间将会缩短;如果他制定的可接受工资较高,那么较高的可接受工资会导致其失业期限延长。

什么因素决定一个求职者的最低可接受工资呢?或者说为什么求职者的最低可接受工资是 $W_1$ 而不是其他工资率呢?在决定一个可接受工资时,求职者 A 不得不在各种可能机会的收益与成本之间进行权衡。如果求职者找到一个较高的可接受工资的工作,那么由这一工作所带来的边际收益就是求职者因为获得该工作所得到的高于其他工作所带来的工资率。但是较高的可接受工资必然带有额外成本,因为求职者在找到支付高工资的工作以前必然经历一段平均较长的失业期。当边际收益与较高需求的边际成本相等时,最优水平的可接受工资就形成了。事实上,求职者以前工作所获得的工资水平、习惯的生活消费水平以及朋友或熟人的工作状况等因素也会影响该求职者的最低可接受工资。

求职者 A 用可接受工资作为标准以作出接受或拒绝某项工作的决策,并预期在某一确定时间会得到一份满意的工作。如果在那个时间以后求职者 A 还没有找到任何工作,情况又是怎样的呢?第一个可能性是求职者 A 可能认为他运气不好,碰巧在搜寻过程中所遇到的企业都位于图 9-3 中工资频率分布曲线 f(W)的左边尾巴线部分。第二个可能性是工作市场对 MBA 的需求比求职者 A 所预想的要糟得多,工资分布曲线是 f′(W)而不是 f(W)。如果是这种情况,求职者 A 期望得到的工作将会与他实际得到的工作大不相同。根据麦柯尔的理论,这种不一致将会导致工作搜寻者逐渐降低 f(W)的估计值和最低的可接受工资。当可接受工资降低到某一点时,就会找到某项可接受的工作,但是这种搜寻过程要比如果一开始就正确估计 f(W)时所用的时间长得多。

### 3. 工作搜寻模型关于失业的含义

工作搜寻模型关于失业的含义有以下四个方面:第一,工作搜寻在本质上是一种人力资本投资,即工人在劳动力市场上流动以改善他们的状况。就如同教育和在职培训一样,工作搜寻是以当前失业为成本,以未来获得更高工资、更具吸引力工作收益的一项投资。在工作搜寻模型中,搜寻工作和失业是同时存在的,它们被看作获得有价值的经济产品——工作市场信息的自愿和有效的时间利用。

第二,工作搜寻模型解释了为什么在劳动力市场中个人搜寻工作所需时间的不一致性,以及为什么一些劳动力群体的失业率高于另一些群体。从对美国实证研究的结果可以看到,1998 年,在美国处于黄金年龄段的男性工人一般至少失业 1 个月,平均搜寻 1.95 个工作以获得就业。与之相比较,在同样的失业期限内,妇女则平均搜寻 1.84 个工作,青少年平均搜寻 1.55 个工作①。除此以外,有证据证明男性工作搜寻的最有效方法是通过朋友和亲戚的帮助,而妇女和青少年很少用这种方法。对男子搜寻工作比妇女更有目的性的一个理由是男子在劳动力或一个特定的雇主计划工作的时间平均比妇女长。另外,白人通过朋友和亲戚找工作的比黑人要频繁,因为平均地,白人工人更易进入和获得他们能通过的有发展前途的就业知识。相类似地,1979 年的调查显示失业白人年轻人的最低可接受工资平均为 4.3 美元/小时,失业黑人年轻人平均为 4.22 美元/小时;在他们最近工作实际接受的工资是白人为 4.63 美元/小时,黑人为 3.9 美元/小时。因此,对黑人年轻人高失业率的一个可能的解释就是他们的保留工资相对于他们可能得到的实际工资比白人年轻人的情况要高得多②。

第三,这些模型表明任何减少失业成本的因素都会增加工作搜寻时间和失业期限。我们以失业补偿金计划为例加以说明。在失业补偿金计划下,被解雇并满足一定条件的工人有权享受至少 26 周的工资,该周工资一般为工人在工作时工资扣除所得税后的 50% 左右。工作搜寻理论预言这种失业补偿金越高或者失业者接受失业补偿金的期限越长,个人最低可接受工资也就越高,失业期限也可能越长。

第四,工作搜寻理论对经济周期中失业的反周期运动提供了解释。在经济周期的上升阶段,图 9-3 中的工资频率分布曲线 f(W) 将向右移动,其结果是求职者得到超过他们最低可接受工资工作的可能性上升。在这种情况下,失业人数和失业的持续时间都将下降。在经济衰退期,相反的情况将会发生,工资频率分布曲线将向左下方移动。因为在经济衰退阶段,企业所提供的工作相对较少,并且可能对求职者没有

① Steven M. Bortnick and Michelle Harrison Ports, Job Search Methods and Results: Tracking the Unemployed, 1991, *Monthly Labor Review*, December 1992, pp. 29-35.

② Ibid.

多少吸引力，失业工人将选择继续搜寻工作，从而导致统计的失业人数上升。在这种情况下，失业可能是一种自愿现象——即使在经济发生严重衰退期间也会存在工作空缺，因为失业者为了找到更好的工作而没有接受这些空缺职位。

## 二、刚性工资理论

对失业的第二个主要解释是劳动力市场的货币工资率存在着不能向下浮动的刚性。在工作搜寻理论中，失业不是因为工作总量不足，而是劳动力市场的动态属性以及信息流动的不完全性产生的。由刚性工资引起的失业完全不同，其基本问题不是信息不完全，而是没有足够的工作提供给想要工作的人。由于刚性工资引起的失业与经济活动的波动联系在一起，因此刚性工资理论主要解释由经济周期性波动而产生的失业。

如图 9－5 所示，刚性货币工资率引起的失业在该图中作出了描述。纵轴表示实际工资 w，它等于货币工资 W 除以价格水平 P。在 P 给定的条件下，我们可以根据货币工资来分析劳动需求与供给(如果 P 恒定，在货币工资 W 上的变化就等同于实际工资 w 上的变化)。然而，当我们把分析转向宏观经济问题时，就必须将工资和价格明确地纳入劳动力市场模型中。在图 9－5 中，劳动需求曲线 $D_1$ 和劳动供给曲线 $S_1$ 由实际工资决定。在实际工资 $w_1$ 和就业水平 $L_1$(点 A)处，市场处于均衡状态。就业水平 $L_1$ 是一个充分就业点，在这一点上，希望工作的人的数目恰好等于企业希望雇用的人的数目，但此时因为流动和工作搜寻等因素仍将存在着一些摩擦性失业。

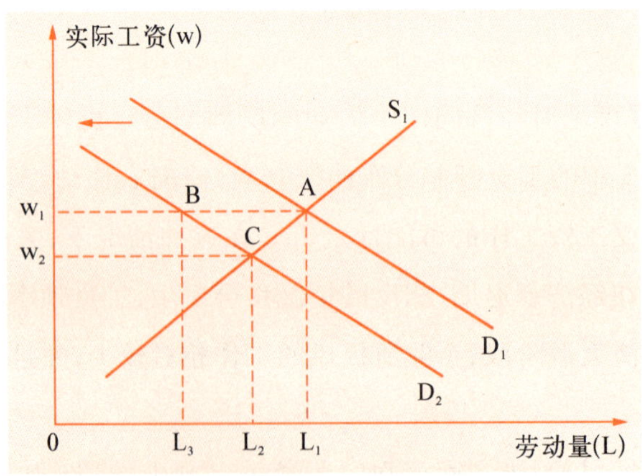


图 9－5　由刚性工资所引起的失业

为了理解货币工资怎样引起失业，我们假设消费需求减少，这种消费需求的减少或者表现在整个经济中，或者是表现在对某一地区或者某一行业的一个主要产品（比如煤或铁）的需求减少。需求减少的初始影响就是使企业减少雇用水平，如图9－5所示，劳动力需求曲线向左移到 $D_2$。在现行的实际工资 $w_1$ 处，雇用量降到 $L_3$（从 A 到 B），这种需求不足引起的失业量为 $L_1-L_3$（在特殊行业可能更接近于结构性失业）。如果货币工资可以向下浮动，劳动力市场上的过度供给将使货币工资下降直到建立新的均衡，这时实际工资率为 $w_2$，供给和需求再次相等（即点 C）。货币工资的下降可以通过促使企业增加雇用，或者使部分失业者退出劳动力市场转而追求更有吸引力的非市场活动比如上学、在家工作或享受闲暇等，使失业量减少 $L_1-L_3$。如果货币工资向下浮动具有刚性，这个均衡过程就不会发生，劳动力市场将保持在实际工资为 $w_1$ 和非自愿失业为（$L_1-L_3$）处。即使在竞争模型中货币工资可以下降，价格也以同等大小或更大数量下降，从而使得实际工资或者保持在初始的 $w_1$ 处或者高于 $w_1$。例如，在 1929—1933 年的世界经济衰退期，美国的货币工资下降 19%，但价格下降 24%①。

在现代经济中的一个普遍现象就是，货币工资率即使面对持久的失业也不会下降。为什么在经济萧条时期就业水平降低而名义工资却不下降呢？也就是说必须解释为什么企业宁愿减少雇用量而不减少工资，或者必须解释为什么面临失业危险的工人不愿意用减少工资的办法来保存自己的就业。劳动经济学中关于工资刚性研究的一些假说对于以上两个问题作出了解释。我们在下面分别介绍。

### 1. 工会和最低工资法

研究发现导致工资刚性的一个原因就是工会和政府的最低工资法。在发达资本主义国家，由于很多工会与雇主签订了长期合同，使得工会化企业的工资不能及时反映劳动市场上失业的短期增加。即使在长期，工会谈判力加上对工会成员承诺的“决不退却”的政策可能阻止了工资率的下降。此外，发达国家政府基本上都制定了最低工资法案，该法案如同工会合同一样对货币工资规定了一个底线，劳动市场的货

① Bruce E. Kaufman and Julie L. Hotchkiss, *The Economics of Labor Market*, Fort Worth: The Dryden Press, 1999, pp. 662－665.

币工资率不能降到最低工资以下,从而使得货币工资具有向下的刚性。

### 2. 隐含合同理论

即使在市场中没有工会和最低工资法影响,工资率也可能表现出明显向下的刚性。隐含合同理论在市场不存在工会的假定下对工资刚性作出了解释。该理论认为,工人对稳定的收入有明显的偏好。当衰退发生时,企业有两种办法降低其劳动成本:其一是通过解雇部分工人减少雇用量,并保持未解雇工人的工作时间和工资率的方式;其二是保持现有水平的雇用量,但降低每个人的工作时间和工资率的方式。对大部分工人来说,他们偏好于保持工作时间和工资率不变的方式。因此,经济调整所带来的冲击主要由那些最没有工作经验的人承担了,这些年轻和没有经验的工人首先被企业解雇。在工会化企业的工人中,这种工资削减政策优于雇用量削减政策的偏好在工会合同条款中得到了体现,这些条款规定工资规模不变和按资历解雇。尽管非工会化企业没有被任何明确的、书面的合同约束以遵从工资削减政策优于辞退政策,但是,经济学家认为在工人和企业间存在着一份非书面的、心照不宣的或隐含合同,这种隐含合同要求企业和工人遵循工资削减政策优于辞退政策。有人把这样的隐含合同叫作“看不见的握手”。由于隐含合同是非书面的,故很难直接对该理论进行验证。然而,经验研究表明采用解雇的方法降低劳动成本是企业最基本的方法,尤其是对于那些工会化企业而言更是如此。

### 3. 政府的转移项目

政府转移项目的增加可能也会引起工资刚性。在实施失业保险和其他类似的项目以前,工人失业后因为生存的压力而被迫去寻找工作,对工资的要求不是很高。而在实施失业保险和其他类似的项目以后,转移支付的增长将失业成本减少到一定程度时,工人将不愿意降低其可接受工资,并且也不愿意接受比其所希望的工资低的工作。

### 4. 相对工资比较

另一个工资刚性的来源是工人对他们收入分布相对位置重要性的判断。根据凯恩斯(J. M. Keynes)的观点,当货币工资下降和价格水平上升都导致工人的实际工资下降时,工人更有可能抵制因货币工资下降而引起的实际工资的减少。这两种方式可能导致实际工资下降一样的幅度,但是工人却相对更不愿意因货币工资而导致的实际工资下降,这似乎是毫无道理的。但凯恩斯认为工人的这种选择是不无道理的,因为一方面,货币工资率决定每人在收入分布上的位置,所以工人拒绝减少相对工资;另一方面,通过价格上升而带来实际工资的下降没有改变个人在收入分布上的相对位置,所以工人易于接受。

### 5. 流动和培训成本

由于流动和培训成本的存在,使得劳动力市场工资率的下降受到阻碍。即使失业者愿意接受低于现有雇员工资的工作,企业也可能发现雇用这些接受低工资的工人是无利可图的。当企业雇用新工人并解雇原有工人时,会发生数目可观的流动成本,其中包括面试与测试费用、各种福利计划和来自对新雇用工人的各种附加成本。第二个原因与特殊培训有关,即企业对现有工人已经进行了投资。在一定程度上,在职培训是企业的特殊成本,培训新工人的成本和解雇那些企业已经在他们身上花钱进行过培训的工人而导致的投资损失,都是企业不愿用失业者来代替现有工人的原因。

## 三、效率工资理论

解释失业的第三个理论是效率工资理论。这个理论的关键假设是雇员的工作努力或"效率"是工资率的函数,雇主支付的工资越高,雇员工作就越努力(尽管可能存在效率降低的风险)。这一理论的观点虽然在现实中十分普通,但对很多问题却能作出一些不平常的解释。其一是企业可以通过支付雇员高于市场供求决定的工资而获取更大的利润。其二是如果市场上所有企业在支付雇员高于市场供求工资的条件下,竞争的劳动力市场可能产生一定的非自愿失业者。

效率工资理论成立的前提条件是雇主无法对工人的工作绩效进行完全的监督。事实上,一个工人的生产量不仅取决于其工作时间的长短,也取决于他的工作努力程度。然而,在现实中,大多数雇主都是以某一时间为标准付酬,如每小时工资或年薪。这种以时间为标准的付酬方式虽然对管理者来说操作简单易行,但是这种方式的不足之处就是时间标准仅仅只能按测量劳动输入和劳动输出的时间付酬,不能计算工作的努力程度。因此,企业必须雇用高级主管如工头和直线经理去监督工人使他们无法逃避工作或装病偷懒。然而,即使如此也不能完全满意地解决问题,因为通常对每个雇员的完全监督是不可能的。此外,因为逃避工作而受到的解雇危险在竞争的劳动力市场上没有什么了不起,因为竞争劳动市场的假设,说明工人能很容易地以同样的工资在另一家企业得到另一份工作。

企业怎样才能促使雇员更加努力地工作呢?一个可能的办法就是将雇员的工资直接建立在其产出或销售的数量上。然而,在很多企业里,计件工资或者佣金类工资计划对管理者来说要么是不可行的,要么就是费用太高。卡尔·夏皮罗(Carl Shapiro)和约瑟夫·斯蒂格里茨(Joseph Stiglitz)建议企业采用一种稍高于市场工资率的方式向工人支付报酬,这种报酬支付方式可以从两个方面诱导工人付出更大的工作努力。第一,他们认为高工资可以促使雇员更加努力工作,因为雇员会更加看重工作的价值并有更高的道德责任感。第二,通过将工资增加到高于市场工资水平,企业提高了那些在工作中因偷懒而被解雇的工人的成本,因为工人一旦被解雇就不得不到其他企业接受较低的工资或者是失业。如果市场上每一个企业都支付比市场工资水平更高的工资,其结果是劳动供给相对劳动需求过多,从而产生失业。

对上述讨论所得到的结论要注意以下几点:第一,从每个企业的角度来看,一定程度的失业是有必要的,因为它可以对现有雇员的工作有激励作用。从马克思主义的观点来看,劳动力市场所形成的"产业后备军"本质上是一种约束在职工人努力工作的机制。第二,在这个模型中出现的失业是非自愿失业,因为失业工人愿意接受市场工资水平下的工作,这种失业类型被称为"等待性失业"。与工作搜寻中的失业相反,在总量工作岗位不足的情况下,每个失业工人都必须等待机会,直到空缺职位被开发出来为止。第三,效率工资理论对货币工资率表面上的向下刚性提供了一个解释。即使失业工人愿意以较低工资去工作,企业也可能会由于消减工资雇用这些失业工人而失去利润,因为雇员的努力和生产率将会下降。第四,效率工资模型不能预测失业者在何时曾逃避工作和偷懒,如果失业的威胁是有效的,那么雇员逃避工作和被解雇实际上就不会发生。实际上,失业是那些因为个人原因而辞去工作、或是新进入劳动力市场、或是因为产品需求下降被企业解雇的个人的一个循环蓄水池。

除了对非自愿性失业提供解释之外,效率工资理论也对结构性失业提供了解释。

从以上的论述可以看到,一定的失业为在职工人提供了激励。这说明在其他方面相同的条件下,某一地区的失业率越高,工人到其他企业就业的机会就越少,则他们冒消极怠工而失去工作的风险的可能性也就越小。因此,雇主就不需要像在其他企业的工作机会很充足时那样去支付较高的奖励性工资。这样可以得到一个推论:如果其他要素保持不变,不同地区的平均工资率和失业率之间存在着反向关系,即地区失业率越高,平均工资率越低,反之则反是。

近期对以上推论的经验研究结果获得了间接的支持。一项对 12 个国家的工资率和地区失业率资料所进行的综合性研究发现,在对单个工人(其中的 350 万人)的人力资本特征加以控制之后,在所有国家的地区失业率和实际工资率之间都存在较强的负相关关系。换句话说,这些国家失业率较高的地区,工人的工资率与其他地区的同类工人相比也较低。地区失业率和地区实际工资率之间的这种负相关关系,可以用**工资曲线**来进行描述①。

如图 9-6 所示,横轴表示地区失业率,纵轴表示地区工资率,工资曲线向右下方倾斜。工资曲线在三个方面比较引人注目:第一,每个国家似乎都存在着这一曲线,有充足的数据可以证明这一点。例如,2001 年我国经济较发达的地区,如北京的平均工资为 19 155 元,失业率为 1.2%,而经济相对不发达的贵州的平均工资率为 8 991 元,失业率为 4.0%②。第二,不同国家的工资曲线十分相似。在上述经验研究中,有 11 个国家的情况表明,一个地区的失业率若上升 10%,则必然有 0.4% ~ 1.9% 的实际工资水平下降与之联系。第三,工资曲线与标准的供求分析得出的结论不同,供求分析的结论是较高的失业率和较高的工资率联系在一起,换句话说,将会存在一条斜率为正的工资曲线。如果将供求分析运用到这里,则当工资率高于市场出清的工资率时,供给将超过需求。结果是出现一批想得到工作但却找不到工作(即失业)的工人。这种工资率比均衡工资率高得越多,则失业率将会越高。因此,工资曲线的这种自左上方向右下方倾斜的关系,并不是供求理论所表现出的那种关

---

① David G. Blanchflower and Andrew J. Oswald, An Introduction to the Wage Curve, *Journal of Economic Perspecive*, Volume 9, Issue 3, 1995, pp. 153-167; David Card, The Wage Curve: A Review, *Journal of Economic Literature*, Volume 9, Issue 2, 1995, pp. 785-799.

② 国家统计局,《中国劳动和社会保障年鉴(2002)》,中国劳动社会保障出版社;《中国统计年鉴(2002)》,中国统计出版社,2003 年。

系。在这里,效率工资理论对工资曲线所表现出的结构性失业作出了解释。例如,我们假设引起长期失业的原因之一是雇主为减少雇员的偷懒行为而普遍性地向雇员支付高于市场平均水平的工资率。如果在某一地区恰好由于这种原因或某些其他原因而出现了一个较高的失业率,那么,为减少偷懒行为而必须支付的效率工资的奖励水平也会随之降低;而这可能会引起地区失业率和工资水平之间所出现的反向关系。因此,工资曲线与效率工资理论对结构性失业的解释是一致的。

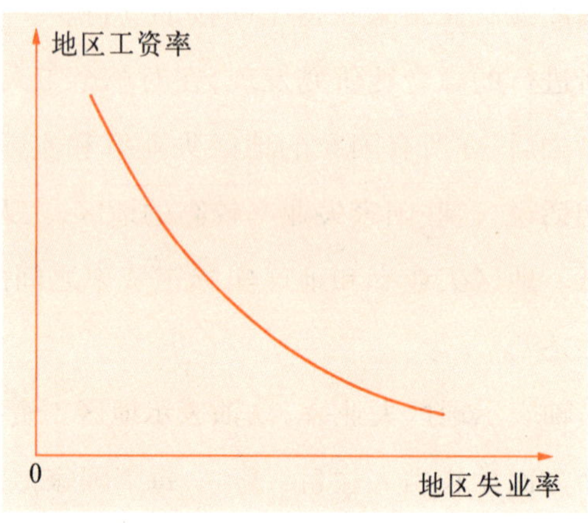


图9-6 工资曲线

# 第五节 中国经济转型时期的就业与失业问题

失业与就业问题是困扰各个国家政府的重要问题。不同的国家由于所处的环境不同,政府在处理失业问题时所采取的政策也不同。就发达国家而言,由于市场机制比较健全,政策的重点主要集中在如何促进经济增长方面。而像中国这样的发展中大国,既存在严重的总量问题,又有严重的结构性问题;既存在着进入 WTO 以后如何融入世界经济的过程问题,又面临市场化和社会保障制度的建设问题。这些现实特点构成了中国特有的就业与失业的背景。本节的目的就是对中国经济转型时期的就业与失业问题进行分析。我们首先分析中国经济转型时期的就业特点,然后分析在这种就业背景下形成的失业问题的各种原因。

## 一、中国经济转型时期的就业

### 1. 计划经济时期的就业特点

我国在新中国成立后，建立起高度集中的计划经济体制，这种体制强调权力集中，排斥市场机制的作用，形成了统包就业、行政调配、城乡分割的劳动就业制度。

计划经济时期，不论是城市或乡村，都是高度集中的指令性经济计划特点。为适应计划经济体制的需要，从1949年到1978年，我国逐步形成了招工方面的统包统配制度和用工方面的固定工制度。统包统配制度来自建国初期的"包下来"政策和20世纪50年代中期的"劳动力统一调配"政策。建国初期，政府对旧中国企业的职工实行"包下来"的政策，后来这一政策扩大到大中专毕业生和转业复员军人及全部城镇待业人员。为了保证国家大规模经济建设对劳动力的需求，国家对劳动力实行统一调配的管理。与此同时，政府又规定企业不得裁减职工，从而形成了用工制度方面的"固定工"政策。当时严格的户籍制度和单位制的控制，导致城乡分割、区域分割、部门分割现象，劳动力流动性小。在这种背景下，城镇名义的就业率高，隐性失业率高，农村存在大量剩余劳动力无法转移，新增劳动力规模大，总就业压力大，下岗失业人员基本没有。

总之，从新中国成立到20世纪80年代之前，我国的就业体制是一个统包统配、城乡分割、国家就业工作重点在城镇的就业体制。这一在特定历史条件下形成的就业制度，在一个时期内，对于促进经济建设、加快工业化进程、扩大劳动就业者的就业以及保障社会安定等方面曾经发挥了重要的作用。但是，随着我国经济体制改革的深入，这种体制也越来越表现出其不相适应的地方。

### 2. 经济转型时期的就业政策分析

近年来，由于我国经济体制改革的深入，加上其他很多非体制方面的原因，就业问题日益突出。我国现在正处于一个经济转型时期，解决好就业问题，将关系到我国国民经济能否保持健康持续发展。

(1) 实行积极的财政政策，通过扩大国民经济总量来拉动就业需求。从我国目前失业情况看,有结构性失业、周期性失业,但主要问题是因劳动力总量大大多于就业岗位总量造成的总量过剩性失业。因此解决我国失业问题需要扩大投资规模,加强经济增长,大幅度增加就业岗位。中央政府可通过增发国债来适当扩大政府公共开支,加大政府对农业、水利、交通、电信等基础产业设施的投资力度,并以财政贴息的方式支持非政府部门扩大对基础产业和基础设施的投资。同时,积极引导企业和个人扩大生产性投资,保证国民经济有一个较高的增长速度来拉动劳动力需求增长。

(2) 积极扩大国内消费需求,促进生产和就业规模的扩张。我国目前就业状况在一定程度上是消费需求不足而引起的经济增长乏力所致。为此,要增加城乡居民特别是低收入居民的货币收入,提高他们的购买力,开辟新的消费热点,创造新的消费需求,以此促进生产和就业规模的扩大。

(3) 建立适合国情的培训就业制度。我国目前失业的结构性特征十分突出,加强就业培训是解决我国失业与再就业的基础。对大批失业者实行“先培训、后就业”或“就业与培训一体化”的制度,通过一系列有效的就业前培训、下岗或转岗培训、在岗培训,可提高劳动力的素质或技能,缓和再就业矛盾。

(4) 加快完善劳动力市场和就业服务体系,这不但有利于缓解结构性失业问题,也会部分发挥其配置劳动力资源的功能。加强对就业的指导和服务,提高职业介绍所的数量和质量,建立城乡一体的就业信息服务网络,减少因信息不畅而造成的再就业困难。

(5) 加快社会保障体系建设,为劳动力的合理流动提供制度保证。社会保障制度不完善阻碍了劳动力向非公有经济部门的流动,也制约了城市再就业率的提高。因此,要逐步取消各项福利待遇在不同所有制企业间的差别,建立覆盖全城乡劳动者和发达农村劳动者的社会保障体系(包括失业保障基金、医疗保险基金、社会救济基金、养老保险基金),降低劳动力转移成本,为各类企业人员和合理流动人员构筑安全网。还应按照《失业保险条例》的要求,提高失业保险费比例,扩大失业保险覆盖面,逐步使全社会职工都参加到失业保险中来,以保证失业职工的基本生活。对此政府已有所行动,在全国城镇普遍建立了最低生活保障制度。2001 年有 1 123 万低于城镇最低收入标准的居民获得最低生活保障,其中大部分是下岗、失业人员①。

(6) 加快发展以民营经济为主的中小企业。公有制经济部门对劳动力的吸纳能

---

① 王诚,“中国的就业形势与新就业政策”,《财经科学》,2003 年第 1 期。

力下降，在对国有经济进行调整的时期，它已不再是就业的主渠道。因此劳动力的就业就要转向非公有制经济部门。在一定时期内，非公有经济的发展将提高我国劳动力的就业水平。据统计，1978 年到 1996 年从农业中转出的 2.3 亿劳动力，绝大部分在中小企业就业。在工业部门新增的 8 000 万人中，有 75% 是由中小企业安置的①。

## 二、中国目前的失业原因分析

我们从劳动供给、劳动需求和中国具体特色等三个方面分析中国目前的失业原因。从劳动供给方面来看，中国庞大的人口数量、劳动力素质、年龄结构对劳动供给有着重要的影响。从劳动需求的角度来看，影响劳动需求的因素主要包括经济增长、经济转型、资本有机构成和产业结构等。此外，中国具体的历史文化背景也对中国特色失业的形成起了很大的作用。

### 1. 劳动力供给方面的原因

（1）人口数量大。我国人口总量大，是世界上劳动力资源最丰富的国家，约占世界劳动力总量的 1/4 以上。根据世界银行的统计数据，1980 年中国劳动力为 5.39 亿人，约占世界劳动力总量的 26.4%，相当于中等收入国家劳动力总量的 1.05 倍，相当于高收入国家的 1.46 倍；1995 年中国劳动力为 7.09 亿人，约占世界劳动力总量的 26.3%，相当于中等收入国家劳动力总量的 1.03 倍，相当于高收入国家的 1.64 倍。1999 年，我国劳动年龄人口占世界比重的 22.4%，比印度高 6 个百分点，相当于日本的 10 倍以上，俄罗斯的 8 倍以上，美国的 5 倍左右②。未来 30 年我国劳动年龄人口规模将持续增长，形成持续的就业压力。据曾湘泉和卢亮（2008）预测，就我国劳动力年龄人口总量变动（15 ~ 64 岁）而言，在 2007 年到 2011 年达到 93 478 万人的峰值之后，人口资源总量不断下降，但 2016 年后又直线上升，在 2020 年达到 93 675 万人的峰值。就经济活动人口而言，尽管从 2006 年开始，大体上呈下降趋势，但仍维持在一个较高的水平上，2020 年仍保持 60 608 万人到 64 261 万人的水平。这表明由于我

---

① 国家统计局，《中国劳动和社会保障年鉴（2002）》，中国劳动社会保障出版社，2002 年。

② 世界银行著，中国科学院、清华大学国情研究中心译，《2007 年世界发展报告》，清华大学出版社，2007 年。

国总人口规模过大,还在不断增长,导致我国劳动力供给量过大,且长期持续增长。就业供给量大大超过就业需求量。

(2)劳动力素质较低。劳动力素质,特别是劳动力的文化程度是决定劳动生产率的主要因素,而教育优势是提高劳动力素质的主要途径。改革开放以来,我国劳动力的文化程度不断提高。如果将第五次人口普查数据与1982年的第三次人口普查数据相比,可以看出,我国文盲人口比例持续明显下降,2000年文盲人口比例为6.7%,与1982年相比已累计下降了16.1%个百分点;具有初中文化程度的劳动力比例明显增加,上升了17个百分点,达到总人口的1/3;高中人口提高了4.5%,已经达到了11.1%;平均受教育年数由4.61年提高到7.11年①。2001年至2006年,全国共扫除青壮年文盲1 136.3万,青壮年文盲率下降到3.58%,其中妇女文盲632.9万,2007年15岁以上的文盲人口82 044人,成人文盲率为9.08%②。与国际相比,我国劳动力文化程度虽低于发达国家平均水平,但高于发展中国家平均水平。2005年发展中国家15岁以上人口识字率为90%,发达国家为98.7%,中国为90.3%,略高于发展中国家的平均水平。我国1990年全国15岁以上人口平均文化程度为5.52年,2006年,达到8.5年③,这说明我国劳动力素质在发展中国家中处于较高水平。但我国不同职业和不同地区的劳动力的文化程度分布差异还是十分显著的。据第四次全国人口普查资料计算,全国各行业中平均文化程度最高职业是各类专业技术人员,为11.766年,大专以上比例为21.79%;其次是国家机关、党群组织、企事业单位负责人,为10.885年,大专以上比例为19.64%;文化程度最低的是农、林、牧、渔业劳动者,为5.728年,主要是文盲半文盲比重过高,约占22.66%。地区差异也较大,1996年劳动力成人文盲率最高的地区是西藏,为60.4%;其次是青海,为41.6%,大大高于全国劳动力成人文盲率13%的平均水平;全国最低的是北京,为2.00%④。

(3)劳动参与率。劳动参与率指标在研究和确定一个国家人力资源的规模和构成因素以及预测未来劳动力供给时具有重要作用,它也可以用来了解不同类别的人

---

① 国家统计局,《中国统计摘要(2001)》,中国统计出版社,2002年。

② 赖立等,"我国成人文盲十年减少近1亿,女性文盲率降幅大",《中国教育报》,转载自:教育新闻网,http://www.edunews.net.cn/jzzx/OldNews/20078190600.html,2007年8月1日。

③ 教育部,《国家教育事业发展"十一五"规划纲要》,中华人民共和国教育部网站,2007年5月31日。

④ 国家统计局,《中国统计年鉴(1990)》,中国统计出版社,1991年,第389页。

口群体在劳动力市场上的行为。我国不同人口群体的劳动参与率结构具有以下三个特点：第一，15～24岁就业比例高，据2000年全国第五次人口普查资料数据计算，我国15～24岁劳动年龄人口为19 760万人，劳动参与率为61.93%。第二，我国60岁以上老年人口劳动参与率过高，人为地加剧了就业竞争。2000年第五次人口普查的时候，我国60～64岁的人口劳动参与率达到49.97%，65岁以上也达到25%，且都呈现出上升趋势，与新增劳动年龄人口形成竞争关系。第三，我国妇女劳动参与率过高，大大超过了经济发展水平。妇女劳动参与率是与各国经济发展水平相关联的，据联合国统计，2006年世界妇女劳动参与率平均为57.9%，中上等收入国家的妇女劳动参与率平均为55.3%，低收入国家为59.9%，而我国妇女的劳动参与率则达到75.4%①。

我国总人口劳动参与率大大高于发达国家和发展中国家平均水平，属于世界上高就业模式。2006年，美国劳动参与率为75.6%，德国为73.9%，印度为60.8%，低收入国家平均为73.0%，我国则高达81.7%②，如果按这一比例随着总人口的增长，到2020年，估计我国总人口中就业人数将达到60 608万人（曾湘泉、卢亮，2008）。由于中国人口基数大，再加上总人口劳动参与率高，形成了巨大规模的劳动力供给。

（4）农村劳动力比重大。我国农业经济是典型的劳动力过剩经济，尤其是农村实行联产责任制以后，随着农业生产率的大幅度提高，农业部门就业比重迅速下降，农村剩余劳动力不断增加，1980年农村剩余劳动力为11 417万人，到1989年增至15 159万人，即使这些剩余劳动力全部从农业部门转移到非农业部门，也不会对农业生产增长构成影响。但由于我国长期的制度因素的制约，农村剩余劳动力被束缚在农业中，直到20世纪80年代中期，出现政策上的松动，如1984年国家规定允许农民自带口粮进城务工，农村劳动力才开始出现大批转移。农村劳动力的流动规模也在迅速扩大，20世纪80年代每年几百万，目前达每年1.5亿左右。

自2004年开始，珠江三角洲地区普遍出现了“民工荒”。近几年来，这一现象不仅没有消失或缓解，反而蔓延到全国其他地区，如长江三角洲和京津唐地区，甚至在劳动力输出的中西部省份，2007年也广泛存在着普通劳动力短缺的现象。据蔡昉的研究，真正剩余的农村劳动力中50%是40岁及以上的经济活动人口，也就是说，40

① 数据来自世界银行数据库。
② 数据来自世界银行数据库。

岁以下的农村剩余劳动力充其量只有 5 800 万,剩余比例只是 11.7%[①]。这说明,农村劳动力已经告别了无限供给的时期,农村已经不再是剩余劳动力的“蓄水池”。根据二元经济理论,一旦农村剩余劳动力的澡盆被淘干,就标志着二元经济结构特征开始转变。但是,这并不意味着农村劳动力没有可以转移的潜力,而是说,如果没有工资水平的提高,或者其他等值的激励手段的加强,非农产业就不再能够像典型的二元经济发展时期那样,轻而易举地得到所需的劳动力供给。我国依然面临着大量农村劳动力供给的现状,这种转移还将持续相当长的一个时期,农村劳动力的大量转移,表现为城市劳动力的过剩。

### 2. 劳动力需求方面的原因

(1) 经济增长。经济增长与就业增长之间的关系有四种类型:一是高经济增长,就业机会扩大类型;二是高经济增长,低就业或无就业类型;三是经济增长率下降,就业机会下降类型;四是经济增长率下降,就业机会有所扩大类型。“六五”期间就业弹性系数平均为 0.31,“七五”期间平均为 0.33。20 世纪 90 年代以来经济增长进入低就业弹性阶段,就业弹性系数大幅度下降,“八五”期间平均为 0.08,“九五”期间略有回升,平均为 0.11。自 2001 年以来,就业弹性系数逐渐走低。由 2001 年的 0.18 下降到 2005 年的 0.11,表现出高增长低就业态势[②],属于“高经济增长,低就业增长”类型。这表明,高经济增长并不必然就能创造更多的就业机会。与此同时,高资本投入也并不一定意味着高就业增长,就业—投资弹性系数自新中国成立以来下降了2/3以上。因此,经济发展和资本积累对就业的连带效应,取决于实行何种经济发展政策和工业化技术路线。改革开放以来,物质资本增长率大大超过劳动要素和人力资本要素增长率,我国的经济增长模式属于“资本驱动型”。由前面所述可知,我国最丰富的是劳动力资源,资本资源却是我国目前最短缺的资源,这就构成了我国现代社会内部一对最丰富资源和最稀缺资源之间的矛盾。我们应充分利用劳动力这一资源,节约资本资源,发展劳动密集型产业。但我国的工业化路线是资本密集产业,这样,经济高增长、资本高投入就没有带来相应的就业增长,使就业压力凸显出来。

---

① 蔡昉,“破解农村剩余劳动力之谜”,《中国人口科学》,2007 年第 2 期。

② 王春雷,“促进扩大就业税收政策的路径选择——基于就业弹性方面的考察”,《财经问题研究》,2007 年第 1 期。

（2）经济转型时期。改革开放的30多年来，我国经济持续快速发展。进入20世纪90年代以后，我国就处于从计划经济向市场经济转型时期。在这一过程中，国有经济占就业人口比重迅速下降，当非国有经济还无法吸纳全部国有企业下岗职工时，就必然出现真实失业率上升阶段。转型初期，国有经济占总就业人口比重很高，非国有经济比重很低，总失业率很低；在转型期间，国有经济占总就业人口比重下降，非国有经济比重开始上升，但还无法吸纳从国有经济中分离出来的全部失业人口，总失业率明显上升；随着非国有经济的发展，吸纳失业人口能力不断扩大，总失业率开始出现下降趋势。我国国有企业一直存在大量的富余人员，即隐性失业者，这部分人员从国有企业撤离出来，其总产出水平并不下降。在经济转型时期，这些隐性失业者就必然从国有经济部门排斥出来，这些被排斥出的失业者给我国带来的就业压力到目前为止仍然存在。

（3）资本有机构成。在工业化条件下，随着生产规模扩大，社会化程度不断提高，企业用于不变资本投资的部分越来越高，而投资于劳动力的可变资本部分相对降低，所以资本有机构成是不断提高的。各生产部门资本有机构成的不断提高是由于竞争造成的技术进步的原因。技术进步会加剧结构性失业，结构变动较快时期正是失业率高峰期。现代历史表明，技术进步并不是在所有部门和企业产生相同的劳动生产率增长幅度。它是在摧毁旧的工作岗位的同时创造新的工作岗位，这主要表现在两个方面：一方面由于广泛采用节省劳动型技术而减少工作岗位；另一方面，劳动生产率增长又通过刺激需求增长产生了新的工作岗位，这种需求效应往往通过跨企业或跨部门间的互补性表现出来①。技术进步引起的劳动生产率增长过程基本上是一个劳动力的重新分配过程。关键问题是由于技术进步所摧毁的旧工作岗位是否多于或少于它所创造的新工作岗位。技术进步速度越快，资本有机构成就越大，投资于劳动力的可变资本部分就越低，对各种非技能或低技能的劳动力需求就越少。我国正处于大规模结构调整过程中，在1992—1996年期间，尤其是传统工业行业职工人数不同程度下降或上升，其中采掘业下降了1.4%，制造业下降了3.9%；2003—2008年，从事农业的职工人数进一步下降②，低技术劳动力资源出现大量过剩，随着产业

---

① Phillippe Aghion and Peter Howitt, *Endogenous Growths Theory*, Cambridge, MA.: The MIT Press, 1998.

② 国家统计局，《中国统计年鉴(2009)》，中国统计出版社，2009年。

结构升级,技术进步加快,加剧了失业危机[①]。

(4) 产业结构变动。经济增长会促进产业结构变动,而产业结构变动引起劳动力需求结构变动,当劳动力供给结构变动缓慢或者与劳动力需求结构不相吻合,就会引起结构性失业。我国正处于大规模产业结构调整阶段,下岗职工激增就表现为持续长期性的结构性失业。这主要表现在以下三个方面。

第一,农业部门由新增就业机会主渠道之一变为排斥劳动就业的主要部门。20世纪80年代中国农业部门平均每年吸收新增劳动力405万人,约占全国每年新增就业人数的1/3;20世纪90年代农业劳动力绝对数大幅度下降,平均每年排斥600多万人口[②];进入21世纪,则平均每年排斥1 000多万人口。这与非农业产业和城镇劳动力形成竞争关系。

第二,就业结构变动呈加速过程。伴随着经济迅速增长而来的是快速的结构调整。农业占就业人数比重的下降,加速了工业化的进程,农业劳动力进入城市,对城镇非熟练工人形成就业压力。

第三,我国制造业已由"短缺经济"向"供大于求"类型转变,使传统工业部门企业关、停、并、转、破,促使下岗职工急剧增加。凡是生产能力过剩或趋于资源萎缩的传统制造行业,或者产业结构和产品结构调整滞后的地区或部门下岗职工就多,如纺织、煤炭、冶金、军工等部门。

产业结构变动越快,产品结构更新越快,形成的结构性失业人群就越多。

## 本章小结

本章考察了劳动力市场运行的一个重要结果,即失业。失业是劳动力市场上最重要和最普遍的经济问题之一,是一国宏观经济运行好坏的重要指示器。因此,

---

① S. J. Davis and Haltiwanger, Gross Job Creation, Gross Job Destrction, and Employment Reallocation, *Quaterly Journal of Economics*, Volume 107, No.3, 1992, pp. 819-864.

② 中国科学院国情分析和研究小组,《就业与发展》,辽宁人民出版社,1998年,第136页。

在经济学中很少有比失业更为重要的课题了。尤其对于有着庞大人口基数的中国而言,这一问题显得更加重要。

本章首先考察了劳动力市场的存量—流量模型,提出了各种动态流量如何影响失业率的数学模型。在此基础上,对各种流量如何影响失业率进行了分析。静态的失业率指标只能反映总量的失业率问题,观察许多国家的实际发现,尽管静态指标相同,但静态指标的结构却发生着变化,只有对影响失业的各种流量进行分析,才可以知道劳动力市场中哪一种流量是造成高失业率的主要原因,政府因而可以制定相应的政策来降低失业率。目前,许多发达国家都在逐步将动态流量指标纳入劳动统计的范围。

关于失业率的测量问题一直是劳动经济学重要考察的问题。如何建立一套方法有效地测量一国经济的失业率,以真实反映劳动力市场状况,对于评价失业对经济社会发展产生的经济成本具有重要意义。发达国家一般采用每月现行人口调查的方式获取有关失业率的数据,虽然测量方法至今没有重大变化,但具体技术仍然在不断改善。我国由于经济体制转型,原有的失业统计指标已难以反映现在的真实情况。随着我国市场化程度的加深,需要构建符合中国现阶段劳动就业状况的失业指标概念体系。

经济学家根据失业的特征和失业的根本引发机制,将各种类型的失业加以区分。一般来说,失业可以划分为三种不同的类型:摩擦性失业、结构性失业和周期性失业。我们可以在贝弗里奇曲线上对这三种类型的失业进行区分。

劳动经济学对摩擦性失业、结构性失业和周期性失业的区分使人们对失业产生的原因有了一定的了解。然而,人们对各种失业类型的原因探讨还不仅如此。通过建立各种经济模型,人们对失业的原因可以作更加深入的分析,从而能够得到许多有益的启示。本章对于目前有关失业原因探讨的各种经济学模型作了介绍,重点考察了有关摩擦性失业、结构性失业和周期性失业的重要理论模型——工作搜寻理论、刚性工资理论和效率工资理论。

最后,我们考察了中国经济转型时期的就业和失业问题。在分析中国经济转型时期的就业体制特点之后,我们重点从劳动供给、劳动需求和中国具体特色等三个方面分析了中国目前的失业原因。从劳动供给方面来看,中国庞大的人口数量、劳动力素质、年龄结构对劳动供给起了重要的影响作用。从劳动需求的角度来看,影响劳动需求的因素主要包括经济增长、经济转型、资本有机构成和产业结构等。此外,中国具体的历史文化背景也对中国特色失业的形成起了很大的作用。

## 复习思考题

### 一、名词解释

失业的统计概念　　存量—流量模型　　摩擦性失业

结构性失业　　周期性失业　　贝弗里奇曲线　　工资曲线

### 二、简答题

1. 简述存量—流量模型的主要内容。
2. 发达国家失业统计测量的主要问题是什么?我国失业测量统计的主要问题是什么?
3. 失业分为哪几种类型?
4. 简述工作搜寻模型的主要内容,说明其对失业成因解释的含义。
5. 简述刚性工资理论的主要内容,说明其对失业成因解释的含义。
6. 简述效率工资理论的主要内容,说明其对失业成因解释的含义。
7. 我国经济转型时期的就业特点是什么?
8. 影响我国经济转型时期失业的因素是什么?

# 附录9-1 全口径失业率的宏观意义[①]

全球金融危机之际,有关反映宏观经济变动,特别是反映就业和失业形势的宏观指标问题开始引起人们的高度关注。由于登记失业率测量和统计的范围有限,2009年的公布数为4.2%,导致大家对其产生了大量的疑问。

另外,国内外一些机构发布了不同统计数据,中国社会科学院于2008年底称中国城镇失业率攀升到了9.4%,学界还有"2009年中国失业率是14.2%","实际失业率已达到33%以上"等相差巨大的数字,其科学性引发了广泛争议。

由于从计划经济体制向市场经济体制转变过程中,我国劳动力市场较之产品市场和资本市场发展要慢,客观上,反映就业和失业状况的测量和统计指标体系建立也相对滞后。当前,理论界和实际工作部门应加大研究工作力度,尽快建立更好反映宏观劳动力市场的"晴雨表"指标,以对宏观经济决策发挥重要的参考作用。

**一、登记失业率存在天然局限**

失业率数据为何相差如此之大?主要是城镇登记失业率和调查失业率是两个不同的概念。人力资源和社会保障部发布的城镇登记失业率是我国目前公布的唯一失业率指标,今年国民经济和社会发展的主要预期目标是城镇登记失业率控制在4.6%。

登记失业率始于20世纪70年代末,最初称之为待业登记,1994年更名为失业登记。应当说,我国劳动力市场测量和统计的背景是计划经济,其目标与现在面向劳动力市场的测量和统计本身要求并不一致。

在建立市场经济体制前,我国一直实行的是计划招工、商品粮和户籍管理,即三位一体的城乡隔离制度。因此,一直以来,失业登记是直接为劳动力的安置和分配工作岗位服务的。尽管后来转变为开展就业培训,以及发放失业保险金服务等职能,但它作为劳动力市场就业和失业形势判断的功能有其局限,并且越来越暴露出一些问题。这项指标的缺陷是,仅以城镇户籍人口为统计对象,对统计的年龄过窄(严格意

---

① 资料来源:曾湘泉,"全口径失业率的宏观意义",《瞭望》,2009年第18期。

义上讲,劳动力年龄只有下限,而无上限),局限于行政登记行为,存在大量的隐性失业和隐性就业测量漏洞等。随着向市场经济转变,登记失业率的缺陷越来越显著,其结果是不能反映我国目前的整体失业状况,作为宏观劳动力市场形势判断而言,其效能大大下降。

理论上讲,如果领取失业保险金的人群范围扩大的话,登记失业率也可能接近真实,但在目前我国劳动力市场不发达、社会保障水平和就业服务体系不发达的情况下,客观上很难做到。

然而,登记失业率也并不需要"废除"。登记失业率作为测量目前领取失业救济金人群的一个数量指标,也有着它独特的行政管理工作的性质和意义。即使在美国,也公布领取失业保险者的数量和比例。因此,即使未来调查失业率公布和出台,在调查失业统计和公布的基础上,也需要继续完善登记失业率,从严格意义上讲,两者含义和作用有着较大的不同,都有着存在的价值。

**二、提高失业测量"敏感度"**

为了更准确反映社会的就业情况,专家学者们呼吁尽快公布调查失业率。

从目前中国国情来看,失业率指标的核心在于其"敏感度",即失业率的测量和统计应当能够及时反映失业状况的变化。失业率测量类似于对人体测量的温度计,温度计的刻度是否随着人体温度的变化而变化是关键。设想一下,如果温度计不灵,发高烧时还显示37度,那肯定就误事了。目前公布的登记失业率就有类似的问题。

去年下半年,金融海啸袭来,沿海许多制造业企业关闭,甚至最后几千万农民工都面临失业,但从登记失业率看,根本就得不出问题严重性的结论,结果造成了如下不太正常的现象:在发达国家,通常是,决策者借助包括失业率数据在内的一系列宏观经济指标来判断和分析当前的经济形势;而我们则是,相关部门为了解真实情况,都不得不跑到广东东莞等地去实地考察。这说明我们的宏观失业指标丧失了应有的宏观决策价值。

应当承认在我国这样一个二元经济并存、市场经济不发达的国家,建立一个被大家公认的客观和灵敏度较高的失业率测量指标,存在着较大的难度。尤其是"敏感度"和原因解读这两点。

如前所述,我们需要能反映人体正常温度变化的温度计,因此,失业率统计的敏感度比统计本身更加重要。当然,不计成本,把统计数据搞得非常敏感也意义不大,犹如跑马拉松用秒表计时。敏感度的设计，要根据测量目标的要求。至于失业率的绝对值是高是低，就敏感度而言，其重要性小一些。

另外，一旦公布调查失业率，还要重视分析和解读。劳动力市场的管道循环原理告诉我们，我们不仅关注就业者、失业者和非劳动力三者存量的数字，更重要的是要关注其流量的变动。比如，这季度比上季度失业率升高了，可能是失业人数增加了，也可能是因为退出劳动力市场的人多了。失业率高低涉及的因素非常复杂，通常各国的失业率有很大的不同，很难进行比较。比如，德国失业率比美国高，是因为失业保险水平较高，影响到个人工作搜寻中的保留工资水平。如果上班800欧元，而失业保险有600欧元，这等于说200元是其工作收入，那很多人就可能不工作了。

在中国，我们社会保障水平很低，不工作就不能维持生存，因此，按照国际劳工组织参考期从事一个小时的工作，即认定为就业的标准来衡量，我们实际的失业率肯定是非常低的，但并不意味着我们的就业就比德国好，特别是从就业质量的角度看。我们的问题是，尽管就业率很高，或者说失业率很低，但就业不足，即工时少，就业不稳定，工资水平低，社会保障水平不高，工作中的穷人大量存在的问题很突出。

**三、借鉴货币分类的方法建立测量标准**

国家统计局于1996年建立了劳动力调查制度，该制度建立之初，就在就业、失业等指标定义上采用了国际劳工组织的建议，并确立了与国际通行做法接轨并兼顾中国国情的原则。国务院2005年起也决定正式建立我国劳动力的调查制度。应当承认，国际金融危机为我们及时公布调查失业率提供了契机，其原因在于：一是国家对劳动力市场测量，对失业率指标的研究、分析和工作，应当说已经积累了一定的经验；二是危机下的劳动力市场迫切需要灵敏反映市场情况的数据，以便为中央决策服务；三是目前失业问题的严重程度从上到下都有一定共识，民众的心理承受能力相对较高；四是我国经济体系的市场化已经具备可以发布调查失业率的时机。

不过，也应当承认，失业和就业测量问题是目前国内外学术研究的前沿问题，其性质也相当复杂。作为发展中国家，微型企业、家庭服务和自营就业（我们称之为个体户），即非正规就业占很大比重，这给就业和失业的测量带来极大的困难。比如，目前国际上通常采用的是国际劳工组织制定的就业标准，在调查周内，即所谓参考期内只要能够从事一小时工作，即可认定为就业。如果照此来衡量，我们的失业率可能不高，甚至很低。这也可能导致未来一旦公布调查失业率数字，大家有可能感到失业率太低,而对失业率数据产生疑问。因此,不应当简单套用国际标准,需要创造性地研究建立一个能更好地反映我国失业率状况的指标体系。

建议可以借鉴货币依据流动性来定义的方法。比如,$M_0$ 是现金,其流动性最强;$M_1$ 是 $M_0$ 加上活期存款,$M_2$ 是 $M_1$ 加上定期存款等,流动性依次递减。失业率测量则可以依据工作时间长短来衡量,可以建立一个 $U_0$,$U_1$ 和 $U_2$ 等测量和统计方法。比如,$U_0$ 是 1 小时以上,其工作时间最短,且符合国际劳动组织的定义;$U_1$ 是 10 小时或 15 小时以上,$U_2$ 是每周工作 35 小时以上等。政府公布调查失业率的时候,可以采取 $U_0$、$U_1$ 和 $U_2$ 指标同时公布的方法。这既考虑了国际标准,也有中国特点,将会打消社会各界对失业率数据不可靠的疑虑,更加接近客观和科学。当然,这项工作还需要不断进行深入研究,不要苛求调查失业率一公布就能精确地反映出就业市场的情况。在全球范围内,这仍然是一个值得不断深入研究和探讨的问题。

但不管面临什么问题,调查失业率应尽早公布,有关失业率测量和统计的问题要公开讨论,不能也没有必要变成一个保密性的工作,而且,一旦公布和公开讨论,目前一些不怀好意的海外媒体的谣言,也会不攻自破。

## 附录 9-2 就业难并非大学生太多,资源错配致“结构性过剩”[①]

### 一、“就业难”:中国大学生太多了?

2006 年大学毕业的郭婷婷,先在一家保险公司做热线电话接线员,接着到一家银行从事银行卡促销,而最终她离开了这些收入不高又缺乏稳定性的岗位,参加了报关员考试,拿到证书后,进入一家外资企业做了报关员。

在郭婷婷看来,“大学毕业生”这个符号有着混杂的味道。现在的大学毕业生,既有“前辈”大学生们的那种荣耀与梦想,又有着“前辈”们所不曾体会的辛酸和压力。她说:“‘前辈’们大都是‘白骨精’(白领、骨干、精英),而我们是‘孙悟空’,一路

① 资料来源:改编自皮曙初,“就业难并非大学生太多,资源错配致‘结构性过剩’”,《半月谈》,2009 年 2 月 10 日。

苦打苦拼，跳来跳去。”

据媒体报道，广东一家企业计划招聘15名卖猪肉的员工，结果竟有1 500名研究生投送简历，参与竞聘。最终脱颖而出的35人，全部是名牌大学的研究生。无独有偶，在西南大学毕业生招聘会上，一家环保公司招聘清掏化粪池业务员，也有很多大学生跃跃欲试。

虽然一些媒体极力渲染的这些故事只是个别现象，但大学生就业难的现实确实不容回避。九三学社浙江省委员会在浙江大学等6所高校进行了调查，结果显示，浙江高校大学生遭遇就业难的达到49.91%。武汉市2009年面向高校应届毕业生的首场大型招聘会，有350多家单位提供了3万多个岗位，而去年的同一主题招聘会，共有450家企业提供岗位5万多个。在全国许多地方，招聘单位数和岗位数都出现了“缩水”。

中国人力资源开发研究会常务理事、中南财经政法大学人力资源研究中心主任陈全明教授表示，虽然今年大学生就业形势之严峻前所未有，但我们应该看到，大学生就业难并非新问题，也并非金融危机的“伴生品”。不过随着国际金融危机对我国经济和社会影响的逐步显现，预计今后3年时间，大学生就业难问题都难以得到有效缓解。

实际上，早在2003年，首批扩招大学生毕业走向社会时，就业难问题就开始出现。此后，随着毕业生人数不断增加，压力日渐增大，就业难不仅表现于本科生层面，硕士生、博士生也被波及。

那么，是不是扩招惹的祸？是不是大学生太多了？对此，陈全明表示，虽然现在大学生人数在持续增长，却绝对不等于大学生多了，扩招并不是造成就业难的原因。我国是一个有着13亿人口，正在快速实现工业化、现代化的国家，受过高等教育的人口占我国劳动者队伍比重不到5%，这个比例过低，并日益成为制约我国产业升级和国家核心竞争力提升的重要因素。他说，中国要加快工业化、现代化发展进程，提高民族素质，还需要进一步发展高等教育，培养更多高素质的专业人才。

**二、资源错配：带来大学生“结构性过剩”**

在我国的人力资源结构中，高校毕业生无疑属于高端人才。在多年经济持续高速增长的情况下，高端人才“滞销”，原因何在？

就业需求是一个派生性需求，与经济结构和产业结构有很大关系。在我国，大学生就业难的一个根本性制约因素,是产业结构和经济结构失衡,尤其是高端产业发展严重不足,难以吸纳较多高端人才。因此,才出现了研究生不断挤占本科生岗位、本科生挤占专科生岗位,甚至大学生与农民工"抢饭碗"的现象。

我国正处在一个制造业高速发展的时期,被称为"世界工厂",就业岗位较多。但是,由于制造业引进、承接、复制居多,在消化、创新、发展方面努力不够,中高端产业缺失,从而使得大学生在其中难以成规模、可持续地就业。据了解,发达国家从事制造业的高级技术人才高达40%以上,大部分是大学生,而我国目前从事制造业的大学生比例只有4%左右。

"第三产业向来被认为是吸收大学生劳动力最强的领域。发达国家的经验表明,如果第三产业在国民经济中的比重较高,同样的经济增长率,就会创造更多的高端就业岗位。但是我国第三产业仍以传统服务业为主,对普通劳动力需求旺盛,对高素质大学生吸纳能力不足。而新兴第三产业,尤其是金融业、文化创意产业、信息业等可以提供大量高端就业岗位的现代服务业发展滞后,比重太小。"陈全明指出。

**三、产业结构没有得到合理调整,教育结构也同样存在问题**

2009年初由北京大学人力资源开发与管理研究中心、上海市对外服务有限公司共同推出的《2008中国人力资源服务业白皮书》援引教育部的最新数据说明,工科理科类初次就业率较高,以往的热门专业如法学、经济学、管理学因招生人数激增导致相对过剩,热门专业学生反而成为就业困难群体。

许多专家表示,高校专业设置一直到现在都没有放开。高校专业设置必须经过教育部批准,但仅靠教育部,对专业需求调研难免有限,对实际情况了解难免不深入、不透彻。虽然现在实行专业与就业挂钩,要求就业率必须达到一定比例,否则就取消该专业设置,可许多高校为了保护专业,不得不报假数字。

以国民经济专业为例,这是培养国民经济计划等综合性管理人才,这类人才适合发改委,但国家发改委能接纳这么多人吗?而且这个专业还是培养本科学生,只经过短短四年本科学习,毕业生能有充足的知识储备管理国家宏观经济吗?

与此同时,社会非常需要的专业又跟不上。例如,我国早在本世纪初就决定大力发展国产大飞机项目,但相应的人才培养规划却没有及时跟上,如果几种型号的飞机同时上马,现有人才储备规模根本满足不了需求。核电行业也是如此,随着核电工业的大力发展,人才的"断裂带"已陡然呈现,全国只有清华、上海交大、西安交大、哈尔滨工程大学每年培养约400名核电本科生，远远少于每年计划投产两个核电机组所需的上千名本科生数量。

此外，城乡二元结构、东西部地域差别的存在，导致大学生大量聚集在东部地区和大城市，进一步加剧了我国高等教育总量不足与大学生结构性过剩的矛盾。

## 附录9-3 2009年高校毕业生就业能力调查分析[1]

为更好地了解2009年高校毕业生就业情况和北京中关村地区企业接收毕业生状况，探索目前高校培养模式与企业用人之间的差异，以促进高校毕业生充分就业，实现区域资源统筹和社会经济和谐发展，海淀区人才服务中心、中关村人才市场和中国人民大学中国就业研究所组建项目组共同开展了本次大学生就业能力调查。

2009年全国高校毕业生达到610多万人，加上大量往年没有实现就业的大学生，本年需要就业的大学毕业生人数再创历史新高。而当前我国经济结构还是以劳动密集型产业为主体，其吸纳高层次人才就业的能力和空间有限，特别是2008年底开始席卷全球的国际金融危机对我国经济发展也产生一定影响，导致2009年适合大学生的就业岗位增长不足，甚至还有减少之势，难以满足人数大幅增长的高校毕业生就业需要。2009年大学生就业问题面临前所未有的挑战。

对高校毕业生就业问题研究的关键是要把握住问题形成的原因，目前国内研究主要是从总量失业、摩擦性失业、结构性失业三个方面来解释我国近年来出现的大学生就业难现象。在三种成因中，由于大学生就业能力缺口所导致的结构性失业是一直以来长期困扰我国高校毕业生就业的核心问题，也是研究中的薄弱环节和现实中较难解决的深层次问题，如果不能有效解决将会长期影响我国高校毕业生就业。

**一、大学生就业难长期原因分析**

对应届高校毕业生和企业、高校教师三类问卷的数据对比分析（如图1所示），认为大学生就业难的长期深层次原因主要是以下两个方面：

---

① 资料来源：改编自中国人民大学中国就业研究所，《高校毕业生就业能力调查分析报告2009》。

第一,“高校毕业生的就业能力与用人单位的实际需要相比有很大差距”是大学生就业难的最重要的长期原因。企业需要能直接投入实务工作的人员,从而尽可能减少培训成本,大学生就业能力与企业需要的缺口将直接影响到企业招聘和培养大学生的代价,是构成大学生就业难的最主要原因。

第二,高校扩招造成劳动力市场供过于求、就业指导缺乏使得大学生没有科学的就业指导、就业信息不充分造成不必要的供需信息不透明以及片面的就业观念的影响也是构成就业难的长期原因。

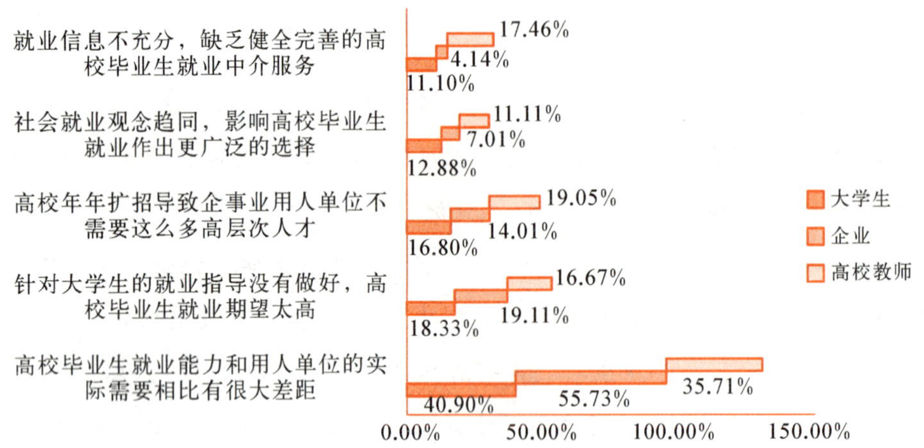


图1 大学生和企业、高校教师认为大学生就业难的长期原因

大学生的失业问题突出反映为能力上的结构性失业,即大学生就业能力并非基于职业路径的需要构建培养,难以满足人力资源市场的需求,且缺乏系统的职业指导与服务规划,导致大学生缺乏“市场就业能力”。下面对大学生参加工作的优劣势分析反映了在具体就业能力上,大学生、高校和企业三方的认知差异。

## 二、大学生刚参加工作的优势分析

对大学生、企业和高校教师三类问卷的数据对比分析(见图2)显示,刚毕业大学生参加工作的优势主要表现在以下几个方面。

首先,“学习愿望强”和“成长空间较大”是毕业生、企业及高校教师共同认可的毕业生参加工作的最大优势之所在。毕业生群体求知欲强,富有探索精神,同时由于受过良好的高等教育,经过用人单位的培养,具有很强的可塑性。此外,“能服从组织安排”和“劳动力成本较低”也是三方认可的毕业生在工作中比较重要的优势。不充分构成大学生就业优势的有"职业流动性小"、"更能吃苦耐劳"等。

其次,大学生自认的"吃苦耐劳"精神(约为5.67%)与企业(约为2.28%)和高校教师(约为2.45%)的认可度不一致。这一方面说明,大学生对工作的困难和辛苦程度估计不足;另一方面说明在实际工作中,大学生的吃苦耐劳精神尚有欠缺。

最后,调查显示大学生、高校教师和企业对大学生是否"更适合工作需要"的认知不一。企业(约为4.44%)对大学生适合工作需要的评价明显低于大学生(约为7.77%)和高校教师(约为6.42%)。这说明高校教师和大学生未能充分认识到企业对大学生的素质要求,双方存在就业能力认知的缺口。调查结果说明,校企间应该加强合作,为大学生就业能力的培养寻找现实中的依据。

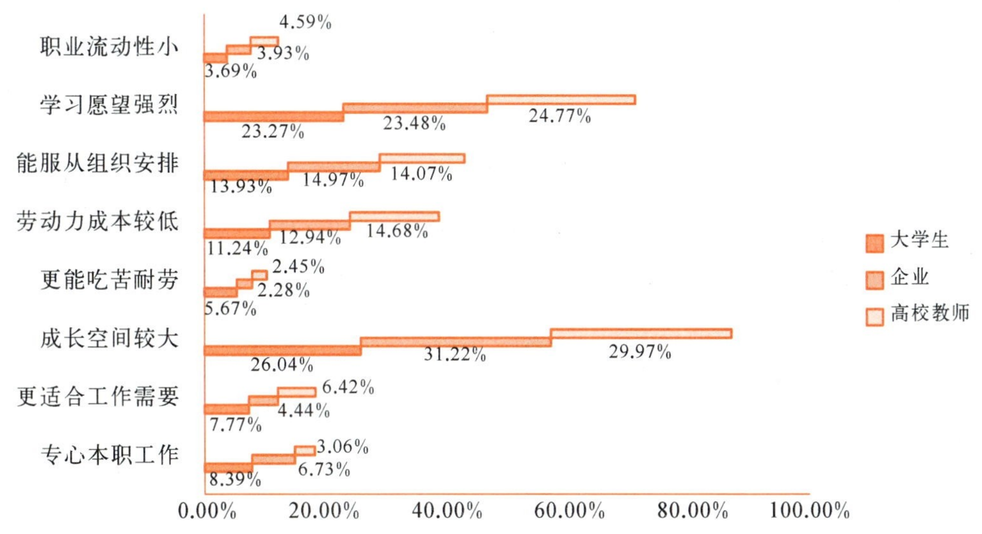


图2　大学生和企业、高校教师对刚参加工作大学生优势比较分析

### 三、刚毕业大学生在工作中存在的问题分析

对大学生、企业和高校教师三类问卷的数据对比分析(见图3)显示,刚毕业大学生参加工作存在的问题主要表现在以下几个方面。

首先,"经验不足"和"实践动手能力差"是毕业生、企业和高校教师共同认可的大学生在工作中面临的最大问题。大学生一直在校园里接受系统的理论知识训练,进行社会实践的机会和时间较少,因此不利于毕业后实践工作的开展。此外,"缺乏专业技能"、"责任心较差"、"不能吃苦耐劳"、"知识面狭窄"和"专业理论不扎实"等也在不同程度上成为刚毕业大学生在工作中面临的主要问题。

其次,大学生对“责任心较差”(约占4.63%)和“不能吃苦耐劳”(约占6.74%)两项问题的认识没有企业和高校教师深刻。这一方面说明大学生自身对责任心和吃苦耐劳精神重要性认识不足;另一方面也说明实际工作对大学生在这两方面素质的要求较高,成为大学生在具体实践工作中的巨大挑战。

最后,调查显示,高校教师高估了大学生的创新能力,这与企业和大学生的认知有差异。高校教师与企业对大学生创新能力的认识偏差,会导致高校教育对创新能力的投入不足,从而直接影响到企业的技术进步和生产管理。

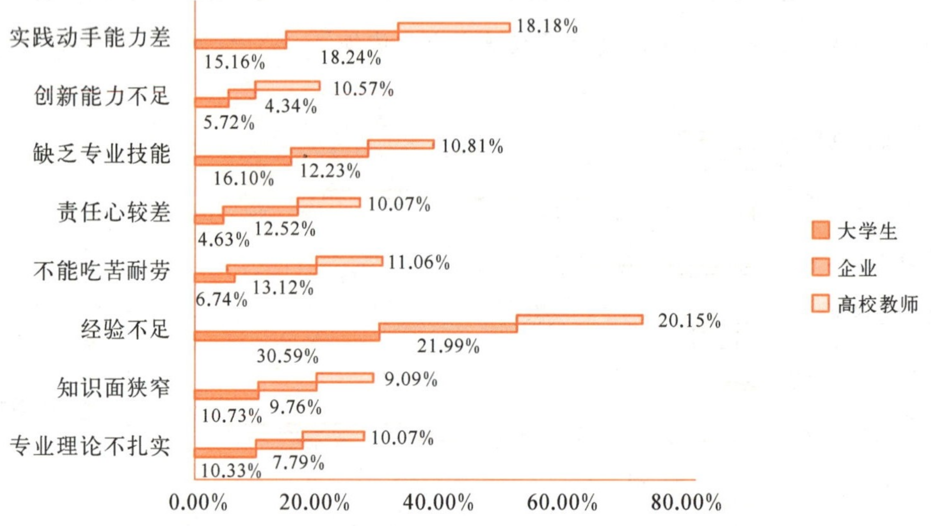


图3 大学生和企业、高校教师认为大学生刚毕业参加工作存在问题比较分析

# 参考文献


[1] C·A·摩尔根,《劳动经济学》,工人出版社,1984 年。

[2] 大卫·桑普斯福特、泽弗里斯·桑纳托斯,《劳动经济学前沿问题》,中国税务出版社,2000 年。

[3] 董克用等,《西方劳动经济学教程》,中国劳动出版社,1995 年。

[4] 戴圆晨,《中国劳动力市场培养与工资改革》,中国劳动出版社,1994 年。

[5] 高鸿业,《西方经济学》,中国人民大学出版社,2000 年。

[6] 国际劳工局,《2000 年世界劳动报告——变化世界中的收入保障和社会保护》,中国劳动社会保障出版社,2001 年。

[7] 加里·S·贝克尔,《人力资本》,北京大学出版社,1987 年。

[8] 郭正模,"'劳动歧视'问题初探",《经济科学》,1994 年第 2 期。

[9] 胡学勤等,《劳动经济学》,中国经济出版社,1999 年。

[10] 胡鞍刚、程永宏、杨韵新等,《扩大就业与挑战失业——中国就业政策评估(1949—2001)》,中国劳动社会保障出版社,2002 年。

[11] 卢昌崇、高良谋,《当代西方劳动经济学》,东北财经大学出版社,1997 年。

[12] 罗润东,《中国劳动力就业——从转轨经济到知识经济》,经济科学出版社,2002 年。

[13] 刘尔铎,"改革我国户籍制度实现城乡统一劳动力市场",《中国特色社会主义研究》,2002 年第 5 期。

[14] 李建民,"中国劳动力市场多重分隔及其对劳动力供求的影响",《中国人口科学》,2002 年第 2 期。

[15] 马斌,《西方劳动经济学概论》,中央编译出版社,1997 年。

[16] 萨尔·D·霍夫曼,《劳动力市场经济学》,上海三联书店,1989 年。

[17] 斯蒂格利茨,《经济学(上册)》,中国人民大学出版社,1997 年。

[18] 王裕国、陈爱民,《中国劳动力市场与就业问题》,西南财经大学出版社,2000 年。

[19] 王诚,"中国的就业形势与新就业政策",《财经科学》,2003 年第 1 期。

[20] 西奥多·W·舒尔茨,《论人力资本投资》,北京经济学院出版社,1990 年。

[21] 夏业良,"劳动经济学理论前沿",《经济学动态》,2001 年第 4 期。

[22] 杨河清,《劳动经济学》,中国人民大学出版社,2002 年。

[23] 袁伦渠,《劳动经济学》,东北财经大学出版社,2002 年。

[24] 伊兰伯格、史密斯,《现代劳动经济学——理论与公共政策(第六版)》,中国人民大学出版社,1999 年。

[25] 易定红,"西方劳动经济学两大流派的比较",《劳动经济》,2001 年第 2 期。

[26] 余红、刘欣,"女性天生是弱者吗?",《青年研究》,2000 年第 6 期。

[27] 赵履宽等,《劳动经济学》,中国劳动出版社,1998 年。

[28] 曾湘泉,《劳动经济》,人民出版社,1994 年。

[29] 曾湘泉、郑功成,《收入分配和社会保障》,中国劳动和社会保障出版社,2002 年。

[30] 曾湘泉,《中国就业战略报告 2004:变革中的就业环境与中国大学生就业》,中国人民大学出版社,2004 年。

[31] 曾湘泉,《中国就业战略报告 2005—2006:面向市场的中国就业与失业测量研究》,中国人民大学出版社,2006 年。

[32] 曾湘泉,《中国就业战略报告 2007:劳动力市场中介与就业促进》,中国人民

大学出版社,2007 年。

[33] 张抗私等,《当代劳动经济学》,经济科学出版社,2000 年。

[34] 赵人伟、李实,《中国居民收入分配再研究》,中国财政经济出版社,1999 年。

[35] 周天勇,《劳动与经济增长》,上海三联书店,上海人民出版社,1994 年。

[36] 周德天、毛代云,《生存忧患——中国就业问题报告》,沈阳出版社,1998 年。

[37] 张彦等,《劳动与就业》,社会科学文献出版社,2002 年。

[38] 张抗私,"人力资本投资中性别歧视的经济解析",《财经问题研究》,2002 年第 7 期。

[39] 朱舟,《人力资本投资的成本收益分析》,上海财经大学出版社,1999 年。

[40] 中国科学院国情分析研究小组,《就业与发展——中国失业问题和就业战略》,辽宁人民出版社,1998 年。

[41] Bruce E. Kaufman and Julie L. Hotchkiss, *The Economics of Labor Markets*, Fort Worth: The Dryden Press, 1999.

[42] Campbell R. McConnell and Stanley L. Brue, *Contemporary Labor Economics*, New York: McGraw-Hill, Inc. ,1992.

[43] David Sapsford and Zafiris Tzannatos, *The Economics of the Labor Market*, New York: Palgrave Macmillan,1993.

[44] Depek Bosworth, Peter Dawkins and Thorsten Stromback, *The Economics of the Labor Market*, Essex: Addison Wesley Longman Limited, 1996.

[45] P. N. Junankar ( ed. ), *The Economics of Unemployment*, Northampton, MA: Edward Elgar, 1999.

**图书在版编目(CIP)数据**

劳动经济学/曾湘泉主编. —2版. —上海:复旦大学出版社,2010.8(2016.10重印)
(复旦博学·21世纪人力资源管理丛书)
ISBN 978-7-309-07126-9

Ⅰ.劳… Ⅱ.曾… Ⅲ.劳动经济学-高等学校-教材 Ⅳ.F240

中国版本图书馆CIP数据核字(2010)第035035号

**劳动经济学**(第二版)
曾湘泉 主编
责任编辑/苏荣刚 宋朝阳

复旦大学出版社有限公司出版发行
上海市国权路579号 邮编:200433
网址:fupnet@fudanpress.com http://www.fudanpress.com
门市零售:86-21-65642857 团体订购:86-21-65118853
外埠邮购:86-21-65109143
上海市崇明县裕安印刷厂

开本787×1092 1/16 印张26.5 字数421千
2016年10月第2版第16次印刷
印数95 001—101 000

ISBN 978-7-309-07126-9/F·1578
定价:45.00元

---